U0637858

BLUE BOOK

智 库 成 果 出 版 与 传 播 平 台

东北乡村振兴蓝皮书

BLUE BOOK OF RURAL REVITALIZATION
IN NORTHEAST CHINA

东北地区乡村振兴发展报告
（2025）

ANNUAL REPORT OF RURAL REVITALIZATION IN
NORTHEAST CHINA (2025)

主　编／张　磊
副主编／李冬艳　王　丹　赵　勤　李菁菁

社会科学文献出版社
SOCIAL SCIENCES ACADEMIC PRESS (CHINA)

图书在版编目（CIP）数据

东北地区乡村振兴发展报告. 2025 / 张磊主编；李
冬艳等副主编. -- 北京：社会科学文献出版社，2025.
7. --（东北乡村振兴蓝皮书）. -- ISBN 978-7-5228
-5650-6

Ⅰ. F327.3

中国国家版本馆 CIP 数据核字第 20256YH940 号

东北乡村振兴蓝皮书

东北地区乡村振兴发展报告（2025）

主　　编／张　磊
副 主 编／李冬艳　王　丹　赵　勤　李菁菁

出 版 人／冀祥德
组稿编辑／任文武
责任编辑／刘如东
责任印制／岳　阳

出　　版／社会科学文献出版社·生态文明分社（010）59367143
　　　　　地址：北京市北三环中路甲 29 号院华龙大厦　邮编：100029
　　　　　网址：www.ssap.com.cn
发　　行／社会科学文献出版社（010）59367028
印　　装／三河市东方印刷有限公司

规　　格／开本：787mm×1092mm　1/16
　　　　　印张：26　字数：392 千字
版　　次／2025 年 7 月第 1 版　2025 年 7 月第 1 次印刷
书　　号／ISBN 978-7-5228-5650-6
定　　价／128.00 元

读者服务电话：4008918866

主要编撰者简介

张 磊 吉林省社会科学院二级研究员，长春光华学院乡村振兴研究院院长。曾任吉林省社会科学院农村发展研究所所长、《经济纵横》杂志主编。吉林省享受省政府特殊津贴人员，吉林省政府拔尖人才，吉林省委决策咨询委员。吉林财经大学、长春光华学院、北华大学、吉林农业大学、吉林大学生物与农业工程学院客座教授、硕士生导师。国家社会科学基金同行评议专家。长期从事农业经济、农村经济、区域经济、农村金融研究，在社会科学文献出版社及吉林人民出版社出版学术著作16部；获吉林省政府社会科学优秀成果奖一等奖1项、二等奖2项、三等奖3项，获长春市社会科学优秀成果奖一等奖1项、三等奖1项；在核心期刊发表论文15篇；研究报告、咨询报告获得国家领导、省领导肯定性批示20余篇；主持国家、省级项目20余项，主持省委改革委、省发展改革委、省农业农村厅、地方政府及部门横向课题40余项。曾率团访问日本东京大学、东京农业大学、韩国成均中国研究所，访问朝鲜民主主义人民共和国社会科学院、俄罗斯科学院远东研究所（现改名为中国与现代亚洲研究所）等。

李冬艳 吉林省社会科学院农村发展研究所所长，研究员，吉林农业大学、长春光华学院特聘教授、硕士生导师，松原市决策咨询委员，吉林省农业农村厅、吉林省工信厅咨询专家。在社会科学文献出版社和吉林人民出版社出版学术专著5部，主持省级项目5项，主持相关部门委托课题11项，获得吉林省政府社会科学优秀成果奖二等奖1项、三等奖2项，完成论文和研究报告 50 篇，7 篇研究报告获得省级及以上领导肯定性批示。

王 丹 辽宁社会科学院农村发展研究所所长，研究员，主要研究方向为农村经济、区域经济。承担辽宁省市各类课题 30 多项，参与撰写经济学专著 10 多部，公开发表各类论文 40 余篇，成果多次获得辽宁省哲学社会科学成果奖一、二、三等奖。主要代表作有《辽宁工业经济史》《农村基本公共服务体系建设》《三农问题研究与生态文明建设》等。

赵 勤 管理学博士，黑龙江省社会科学院农业和农村发展研究所所长，研究员。黑龙江省级领军人才梯队农村经济学带头人，黑龙江省"六个一批"理论人才。兼任中国发展战略学研究会理事、全国社科农经协作网络大会理事、中国县镇经济交流促进会理事、黑龙江省区域经济学会副秘书长、黑龙江省农村工作领导小组聘任专家、黑龙江省委信息顾问、黑龙江省委宣讲团成员等。主要研究方向为农业经济理论与政策、农村区域发展。主持国家社会科学基金 1 项、中宣部马克思主义理论与建设工程子课题 1 项、中国博士后基金 1 项、省级课题 10 余项。出版学术专著 2 部，在国家和省级期刊上公开发表学术论文 60 余篇。获得黑龙江省社会科学优秀成果奖 7 项。

李菁菁 长春光华学院商学院副教授、吉林省数字商务人才培养研究基地负责人，学术带头人，双能型教师，主要从事数字经济、乡村振兴相关领域研究。完成中国工程院战略研究课题，主持包括吉林省科技厅项目、吉林省社会科学基金项目、吉林省教育厅重点项目等在内的 20 余项省部级及以上课题，发表多篇高水平学术论文。

摘　要

《东北地区乡村振兴发展报告（2025）》作为长春光华学院主持编写的第三部聚焦东北地区乡村振兴的综合性报告，系统性地梳理了东北地区在乡村振兴战略实施过程中的实践成果，深入剖析了当前面临的诸多挑战，并展望未来的发展方向，是一部具有较高理论价值和实践意义的东北地区乡村振兴方面的重要文献，旨在使社会各界全面系统地了解东北地区乡村振兴建设进展与成效。

全书分为总报告、分报告、产业发展篇、农业升级篇、民生提升篇、专题篇及案例篇共七个部分，每一部分都紧密结合东北地区的实际情况，通过权威数据和典型案例，展现农业生产持续发展、农村经济全面繁荣、农民生活显著改善。总报告通过总结2023~2024年东北地区在推进乡村全面振兴中取得的成就，分析了乡村产业发展、农业人口与人才、农村公共服务与乡村建设、脱贫攻坚与成果巩固、基层组织建设等方面存在的问题，从农业现代化、乡村产业融合、数字乡村建设、乡村绿色发展等方面对东北地区乡村振兴呈现出的发展态势进行了分析研判。针对存在的短板与不足，提出了坚持城乡融合发展，进一步深化农村改革；严守耕地红线，确保粮食和重要农产品稳产保供；积极发展乡村富民产业，拓宽农民增收渠道等对策，为东北地区发展现代化大农业提供了科学指导。

分报告对吉林、辽宁、黑龙江和蒙东地区2023~2024年的乡村振兴发展情况进行了详细分析，总结了各地在政策实施、产业发展、生态建设、农民增收等方面的实践经验与成效，为区域间相互学习借鉴提供了重要参考。

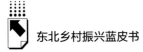

产业发展篇重点关注东北地区乡村产业转型升级和创新发展。通过对冰雪产业、文旅产业、乡村跨境电商等特色产业进行深入分析，揭示了这些产业的现状和存在的问题，并提出了促进乡村产业高质量发展的对策和建议。农业升级篇则着重探讨了东北地区现代农业的发展路径，分析了现代农业技术在东北地区的推广应用情况，并提出了优化农业结构、提升农业综合效益的具体措施。民生提升篇关注东北三省农村人口生活品质提升、农民增收、农村教育发展等民生问题，通过实地调研与数据分析，揭示了当前民生领域的短板与瓶颈，并从政策支持、产业带动、教育改革等方面提出了改善民生、促进社会公平的策略，为实现乡村振兴的民生目标提供了有力支撑。专题篇围绕人才战略、新型农业经营主体培育、农业服务业、红色资源与乡村振兴融合等关键要素展开研究，强调了人才、主体培育与产业融合在乡村振兴中的重要性。案例篇选取了黑龙江省依安县农业社会化服务、吉林省特色小镇培育、吉林省科技小院赋能乡村振兴、黑龙江省克东县龙头企业带动型发展模式等典型案例，深入剖析了这些模式的成功经验，为其他地区提供了实践范例。同时，还对国内外农业农村现代化的经验进行了总结与借鉴，为东北地区乡村振兴提供了国际视野与先进理念。

关键词： 乡村振兴　现代化大农业　社会化服务　东北地区

目 录 ⊳

Ⅰ 总报告

Ⅱ 分报告

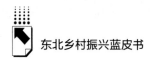
Ⅲ 产业发展篇

Ⅳ 农业升级篇

Ⅴ 民生提升篇

Ⅵ 专题篇

Ⅶ 案例篇

皮书数据库阅读**使用指南**

总 报 告

B.1

2024年东北地区推进乡村全面振兴报告

张 磊　周诗皓　吴 尧*

摘　要： 2024年东北地区乡村振兴取得显著成效。东北各省区按照中央的统一部署，坚决学习贯彻习近平总书记关于建设现代化大农业的重要论述和关于东北经济社会发展的各项重要指示精神，粮食生产量又创历史新高，和美乡村建设取得阶段性成果，农民生活质量全面提升，脱贫攻坚成果更加巩固，农村基层组织建设更加完善。本文在分析东北地区乡村振兴取得显著成效的基础上，分析了东北地区推进乡村全面振兴过程中仍然存在着产业发展不充分、人口流失、人才缺失、公共服务与乡村建设水平较低、脱贫攻坚成果仍需巩固、基层组织建设需要加强等问题。本文对东北地区推进乡村全面振兴发展趋势从现代化大农业发展加速、乡村产业融合发展态势凸显、数字乡村建设快速发展、乡村绿色发展需求不断扩大等方面进行了预测，提出坚持城乡融合发展，进一步深化农村改革；严守耕地红线，确保粮食和重要农产品稳产保供；积极发展乡村富民产业，拓宽农民增收渠道；持续巩固拓

---

* 张磊，吉林省社会科学院二级研究员，长春光华学院乡村振兴研究院院长，主要研究方向为"三农"问题、区域经济；周诗皓，长春光华学院助教，主要研究方向为成本管理、"三农"问题；吴尧，长春光华学院助教，主要研究方向为财务管理、"三农"问题。

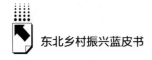
展脱贫攻坚成果，坚决守住不发生规模性返贫致贫底线；深入学习运用"千万工程"经验，建设宜居宜业和美乡村；加强农村基层党组织建设，发挥好集体经济组织引领农村经济发展的作用六个方面推进东北地区乡村全面振兴的对策措施。

关键词： 乡村振兴　粮食安全　和美乡村　脱贫攻坚成果　组织建设

2024 年东北各省区按照中央的统一部署，坚决学习贯彻习近平总书记关于建设现代化大农业的重要论述和关于东北经济社会发展的各项重要指示精神，粮食生产量又创历史新高，和美乡村建设取得阶段性成果，农民收入迈上新水平，生活质量跨上新台阶，脱贫攻坚成果巩固，没有发生规模性返贫，农村基层党组织的凝聚力和战斗力全面提升，东北地区坚持城乡融合发展，农村改革进一步深化，强农惠农富农支持政策更加完善，乡村振兴全面推进。

一　2024年东北地区乡村振兴发展现状

2024 年，发展现代化大农业，是东北全面振兴的优势所在。在强农惠农富农政策支持下，东北地区粮食产业稳定发展，农民收入迈上新台阶，乡村经济进一步繁荣，乡村建设全面发展，整个乡村全面振兴。

（一）粮食产业稳步发展

东北地区作为我国粮食生产的重要基地，2024 年，在现代化大农业思想和现代化农业强国建设战略的指引下，粮食产业持续稳定发展，为乡村经济的繁荣和农民收入的增加奠定了坚实基础。

1. 粮食总产量稳步提高

国家统计局最新数据显示，2024 年东北三省的粮食总产量为 14766.5

万吨,加上内蒙古东五盟的产量2855.2万吨,东北地区2024年粮食产量达到17621.7万吨,占全国粮食总产量的24.94%,中国大粮仓"压舱石"的地位更加稳固。其中,黑龙江省粮食产量首次突破1600亿斤,连续7年稳定在1500亿斤以上,连续15年位居全国第1;吉林省粮食产量为853.2亿斤,辽宁省粮食产量为500.06亿斤,两省的粮食产量也位居全国前列(见表1)。这些成就彰显了东北地区保障国家粮食安全的"压舱石"作用,体现了其粮食产业的强大实力和深厚底蕴。

表1　2018~2024年东北地区粮食产量

单位:万吨

年份	东北地区	辽宁省	吉林省	黑龙江省	内蒙古东五盟
2018	16059.1	2192.4	3632.7	7506.8	2727.2
2019	16587.9	2430.0	3877.9	7503.0	2777.0
2020	16445.1	2338.8	3803.2	7540.8	2762.3
2021	17367.7	2538.7	4039.2	7867.7	2922.1
2022	17289.3	2484.5	4080.8	7763.1	2960.9
2023	17520.0	2563.4	4186.5	7788.2	2981.9
2024	17621.7	2500.3	4266.0	8000.2	2855.2

资料来源:《中国统计年鉴》(2019~2024年)、辽宁省2024年统计公报、吉林省2024年统计公报、黑龙江省2024年统计公报、《内蒙古统计年鉴》(2019~2024年)、内蒙古东五盟2024年统计公报。

2. 粮食播种面积基本稳定

在种植结构上,东北地区以粮食作物为主,主要包括水稻、大豆和玉米等。水稻是东北地区的重要粮食作物之一,其产量约占全国总产量的16%。在黑龙江、吉林,水稻种植面积广阔,产量稳定,品质优良,成为当地农民的重要经济来源。大豆作为东北地区的传统优势作物,其种植面积和产量均居全国前列。特别是在黑龙江省,大豆种植面积占全国的一半以上,产量稳居全国首位。玉米是东北地区种植面积最大、产量最高的粮食作物,其产量占据全国产量的45%以上。在辽宁、吉林和黑龙江,玉米种植广泛,不仅满足了国内市场需求，还大量出口到国际市场。2018~2024 年东北地区粮食作物播种面积如表 2 所示。

表2　2018~2024 年东北地区粮食作物播种面积

单位：千公顷

年份	东北地区	辽宁省	吉林省	黑龙江省	内蒙古东五盟
2018	28400.7	3484.0	5599.7	14215.0	5102.0
2019	28632.2	3488.7	5644.9	14338.0	5160.6
2020	28798.2	3527.2	5681.8	14438.0	5151.2
2021	29001.5	3543.6	5721.3	14551.0	5185.6
2022	29179.3	3561.5	5785.0	14683.0	5149.8
2023	29381.4	3578.4	5825.6	14743.0	5234.4
2024	29349.4	3578.8	6073.7	14533.0	5163.9

资料来源：《中国统计年鉴》（2019~2024 年）、辽宁省 2024 年统计公报、吉林省 2024 年统计公报、黑龙江省 2024 年统计公报、《内蒙古统计年鉴》（2019~2024 年）、内蒙古东五盟 2024 年统计公报。

3. 农业机械化水平进一步提升

农业机械化是现代农业的重要标志，也是提高粮食生产效率的关键。"十四五"期间，东北地区的农业机械化水平得到了进一步提升，表现在农机总动力不断提高。东北三省及内蒙古东五盟统计数据显示，2023 年东北地区农机总动力为 16923.9 万千瓦，比 2022 年增加 72.6 万千瓦。其中，黑龙江省增加 248.8 万千瓦，增长 3.51%；吉林省增加 190.7 万千瓦，增长 4.38%；辽宁省增加 166.1 万千瓦，增长 6.25%（见表 3）。东北地区很多县（市）基本上实现了播种机械化，一些地区农业企业农业机械化水平更是大幅度提高。如黑龙江省北大荒集团，农业综合机械化率已达到 99.7%，基本实现了从耕整地、播种、田间管理到收获的全程机械化，大大提高了粮食生产的效率，有效减轻了农民的劳动强度，提升了农业生产的整体效益。

表3　2018～2023年东北地区农业机械总动力

单位：万千瓦

年份	东北地区	辽宁省	吉林省	黑龙江省	内蒙古东五盟
2018	13709.8	2243.0	3462.4	6082.4	1922.0
2019	13307.3	2353.8	3656.1	5273.5	2023.9
2020	15276.9	2471.3	3896.9	6775.1	2133.6
2021	15824.6	2552.6	4149.1	6888.4	2234.5
2022	16851.3	2657.8	4357.9	7090.8	2744.8
2023	16923.9	2823.9	4548.6	7339.6	2211.8

资料来源：《中国统计年鉴》（2019～2023年）、辽宁省2023年统计公报、吉林省2023年统计公报、黑龙江省2023年统计公报、《内蒙古统计年鉴》（2019～2023年）、内蒙古东五盟2023年统计公报。

4. 农业智能化水平逐渐提高

智能化农业作为现代农业发展的高级形态，是信息技术与传统农业深度融合的产物，它代表了农业生产方式和管理模式的深刻变革。"十四五"期间，东北地区现代化大农业领域农业智能化普遍应用，推动了区域农业的转型升级和可持续发展。在生产领域，农业智能化主要体现在精准农业、智能农机和病虫害监测与防治等方面。在经营领域，农业智能化主要体现在农产品销售、农业休闲旅游和农资采购等方面。在综合服务领域，农业智能化主要体现在信息服务、农业技术咨询和农产品溯源等方面。农业智能化还广泛应用于农业环境与资源管理领域。东北地区充分利用物联网、大数据、人工智能等现代信息技术，不断提升农业生产的智能化水平。各种智能化设备和技术在东北地区广泛应用。无人机技术在植保作业中的应用日益广泛，大大提高了作业效率和覆盖范围。北斗卫星导航系统的应用使得农业机械能够精确执行生产任务，实现精准作业。土地施肥技术、种子处理技术等创新技术的应用，有效提高了农作物的产量和质量。

辽宁省在推进农业数字化转型方面力度较大，通过培育壮大农业龙头企业，打造"互联网+农业"新模式，重点依托智慧农业云平台和农业大数据平台，构建智慧农业决策智慧中心，积极培育锦州、沈阳等智慧农业示范基地。近年来，智慧农业建设在辽宁省开展得如火如荼。辽宁省积极推广应用各项农业新技术，为农业生产装上了"智慧大脑"。铁岭市农业科学院研发的玉米新品种不仅抗倒伏、抗病害，而且多地试验亩产超过2000斤，比传统品种增产10%以上。远程监控、北斗卫星、无人驾驶等智能化技术已广泛应用于农业生产中。北斗导航无人播种机的轨迹误差不超过2厘米，无人机植保日作业面积可达千亩，这些智能化农机装备的应用，大大提高了农业生产效率。

吉林省坚持以数字化引领农业现代化，农业信息化水平逐年提升。吉林省积极建设数字化合作社，通过数字化手段提升农业生产、经营和管理能力，在智能化农业方面取得了显著进展。吉林四平的万亩玉米试验田，保护性耕作方式与免耕播种一体机的配套使用，实现了既高效又保护耕地的耕作方式。智能化种子漏播报警器、无人驾驶拖拉机等一系列新型农机具的应用，也让农田耕作更加轻松便利。吉林省盐碱地5G智慧农业项目取得突破。吉林移动与袁隆平工作站团队联合开展的5G专网智慧农业项目，通过自动化喷灌、长势分析、播种、收割等智能化应用，实现了盐碱地的全视角、全场景、全过程管理。

黑龙江省将智慧农业作为推动农业高质量发展的重要引擎。黑龙江省提出到2025年建成20个万亩级无人化智慧农场的目标，并在北大荒集团等地进行了积极尝试。在七星农场、胜利农场等地，无人驾驶插秧机、无人机植保、无人联合收割机等智能农机装备得到了广泛应用，实现了从耕、种、管到收的全程数字化、精准化、智能化作业。智能化精量播种机在哈尔滨市双城区等地得到广泛应用，能够精准控制播种深度和密度，提高了播种质量。5G智慧农业已成为推动黑龙江省农业现代化的重要力量。以绥化市嘉香米业为例，该企业通过打造5G智慧平台，实现了对水稻生长情况的实时监测。这一技术的应用，使得水稻亩产量显著提高，从之前的不足1000斤增加到1100斤以上。

5. 粮食加工能力显著提升，产业链不断延伸

粮食加工能力显著提升。东北地区依托丰富的粮食资源，不断提升粮食加工能力。吉林省农产品加工业销售收入突破 3000 亿元，农产品加工企业数量 3100 余户，其中规上企业 1200 余户；玉米加工水平全国领先。黑龙江省着力打造一批具有区域特色的食品工业集群，推动农产品加工业步入发展"快车道"。在粮食加工转化大市绥化市，已发展成玉米生物发酵产业基地，玉米和大豆等粮食作物被加工成多样化的高附加值产品，玉米能加工成辅酶 Q10、维生素、L-乳酸、果糖、玉米油等近 40 种产品，大豆能加工成豆粉、豆奶、大豆蛋白、大豆纤维、豆油、冰激凌等 20 余种产品。精深加工提高了粮食利用率，大幅提升了产品附加值。辽宁省农产品加工水平不断提高。2023 年投资规模达到亿元以上的项目超过 200 个，农产品加工集聚区实现主营业务收入达到 1500 亿元，同比增长 8.1%。

产业链延伸、多元化发展。东北地区农业产业链不断延伸，实现了多元化发展。以玉米产业为例，除了传统的淀粉、酒精等初级加工产品外，东北地区积极开发高附加值产品，如 L-乳酸、聚乳酸生物基可降解材料等。这些产品广泛应用于降解塑料、酿造、食品、医药等多个领域，拓宽了玉米产业的发展空间，促进了相关产业的协同发展。

（二）强化和美乡村建设

1. 乡村生态环境保护与治理

乡村基础设施建设与改善。各级政府加大对乡村交通基础设施的投入。吉林省政府办公厅印发《吉林省进一步构建高质量充换电基础设施体系的实施方案》，辽宁省、黑龙江省通过实施"村村通"工程，改善农民的出行条件。农村环境治理与美化。吉林省开展村庄清洁行动，行政村覆盖面达到 100%，95% 以上的行政村实现清洁干净的目标。通过实施"千村美丽""百村示范"等工程，吉林省累计打造了数千个美丽宜居的乡村，为农民提供了更加舒适的生活环境。黑龙江省通过实施生态环境分区管控、推进矿山生

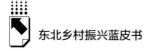

态环境综合整治等措施，全省乡村环境得到显著改善。各地开展"美丽庭院、干净人家"评选活动，引导农民共同维护乡村的美好环境。辽宁省注重发挥文化的力量。利用当地的红色资源、民俗风情等特色元素，打造一批具有浓郁文化气息的乡村旅游景点，美化乡村环境，促进乡村旅游的发展。农村生活设施改善。实施"厕所革命"，推广无害化卫生厕所，极大地改善了农民的卫生条件。全面提升乡村的供水、供电、供暖等基础设施水平。通过节能降碳措施，推动乡村建筑的绿色化改造。加强信息化基础设施的建设。实施"宽带乡村"工程，乡村实现了宽带的普及和提速。推动电子商务在乡村发展。建立电子商务平台、开展网络营销等活动，使得农产品得以走出乡村。完善公共服务设施。建设乡村卫生院、文化站、体育设施等公共服务场所，满足农民的基本生活需求和精神文化需求。各级政府积极推动教育、医疗等优质资源向乡村地区倾斜，提高乡村地区的教育和医疗水平。

2. 乡村文化建设与传承

一是重塑乡土文化，涵养文明乡风。各级政府高度重视乡土文化的保护与传承，通过系列措施重塑乡土文化，涵养文明乡风。各级政府加大对乡村文化设施的建设和投入力度。例如，吉林省通化市在 2024 年共建设了 894 个文明实践中心（所、站）、59 个乡镇综合文化站和 812 个农村小广场，为乡村文化活动的开展提供了有力保障。通过制定和完善村规民约，将移风易俗内容融入其中，村级组织积极推行"一约四会"① 基层治理模式，提升村民文明素养，有效遏制不良风气蔓延，为乡村文化建设营造了良好的社会氛围。

二是繁荣文化产业，推动文化振兴。依托特色资源打造乡村旅游品牌。推动文化与旅游深度融合。各级政府将文化与旅游相结合，举办各种文化节庆活动、民俗展览等，吸引游客前来观光旅游。推动乡村民宿、农家乐等旅游业态的发展，为游客提供更加丰富多样的旅游体验。

---

① "一约四会"是指村规民约和红白理事会、道德评议会、村民议事会、禁毒禁赌会。

三是传承非物质文化遗产，弘扬传统文化。加强非遗文化的普查和认定工作。推动非遗文化的活态传承。各级政府将非遗文化与现实生活相结合，举办各种非遗文化节庆活动、展览等，让非遗文化走进人们的生活。推动非遗文化与旅游、教育等产业的融合发展，加强非遗文化的国际交流与合作，参加国际文化交流活动，展示非遗文化的独特魅力。

3. 乡村社会治理与和谐发展

乡村环境治理，打造宜居宜业新乡村。吉林省在推进和美乡村建设中，注重乡村环境的改善。全省累计打造"千村美丽"村3046个、"百村示范"村201个，创建"干净人家"70多万户，整洁型、宜居型、生态型示范村占比分别达到54%、32%、2.5%。乡村文化振兴，激发乡村内在活力。乡村文化振兴是和美乡村建设的灵魂所在。东北地区注重挖掘和传承乡村优秀传统文化，积极引入现代文化元素，打造具有地方特色的乡村文化品牌。辽宁省注重乡村文化的传承与创新。通过举办各种文化活动，如农民文化节、乡村音乐节等，丰富了农民的精神文化生活。积极推动乡村文化产业的发展，如手工艺品制作、乡村旅游等，为农民拓宽增收渠道，促进乡村文化的传播与交流。乡村社会治理体系完善，构建和谐社会基础。东北地区不断完善推进乡村社会治理体系，注重加强基层党组织建设，发挥党员先锋模范作用，推动村民自治和法治建设，构建多元共治的乡村治理格局。2023年黑龙江省委农村工作会议提出，深化乡村环境整治。全省农村生活污水治理率达到30%以上，生活垃圾治理覆盖率达到100%，让村庄更加干净整洁有序。和谐乡村构建，实现乡村全面振兴。和谐乡村的构建是和美乡村建设的最终目标。发展乡村特色产业、加强农村基础设施建设等，提升乡村经济的实力和竞争力。加强乡村社会建设，完善农村社会保障体系、加强农村医疗卫生服务等，提升农民生活质量和幸福感。推动乡村生态文明建设，加强农村环境保护和生态治理。

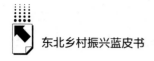

（三）农民生活质量逐步提高

1. 农民收入不断增长

在收入来源多元化的基础上，东北地区农民的收入水平实现了稳步增长。2024年，农村居民人均可支配收入为21738.5元，同比增长8.12%。其中，辽宁省农村居民人均可支配收入为22744元[①]，与2023年相比增加了1261元，同比名义增长5.87%；吉林省农村居民人均可支配收入为20704元，同比增长6.3%，扣除价格因素实际增长6.2%；黑龙江省农村居民人均可支配收入为20963元[②]，同比增长6.1%；2024年内蒙古东五盟的数据未公布，用内蒙古农村居民人均可支配收入代替，为22543元，比全国农村居民人均可支配收入（23119元）低576元，比2023年名义增长6.2%。东北地区农村居民收入增长速度略高于城镇居民，反映了乡村振兴战略在东北地区取得的初步成效。

2. 农民消费不断增加

东北地区农村产业发展、基础设施改善、金融支持增强，尤其是随着收入的增加，农民消费能力也相应提升。东北地区2023年农民人均消费支出16226.65元，比2018年增长42.56%，年平均增长8.51%（见表4）。随着收入的增加和生活水平的提高，农民的消费结构可能发生变化。在食品消费中，主食消费支出不断减少，副食支出相应增加，主副食比例发生变化，膳食结构明显改善。与此同时，消费品类多样化，除了基本生活消费，农民可能会增加对家庭设备、用品及服务，交通和通信等方面的消费。例如，购买更好的家电产品、交通工具等，提高生活质量。农民消费的增加刺激了农村消费市场的发展，带动了相关产业的繁荣。

[①]《2024年辽宁省居民人均可支配收入和消费支出情况统计》，华经情报网，https://www.huaon.com/channel/distdata/1049326.html。

[②]《2024年黑龙江省居民人均可支配收入达3.13万元 同比增长5.3%》，观点网，https://www.guandian.cn/article/20250218/468474.html。

表4　2018~2023年东北地区农民人均消费支出

单位：元

年份	东北地区	辽宁省	吉林省	黑龙江省	内蒙古东五盟
2018	11381.95	11455.00	10826.00	11417.00	11829.80
2019	12154.45	12030.00	11457.00	12495.00	12665.80
2020	12356.25	12311.00	11864.00	12360.00	12890.00
2021	14450.75	14606.00	13411.00	15225.00	14561.00
2022	14374.35	14326.00	12729.00	15162.00	15280.40
2023	16226.65	16040.00	14354.00	16453.00	18059.60

资料来源：《中国统计年鉴》（2019~2023年），辽宁省2023年统计公报、吉林省2023年统计公报、黑龙江省2023年统计公报、《内蒙古统计年鉴》（2019~2023年）、内蒙古东五盟2023年统计公报。

3. 农民生活条件得到改善与提升

农民生活条件实现显著的改善与提升。体现在农民收入的增加上，反映在居住条件、基础设施、公共服务、精神文化生活等多个方面的全面提升。收入结构多元化，经济水平显著提升。随着农业供给侧结构性改革的深入推进，东北地区的农业生产方式发生了深刻变革，农民的收入结构日趋多元化。粮食产量和质量双提升为农民带来了可观的种植收入；农产品加工集聚区和农业产业园区的建设，促进农产品深加工产业的发展，增加农产品的附加值，为农民提供了更多的就业机会和收入来源；土地流转政策的实施使得农民能够通过出租土地获得稳定的租金收入；国家补贴政策的落实为农民提供了额外的收入来源。多元化的收入渠道，使得农民的经济水平得到显著提升。居住条件改善，生活环境更加宜居。东北地区各级政府加大对农村危房改造和新建房屋的补贴力度，鼓励农民改善居住条件。许多农民利用政府补贴和自有资金，对原有房屋进行了翻新或重建，使得居住条件得到了显著改善。农村基础设施的完善为农民提供了更加宜居的生活环境。道路硬化、自来水入户、电网改造等工程的实施，使得农村的交通、饮水、用电等条件得到了极大改善。农村环境整治行动的开展，使得农村的环境卫生状况得到显著提升，农民的生活环境更加宜居。精神文化生活丰富，农民幸福感增强。

各级政府高度重视农民精神文化生活的建设，通过举办各种文化活动、建设文化设施等方式，丰富农民的精神文化生活。农村文化广场、图书室、活动室等文化设施的建设，为农民提供了更加便捷的文化活动场所。文化设施丰富了农民的精神文化生活，促进了农民之间的交流与互动，增强了农民的凝聚力和归属感。

4. 农村教育、医疗与社会保障日益完善

农村教育的发展与进步。2024年，东北地区在农村教育方面取得了显著成就。入学率与资助率全面提升，实现了入学率100%、资助率100%的骄人成绩。乡村教育条件持续改善。各级政府加大乡村教育的投入力度，乡村学校的硬件设施得到显著改善。积极引进优秀教师资源，通过培训、交流等方式提升乡村教师的教学水平，有效缩小城乡教育差距，为农村孩子提供更加公平、优质的教育环境。农村医疗的升级与保障。2024年，新农合在东北地区迎来了全面升级，筹资标准和报销比例全面提高，服务范围和服务质量显著提升。村卫生室开始纳入医保定点管理范围，农民能够就近享受到看病拿药报销待遇。医疗保障政策全面落实。制定一系列医疗保障政策，包括大病保险、医疗救助等制度，有效减轻了农民因病致贫、因病返贫的风险。各级政府加大对医疗机构的监管力度，确保医疗服务的规范性和安全性。农村社会保障的完善与提升。养老保险制度全面推广。各级政府积极推动养老保险制度的全面推广。通过提高补贴标准等方式，鼓励农民积极参保。加大对养老保险基金的监管力度，确保基金的安全性和可持续性。社会救助体系不断完善。通过提高救助标准、扩大救助范围等方式，为困难农民提供更加全面、有效的救助服务。社会福利事业持续发展。通过建设养老院、提供文化娱乐设施等方式，为农民提供更加丰富多彩的生活体验。

5. 脱贫攻坚成果有效巩固拓展

2024年，东北地区脱贫攻坚成果巩固拓展取得新进展，特别是脱贫地区产业持续推进有力措施，巩固脱贫攻坚成果，为乡村振兴奠定了坚实基础。政策引导与产业规划。东北地区各级政府出台系列支持脱贫地区产业发

展的政策措施。黑龙江省印发《关于促进全省脱贫人口持续增收三年行动意见（2023~2025）的通知》，通过政策引导，谋划产业布局，发挥当地资源优势，因地制宜发展特色产业，促进脱贫人口持续增收。发展特色产业。东北地区在脱贫地区产业发展中，注重培育特色产业，形成了一批具有地域特色的产业集群。黑龙江省积极培育特色产业，实现年收益增长，并直接带动就业。东北地区注重发展乡村旅游、电子商务等新兴产业，为当地经济发展带来了新的增长点。培育市场主体。注重培育市场主体，提高市场竞争力。各地通过政策扶持、资金支持等措施，鼓励农民合作社、家庭农场等新型农业经营主体发展，提高农业组织化程度。积极引进外部资本和技术，推动产业升级和转型。通过延长产业链、提高附加值等方式，增加农民收入。促进就业。通过发展产业、提供就业岗位等方式，帮助脱贫人口实现稳定就业。注重发展劳务经济，通过加强劳务输出合作、提供就业信息等方式，帮助脱贫人口实现异地就业。

（四）农村基层组织建设更加完善

1. 党组织的组织架构与队伍建设更加完善

党的组织架构优化与完善。农村基层党组织的组织架构主要由乡镇党委、村党组织以及下辖的党支部构成。这些党组织构成了农村基层治理的核心力量，负责宣传和执行党的路线、方针、政策，领导农村的各项事业。党的人员队伍建设强化与提升。农村基层党组织的队伍建设是确保党组织活力、推动乡村振兴的关键。东北地区在党员教育管理、干部选拔任用、人才培养引进等方面取得了显著成效。

党员教育培训常态化与制度化。深入贯彻落实党的二十大和二十届三中全会精神，把党员教育培训作为提升党员队伍素质、增强党组织战斗力的重要抓手。各级党组织依托"三会一课"、主题党日等形式，定期开展政治理论学习和党史学习教育，确保党员能够及时跟进学习党的最新理论成果和方针政策。党员发展工作规范化与严格化。在党员发展方面，各级党组织始终坚持把政治标准放在首位，全面考察申请人的入党动机、政治觉悟和道德品

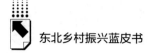

质。通过严格规范的程序，确保新发展的党员能够经得起考验、扛得住诱惑，成为党组织的中坚力量。

发挥党组织的作用与引领发展。农村基层党组织在乡村振兴中的首要任务是强化政治引领，确保党的路线方针政策在农村得到全面贯彻执行。基层党组织加强党员的思想教育和党性修养，提高党员的综合素质和工作能力，使他们能够更好地服务群众，推动乡村振兴。农村基层党组织不断优化组织设置，创新工作方式。通过强村弱村结对帮扶、村社联建、村企共建等方式，提升基层党组织的凝聚力和战斗力。

2. 农村集体经济组织建设更趋合理

集体经济组织形式丰富。随着农村改革的不断深化，东北地区农村集体经济组织的形式与类型日益丰富和完善。传统的村级集体经济组织是东北地区农村集体经济的基础，通常采用"集体所有、统一经营"的体制。这类组织往往历史悠久，拥有较为稳定的成员结构和经营模式。随着家庭联产承包责任制的推行，农民专业合作社在东北地区迅速崛起。这类组织由农民自发成立，以提供农业生产资料购买，农产品销售、加工、运输、贮藏以及与农业生产经营有关的技术、信息等服务为主要目的。农民专业合作社提高了农民的组织化程度，增强了农民在市场中的议价能力，促进了农民收入的增长。股份制与股份合作制经济组织是东北地区农村集体经济的一种创新形式。这类组织通过量化集体资产为股份，明确成员权益，实现了集体资产的有效管理和增值。股份合作制经济组织结合了股份制和合作制的优点，保留了集体资产的公有制性质，引入了市场机制和激励机制，激发了农村经济的活力。农工商综合体是东北地区农村集体经济组织的一种高级形式。这类组织通过整合农业、工业和商业资源，形成了集生产、加工、销售于一体的产业链。农工商综合体提高了农产品的附加值，促进了农村产业结构的优化升级，增强了农村经济的综合竞争力。近年来，随着城乡融合发展的深入推进，东北地区还出现了一些新型农村集体经济联合体。这类组织通过整合城乡资源，形成了跨区域的经济合作网络，推动了农村经济的转型升级和高质量发展。

集体经济组织的资产管理取得成效。作为农村经济的重要支柱，集体经济组织的资产管理关系到农民群众的切身利益，是推动乡村振兴、实现共同富裕的关键环节。东北地区农村集体经济组织的资产管理，一是明晰产权归属，有效防止资产的流失和侵占。二是健全财务管理制度、资产清查制度、资产评估制度以及资产承包、租赁、出让制度等，使得集体资产的管理更加规范化、透明化。三是创新模式，通过自营、合作、出租、入股等多种方式运营集体资产，实现了资产的多元化利用和增值；引入市场竞争机制，通过农村产权交易平台公开流转交易集体资产，提高了资源配置的效率和公平性。四是强化监督，在内部监督方面，充分发挥农村集体经济组织"三会"（成员大会、理事会、监事会）的作用，让成员参与资产使用监督管理；在外部监督方面，加大审计监督力度，定期对集体经济组织财务预算和决算、资金使用和收益分配等进行审计；建立智慧监管平台，将财务信息和档案资料上传平台，方便村民实时了解情况；同时制定责任追究制度，对侵占集体资产等问题严肃处理，确保了集体资产的安全完整。这些措施的实施，提高了集体资产的效益和安全性，为乡村振兴和共同富裕提供了有力支撑。随着农村改革的深入推进和乡村振兴战略的全面实施，东北地区的农村集体经济组织资产管理将迎来更加广阔的发展前景。

集体经济组织的产业快速发展。绿色特色产业兴起。东北地区凭借其得天独厚的自然条件和丰富的农业资源，大力发展绿色特色产业。各行政村党组织积极引领，结合当地实际，选准产业发展方向，推动绿色种植、有机养殖等生态农业模式的普及。绿色特色产业的兴起，提高了农产品的附加值，有效带动了农民增收。农产品精深加工链条延伸。通过引进先进技术和设备，提升农产品加工水平，开发出系列高附加值产品。线上线下营销渠道拓宽。线上利用电商平台、直播带货等新兴销售模式，打破地域限制，拓宽农产品销售渠道；线下通过参加农产品博览会、建立农产品直销店等方式，直接与消费者对接，提高农产品的市场占有率。线上线下相结合的营销模式，有效提升了农产品的销售量和价格水平。培育与发展乡村旅游产业。农村集体经济组织发挥东北地区优势，积极培育乡村旅游产业。通过开发乡村旅游项目、打造乡村旅游品牌、提升乡村旅游服务质量等措施，吸引了大量游客前来观光旅游。壮大农村服务型经济。发展农村电商、物流配送、农村金融等服务业态，为农民提供了更多的就业机会和增收渠道，推动了农村经济的多元化和现代化进程。

集体经济组织的收益分配趋于合理。东北地区农村集体经济组织在收益分配方面逐渐形成了科学、公正、透明的机制。为了确保收益分配的公平性和合理性，东北地区各级政府和相关部门制定了一系列政策和法规。例如，吉林省就出台了《吉林省农村集体资产管理条例》等相关法规，明确了集体经济组织投资、投劳、入股或者联营所获得的新增资产全部归集体经济组织所有，禁止任何组织和个人侵占、哄抢、私分、破坏或非法查封、扣押、冻结、没收集体资产。这些政策的出台，为农村集体经济组织的收益分配提供了法律保障。在实际操作中，东北地区农村集体经济组织的收益分配遵循"公开、公平、公正"的原则。首先，集体经济组织会定期公布收益情况，确保农民对收益分配的知情权。其次，收益分配方案会经过严格的审议和决策程序，通常由村党组织提出初步方案，经过村民大会或村民代表大会讨论通过，并报乡镇农村经济经营管理部门初审后报乡镇党委审核。充分尊重农民的意愿和利益，确保收益分配的合理性。

3.行政村党组织与集体经济组织的协作

随着农村基层组织建设的不断完善，东北地区行政村党组织与集体经济组织之间的协作日益紧密，成为推动乡村振兴和农村经济社会发展的重要力量。这种协作促进了资源的优化配置，提高了农村基层组织的凝聚力和战斗力，为农村的全面发展奠定了坚实基础。

一是组织联建，凝聚发展合力。行政村党组织作为农村基层组织的领导核心，在推动农村集体经济发展中发挥着举足轻重的作用。为了更好地发挥党组织的引领作用，东北地区多地积极探索"村党组织+合作社"的发展模式，将党组织的政治优势与合作社的产业优势紧密结合。例如，辽宁省凌源市大力推行"村党组织+合作社"的发展模式，通过村两委班子牵头领办创办合作社，实现了党组织的政治引领与合作社的经济发展的有机结合。这种模式下，村党组织与合作社建立"一体化"的合作关系，村集体依托产业优势，以土地、资金、资产等入股合作社，共同创办经济实体，创新发展路子。

二是班子成员双向进入，交叉任职。东北地区多地实行班子成员双向进入、交叉任职的制度。村两委成员同时兼任合作社理事会成员，建立起一套高效的议事决策工作机制。这种机制确保了合作社与村两委的同向同力、互促共进，为农村集体经济的发展提供了坚强的组织保障。

三是资源共享，互利共赢。村党组织利用自身的政治优势和资源优势，为合作社提供政策扶持、技术支持和市场信息等；合作社则利用自身的产业优势和经济效益，为村党组织提供资金支持。

四是产业联动，助力乡村振兴。通过整合农村资源，发展特色产业，形成产业链和产业集群，推动农村经济转型升级和高质量发展。通过引进龙头企业、推广先进技术、拓宽销售渠道等措施，不断提升农产品的附加值和市场竞争力。

4. 党风廉政建设与群众工作

农村基层党组织是推动乡村产业振兴、生态振兴、文化振兴和组织振兴的核心力量，是确保党的路线方针政策和决策部署在农村得到有效贯彻执行的关键。党风廉政建设作为农村基层党组织建设的重要组成部分，对提升党组织战斗力、凝聚力，以及密切党群关系具有重要意义。

二　东北地区推进乡村全面振兴存在的问题

（一）乡村产业发展不充分

1. 乡村产业融合度不高

政策引导与支持不足，产业融合的方向不明确，重点不突出；农业科技推广应用不足，农业科技研发与成果转化体系不够完善，科研成果

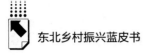

难以迅速转化为生产力；农村基础设施落后，影响农产品的运输和销售，制约乡村旅游、农村电商等新兴产业的发展；农业与二三产业融合不够紧密，乡村产业在结构上缺乏层次性和多样性，难以形成优势互补、协同发展的格局。

2. 农业产业化程度较低

种植业结构单一，粮食作物一枝独大，粮食作物播种面积占农作物播种总面积的比例普遍较高，黑龙江省、吉林省达到 80% 以上；农业产业链不完善，上下游衔接不紧密，农产品加工、储藏、运输等环节相对薄弱；农业社会化服务体系不健全，农业技术推广、信息服务、金融支持等支持力度不足，限制了农业生产的现代化进程，影响了农业产业化水平的提升；农业科技创新能力不足，缺乏先进的农业技术和设施，导致农业生产效率不高，难以满足市场对高质量农产品的需求。

3. 乡村产业发展的创新不足

科技创新应用滞后，先进的农业科技难以及时有效地应用到农业生产中，制约了农业生产效率和产品质量的提升；产业融合创新不足，相关政策扶持力度不足，企业投资意愿不强，制约了产业的融合发展；人才短缺与创新驱动力不足，缺乏高素质的科技人才和管理人才，导致农业科技创新和产业升级难以推进。

4. 乡村产业市场竞争力较弱

产业结构不合理，缺乏多元化发展，导致乡村产业在面对市场需求变化时，缺乏足够的灵活性和适应性，市场竞争力自然难以提升。产品品质参差不齐，缺乏标准化的生产流程和质量控制体系，农产品的品质难以保证。品牌建设滞后，缺乏知名品牌支撑，农产品往往难以在市场中脱颖而出。销售渠道狭窄，缺乏有效的营销策略和手段，农产品往往难以在市场中获得足够的曝光度和关注度。人才支撑不足，缺乏高素质人才引领，导致乡村产业在技术创新、管理创新等方面缺乏足够的人才支撑，市场竞争力难以得到有效提升。

（二）农村人口流失、人才缺失问题比较严重

1. 农业人口外流加剧

据第七次全国人口普查数据统计，自 2010 年至 2020 年的十年间，东北地区整体人口减少了 1101 万人，其中农村和县城是人口流失的主要区域。黑龙江、吉林、辽宁三省农村常住人口分别减少了 35.5%、29.8% 和 28.4%，远高于全国农村人口减少平均规模的 21.6%。

2. 农村人才短缺问题严重

由于经济发展滞后、教育资源不足、生活环境较差、农业现代化程度低，加上受社会氛围影响，东北地区农村的人才流失问题日益严重，特别是青壮年劳动力和高素质人才的流失，使得农村的人口结构趋于老龄化，劳动力资源匮乏。东北地区乡村的青壮年劳动力大多数选择外出务工，导致农村留下的都是老人、妇女和儿童，形成了"留守人群"。

3. 吸引人才返乡困难

人才对乡村的认知偏差。长期以来，许多优秀人才在成长过程中被灌输了"走出大山，走向城市"的思想。这种观念导致他们对乡村的认知存在偏差，认为乡村是落后、贫穷和缺乏发展机会的代名词。乡村基础条件相对薄弱，政策支持与落实不到位。乡村的文化氛围相对保守，缺乏创新和开放的精神，使得一些具有创新思维和创业精神的人才在返乡后难以得到充分的认可和支持。

（三）农村公共服务与乡村建设水平较低

1. 东北地区农村公共服务设施不足

农村公共服务供给总量受限。农村教育、医疗、文化等基本公共服务供给不足。调查显示，许多乡村教育资源匮乏，学校设施落后，师资力量薄弱，导致农村孩子无法接受高质量的教育。农村的医疗条件普遍较差，大部分乡村医生非科班出身，医疗服务水平有限，无法满足农民的健康需求。农村的文化活动匮乏，农民的精神文化生活单调。农村公共服务供给绩效缺

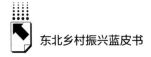

位。政府用于乡村公共服务的资源投入水平不足，投资增速缓慢，民生领域投资增长速度滞后于财政支出的增长速度，导致许多公共服务项目无法按时、按质、按量完成，无法满足农民的基本需求。农村公共服务供给质量失衡。与城市居民相比，农村居民在享受基本公共服务方面存在明显的质量差距。

2. 乡村基础设施建设滞后

资金投入不足。长期以来，我国实行"二元"经济结构，导致农村各项事业建设落后于城市，政府在城乡基础设施投入上形成了明显的差异。管理不到位。基础设施的建设和管理工作由不同部门负责，缺乏统一协调工作，导致各部门之间推诿，工作效率低下。缺乏统一规划。农村对基础设施进行统一规划尚未形成普遍性认识，导致基础设施建设存在盲目性、重复性和浪费性。基础设施落后。交通设施、水利设施、电力设施、生活性基础设施、生产性基础设施等建设滞后的问题不容忽视。

3. 乡村生态环境保护存在的问题

制度不健全与管理缺位。尽管国家对农村环境保护的重视程度日益提高，但在实际执行过程中，东北地区乡村生态环境保护仍面临制度不健全和管理缺位的问题。短期利益与长期发展的矛盾。生态环境保护是国家长治久安的长期利益，而农民为了自己的短期利益往往忽视生态保护，环保意识普遍淡薄，缺乏对环境问题的深刻认识和足够重视。农村环保设施落后。污水处理设施建设滞后，垃圾处理设施不足。法律法规执行不力，社会监督机制不健全。农村缺乏有效的监督渠道和平台，公众难以对环境问题进行举报和投诉。

（四）脱贫攻坚成果仍需巩固

1. 脱贫攻坚成果巩固不够

因病、因残致贫返贫现象依然存在。残疾人群体的脱贫和成果巩固同样面临巨大挑战。贫困人口自我发展的能力不足。部分贫困人口由于长期生活在贫困环境中，缺乏必要的技能和知识，自我发展的能力严重不足，限制了脱贫致富。产业扶贫项目可持续性不强。部分项目缺乏市场调研和风险评估，盲目上马，导致产品滞销、亏损严重；一些项目过于依赖政府资金和政策支持，缺乏自我造血功能，项目难以持久。

2.防止返贫的监测和帮扶机制不完善

监测对象识别不精准。农村人口流动性大、收入状况复杂多变，过于依赖静态数据，导致监测对象的识别存在困难。监测手段单一。主要依赖村干部、驻村干部的摸排以及帮扶责任人的申报。方式依赖人力，效率低下，且容易受到人为因素的影响。产业发展基础薄弱，缺乏龙头企业和新型农业经营主体的带动，产业帮扶力度不够。产业帮扶资金不足，难以满足监测对象发展产业的需求；产业帮扶项目选择不当，缺乏市场调研和风险评估，导致项目效益不佳。社会保障措施不完善。农村低保标准较低，难以满足监测对象的基本生活需求；大病救助、残疾人救助等临时性救助政策执行不到位，导致部分监测对象在遭遇重大疾病、残疾等突发事件时陷入困境。

3.脱贫人口的自我发展能力有待提高

东北地区脱贫人口的自我发展能力普遍较弱。收入水平低且不稳定，脱贫人口的人均纯收入虽然有所增长，但相较于全省农村居民人均可支配收入仍有较大差距；就业技能缺乏，大部分脱贫人口受教育程度较低，缺乏必要的职业技能和就业竞争力；产业参与度不高，脱贫人口在乡村产业中的参与度有限，难以通过产业发展实现增收；自我发展的意识薄弱，部分脱贫人口存在"等靠要"思想，缺乏主动脱贫和自我发展的内生动力。

（五）基层组织建设需要加强

1.个别基层党组织建设不完善

党组织领导核心作用不强。东北地区部分乡村，基层党组织的领导核心作用发挥不充分，对党的路线方针政策理解不够深入，宣传不及时、不全面，导致部分党员干部在工作中缺乏大局意识和全局观念，难以有效引领乡村发展方向，影响了党组织的公信力和凝聚力。党员干部素质参差不齐。部分党员干部市场意识淡薄，缺乏现代科学知识和管理知识。基层组织干部领导力与治理能力欠缺。部分干部思想观念滞后、治理能力不足，面对乡村治理中的新情况、新问题，如土地流转、环境保护、矛盾纠纷调解等，缺乏有效的解决策略和手段，导致问题积累，影响乡村稳定和发展。形式主义、官僚主义现象依然存在。基层组织过于注重表面文章和形式上的完成度，部分干部存在"官本位"思想，村民的合理诉求难以得到及时有效解决。基层组织的内部监督和外部监督机制尚不完善，导致一些政策执行不力，难以形成有效的制约力量。

2. 乡村集体经济组织发展滞后

产业发展滞后。对新产业、新业态的培育不足，仍主要依赖传统产业，缺乏创新和竞争力，难以适应市场需求的变化和发展。对土地资源依赖度高。存在土地资源陷阱现象，经济发展受土地因素制约较大，缺乏多元化的发展路径。对财政补助依赖度高。自身造血能力不足，难以实现可持续的自主发展。其主要原因，一是基础薄弱，先天不足。东北地区许多乡村在落实家庭联产承包责任制的过程中，由于对统分结合、双层经营体制的片面理解，只强调分，忽视了统的作用，绝大多数村没有保留集体经营的土地、山林，甚至把一些适宜集体统一经营的项目也平均分包到户，把积累的集体资产拆分殆尽，村集体经济退回到近乎空白的境地。在此基础上，重新发展集体经济自然困难重重，特别是地理位置偏僻，既无资源可供开发利用，又无人才资金等优势的村，发展壮大集体经济就更加艰难。二是路子不宽，体制不顺。目前，村集体经济的经营性组织职能是由村两委代为行使。村两委由于参与管理的村务头绪繁杂，很难集中精力发展集体经济。部分村干部受计划经济的思想影响较深，对市场经济新形势下发展集体经济思路不够广、办法不够多，对自身的优势认识不足、挖掘不够。三是负担过重，入不敷出。一些原应由农民承担的经济负担大多转嫁到村集体经济头上。随着税费收入的规范，村级不规范收入来源减少，尽管农民负担减轻了，但村集体收入渠道也相应地缩小了，无钱办事的矛盾更突出。四是缺乏有效形式。盲目发展不符合当地实际情况的村级集体经济，导致村级集体经济发展难以维持。五是政策及管理监督不足。对于村级现有的集体经济，国家对应的政策较少，村级集体经济缺少村级监督管理制度，没有一个相对规范的监管环境。

三 东北地区推进乡村全面振兴发展趋势

（一）现代化大农业发展加速

1. 农业科技创新与应用引领着东北现代化大农业高质量发展

农业科技创新与应用作为核心驱动力，正引领着东北地区农业向更高效、更智能、更环保的方向发展。在科技创新的引领下，东北地区的农业生产方式正发生深刻变革。无人机、智能农机等高科技设备极大地提高了作业效率和精准度。物联网、大数据等信息技术使得农业生产管理更加科学化、精细化。东北地区积极探索智慧农业的应用场景，利用大数据技术对农业生产数据进行深度挖掘和分析，为农业决策提供智能化支持。种业创新与生物技术将突破。中国科学院东北地理与农业生态研究所等科研机构，通过引入分子设计育种等先进技术，加速培育高产、优质、抗逆性强的新品种。通过基因编辑等技术改良作物性状，提高作物的抗病性和抗逆性；利用微生物菌剂等生物技术手段改善土壤环境，提高土壤肥力。通过装备升级与智能化改造，为现代化大农业提供更加精准、高效的支持。

2. 农业机械化与智能化水平实现更高

农业机械化深度普及与提升。随着国家对农业现代化的高度重视和一系列扶持政策的出台，东北地区的农业机械化水平将实现质的提升。从传统的耕作机械到现代化的收割机械，从单一的农业机械到多功能、智能化的农机组合，东北地区的农业机械装备种类日益丰富，性能不断提升。农业机械化的应用范围不断扩大。从耕整地、播种、施肥、灌溉到收获、加工、储存等各个环节，农业机械化渗透到农业生产的各个方面。智能化探索与实践。通过引入现代信息技术和智能装备，农业生产正在逐步向精准化、智能化方向转变。通过整合物联网、大数据、云计算等现代信息技术，构建智慧农业平

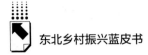
台，实现农业生产的智能化管理和决策。

3.农业产业结构优化调整

在确保粮食作物播种面积不减少的前提下，通过优化调整，农业产业结构的目标实现从以粮食作物种植为主的传统农业向以经济作物、特色农产品、畜牧业和农产品加工业为主的现代农业转变，形成多元化、高效益农业产业体系。通过优化调整农业产业结构，东北地区将实现农业生产的多元化和高效益化。预计在未来几年内，农业生产效益显著提高，农民收入稳步增长，更加注重生态环保和可持续发展，为国家的粮食安全和生态安全作出更大的贡献。

（二）东北地区乡村产业融合发展态势凸显

1.农产品加工业呈现规模化集约化发展

随着市场竞争的加剧和消费者需求的多样化，东北地区农产品加工业在科技创新的引领下，通过绿色化发展、品牌化建设，正逐步向规模化、集约化发展。通过整合优势资源，打造产业集群，提高产业集中度和竞争力。在玉米、大豆、水稻等主产区，建设一批农产品精深加工园区，形成较为完善的产业链和供应链体系。

2.乡村旅游与农业呈融合发展态势

乡村旅游与农业的融合将促进农业产业链的延伸，提升农产品的附加值，为乡村旅游注入丰富的文化内涵和生态价值，形成"以农促旅、以旅兴农"的良性循环。乡村旅游激发农业产业活力。乡村旅游带动农产品的销售和农业体验活动的开展，促进了农业产业链的延伸和价值链的提升。农业现代化助力乡村旅游升级。现代化的农业园区、生态农庄等成为乡村旅游的新亮点，为乡村旅游提供了更加便捷和高效的服务支持，如智能导览系统、在线预订平台等，提升了游客的旅游体验和满意度。东北地区乡村旅游与农业的融合发展呈现出多样化的模式创新。田园农业旅游、农家乐旅游、休闲度假旅游等模式将更加促进乡村产业融合发展。

3.农业与文化产业的结合越发紧密

通过挖掘乡村文化元素，将其融入农产品设计和包装中，打造具有地方特色的农产品品牌，增强消费者的认同感和归属感，推动乡村旅游吸引更多的游客前来体验乡村文化，带动乡村经济的多元化发展。通过挖掘历史文化、民俗文化、湿地文化和农耕文化等资源，将其融入农业发展中，形成了独具特色的地方农业文化产业。除了观光农业外，东北地区积极探索农产品加工业与文化产业的结合。许多地区将农产品加工成具有高附加值的文化创意产品，满足消费者多元化需求，提升农产品的市场竞争力。

（三）东北地区数字乡村建设快速发展

1.数字基础设施加快推动乡村振兴

促进农业生产方式转型升级。数字基础设施建设为农业生产方式的转型升级提供了有力支撑。通过智能农业设施、精准农业技术等的应用，实现农业生产的智能化、精准化，提高农产品的产量和品质。推动农村电商发展。数字基础设施的完善为农村电商的发展提供了广阔的空间。通过电子商务平台，农民更加便捷地将农产品销往全国各地甚至全球市场，拓宽销售渠道，增加收入来源。提升农村公共服务水平。数字基础设施的建设推动了农村公共服务水平的提升。通过远程教育、在线医疗等数字化服务的应用，农民享受到了更加优质的教育和医疗资源，提高了生活质量和幸福感。

2.农业生产将实行数字化管理

农业生产数字化管理的未来发展趋势是技术融合与创新。随着物联网、大数据、人工智能等技术的不断发展，农业生产数字化管理将实现更深层次的技术融合与创新。推动农业生产向更加智能化、精准化和高效化的方向发展。农业电商快速发展。农业电商作为数字农业的重要组成部分，将推动农业生产数字化管理的进一步发展。通过电商平台，农产品实现线上销售，减少中间环节，降低销售成本。电商平台提供大数据分析和预测服务，帮助农民精准把握市场需求，提高销售效率和销售额。

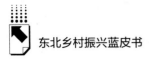

3. 乡村治理应用数字化

通过数字技术赋能，乡村治理正逐步实现精细化、智能化和高效化，为东北地区的乡村社会带来了深刻的变革。数字平台构建乡村治理新生态。通过电信企业携手地方政府，共同打造了集农业生产、乡村治理、环境保护、公共服务等多功能于一体的数字乡村平台。平台提供了环境监测与保护、农产品流通与电商、乡村旅游、智慧养老、居民健康管理等一系列服务，极大地丰富了乡村治理的内涵和外延。数字技术提升乡村治理效能。数字技术的应用改变乡村治理的方式，提升治理的效能。在农业生产方面，传感器、摄像头等物联网设备的广泛应用，使得农民实时监测作物的生长环境，精准管理农田，提高农业生产效率。通过数据分析预测作物病害和天气变化，指导农业生产，降低自然灾害对农业生产的影响。数字治理促进乡村社会和谐稳定。通过数字化手段，加强村民之间的沟通与联系，增进邻里之间的了解和信任。数字化平台为村民提供法律咨询、心理疏导等服务，帮助他们解决生活中的困难和问题。在乡村治理中，通过智能监控系统及时发现并处理潜在的矛盾冲突，防止事态扩大。

（四）乡村绿色发展需求不断扩大

1. 生态农业加速推广

生态农业模式的多样化实践。"四位一体"生态模式在北方地区尤为突出。这一模式将种植业、养殖业、沼气池和日光温室相结合，形成了一个相互依存、和谐共生的生态系统。生态农业与资源循环利用。东北地区农村开始重视农业生产中的副产品和废弃物的循环利用，通过将废弃物转化为有机肥料或生物质能源，减少了环境污染，提高了资源的利用效率。生态农业与乡村绿色发展。生态农业通过减少化肥和农药的使用，降低了农业对土地和水资源的污染，有助于保护生态环境；生态农业所生产的绿色农产品更符合现代消费者的健康需求，有助于提升农产品的附加值和市场竞争力。生态农业的未来展望。随着绿色农业的兴起和绿色农产品日益受到市场青睐，生态农业无疑将成为农业发展的主流方向。

2.农村环境治理生态化

政策支持。国家高度重视生态文明建设，出台了一系列环保政策和措施，为东北地区的农村生态环境治理提供了有力的政策保障。技术进步。随着科技的不断进步，绿色农业技术、生态农业技术等新型农业技术不断涌现，为农村生态环境治理提供了更多的技术手段。社会关注。随着公众环保意识的提高，社会对农村生态环境治理的关注度不断增加，为治理工作提供了更广泛的社会支持。市场需求。消费者绿色、有机农产品的需求增加，推动绿色农业的发展，为农村生态环境治理提供新的动力。

3.绿色农产品认证加快发展

通过绿色农产品认证，进一步凸显东北农产品的品质优势，增强消费者信心，促进农产品市场的健康发展。随着消费者健康、环保意识的不断增强，绿色农产品的市场需求将持续增长。

四 东北地区推进乡村全面振兴的对策措施

（一）坚持城乡融合发展，进一步深化农村改革

1.加强城乡基础设施互联互通

促进资源要素顺畅流动，是东北地区坚持城乡融合发展、深化农村改革的关键一环。通过优化交通网络、提升公共服务设施水平等措施，加速城乡一体化进程，为乡村振兴奠定坚实基础。

2.推动城乡公共服务均等化

东北地区在推进乡村全面振兴中，着力推动城乡公共服务均等化，通过政策引导与资源配置，确保城乡居民在教育、医疗、文化等方面享受均衡服务，缩小城乡差距，进一步促进城乡融合发展。

3.促进城乡要素自由流动

政策引导与优惠。政府应发挥其在资源配置中的引导作用，通过制定和实施一系列优惠政策，鼓励城乡要素的自由流动。市场机制与调节。充分利

用市场经济调节机制，促进城乡之间的信息流通，使生产资料、技术、信息等能够在城乡之间得到最佳的配置利用。在金融领域，深化农村信用社改革，鼓励金融机构向农村延伸服务，为农民提供便捷的金融服务。基础设施建设。加大对农村基础设施建设的投入力度，提升农村基础设施建设水平，为城乡要素的自由流动提供有力保障。人口与劳动力流动。取消对农民进城的限制政策，鼓励农民进城务工和创业。加强对进城农民的培训和就业指导，提高其就业能力和创业能力。加强对农村劳动力的培训和转移就业工作，推动农村劳动力向城市和非农产业转移。技术与信息共享。加大对农村科技服务的投入力度，推动农业科技的创新和推广。建立农业科技园区和示范区，加强农业科技创新体系建设。推广先进适用的农业技术和管理模式，提高农业生产效率和产品质量。建立城乡一体化的信息服务平台，打破城乡之间的信息壁垒。加强农村电子商务体系建设，推动农产品线上销售和农村电商的发展。加强农村远程教育体系建设，为农民提供便捷的教育服务。

4.深化农村土地制度改革

稳定土地承包关系，延长承包期限。随着土地二轮承包期的即将到期，按照国家安排，东北地区有15个县市[①]参加农村土地承包延包试点工作。通过延包，确保农民与土地之间的承包关系长久不变，为农民提供稳定的土地经营权，激发其投资农业生产的积极性。推进农村土地流转，实现规模经营。为了实现土地资源的优化配置，推进农村土地流转。提高土地的利用效率，推动农业现代化和产业化发展。探索宅基地有偿退出机制，促进土地节约集约利用。通过给予农民合理的经济补偿，鼓励其自愿退出闲置的宅基地，实现土地的节约集约利用。深化农村集体经营性建设用地入市改革。通过建立健全土地增值收益分配机制，允许农村集体经营性建设用地在符合规划和用途管制的前提下进入市场流通，以增加农民收入，推动农村集体经济发展壮大。完善农村土地管理制度，加强耕地保护。通过建立健全耕地保护

---

① 黑龙江省哈尔滨市、齐齐哈尔市、鸡西市、鹤岗市、双鸭山市、大庆市、伊春市、佳木斯市、七台河市、牡丹江市、黑河市、绥化市，辽宁省清原县、新宾县、抚顺县。

责任机制、加强耕地占补平衡管理、推进耕地质量提升等措施，有效遏制耕地非农化、非粮化趋势，通过优化土地资源配置、提高土地利用效率等措施，为乡村振兴战略的实施提供有力支撑。

（二）严守耕地红线，确保粮食和重要农产品稳产保供

1. 加强耕地保护与质量提升

东北地区作为我国重要的粮食生产基地，严守耕地红线，确保粮食和重要农产品稳产保供，是推进乡村全面振兴的关键措施。实施黑土地保护性耕作行动计划。农业农村部等部门制定并发布了《东北黑土地保护性耕作行动计划（2020~2025年）》，明确到2025年，保护性耕作实施面积达到1.4亿亩，占东北地区适宜区域耕地总面积的70%。东北地区各级政府加强组织领导，成立保护性耕作推进行动领导小组，制定具体实施方案，确保计划有效落实。推进耕地质量等级调查评价与监测。为全面掌握东北地区耕地质量状况，及时发现和解决耕地质量问题，各级政府开展耕地质量等级调查评价与监测工作。通过对耕地土壤理化性状、生物性状、生产成本、作物产量变化等进行定期监测和评估，为制定科学合理的耕地保护措施提供数据支持。加强耕地占补平衡管理。为确保耕地总量不减少、质量不降低，各级政府加强耕地占补平衡管理，严格执行耕地占补平衡政策。在建设项目占用耕地时，坚持"先补后占、占一补一、占优补优"的原则，确保补充的耕地数量相等、质量相当。推广科学施肥技术。针对东北地区耕地养分下降和养分不平衡的问题，各级政府积极推广科学施肥技术。通过引导企业和社会化服务组织开展科学施肥技术服务，支持农户和新型农业经营主体应用化肥减量增效新技术新产品，提高肥料利用率，减少化肥使用量。加强测土配方施肥工作，实现精准施肥，提升耕地质量。

2. 提高农业科技创新能力

一是东北地区应紧盯世界农业科技前沿，大力提升农业科技水平。立足自身资源禀赋，坚持以现代农业发展需求为导向，在深化科技体制机制改革、完善农业科技创新体系等方面持续发力。遵循农业科技发展规律，建立

农业科技创新主体和推广服务主体的交流与合作机制，促进农业科技成果的转移转化。二是强化农业基础研究，引导高校、科研院所加强对农业基础研究领域的前瞻性和引领性研究，实现更多的原始创新。三是构建现代农业产业科技创新中心，引导和资助科技创新团队围绕产业需求开展重点攻关、持续研究，加快新品种、新工具、新产品的研发应用，提升农业生产的效率和质量。四是深化农业科技人才体制机制改革，强化以主体定位与核心使命为基础的绩效评价导向，扩大科研决策、选人用人、职称评聘、经费使用、成果收益分配等方面的自主权，激发农业科研机构创新创业创造活力。五是大力推进科技与产业的深度融合，通过建设农业科技园区、农业产业化龙头企业等方式，推动农业科技成果的落地转化。加强农村基层党组织建设，提升党建引领基层治理效能，为农业科技的创新发展提供坚强的组织保障。

3. 完善农业支持保护政策

健全"三农"投入稳定增长机制。中央和地方各级财政应将"三农"作为公共财政的支出重点，确保农业投入只增不减。通过财政贴息、以奖代补、保费补贴、风险补偿、税费减免等政策措施，带动金融和社会资金更多地投入农业农村，为农业生产提供坚实的资金支持。完善农业补贴政策。继续实行对种粮农民的直接补贴、良种补贴、农资综合补贴等政策，将新增补贴向粮食等重要农产品、新型经营主体、主产区倾斜。建立健全利益补偿机制。加快完善主产区利益补偿机制，加大对粮食主产区的财政转移支付力度，增加对商品粮生产大省和粮油主生产大县的奖励补助。加强涉农资金的整合和统筹。从财政预算编制环节入手，清理和归并整合涉农资金，集中用于农业现代化和乡村振兴的关键环节。改革项目审批制度，创造条件逐步下放中央和省级涉农资金项目审批权限，赋予地方更多统筹整合使用涉农资金自主权。强化科技支撑，提升农业生产水平。着力推进农业科技体制改革，创新科技成果转化机制，加大农业科技创新平台基地建设和技术集成推广力度。实施黑土区种业振兴工程，培育推广适合黑土区种植养殖的品质优、产量高、抗逆性强、具有重大应用前景的优良品种。加快大中型、智能化、复合型农业机械的应用，推进丘陵山区农田宜机化升级改造，提高农业生产的机械化水平。推进高标准农田建设，夯实粮食生产基础。坚定不移地推进高标准农田建设，提高建设标准和质量，真正实现旱涝保收、高产稳产。加强田间机耕路、生产路、排灌系统等配套工程建设，推行田水林路综合治理，提高田间机械化作业便利程度和灌溉水利用率。完善农田生态防护体系，提高农田防护水平，为粮食生产提供坚实的基础保障。

4. 加强粮食储备和流通体系建设

筑牢粮食安全防线，加强粮食储备和流通体系建设，确保粮食和重要农产品稳产保供。一是加强粮食储备设施建设。加大对粮食储备库的投资力度，提升储备库的存储能力和现代化水平。引入先进的仓储技术和管理模式，确保粮食在储存过程中不受损失，保持品质稳定。建立健全粮食储备管理制度，加强对储备粮食的监管和检查，确保储备粮食的数量真实、质量可靠。二是完善粮食流通体系。积极推进粮食市场化改革，打破地域限制，促进粮食跨区域流通。建设完善的粮食购销网络和信息平台，实现粮食供求信息的快速传递和有效对接。加强对粮食流通市场的监管，打击囤积居奇、哄抬粮价等违法行为，维护粮食市场的正常秩序。三是探索粮食产业化和品牌化发展道路。培育壮大粮食加工企业，提升粮食附加值和竞争力。加强粮食品牌建设，提高东北粮食产品的知名度和美誉度，进一步拓宽粮食销售渠道和市场空间。

（三）积极发展乡村富民产业，拓宽农民增收渠道

1. 推动农村一二三产业融合发展

科学制定农村一二三产业融合发展规划，明确发展目标、重点任务和保障措施。夯实农业基础，促进产业升级。加强农业基础设施建设。持续投入高标准农田建设，改善农田水利条件，提高农业综合生产能力。加强农村水、电、路、通信等基础设施建设，为农村产业发展提供坚实基础。优化农业产业结构。稳定粮食作物播种面积，提高粮食单产水平，确保粮食和重要农产品稳产保供。积极发展特色种植和养殖业，如吉林梅花鹿、五常大米等，打造区域公用品牌，提升农产品附加值。推进农业现代化。加快农业科

技创新，推广先进农业技术和装备，提高农业生产效率和产品质量。实施科技兴农战略，吸引更多技术人才返乡创业，为农业现代化提供智力支持。

延伸产业链条，促进产业融合。发展农产品加工业。依托丰富的农业资源，大力发展农产品加工业，延长产业链条，提高农产品附加值。鼓励企业自建或合作共建标准化农产品生产基地，保障原料供应和品质安全。拓展农业多功能性。挖掘农业农村资源优势，推动农业与休闲旅游、民俗文化、科普体验、康养等产业的融合发展。发展定制农业、创意农业、工厂农业等新型业态，扩大农业生产边界。加强品牌建设。引导企业增强品牌意识，加强品牌研发、创新和保护。通过"二品一标"认证，提升农产品品质和市场竞争力。加大品牌宣传力度，扩大品牌知名度。

培育新型农业经营主体，激发产业活力。发展家庭农场和农民专业合作社。鼓励农民通过土地托管、代耕代种等方式实现连片耕种，促进农户经营融入现代农业产业链。培育和规范发展家庭农场、农民专业合作社等新型农业经营主体，提高农业组织化程度。培育龙头企业。支持农业产业化龙头企业发展，引导其通过投资、参股、订单等方式与农户建立紧密的利益联结机制。鼓励龙头企业实现技术、资金、生产、产品、市场、管理等生产要素优化组合，形成种养加、产供销、贸工农一体化的区域循环体系。

完善利益联结机制，保障农民收益。完善农民收入保护机制。通过稳定完善价格支持政策、优化农业补贴政策，健全种粮收益政策保障体系。推动农业保险扩面提标。将稻谷、小麦、玉米三大粮食作物完全成本保险和种植收入保险的实施范围从产粮大县扩大至全部县市，扩大大豆完全成本保险和种植收入保险试点范围。创新粮食生产经营增效方式，支持新型农业经营主体发展。建立紧密利益联结机制。推广合作制、股份合作制、股份制等组织形式，鼓励农民以土地、资金、技术等要素入股合作社或企业。建立风险和利益双向紧密利益联结机制，保护农民权益。推动产业融合发展利益共享。以利益共享为目标，构建多样化、多元化、多形式的农村一二三产业融合发展利益联结机制。鼓励和支持更多农民加入到产业融合的过程之中，分享产业增值收益。

2.加强农村电商和物流建设

随着互联网的普及和物流技术的不断进步，农村电商已成为推动农村经济转型升级的重要力量。一是构建完善的农村电商服务体系。建立健全的物流配送网络、支付结算体系以及售后服务机制。通过建立县、乡、村三级物流体系，确保农产品能够快速、新鲜地进入市场，让城市的商品顺畅地流入农村。引入第三方支付平台，为农民提供便捷的支付方式，并加强对交易过程的监管，保障消费者权益。积极拓展农村数字便民服务，引导电商平台、快递企业通过供应链管理、门店升级、品牌合作等方式，改造升级农村便利店、小超市等，打造供应链中转仓、直播电商场所等，充分盘活现有设施设备，助力当地特色农产品上行。二是加强农村电商人才培养。依托当地电子商务公共服务中心等机构，通过开展电商知识培训班、实操技能指导等方式，提高农民的电商运营能力。鼓励有志于从事电商的年轻人返乡创业，为农村电商发展注入新的活力。通过与高校、职业培训机构合作，培养更多具备电商专业技能的人才，满足农村电商发展的迫切需求。

3.促进农民就业创业

优化产业结构，培育新兴产业。依托自身资源禀赋，优化农业产业结构，大力发展特色种植、养殖业，如寒地水稻、高油大豆、蓝莓种植以及肉牛、生猪养殖等，通过规模化、标准化生产提升农产品附加值。引入和培育农产品加工业，延长产业链条，提高农产品就地加工转化率，吸纳更多农村劳动力就近就业。鼓励发展乡村旅游、农村电商、休闲农业等新兴业态，利用互联网+农业模式，拓宽农产品销售渠道，打造乡村特色品牌，为农民提供新的增收点。强化技能培训，提升就业能力。加大对农民的职业技能培训力度，建立多层次、多形式的培训体系。一是结合当地产业发展需求，开展精准培训，如电子商务、现代农业技术、乡村旅游服务等，提升农民的专业技能和创业能力。二是加强与职业院校、社会培训机构的合作，引入优质教育资源，开展订单式、定向式培训，确保培训与就业的有效衔接。搭建创业平台，激发创业活力。搭建创业服务平台，提供一站式服务，包括创业指导、项目孵化、资金扶持、市场开拓等。建立农村创业孵化基地，为初创企业提供场地、设备、法律咨询等支持，降低创业门槛和成本。设立专项创业基金，对符合条件的创业项目给予财政补贴、税收减免、小额信贷等优惠政策，激发农民的创业热情。举办创业大赛、创业论坛等活动，营造浓厚的创业氛围，吸引更多人才和资源向乡村集聚。推动返乡创业，促进人才回流。鼓励和支持在外务工人员、高校毕业生、退伍军人等群体返乡创业，是解决农村人才流失、激发乡村活力的有效途径。出台更加灵活的政策措施，设立返乡创业奖励基金、提供创业贷款担保、优先安排建设用地等，吸引人才回归。建立返乡创业人才库，提供个性化服务，帮助他们解决创业过程中的实际困难。加强合作经济组织建设，促进规模经营。鼓励和支持新型农业经营主体，通过联合合作，实现规模化、集约化生产，提高农业生产效率和市场竞争力。加强对合作经济组织的指导和扶持，提供技术培训、市场信息、品牌建设等服务，促进其健康发展。推动小农户与现代农业发展有机结合，通过股份合作、订单农业等方式，把小农户引入现代农业发展轨道，共享产业发展红利。

（四）持续巩固拓展脱贫攻坚成果，坚决守住不发生规模性返贫致贫底线

1.完善防止返贫动态监测和帮扶机制

巩固拓展脱贫攻坚成果，坚决守住不发生规模性返贫致贫底线的关键在于完善防止返贫动态监测和帮扶机制。通过实时监测、预警和精准帮扶，确保脱贫人口稳定脱贫，边缘人口不陷入贫困。建立健全监测体系。充分利用现代信息技术，建立健全多层级、多维度的监测体系。利用大数据平台，整合医保、教育、住建、水利、农业农村、人社、民政等部门数据，实现跨部门信息共享，及时发现潜在返贫致贫风险。实施精准帮扶措施。根据监测结果，对存在返贫致贫风险的农户，要迅速制定并实施精准帮扶措施。强化网格化管理。依托驻村帮扶工作队、乡村干部等力量，建立网格化管理体系。每个网格确定专门的监测员，负责定期走访农户，了解他们的生产生活状况，及时发现并上报潜在风险。建立网格管理电子台账，对返贫风险大的乡

村和搬迁安置区实行"挂牌预警"管理，确保帮扶措施精准到位。完善风险预警和响应机制。进一步完善风险预警和响应机制，确保一旦发现返贫致贫风险，能够迅速响应并采取有效措施。建立快速反应小组，对预警信息进行分类分级处理，及时将预警信息反馈给基层进行核实和处置。定期对监测对象进行"回头看"，将风险消除不稳定的对象重新纳入监测范围，确保帮扶措施持续有效。

2. 加强脱贫人口就业帮扶

稳固脱贫根基。精准摸排就业需求。组织专门力量，深入脱贫家庭，精准摸排脱贫人口的就业意愿、技能水平及就业需求，建立详细的就业帮扶台账，为后续的就业服务提供数据支撑。强化职业技能培训。结合东北地区产业特色和市场需求，开展多层次、多形式的职业技能培训，如农业技术、家政服务、电子商务、汽车维修等，提升脱贫人口的职业技能和就业竞争力，帮助他们实现更高质量的就业。拓宽就业渠道。积极对接本地企业、产业园区及劳务输出基地，开发适合脱贫人口的就业岗位，鼓励和支持脱贫人口自主创业，通过提供小额信贷、税收减免等优惠政策，降低创业门槛和风险。加强就业服务体系建设。建立健全脱贫人口就业服务体系，包括公共就业服务平台建设、就业信息收集和发布、职业介绍和就业指导等，为脱贫人口提供全方位、一站式的就业服务。实施跟踪帮扶机制。对已就业的脱贫人口实施跟踪帮扶，定期回访了解其就业稳定性、收入状况及存在的困难，及时提供必要的援助和支持，确保他们能够在就业岗位上稳定下来，真正实现稳定脱贫。

3. 推动脱贫地区产业发展

通过发展产业，为脱贫人口提供持续稳定的收入来源，激发其内生动力，实现从"输血"到"造血"的根本性转变。精准定位，发展特色产业。充分利用地理、气候和资源条件，精准定位脱贫地区的产业发展方向。鼓励和支持各地因地制宜发展特色种植业、养殖业、林果业等，形成一批具有地方特色的优势产业。政策扶持，优化产业环境。加大对脱贫地区产业发展的政策扶持力度，降低创业和运营成本，吸引更多企业和个人投身产业发展中来。加强基础设施建设，改善交通、水利、电力等条件，为产业发展提供坚实的物质基础。科技创新，提升产业水平。引进和推广新技术、新品种、新模式，提高农业生产效率和产品质量。加强与高校、科研院所的合作，建立产学研用紧密结合的科技创新体系，为产业发展提供智力支持。市场拓展，拓宽销售渠道。积极开拓国内外市场，拓宽脱贫地区农产品的销售渠道。利用电商平台、直播带货等新型销售模式，打破地域限制，让农产品走出大山、走向全国乃至全球市场。利益联结，实现共赢发展。建立健全脱贫地区产业发展的利益联结机制，确保产业发展成果惠及广大脱贫群众。通过股份合作、订单农业、土地流转等多种形式，让脱贫群众参与到产业发展中来，分享产业发展的红利。加强产业扶贫与乡村振兴的有效衔接，推动乡村全面振兴。

（五）深入学习运用"千万工程"经验，建设宜居宜业和美乡村

1. 加强农村人居环境整治

一是推进农村生活垃圾处理体系的建设和完善。通过建立健全垃圾分类收集、转运和处理机制，实现农村生活垃圾的无害化、资源化处理，有效减少环境污染，提升乡村整体卫生水平。二是加强农村村容村貌的整治与提升。通过实施村庄绿化美化工程，种植适宜本地生长的树木和花草，打造绿色生态的乡村景观。加强对农村破旧房屋的修缮和改造，提升农房安全性和舒适度，让农民住得安心、舒心。注重保护乡村历史文化和传统风貌，挖掘和传承乡村特色文化元素，打造具有地域特色的美丽乡村。三是推动农村基础设施建设向村延伸、往户覆盖。加快农村道路硬化、亮化、绿化进程，提升农村交通便捷度和安全性。加强农村供水、供电、通信等基础设施建设，提高农村公共服务水平，满足农民群众日益增长的美好生活需要。四是建立健全农村人居环境整治长效机制。通过制定和完善相关政策法规，明确各级政府、相关部门和农民群众的责任和义务，形成齐抓共管的工作格局。加强对农村人居环境整治工作的监督检查和考核评估，确保各项措施落到实处、取得实效。

2. 推进农村生态保护与修复

推进农业绿色生产转型。减少化肥农药使用。巩固化肥农药零增长行动成果，继续推动化肥农药减量化使用。发展有机农业。鼓励农民种植有机农产品，提高绿色食品、有机农产品的供给比例。加强宣传教育，增强环保意识。通过举办环保讲座、发放宣传资料等方式，增强农民的环保意识。表彰在农村生态保护与修复工作中作出突出贡献的个人和集体，树立环保典型，激发农民的环保热情。完善政策法规体系。结合东北地区的实际情况，制定和完善与农村生态保护与修复相关的法规和政策。通过法律手段，保障农村生态保护与修复工作的顺利开展。加大执法力度，严格执法，维护农村生态环境的稳定和安全。

3. 提升农村基础设施建设水平

深入学习并运用"千万工程"经验，提升农村基础设施建设水平，提高农民群众的生活品质，推动乡村全面振兴。强化交通网络构建。加强农村公路建设，优化路网结构，确保每个行政村至少有一条硬化路连通，提升农村客运服务水平，方便农民群众安全便捷出行。推动物流体系向乡村延伸，利用现代信息技术手段，促进农产品上行和工业品下行，拓展农村市场，激发乡村经济活力。完善水利设施与供水保障。加大对农村水利设施的投资力度，实施农田水利灌溉系统改造升级，提高农业灌溉效率和抗旱减灾能力。加强农村饮水安全工程建设，确保所有农村居民都能喝上安全水，提升农民生活质量。推进生活设施现代化。加快农村电网改造升级，提高供电可靠性和稳定性，支持农村清洁能源推广使用，如太阳能、生物质能等，促进绿色低碳发展。加强农村信息网络建设，推动宽带网络普遍覆盖，利用数字技术赋能乡村治理和产业发展，缩小城乡数字鸿沟。改善农村住房条件，推广节能环保型农房建设，提升农村居住环境的舒适性和安全性。优化公共服务供给。加大农村教育、医疗、文化等公共服务设施投入，满足农民对公共服务的需求。

4. 加强农村精神文明建设

弘扬优秀传统文化，增强乡村文化自信。加强对东北地区历史文化和民

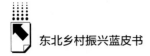

俗传统如满族文化、朝鲜族文化等的挖掘、保护和传承,通过举办文化节、民俗展览等活动,让村民在参与中感受文化的魅力,增强对本土文化的认同感和自豪感,为乡村精神文明建设提供坚实的文化基础。

(六)加强农村基层党组织建设,发挥好集体经济组织引领农村经济发展的作用

1.加强农村基层党组织建设

强化农村基层党组织政治功能。农村基层党组织作为党在农村工作的基础,其政治功能的强化,对于凝聚人心、汇聚力量、引领发展具有不可替代的作用。一是明确农村基层党组织的政治定位。二是加强农村基层党组织的思想政治建设。三是完善农村基层党组织的组织体系。四是强化农村基层党组织的政治引领功能。五是加强农村基层党组织的监督和管理。加强对农村基层党组织的考核和评价,激励党组织和党员在乡村振兴中发挥更大作用。加强农村基层党组织队伍建设。优化队伍结构,提升整体素质。通过定向选拔、公开竞聘等方式,吸引更多年轻有为、具备专业技能和领导能力的人才加入农村基层党组织,为队伍注入新鲜血液;加强对党员的教育培训,提升其政治素养、业务能力,增强其服务意识,确保每位党员都能成为推动乡村振兴的中坚力量。强化教育培训,提升治理能力。建立健全教育培训体系。定期举办党务知识、政策法规、农村经济发展等方面的培训班,提高党员解决实际问题的能力,有效提升基层治理效能。完善激励机制,激发内在动力。建立健全激励机制。设立优秀党员表彰制度,提供职业发展机会,落实相关福利待遇。加强监督管理,确保队伍纯洁。建立健全党内监督机制,加强对党员的日常管理和监督,确保每位党员都能严格遵守党的纪律和规矩。

2.发挥好集体经济组织引领农村经济发展的作用

农村集体经济组织是推动农村社会进步和农民增收的关键力量。通过政策支持、党建引领和法律法规的保障,充分发挥集体经济组织的优势,促进农村经济的全面发展,提高农民的生活水平,实现农村的共同富裕。东北地区在推动农村集体经济组织引领农村经济发展方面,要借鉴全国其他地区的

成功经验和做法，结合自身的实际情况，采取一系列有针对性的策略和措施。一是明确农村集体经济组织的作用和目标。需要明确农村集体经济组织在推动农村经济发展中的作用和目标。农村集体经济组织服务"三农"的总目标是实现农业农村现代化，战略目标是推进乡村振兴，具体目标是发展新型农村集体经济，促进集体资产保值增值，确保农民受益。二是强化党建引领作用。提升村党组织战斗力，充分发挥基层党组织引领功能和服务功能，坚持党群合作，多业融合发展，以村党组织为核心，广泛凝聚和发动群众、村组干部及在外成功人士参与到村集体经济中来，共同推动村集体经济发展。提升村党组织凝聚力。构建村党组织带头、村集体经济引领、村专业合作社合作、农户参与的四方合作联动机制，共同带动当地群众增收致富，以点带面带动当地产业、经济发展。三是加强集体经济组织的自身建设。加强自身建设，需从组织架构优化入手。明确职责分工，优化管理层级，确保决策科学、执行高效。加强内部管理，建立健全规章制度，提升组织运行的规范化、制度化水平。通过引入现代企业管理理念和方法，提升集体经济组织的运营效率和市场竞争力。集体经济组织应重视人才队伍建设，加大培训力度，提升组织成员的专业素养和业务能力。建立健全财务制度和监督机制，加强财务公开和民主管理，保障农民群众的知情权、参与权和监督权。通过科学合理的财务管理，提升集体经济组织的经济实力和可持续发展能力。四是创新集体经济组织的经营模式。借鉴沈阳市辽中区的成功经验，通过党建引领，探索出如产业发展型、公司创收型、租赁经营型、村企合作型等多种经营模式。长春市九台区马鞍山村的经验。马鞍山村与文旅企业合作，经营民宿、食品加工厂、采摘园等多个产业，实现了村集体收入的快速增长。这种"公司+党支部领办合作社"的模式，克服了村级组织发展产业缺思路、没经验、能力弱的短板，还通过抱团参与市场经营，壮大了集体经济。五是提升集体经济组织的市场竞争力。集体经济组织应注重品牌建设。通过打造具有地域特色的农产品品牌，提高产品的知名度和附加值。加强技术创新和人才培养是提升市场竞争力的核心。集体经济组织应加大对农业科技的投入，引进先进的农业技术和设备，提高农业生产效率。注重培养新型

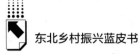

职业农民，提升他们的专业技能，增强他们的市场意识，为集体经济组织注入新的活力。积极利用电商平台、直播带货等新型销售模式，拓宽农产品销售渠道，实现线上线下融合发展。六是必备的保障措施。东北地区要发挥好集体经济组织在引领农村经济发展中的作用，离不开强有力的政策支持和完善的法规保障，离不开充足的资金投入与有效的金融支持，必须建立健全的监督管理与风险防控机制，加强宣传与引导、提高农民参与度。

分 报 告

B.2

2023~2024年吉林省
推进乡村全面振兴发展报告

李冬艳 刘 恒*

摘 要： 乡村全面振兴是农村经济、文化、生态、治理等多维度多方面的发展与完善，是"五位一体"总体布局和"四个全面"战略布局在"三农"领域的深刻体现，旨在通过重塑城乡关系、提升文化价值和创新发展模式，绘就乡村振兴新画卷。2023~2024年吉林省粮食等重要农产品供给保障能力不断增强，乡村富民产业对乡村全面振兴的支撑力持续提升，城乡融合发展效果显现，在取得成就的同时也面临新挑战和新问题，2025年应着力于释放乡村特色产业带动农民增收效应，激发新型农村集体经济发展活力实现农业增效，聚焦乡村特点探索多元化乡村文化振兴路径、促进城乡深度融合打造城乡共同繁荣发展新格局等方面持续发力。

---

* 李冬艳，吉林省社会科学院农村发展研究所所长，研究员，主要研究方向为区域经济与农村发展；刘恒，长春光华学院助教，主要研究方向为财务会计、"三农"问题。

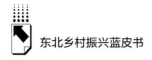

摘　要：　乡村全面振兴　乡村富民产业　吉林省

乡村全面振兴是农村经济、文化、生态、治理等多维度多方面的发展与完善，是"五位一体"总体布局和"四个全面"战略布局在"三农"领域的深刻体现，旨在通过重塑城乡关系、提升文化价值和创新发展模式，绘就乡村振兴新画卷，最终实现乡村不简单是寄托"乡愁"的载体，同时也是活力四射的经济与文化主体的中国式现代化的深层次目标。

一　吉林省乡村全面振兴的现状

2024 年吉林省锚定建设农业强省目标，以发展现代化大农业为主攻方向，扛起保障国家粮食安全的责任和担当，学习运用"千万工程"经验，充分发挥示范引领作用，统筹城乡融合和区域协调发展，有力有效推进乡村全面振兴。

（一）粮食等重要农产品供给保障能力不断增强

仓廪实，天下安。粮食等重要农产品的供给保障能力一直是稳定和发展的重要前提，特别是对于作为农业大省和粮食大省的吉林省来说更是头等大事和政治责任。在吉林省农林牧渔总产值构成中，农业产值和牧业产值占 90% 以上，是农产品供给的重要支撑。

1. 粮食产量向千亿斤目标迈进，多措并举为粮食安全保驾护航

吉林省聚焦良田、良种、良机、良法多元协同，持续推进"千亿斤粮食"产能建设工程。黑土是大自然赋予人类得天独厚的宝藏，是"耕地中的大熊猫"，是保障粮食生产能力最重要的资源要素。吉林省不断加大黑土地保护和高标准农田建设力度，深入落实"藏粮于地"，全国首创的测土配方施肥手机信息服务系统和全国首家黑土地保护与利用院士工作站，为全省粮食产量向千亿斤目标迈进提供了有力支撑。2024 年实施保护性耕作推广

面积达到3800万亩，新建和改造提升高标准农田806万亩，创历史新高，粮食总产量实现853.2亿斤，粮食产量达到新高度，与千亿斤差距持续缩小，进一步巩固了全国第4的地位，单产连续3年居粮食主产省第1位。出台《关于加快推进种业振兴的政策措施》（吉政办函〔2024〕53号），从强化种业人才激励机制，加快重大育种科研平台和基地建设，加速优良品种推广应用等方面全力实施种业振兴行动，加快种业强省建设，农机装备向大型、高端、智能化转型，智慧农业应用场景更加丰富。

2.畜牧业逆势上扬、稳中有进，共同发力构建多元化食物供给体系

2025年中央一号文件提出践行大农业观、大食物观，全方位多途径开发食物资源，构建多元化食物供给体系，这为保障国家粮食安全指明了方向。[①] 吉林省大力发展畜牧业经济为构建多元化食物供给体系提供了重要支撑。在全国畜牧业生产整体下滑的大背景下，吉林省取得了"四个第一、三个突破、两个跃升"的突出成绩，呈现逆势上扬、稳中有进的发展趋势。2024年吉林省肉类人均占有量居全国第1位，梅花鹿种质资源、养殖规模、鹿茸产量均居全国第1位；皓月、金翼、东鳌、世鹿首次入选全国肉牛8强、禽蛋20强、梅花鹿3强龙头企业，延边黄牛、双阳梅花鹿首次入选农业农村部国家级精品品牌，"东丰梅花鹿"首次夺得全国县域擂台赛金奖，吉林正业生物科技控股有限公司成为我国内地兽用疫苗行业在美国纳斯达克证券交易所首家上市企业。肉牛屠宰量实现翻番，由全国第11位跃升至第5位，屠宰率由全国第26位跃升至第11位。通过农产品加工业和食品产业"十大产业集群"的建设，逐渐延伸拓展"粮头食尾""农头工尾""畜头肉尾"全产业链，2024年吉林省农产品加工业新达产项目314个，新增产值365亿元。

（二）乡村富民产业对乡村全面振兴的支撑力持续提升

立足实际，依托农业资源，发展符合县情、农情的优势产业和特色产

---

① 耿苏强等：《践行大食物观 构建多元化食物供给体系》，《农业科技报》2025年3月6日。

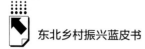

业，通过专业化分工、产业链拓展实现规模经济，充分发挥富农产业带动农民参与产业发展过程、更多分享产业增值收益的重要作用，真正实现县域经济可持续发展和农民收入稳步提升。

1. 将"土特产"作为乡村富民产业的小切口，实现三年上台阶的发展目标

"土特产"的核心要义在于依托地方乡土资源，形成具有一定规模的、凸显地域特点和产品优势的产业或产业集群，成为实现乡村产业振兴和农民持续增收的重要驱动力。吉林省将土特产作为乡村富民产业的小切口，打造产业链条完整、带动能力强的乡村特色产业。2025年，吉林省出台了《吉林省乡村富民特色产业高质量发展三年行动方案》，以"一年强基础、两年见成效、三年上台阶"为发展目标，围绕"吉菌""吉菜""吉果""吉鹿""吉蜂""吉渔""吉蛙""吉花生"，发挥良种优势，提高种植区标准化程度，培育壮大龙头企业，以第二产业精深加工为切入点，下延拓展第三产业，上承吸纳第一产业。推动农文旅深度融合，提升乡村旅游产品和服务品质，创新"庭院+"模式，打造庭院经济增长点。做好"土特产"文章，达到"人无我有、人有我优、人优我强"的发展高度，让吉林省"土特产"能够火出圈，让乡村特色产业成为富民的"吉"先锋，预计2025年实现综合产值2100亿元。

2. 品牌跃升为乡村富民产业注入活力，书写高质量发展新篇章

深入实施吉林省农产品品牌建设工程，加强绿色食品、有机产品、地理标志、"老字号"认证，树立"吉字号"农产品优质形象。[①] 品牌农业是现代化大农业的价值实现路径，通过品质提升、文化赋能和市场运营，实现品牌溢价，不断提升农产品附加值和产品竞争力。吉林省出政策、优服务、架桥梁、解难题，突出特色优势，坚持"一业一品"，共建吉林"大品牌"，打造各自"小品牌"，"吉字号"产品卖向全国、走向世界，让吉林品牌更

---

① 黄强：《以发展现代化大农业为主攻方向 奋力绘就乡村全面振兴吉林图景》，《人民日报》2025年4月7日。

响亮。编制吉林省绿色名优产品名录，涉及粮油产品、农林深加工产品、畜禽渔产品、林产品四大类 220 家企业的产品。长白山人参、双阳梅花鹿等 109 个商标被列入吉林省有效地理标志商标名录，51 种产品被列入地理标志保护产品名录。开展"吉林老字号"认定，深入挖掘"老字号"资源，推荐吉林敖东等 11 家企业申报"中华老字号"示范创建企业。生产是农业的一部分，体验和品牌是农业增值的核心，探索以文创赋能农业品牌之路，用"文创+"激活"沉睡基因"，释放"文化基因"对农业品牌建设的重要推力。以国潮风为特点的"于小肥"农业品牌，成为粮食行业的"爆款"，深受年轻人喜欢。

（三）城乡融合发展效果显现

党的十九大提出乡村振兴战略后，又赋予了城乡融合发展新的时代内涵，坚持农业农村优先发展，着力推进城乡融合，目标在于不断缩小城乡差距，促使城乡从相对独立的状态耦合成为一个相互促进、协调发展整体的过程，城乡居民生活质量、基础设施、产业、生态、社会等多维度的融合状态成为其最终表现形式，实现城乡共同繁荣。吉林省在推进乡村全面振兴过程中，推进城乡深度融合发展是实现吉林省高质量发展的关键所在。

1. 城乡居民收入逐年增加，收入结构变化明显

近年来，吉林省居民人均可支配收入持续稳步增长，2023 年城镇居民人均可支配收入达到 37503 元，是"十二五"末期的 1.5 倍，增速呈降低趋势，从 2015 年的 7.25% 降至 2023 年的 5.73%。2023 年农村居民人均可支配收入为 19472 元，是"十二五"末期的 1.7 倍，虽然农村居民年人均可支配收入绝对值低于城镇，但增速略高于城镇，从 2019 年开始增速明显高于城镇居民人均可支配收入增速，其中 2021 年增速最高，为 9.80%，高出城镇居民人均可支配收入增速 3 个百分点。吉林省城乡居民收入差距逐渐缩小，收入比呈逐年下降趋势，从"十二五"末期的 2.20 倍到下降为 2023 年的 1.93 倍，差距呈收紧状态，2022 年城乡收入比值进入 1.0 时代，取得突破性进展（见表 1）。

表1　2015～2023年吉林省城乡居民人均可支配收入

年份	城镇居民人均可支配收入（元）	城镇居民人均可支配收入增速（%）	农村居民人均可支配收入（元）	农村居民人均可支配收入增速（%）	城乡收入比
2015	24900.86	7.25	11326.17	5.07	2.20
2016	26530.42	6.54	12122.94	7.03	2.19
2017	28318.75	6.74	12950.44	6.83	2.19
2018	30171.94	6.54	13748.17	6.16	2.19
2019	32299.18	7.05	14936.05	8.64	2.16
2020	33395.7	3.39	16067.03	7.57	2.08
2021	35645.81	6.74	17641.69	9.80	2.02
2022	35470.92	-0.49	18134.47	2.79	1.96
2023	37503.00	5.73	19472.00	7.38	1.93

资料来源：《吉林统计年鉴》（2015～2023年）、《吉林省2023年国民经济和社会发展统计公报》。

居民收入由工资性收入、经营净收入、财产净收入、转移净收入四部分构成，从收入结构来看，城乡居民收入构成差别较大，城镇居民收入60%左右来自工资性收入，从"十二五"末期的60.1%波动上升到2023年的62.3%，提高了2.2个百分点，农村居民人均可支配收入主要来自经营净收入，占比在60%左右，城镇居民人均可支配收入中财产净收入占比最低，在5%左右；农村居民人均可支配收入中财产净收入占比最低，在2%左右。从变化趋势来看，"十二五"末期以来，农村居民人均收入结构变化较为明显，经营性收入呈显著降低趋势，从2015年的69.6%下降到2023年的59.5%，下降了10.1个百分点，工资性收入占比从"十二五"末期的18.5%上升到2023年的22.5%，提高了4个百分点，财产净收入与转移净收入分别提高了0.9个百分点和5.0个百分点。由于在以按劳分配为主体、多种分配方式并存的分配方式下，不断增加农村地区的资源配置，农民转移净收入呈增长趋势，而城镇居民收入中转移净收入呈相反趋势，占比小幅度下降（见表2）。

表2 2015~2023年吉林省城乡居民人均可支配收入结构

单位：%

年份	城镇居民人均可支配收入结构				农村居民人均可支配收入结构			
	工资性收入占比	经营净收入占比	财产净收入占比	转移净收入占比	工资性收入占比	经营净收入占比	财产净收入占比	转移净收入占比
2015	60.1	10.7	5.5	24.4	18.5	69.6	1.8	10.2
2016	59.7	9.5	5.2	25.6	19.5	62.4	1.9	16.2
2017	59.7	8.8	5.0	26.5	23.3	57.1	2.2	17.3
2018	62.9	9.2	5.3	22.5	25.6	56.4	1.8	16.1
2019	63.7	8.8	5.1	22.4	26.3	55.3	2.1	16.3
2020	62.9	8.6	4.8	23.4	25.0	56.9	2.3	15.8
2021	63.2	9.7	5.0	22.1	24.4	57.6	2.2	15.8
2022	61.8	9.9	5.1	23.1	22.0	61.0	2.5	14.5
2023	62.3	10.9	4.9	21.9	22.5	59.5	2.7	15.2

资料来源：《吉林统计年鉴》（2016~2024年）。

2. 县城的城乡融合纽带作用不断增强，对城乡要素跨界融合的支撑作用显现

县城在新型城镇化战略中的作用越来越重要。县城已成为适应人口流动新态势、推进就近城镇化的重要载体。吉林省统筹强化制度设计，注重城镇常住人口市民化和农村人口就地城镇化，推进城乡发展互促共荣。遵循城镇化发展客观规律，把握国家新型城镇化政策导向，抢抓构建哈长城市群机遇，深入实施长吉图开发开放先导区战略，以人的城镇化为核心，以提高城镇化质量为重点，以体制机制创新为动力，实施"强化中部、构筑支点、区域联动"空间策略，以推进人口向中部地区集聚、优化东部地区人口布局、支持西部地区人口迁移为导向，构建"一群三组团、两轴一环"城镇化格局。县城是为县域城乡居民提供高品质公共服务、保障民生福祉的重要空间。县城既是县域政治经济文化中心，也是县域公共服务中心和人口集聚中心。随着县域城镇化水平和质量的不断提高，城乡公共服务基础设施也随之不断完善，农村生活更加便捷。县域城镇化过程使农民就近在县城就业更

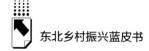

加便捷，2023年吉林省新增城镇就业25.79万人，县域医疗卫生机构有效床位基本集中在县城医院。

二 吉林省乡村全面振兴存在的问题

乡村振兴战略作为国家战略的一部分，旨在坚持农业农村优先发展，促进城乡融合发展，实现城乡共同繁荣。吉林省在推进乡村全面振兴过程中已取得积极进展，但是仍然面临严峻挑战和亟待解决的问题。

（一）农民增收的内生动力不足

2023年吉林省农村居民人均可支配收入为19472元，低于全国平均水平10.2%，仅略高于中间收入组家庭人均可支配收入，工资性收入占比仅为22.5%，经营性收入占比为59.5%，转移净收入占比有所提高，其提高说明农户对各类以政府补贴为主的转移性收入的依赖性增强，而工资性收入占比较低则表明农民持续增收的内生动力相对不足。吉林省作为农业大省，农民的经营净收入多数来源于种粮收益，《中国农村统计年鉴》数据显示，无论是亩均净利润、成本利润率还是人均净利润，种粮收益均显著低于水果和蔬菜，[①] 粮食销售价格的上涨滞后于成本上涨导致种粮收益偏低，既是农民种粮积极性的主要负面影响因素，同时也是吉林省在保障粮食安全和农民持续增收等方面的极大挑战。

（二）新型农村集体经济缺乏活力

吉林省农村集体经济薄弱，甚至一些村根本没有集体经济收入，"空壳"村集体占比较高，并且村集体经济收入来源较为单一，经营性收入占比较低，一半以上的村集体经济收入来自资产发包和政府补助，一般为村

---

① 高鸣、胡原：《坚持促进农民持续增收：愿景、挑战和战略构想》，《南京农业大学学报》（社会科学版）2023年第6期。

集体土地流转收益，而非多元化产业经营，自主经营能力较弱，过多依赖政策和专项资金，可持续发展能力较差。农村集体经营性土地和农村宅基地经济效益未得到充分发挥，新型农村集体经济发展的资本原始积累不足。[①] 农村集体经济具有的与生俱来的内部成员封闭性导致社会资本进入困难，产业单一与政府资金依赖度高的问题化解难度较大。"土特产"开发不够，乡村生态价值转换动力不足，产业选择的趋同性、发展模式的单一化导致具有发展潜力和可持续发展能力的产业少，难以形成市场优势。同时，人才短缺，管理能力不足，新型农村集体经济的发展缺乏头雁的引领效应。在农村产权制度改革过程中要求政企分开，虽然村党支部与村集体经济组织的机构分设，但多数村的村集体经济组织的负责人仍由村干部兼任，"经济职能"与"社会职能"尚未真正分开，仍处于低效运转经营状态。

（三）乡村文化空洞化

农村空心化问题日益凸显，愿意传承乡村传统文化和工艺的年轻人愈加稀少[②]，吉林省一些具有地方特色的乡村文化、传统民俗文化等乡村优秀传统文化创新中断，导致文化断层及空洞化现象严重。朝鲜族、满族等一些传统技艺面临失传风险，关东民间习俗和社会风俗也在逐渐弱化甚至消逝，"年味儿"不足，从前的过节的热闹气氛一去不复返。农村公共文化设施建设"统一性"过强，农家书屋、小广场建设是乡村文化振兴的"标配"，忽视了每个乡村所特有的文化和底蕴，导致其功能单调、内容泛化、千篇一律。吉林省乡村旅游与文化的融合度有待深化，对文化历史的挖掘不够，在乡村旅游项目设置时忽视了"十里不同风、百里不同俗"的地域特色文化底色，未能充分展示本土文化，重复性开发建设导致核心竞争力弱，消费缺乏活力。

---

① 陈燕：《新型农村集体经济的理论内涵、发展现状及实践进路》，《当代经济研究》2025年第1期。

② 张越、岳谦厚：《乡村全面振兴：逻辑基础、现实困境与路径指引》，《经济纵横》2025年第1期。

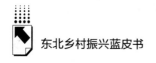

（四）城乡要素双向流动不畅

劳动力要素流动失衡导致农村人才短缺与老龄化、空心化程度加剧。吉林省作为粮食主产区，农村经济依赖传统农业，农民收入以种粮收入为主，种粮收益相对偏低，为获取更多的工资性收入，农民特别是青壮年劳动力持续向城市或外省迁移，乡村留守人口多为老弱妇孺，乡村常住人口长期呈下降趋势，2023 年占比仅为 35%。城市人才下乡机制不完善，有能力、有技术的年轻人以及毕业大学生就业选择倾向于城市，乡村产业缺乏创新动力。土地要素僵化导致资源利用低效与产业拓展受限。在现代化大农业发展背景下，乡村产业要实现产业化发展，土地规模化经营是重要基础，而吉林省土地分配零散，细碎化程度较高，土地流转价格形成机制不健全，农村土地流转多为私下流转，因此实现大面积成片流转面临工作面广、难度大等问题，流转价格稳定性差和流转期限短等弊端制约新型经营主体对土地的规模化和长期性经营，进而阻碍产业发展相关要素的下乡。农村宅基地改革推进缓慢，农村人口流失严重，宅基地空置率较高，由于农村宅基地退出的法律约束与补偿机制缺位，宅基地盘活难度大，利用率较低。

三 吉林省推进乡村全面振兴的对策建议

（一）释放乡村特色产业带动农民增收效应

释放乡村特色产业发展环境的改善、乡村特色产业的繁荣兴旺、农民持续增收三者的联动效应。政府应在服务意识、政策执行效率、市场开拓及基础设施建设投入上调动多方协同发展积极性，充分发挥龙头企业联农带农的引领作用，让农户能够以较高的积极性参与到乡村特色产业发展过程中来，同时科研机构在新品种、新技术上给予重要支撑，打造联动协同发展模式，形成"政府—企业—农户—科研机构"多元协同发展格局，不断提高乡村特色产业核心竞争力。提升新质生产力对乡村特色产业融合创新的驱动力，赋能乡村特色产业链多维延伸，实现生产、生态、生活深度融合。将乡土文化植入品牌建设，深挖文旅新卖点，打造文旅新项目，提升乡村特色产业的地域价值，通过线上线下联动的多渠道营销宣传方式提升乡村特色产品的影响力，让流量更大、"留量"更足，让优质产品飞入千家万户，实现从"卖原料"向"卖标准""卖文化""卖体验"的价值转换。以发展农产品精深加工和食品细加工为引擎，打造完整产业链，形成集群效应，带动乡村特色产业联动式发展，有效推动产业间深度融合，用生态化的农产品把农户、平台、消费者紧密地联结在一起。

（二）激发新型农村集体经济发展活力实现农业增效

发展新型农村集体经济既是促进农民增收致富的重要途径，又是推进现代化大农业的重要平台。[①] 激发新型农村集体经济活力的关键在于新质生产力赋能，突破单一的农业种植经济发展模式，立足资源优势，整合土地资源、历史遗产、农特产品、生态环境等核心要素，通过新型农村集体经济组织的枢纽和支持作用，引进社会资本、先进技术、现代经营理念和成熟的管理经验，形成有效社会联结，优化配置，实现有限资源的高效利用和多产业多业态深度融合。塑造农民在新型农村集体经济组织中的主体地位，充分激发和调动农民的参与积极性，改变农民"被组织""被合作"的发展现状，构建彰显地域特点和乡村价值的产业体系。

建设良好的营商环境和氛围，学习借鉴广东省梅州市"产业村长"的经验和做法，吸引并培育具有"三农"情怀、乡土情结的乡村企业家，激发新型农村集体经济发展活力。继续深化农村集体产权制度改革，真正做到政企分开，创新组织治理机制、收益分配和利益联结机制、风险防范机制等实现机制，使成员能够享受到发展红利。创新经营模式，打破地域壁垒，整

---

① 王蕾、胡宸玮：《基于农业新质生产力视角分析的新型农村集体经济生成逻辑与发展路径》，《农村经济》2025 年第 2 期。

合资源发展规模产业，推动涉农金融机构降低信贷门槛，发挥村集体经济发展专项资金的撬动作用。

（三）聚焦乡村特点探索多元化乡村文化振兴路径

乡村文化承载着丰富的历史记忆与独特的文化价值，是实施乡村振兴战略的文化源泉，更是实现人民群众精神生活共同富裕的重要支撑。[①] 吉林省有着厚重的红色文化和多元的民族文化，依托延边朝鲜族自治州、伊通满族自治县、长白朝鲜族自治县、前郭尔罗斯蒙古族自治县等的民族特点和独特风情，深入挖掘乡土文化资源，将朝鲜族民俗文化、渔猎文化、萨满文化等与休闲农业深度融合，打造"村村有特色"的乡村旅游样板。立足"三地三摇篮"[②] 的红色底色，将红色文化与休闲农业相结合，把红色资源保护好、利用好、弘扬好。以新质生产力搭建"新平台"，为丰富乡村文化消费新场景拓展应用空间。借助直播、元宇宙等新手段，突破时空对乡村非遗、民风民俗的约束，得到外界关注，搭建数字技术平台，创建乡村文化数字化消费新场景，通过线上的沉浸式乡村文化体验实现引流，线下的文化主题村落的互动实现消费，让文化基因融入日常消费，强化村民文化认同，打造乡村文化线上宣传引流、线下体验互动的联动融合新模式。以文化事业充实乡村文化的血肉，明确农民群众是农村文化实践主体和农民文化需求的多元化，减少批量化、统一化、同质性文化供给，从群众需求出发，提升文化惠民工作水平，让群众的精神世界丰富起来，让农村热闹起来。

（四）促进城乡深度融合打造城乡共同繁荣发展新格局

引导资本要素向农村流动，资本要素的流动对城乡一体化发展具有不可忽视的重要作用。通过财政、金融等多元化手段，引导资本向农村倾斜，加

---

① 文大稷、刘仪：《习近平文化思想视域下乡村文化振兴探究》，《湖州师范学院学报》2025年第3期。

② "三地三摇篮"：东北抗日联军创建地、东北解放战争发起地、抗美援朝后援地，新中国汽车工业的摇篮、新中国电影事业的摇篮、中国人民航空事业的摇篮。

大财政支农、贷款优惠和税收减免等政策支持力度，降低企业在农村地区的投资和运营成本，鼓励企业将农村地区作为产业承接和转移的后花园。鼓励社会资本注入农村经济发展，创新产业发展合作模式，拓展农民以资产、技术等入股方式，建立健全利益共享机制，构建"社会资本愿意投入、农民能够积极参与"的农村产业发展格局，促进资本要素的合理配置和高效利用。加大财政资金投入，逐步缩小城乡公共服务领域的差距，探索建立多元化的公共服务运行和投资机制。加快建立城乡一体化的教育发展机制，推进城市地区优质学校对口帮扶乡镇中心校工作。完善基层公共就业服务体系，坚持政府引导与市场主导相结合的原则，为相关产业发展提供人才支撑。探索全域公交、区域公交等多样化城乡客运模式，为农民提供更加便捷的出行条件，推进城乡客运服务一体化发展。培育农产品定制等"互联网+"新业态，通过"互联网+"的形式，实现农业经营主体网络链接，融合发展，创新三次产业不同业态融合发展方式，推进城乡产业深度融合。开发食品短链，用可持续的农业生产方式生产出本地化、可持续、替代性食品。加快建立科技成果在农村地区转化新机制，促进科技要素在吉林省实现城乡自由流动。

参考文献

[1] 孙超、夏文静：《新质生产力赋能乡村文化振兴：驱动逻辑与实现路径》，《重庆理工大学学报》（社会科学）录用定稿，网络首发时间：2025年4月22日。

[2] 沈佳瑛、廉国恩：《新型农村集体经济长效发展的现实障碍与逻辑进路》，《农业经济》2025年第4期。

[3] 谢治菊、黄美仪：《新型农村集体经济何以有效运行？——基于三种实践模式的探索性分析》，《中国农村观察》2025年第2期。

[4] 汪旭晖、段怡杰：《大农业观下的现代乡村产业体系建设：战略意蕴、实践路径与制度安排》，《经济学家》2024年第4期。

[5] 何龙斌：《生态产品价值实现助推乡村产业振兴：基本逻辑、内在机理与实现路径》，《农村经济》2024年第1期。

B.3

2023~2024年辽宁省
推进乡村全面振兴发展报告[*]

辽宁社会科学院农村发展研究所课题组[**]

摘　要： 2023~2024年辽宁大力推进乡村全面振兴新突破三年行动，在农业农村领域聚焦实现乡村振兴新突破和建设农业强省的目标任务，推进乡村全面振兴取得了明显成效：粮食安全保障能力不断增强、农业综合生产能力不断提升、乡村产业融合发展不断加强、农民收入实现快速增长等，但在发展中也面临着农业农村基础设施短板依旧存在、农产品加工业水平不高、农业经营主体带动力不强、产业融合发展明显不足、县域经济发展明显滞后等现实发展问题。在新发展阶段，需要采取强有力措施，从加强农业农村基础设施建设、推进农产品加工业提质增效、大力培育新型农业经营主体、加快构建现代化农业产业体系、促进县域经济实现高质量发展、推进乡村治理能力不断提升等方面推进乡村全面振兴，确保辽宁省农业农村经济社会平稳发展。

关键词： 乡村振兴　粮食安全　乡村产业　农民收入　农村改革

　　自2017年党的十九大报告中首次提出乡村振兴战略以来，辽宁围绕"产业兴旺、生态宜居、乡风文明、治理有效、生活富裕"的总要求，结合自身农业农村发展实践积极推进乡村振兴。2023年2月辽宁省出台《辽宁全

---

　*　本文为沈阳市社会科学界联合会2024年度研究基地课题（项目编号：SYSK2024-JD-53）的阶段性成果。

　**　课题组成员：王丹、李志国、侯荣娜、董丽娟、范忠宏、于彬、马琳、王仕刚、王岩峰、张涵、张瀚沄。报告执笔人：王丹，辽宁社会科学院农村发展研究所所长，沈阳市乡村振兴研究院负责人，研究员，主要研究方向为农村经济、区域经济。

面振兴新突破三年行动方案（2023~2025年）》，部署了经济社会发展10个方面新突破，其中"坚持农业农村优先发展，在推进乡村全面振兴上实现新突破"成为10大新突破重点任务之一，并提出了乡村振兴新突破三年行动主要发展目标。2023~2024年辽宁省围绕粮食生产、乡村产业融合发展、加快建设农业强省和食品工业大省、稳步提高农村居民收入，建设宜居宜业和美乡村、深化农村改革等领域大力推进，农业农村发展保持良好的发展态势。

一 辽宁省推进乡村全面振兴战略取得的成效

（一）粮食安全保障能力不断增强

作为我国重要的粮食主产省之一，辽宁省一直把粮食安全作为农业生产的首要任务。近几年着力稳政策、稳面积、稳产量，坚持粮食播种面积只增不减，粮食产量屡创历史新高，保障国家粮食安全的能力不断增强。

2023年辽宁省粮食总产量达2563.4万吨，同比增加15.8亿斤，增长3.1%。其中，水稻产量412.9万吨，减产3.0%；玉米产量2057.4万吨，增产5.0%。粮食总产量居全国第12位，历史上第二次突破500亿斤，增速在全国13个粮食主产省中排第1位。从近些年辽宁省主要农产品的产量结构来看，玉米占比最大，一直保持在75%以上，2023年占比更是达到80.3%；其次是水稻，但近几年产量占比略有下降，2023年占比约为16%，是2017年以来的最低点。大豆略有增长，但增长幅度不大，占比在1%左右徘徊（见表1）。2024年辽宁省粮食产量达到2500.3万吨，为历史第三高产年，人均粮食产量597.9公斤，高于全国平均96.7公斤。

表1 2017~2023年辽宁省粮食产量结构

单位：%

年份	粮食产量	水稻	小麦	玉米	高粱	谷子	薯类	大豆	其他杂粮
2017	100.0	18.1	0.1	76.8	1.1	0.9	2.1	0.8	0.2
2018	100.0	19.1	0.1	75.8	1.3	0.8	1.9	0.8	0.2
2019	100.0	17.9	0.1	77.5	1.1	1.0	1.3	0.9	0.3

续表

年份	粮食产量	水稻	小麦	玉米	高粱	谷子	薯类	大豆	其他杂粮
2020	100.0	19.1	0.1	76.7	0.9	0.8	1.3	1.0	0.2
2021	100.0	16.7	0.0	79.1	1.0	1.0	1.0	1.0	0.1
2022	100.0	17.1	0.0	78.9	0.9	0.9	1.0	1.1	0.1
2023	100.0	16.1	0.0	80.3	—	—	0.9	1.1	—

资料来源：《辽宁统计年鉴2023》和《中国统计年鉴2024》。

从播种面积来看，2023年辽宁省粮食作物的播种面积为5367.6万亩，比2022年增加25.3万亩，增长了0.5%。2021~2023年连续3年稳定在5300万亩以上。其中，玉米播种面积4205.9万亩，比2022年增加68.9万亩，增长1.7%。水稻播种面积750.7万亩，比2022年减少23.9万亩，下降3.1%。大豆播种面积184.1万亩，比2022年增加11.2万亩，增长6.5%（见表2）。2024年辽宁省粮食播种面积为5366.2万亩，居全国第14位。

表2　2021~2023年辽宁省主要粮食播种面积情况

单位：万亩，%

指标	2021	2022	2023	2023年比2022年增长
粮食总播种面积	5315.4	5342.3	5367.6	0.5
谷物	5053.7	5074.3	—	—
水稻	781.0	774.6	750.7	-3.1
玉米	4086.3	4137.0	4205.9	1.7
豆类	170.2	180.9	—	—
大豆	155.2	172.9	184.1	6.5

资料来源：根据2021~2023年《辽宁统计年鉴》及辽宁省统计局网站资料计算整理。

从粮食单产水平来看，2023年粮食单产为477.6公斤/亩，同比增加12.5公斤/亩，增长2.7%。单产水平高于全国平均水平87.9公斤/亩，稳居13个粮食主产省第2位。在喀左、彰武实施国家玉米单产提升工程40.6万亩，涌现出了一批"吨粮田"。2024年粮食单产为465.95公斤/亩，居全国第4位，粮食主产省第2位。

粮食生产能力持续提升。2023年改造和新建高标准农田面积达到296万亩，累计占全省永久基本农田面积的57%，位居东北四省区首位。持续实施黑土地保护工程1000万亩。玉米、水稻耕种收综合机械化率分别达到92.2%和97.6%以上。农作物耕种收综合机械化率达到84%以上，高于全国10个百分点。2024年全省已建成高标准农田3820万亩，约占永久基本农田面积的61%。

（二）农业综合生产能力不断提升

自2017年实施乡村振兴战略以来，辽宁省全面贯彻新发展理念，始终坚持农业农村优先发展，积极构建现代农业生产体系、产业体系和经营体系，农业综合生产能力不断提升。从2017~2023年农林牧渔业总产值来看，实现了连年增长态势，2023年实现5266.8亿元，居全国第14位，比2017年增长了36.7%。从具体构成来看，2023年依旧是农业和牧业是主力，约占整个农林牧渔业总产值的75.5%。与2022年相比，农业和渔业生产方面发展势头较强，分别提高了1.2%、8.6%，而林业和牧业略有下降（见表3）。

表3　2017~2023年辽宁省农林牧渔业总产值及分项产值情况

单位：亿元

年份	农林牧渔业总产值	农业	林业	牧业	渔业	农、林、牧、渔专业及辅助性活动
2017	3851.6	1620.5	140.3	1289.2	592.2	209.4
2018	4061.9	1749.4	149.5	1346.2	628.5	188.4
2019	4368.2	1912.0	117.4	1479.5	669.6	189.7
2020	4582.6	2056.8	121.0	1604.7	617.5	182.5
2021	4927.7	2222.5	120.9	1683.9	719.9	180.4
2022	5180.0	2258.3	161.7	1694.6	881.3	—
2023	5266.8	2284.5	144.6	1691.5	957.0	—

资料来源：2022年《辽宁统计年鉴》和2023年、2024年《中国统计年鉴》。

现代农业发展取得新进展。一是加强耕地保护提高耕地质量。加大耕地保护建设力度，2023年末有高标准农田面积3574.1万亩，比2022年末增

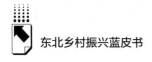

加 163.1 万亩。每年坚持分类实施黑土地保护工程 1000 万亩。

二是农业绿色发展取得新成效。2023 年测土配方施肥面积 6483.2 万亩，比 2022 年增加 35.1 万亩。持续推进化肥农药减量增效，实施秸秆还田、有机肥还田面积 313 万亩。2024 年，全省测土配方施肥面积 6400 万亩以上，农药化肥利用率稳定在 40% 以上。畜禽粪污资源化利用率达到88.3%，高于全国平均水平 9 个百分点。地膜回收率达到 82.3%。秸秆综合利用率为 93%，高于全国平均水平 5 个百分点。

三是设施农业发展加快。2023 年印发《辽宁省设施农业现代化提升行动实施方案（2023~2025 年）》，新建和改造提升设施棚室 10 万亩，建成产地冷藏保鲜设施项目 676 个。

四是畜牧养殖大项目集中落地投产。阜蒙县泓方牧业、彰武县辉山五峰牧业万头奶牛场、辽中区芃泰牧业、喀左县茂源牧业万头以上肉牛场等一批养殖大项目建设有序推进，双汇生猪、宏发肉鸡、韩伟蛋鸡等投资超 5 亿元大项目建成投产。2023 年，全省畜禽养殖规模化率达到 71%，比 2022 年提高 2 个百分点。

五是海洋渔业设施建设加快推进。在港口城市大连市和丹东市开始推进大型深远海智能网箱、养殖围栏和养殖平台建设。2023 年新建国家级海洋牧场示范区 4 个，新增海域面积 2.6 万亩。新建 70 个深水网箱，累计达到400 个。启动大连（辽渔）国家远洋渔业基地建设。

（三）产业融合发展不断加强

实施乡村振兴战略以来，辽宁省乡村产业融合发展不断加快。2023~2024 年辽宁大力推进产业融合发展，食品工业大省建设初见成效。

一是三大产业集群发展取得新成效。2023 年，优质粮油生产和食品制造产业集群实现产值 2410 亿元，其中全省规模以上粮油加工企业 508 家，粮油加工业产值 1620 亿元，同比增长 6.8%，居全国第 10 位。现代高效畜禽生产与精深加工产业集群实现产值 2600 亿元，其中全国规模以上畜禽加工企业 211 家，畜禽加工业产值 910 亿元，同比增长 7%。白羽肉鸡屠宰量居全国第 2 位。全省市级以上畜禽龙头企业达到 478 个，其中省级以上 109 个。水产产业集群总产值达到 997 亿元，其中加工业产值 197 亿元。全省现有规模以上水产品加工企业 163 家。

二是农产品加工水平不断提高。2023 年投资规模达到 500 万元以上的项目有 588 个，其中亿元以上的项目有 224 个。新建国家级优势特色产业集群 1 个、现代农业产业园 2 个、产业强镇 5 个。新获批国家农业现代化示范区 4 个，全国乡村特色产业 10 亿元镇 3 个、亿元村 21 个。在 25 个集聚区建设基础设施工程 36 个，集聚区超 500 万元农产品加工项目投资达到全省的 48%。农产品加工集聚区实现主营业务收入达到 1500 亿元，同比增长 8.1%。

三是休闲农业快速恢复。23 条线路入选全国乡村旅游精品线路。2023 年经营休闲农业和乡村旅游主体达到 1.08 万个，同比增长 6%，接待 5356 万人次，同比增长 43%，营业收入 115 亿元，同比增长 47%。

四是数字农业蓬勃发展。创建省级智慧农业应用基地 20 个。加快农村电商发展，农产品网上零售额同比增长 10%。沈阳农业大学获批国家数字农业创新分中心，凤城市和义县获批全国数字农业创新应用基地。

五是农业品牌影响力不断提升。2023 年投入 3600 万元，大力宣传盘锦大米、盘锦河蟹、营口海蜇、辽宁海参等特色农产品。东港市的杂色蛤、桓仁县的山参入选农业农村部精品培育计划。新培育省级区域公用品牌 6 个、知名农产品品牌 30 个。

（四）农民收入实现快速增长

实施乡村振兴战略以来，辽宁省农民收入实现持续增长。2023 年，辽宁农村居民人均可支配收入为 21483 元，首次突破 2 万元大关，比 2022 年增长 7.9%，快于全国平均水平 0.2 个百分点，居全国各省（区、市）第 9 位，比 2022 年前移 1 位，反超江西。收入总量在东北三省及内蒙古地区居于首位。2023 年辽宁省农村居民人均可支配收入比 2017 年增长了 56.3%，年均增速达到了 7.7%（见表 4）。城乡居民人均收入倍差由 2017 年的 2.55 缩小至 2023 年的 2.14。2023 年四项收入呈现全面增长。工资性收入为 7952

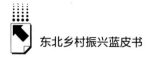

元,同比增长6.9%;经营净收入为9585元,同比增长8.5%;财产净收入为487元,同比增长15.1%;转移净收入为3459元,同比增长7.7%(见表5)。2024年辽宁农村居民人均可支配收入为22744元,同比增长5.9%,高于城镇居民收入增速1.4个百分点。

表4 2017～2023年辽宁农村居民人均可支配收入及增长情况

单位:元,%

年份	农村常住居民人均可支配收入	比上年增长
2017	13746.8	6.7
2018	14656.3	6.6
2019	16108.3	9.9
2020	17450.3	8.3
2021	19216.6	10.1
2022	19908.0	3.6
2023	21483.0	7.9
2017～2023年平均增长率	—	7.7

资料来源:根据2018～2024年《辽宁统计年鉴》及辽宁省统计局网站资料计算整理。

表5 2017～2023年辽宁农村居民人均可支配收入及构成情况

单位:元,%

指标	2017	2018	2019	2020	2021	2022	2023
人均可支配收入	13746.8	14656.3	16108.3	17450.3	19218	19908	21483
(一)工资性收入	5423.1	5644.8	6223.6	6511.3	7109	7442	7952
(二)经营净收入	5819.1	6263.8	7012.7	7874.7	8667	8831	9585
(三)财产净收入	296.9	334.5	284.5	296.9	397	423	487
(四)转移净收入	2207.7	2413.2	2587.5	2767.5	2044	3212	3459
指标	构成						
人均可支配收入	100.0	100.0	100.0	100.0	100	100	100
(一)工资性收入	39.4	38.5	38.6	37.3	37	37.4	37.0
(二)经营净收入	42.3	42.7	43.5	45.1	45.1	44.4	44.6
(三)财产净收入	2.2	2.3	1.8	1.7	2.1	2.1	2.3
(四)转移净收入	16.1	16.5	16.1	15.9	15.8	16.1	16.1

资料来源:根据2018～2024年《辽宁统计年鉴》及辽宁省统计局网站资料计算整理。

（五）农村人居环境不断改善

从农村人居环境来看，2023年学习"千万工程"经验，制定印发《关于学习借鉴浙江"千万工程"经验 进一步推进美丽乡村建设的实施意见》。深入实施农村环境净化整治专项行动，农村生产生活条件不断改善。全省累计排查清理积存垃圾点位10.84万处。完善农村基础设施，建设改造农村公路5643公里。创建了1020个美丽宜居村，启动建设23条乡村振兴示范带，打造100个乡村旅游重点村。持续推动4个国家数字乡村试点、18个省级数字乡村试点建设。[①] 长海县成功获得国务院督查激励县奖励，为辽宁省首次。

（六）农村改革持续深化推进

农村重点改革取得新进展。一是土地制度改革深入推进。第二轮土地承包到期后再延长30年试点工作扎实推进，探索了一批可行经验。丹东市振安区第二轮土地承包到期后再延长30年试点工作顺利完成，大连市普兰店区沙包街道、铁岭市铁岭县熊官屯镇开展整乡镇延包试点。沈阳市于洪区、沈北新区，大连市旅顺口区宅基地制度改革试点顺利推进，3个试点共出台126个制度性文件。

二是农村集体产权制度改革持续深化。2023年落实资金4.35亿元，支持451个村发展新型农村集体经济。在全国率先制定农村产权流转两项地方标准，全国首创的"市场交易+政府监管"机制更加完善，农村集体产权交易量增长64.9%，交易金额增长65.4%。

三是深入推进垦区集团化农场企业化改革。推动垦区农场办社会职能改革遗留问题妥善解决，东港五四农场、台安新华农场办社会职能典型案例入选新华社政务智库报告。

---

① 《辽宁省 2023 年国民经济和社会发展统计公报》。

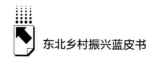

二 辽宁推进乡村全面振兴中存在的主要问题

自 2017 年实施乡村振兴战略以来，辽宁紧紧围绕"产业兴旺、生态宜居、乡风文明、治理有效、生活富裕"20 字总要求，在各个方面出台支持政策，加大投入力度，乡村振兴战略稳步推进，农村经济社会发展平稳，但在发展中也有一些现实问题需要解决。

（一）农业物质装备短板依旧存在

一是耕地质量有待进一步提高。2023 年，辽宁省有耕地 7603 万亩，其中，永久基本农田 6251 万亩。有效灌溉面积占比 33.34%，远低于全国平均水平（55.73%），与山东和河南等先进省份相比差距达到 40 个百分点以上。耕地共 10 个质量等级，其中三级及以上约占 55%，四到六级约占 40%。

二是防灾减灾救灾能力还需加强。辽宁自然灾害以洪涝、风雹为主，干旱、台风、雪灾、低温冷冻、生物灾害也有不同程度发生。2014~2023 年，农业生产因自然灾害遭受到不同程度的影响。长期以来受水资源不足约束，农作物尤其是粮食生产靠天吃饭的现象仍然比较严重。虽然全省农业防灾减灾救灾组织体系在逐步健全，但仍存在自然灾害综合监测预警信息化建设处于发展阶段，监测预警智慧化水平不高、应急响应保障能力不强、防灾减灾救灾体制机制不完善、农业生产防灾技术应用不充分等问题。

三是机械化水平发展不均衡。辽宁省种植业机械化水平较高，但是农机化发展存在弱项，如畜牧业、农产品初加工机械化率不足 60%，设施农业机械化率仅为 45.3%，水产养殖机械化率还不到 40%。2023 年，辽宁农机保有量为 160 万台（套），农机总动力为 2810.6 万千瓦，农机装备总量呈现不断增长趋势，但由于辽宁各个地域情况复杂，目前农机装备中低端产品较多、高端复式产品较少，中北部平原地区机具多、西部丘陵和东部山区机具少，丘陵山区机械化水平远低于平原地区。究其原因，主要是全省的农机装备产业发展较慢，未形成产业优势，不能适应现代农业发展的需要。

（二）农产品加工业水平不高

一是农产品加工仍以初加工为主。表现为加工业与种养业规模不匹配、加工产业结构不合理、内生增长动力不足、发展质量和效益不高，特别是加工业总量小、加工率低、龙头企业带动力弱、高质量产品供给不足、优质绿色品牌加工产品缺乏等问题。2023 年，规上农产品加工企业有 1647 家，分别比安徽、河南、福建少 3000 家左右，比江苏少 5000 多家。规上农产品加工业收入为 3844 亿元，而南方发达省份很多均超过万亿元规模。目前，辽宁省农产品加工龙头企业整体上体量较小，加工率不高，具有地方行业特色的龙头企业更是少之又少，导致带动能力较弱。

二是农产品精深加工不足。目前，农产品加工业仍以初加工和粗加工为主，缺少科技含量高、附加值大的精深加工产品。全省农产品加工产值与农产品总产值比值约为 2，远低于全国水平的 2.5，与山东、河南、广东、福建、江苏等食品工业大省相比差距更加明显。2023 年农业农村部认定的农业产业化国家重点龙头企业共有 1541 家，辽宁只有 76 家。全国农业产业化百强企业，辽宁只有禾丰食品 1 家上榜。

三是食品工业发展仍然滞后。近几年辽宁省大力推进食品工业大省建设，在绿色加工、高效分离、精准营养等领域取得了较大突破，但产品研发水平低，大型食品企业在产品创新方面仍然较弱。目前，仅有禾丰 1 家企业为全国农业产业化百强企业。很多头部企业仅把辽宁作为农产品的生产基地，其加工销售并不在辽宁本地。

（三）农业经营主体带动力不强

新型农业经营主体是打造现代农业经营体系，引导带动小农户迈入现代农业发展轨道的重要力量。但辽宁省新型农业经营主体，如农民专业合作社、家庭农场、种养大户和农业企业，普遍存在着发展规模较小、运营管理不规范、对周边农户带动能力不强等问题。2023 年底，辽宁省在市场监管部门登记的农民合作社存量 6.6 万家，占全国农民合作社的 3%；家庭农场数量 9.4 万户，占全国家庭农场的 2.35%。而同期，湖北省农民合作社 11.8 万家，家庭农场 18.5 万户；山东省农民合作社 22.8 万家，家庭农场 58.1 万户。现阶段各类新型农业经营主体在合作经营中的利益联结仍然较为松散，仍以农产品买卖、土地租赁关系为主，分红制、股份合作制等紧密型利益联结方式比例偏低，农户参与的稳定性较弱，新型农业经营主体对小农户的带动作用还没有得到充分发挥。

（四）产业融合发展明显不足

辽宁省在农业新产业、新业态、新模式方面发展明显不足，三次产业融合程度较浅，文化旅游、数字农业、休闲农业、电商农业等新业态之间融合发展与南方发达地区相比明显滞后。比如，2023 年全国休闲农业营业收入达到 8400 亿元，辽宁省休闲农业和乡村旅游营业收入仅为 115 亿元，仅占全国的 1.37%。同期，江苏省休闲农业综合收入 1077.8 亿元，湖北省武汉市乡村旅游收入 211 亿元。数字农业布局较慢，农业生产数字化转型等领域进展不快，农产品电商发展也相对落后。2023 年，全国农产品网络零售额达到 5870.3 亿元，辽宁省农产品网络零售额为 205 亿元，仅占全国的 3.5%。同期，山东省农产品网络零售额为 649.3 亿元。辽宁省要建设农业强省和食品工业大省还需努力。

（五）县域经济发展明显滞后

一是县域经济总量偏小。从 2023 年县域地区生产总值来看，其占全省地区生产总值的 26.9%。与南方省份县域经济发展情况相比，总量偏小。2023 年辽宁省县域地区生产总值仅为江苏的 1/6。从赛迪方略县域经济研究中心发布的《2024 中国县域经济高质量发展研究》报告中的百强县评选来看，只有瓦房店市、海城市、庄河市入围，分别居于第 58 位、第 92 位、第 94 位，与 2020 年相比，只有瓦房店市提前了 13 位，其他两市名次都后移 5 位。

二是产业基础需要进一步加强。2023 年县域三次产业结构为 24.9：

30.6：44.5，第一产业大、第二产业小、第三产业弱的结构问题比较突出。第一产业大说明辽宁省县域经济高度依赖传统农业，传统农业抗风险能力较弱，受自然灾害和市场风险影响较大，一旦遭受风险冲击，整个县域经济都将面临严峻考验。第二产业小说明县域工业经济发展较弱，2023年只有瓦房店市入选全国工业百强县。从进入全国百强县榜单的县域来看，发达的工业经济支撑是县域经济发展的核心动力。第三产业弱说明县域服务业发展滞后。2023年辽宁省县域社会消费品零售总额增长低于全省0.4个百分点，说明县城和乡村物流体系、市场体系和配套服务设施建设还需进一步加强。

三是县域财政支出压力不断增大。从调研情况来看，很多县（市）面临着财政支出资金问题，很多县（市）在全力保障"三保"支出外，还面临着债务还本付息等诸多问题，同时在交通、生态环保、教育、医疗等方面支出压力不断增大。县级财政保障能力不强导致自我发展的能力明显不足，利用财政政策调控县域经济发展的能力也极为有限。

（六）乡村治理方式有待进一步完善

一是乡村治理方式创新性不足。在调研中，很多乡村治理实现了网格化管理，一些"清单制""积分制"的创新性管理方式也投入使用，但实际的治理效果并不理想，激励作用相对有限。

二是现代化的治理方式在一些乡村并不适用。当前一些乡村年轻人出门打工，或者搬离农村，在农村居住的老年人居多，他们有的并不会用智能手机和电脑，对现代化的管理方式感到茫然无措，反而用传统的方式来治理更有效，但一些乡村治理盲目追求治理现代化。

三是乡村治理人才缺乏。乡村治理的"三治"包括自治、法治、德治，让村民自愿自觉参与自治，依法依规进行乡村治理和实现有效德治，在当前乡村治理不断推进的过程中，集体经济产权管理、农村持续深化改革等对基层治理人员素质提出了更高的要求。

三 辽宁推进乡村全面振兴的对策建议

（一）加强农业农村基础设施建设

一是加强耕地保护提升耕地质量。要严守耕地红线，保障耕地数量，坚决遏制耕地"非粮化"现象，巩固永久基本农田特殊保护制度，加强和改进耕地占补平衡管理，全面落实"进出平衡"制度。率先将符合条件的永久基本农田全部建成高标准农田，提高建设标准和质量，完善建设、验收、管护机制，引导农民群众和社会力量积极参与建设管护。进一步加强黑土地保护，分类实施黑土地保护工程。

二是完善水利基础设施建设。建设一批农业灌溉水源保障工程，在水土条件适宜地区新建一批节水型、生态型灌区。在完成灌区续建配套与节水改造工程项目建设及现代化改造的基础上，扩大大中型灌区改造范围，做好大中型灌区灌排设施运行管护。启动建设农村基层水利服务体系，加强对农田水利工程"最后一公里"建设、维护和管理指导。

三是推动设施农业改造升级。全面提升种植业、畜牧业和海洋渔业的设施现代化水平，带动农业新技术应用、标准化生产和智能化发展，提升生产效能。积极拓展设施渔业的发展空间，引进现代化养殖技术和设备、现代化养殖管理模式，引进工厂化循环水等陆基设施渔业技术，推动现代化设施渔业的发展。

四是提升防灾减灾救灾能力。加强农业生产防灾救灾能力建设，加强农业气象灾害监测预警防控，实施动植物保护工程，健全农作物病虫害防治和动物防疫体系。

五是加快农机装备提档升级。提高农机装备研发应用能力，强化农业装备支撑，夯实农业设施装备条件。开展农机装备补短板行动，加快研制应用丘陵山区玉米收获、设施农业、海洋贝类养殖等短板机具，加强绿色智能畜牧水产养殖装备研发，推进主要畜种规模化养殖全程机械化。加快补齐丘陵山区农业机械化短板，推进适宜装备研发推广，推进农田宜机化改造，推进作业服务模式创新。

（二）推进农产品加工业提质增效

一是要继续做大做强粮油、畜禽、水产三个千亿级加工产业集群，从而进一步提高加工产业集聚度。重点推进农产品加工业向食品工业方向发展，大力发展休闲食品、功能性食品、冷链食品、预制食品等。

二是进一步优化农产品加工业布局。紧紧依托京沈高铁，加快京津冀优势产业转移，积极引进特大型食品加工企业，加快推进产业园区建设进度，促进辽西北农产品加工业发展。充分利用沿海地区港口城市和中国（辽宁）自由贸易试验区建设优势，提升沿海地区和自贸区农产品加工产业园区的建设规模，吸引国外农产品加工项目和进口来料的农产品加工业。

三是进一步推进产业融合发展。跳出"就农业谈农业"的传统模式，促进农业与加工制造、电商物流、文化旅游等二三产业深度融合。积极促进农业产业横向和纵向融合，横向上推动一产"接二连三"，促进农业与加工制造、电商物流等融合发展，纵向上要打造从农田到餐桌的全产业链路，加快培育粮油、畜禽、果蔬、水产品等千亿级产业集群，建设现代农业产业园、农业产业强镇等平台载体，以"冷链物流+""农村电子商务+""乡村旅游+"推动农文旅融合发展。因地制宜发展生态旅游、森林康养、休闲露营、农耕体验、科普教育等新业态。

（三）大力培育新型农业经营主体

一是进一步加强家庭农场培育。强化用地保障，确保家庭农场长期稳定发展。完善相关金融扶持政策，解决制约家庭农场发展壮大的资金短缺问题。大力培育新型职业农民，鼓励高学历高素质人才返乡创业发展家庭农场。积极引导家庭农场加强质量管理，推进标准化生产，积极创建自有品牌，提升市场竞争力。

二是规范壮大农民合作社。开展合作社章程规范行动，完善成员大会制度，发挥理事会、监事会效能。建立动态监测体系，及时掌握合作社的生产经营状态。依托特色产业资源壮大合作社。因地制宜探索农民合作社多种发展模式，发展新产业新业态，强化服务功能，积极融入、延伸产业链，提高产品附加值。支持合作社通过交叉持股、订单农业、合作契约等方式与龙头企业、供销社等建立合作关系，鼓励和支持同域、同业农民合作社组建联合社，共同出资、共创品牌、共享利益，持续提升自身实力和经济效益。

三是做大做强龙头企业。紧扣特色优势农业全产业链集群，积极发展竞争力强的"链主"企业。引导支持涉农龙头企业提高创新研发能力，加大研发投入，加强与科研院所和高校共建，积极开展产品研发和技术攻关。支持龙头企业积极参与品牌创建，积极打造"区域公用品牌+企业品牌"，提高品牌影响力。加强农业产业化龙头企业梯队建设，积极打造产业化重点龙头企业。

（四）加快构建现代化农业产业体系

一是做强做精乡村特色产业。充分发挥特色资源优势，全面提升特色农产品的品质和价值。

二是做大做强百亿级优势特色产业。积极做大做强六大特色产业：优质大米、小粒花生、樱桃、草莓、海参、蛤仔，积极打造全产业链产值超百亿元的特色产业；积极培育中药材、扇贝、绒山羊、河蟹等百亿级特色产业；大力推动花卉、梅花鹿、南果梨等地方特色产业形成规模和品牌效应，持续提升"辽字号"农产品美誉度和市场占有率。

三是加强农业全产业链建设。不断拓展农业产业增值增效空间，推动乡村特色产业迈向产业化。不断延伸产业链、打造供应链、提升价值链，推进特色产业全产业链发展，打造特色产业发展集聚平台，促进融合发展，推进乡村特色产业创业创新。

四是加快推进产业集群建设。依托粮油、畜禽、水产三个千亿级产业集群，突出错位发展。积极建设特色产业发展优势区，打造国家优势特色产业集群、现代农业产业园、农业产业强镇，推动辽宁特色产业向更高层次、更高水平发展。

（五）促进县域经济实现高质量发展

一是进一步优化县域产业结构。各个县域要基于自身优势，因地制宜地规划县域产业布局，大力发展优势产业，形成具有竞争力的县域主导产业，构建结构合理的产业体系，形成县域新经济增长点，提升县域经济竞争力。对于城市郊区的县域要考虑利用区位优势，积极融入城市圈发展，承接城市产业和功能。对于农业大县，要把经济发展重点放在保障国家粮食安全问题上。同时，要积极促进农村一二三产业融合，总结农业与旅游、文化、康养等产业融合发展实践经验，以现代化的大农业带动县域经济发展。

二是大力发展特色农业产业。要立足县域自身的资源禀赋、产业基础，积极适应市场需求，加快县域优势特色农业资源的开发和利用，实现规模化经营，将特色产业作为产业集群的中心产业，进一步实现企业分工与协作，健全产业链条，把产业链的主体留在县域，培育板块经济，为县域经济发展奠定产业基础。加强县域农产品加工集聚区建设，引进龙头企业，提升农产品加工率，提高农产品附加值。

三是充分挖掘县域经济中的绿色生态价值。要以"绿水青山就是金山银山"理念大力发展乡村旅游、绿色有机农业。大力发展县域文旅产业，充分挖掘县域自然资源和文化遗产，把自然资源、风土文化和区位特点结合起来走差异化道路，打造具有代表性的文旅项目，并通过文旅引领特色鲜明县域产业发展主题，形成以文化引领的县域经济发展体系，实现一二三产业融合发展。

四是加快数字经济与县域经济融合发展，积极拓展县域经济发展的广度和深度。用数字经济改造县域传统产业，促进传统产业向数字化转型，加快县域传统产业对接产品和要素市场。

（六）推进乡村治理能力不断提升

一是加强农村基层党组织建设。基层党组织是团结农民的桥梁和纽带，要选优配强村领导班子，锻造政治过硬、知农爱农的领导队伍。同时充分利

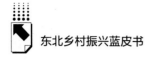

用好驻村第一书记和工作队制度，提高乡村治理水平。

二是积极创新乡村治理新模式。进一步挖掘党建统领的网格智治新动能，把传统治理和现代化治理紧密结合，真正实现"线上线下联动、常态化和应急管理衔接"的治理机制，既提高治理效率，又能保障老年村民的现实需求，进一步提升基层治理效能。

三是进一步培育和引进乡村治理人才。积极出台鼓励政策措施，吸引企业、创意人才到乡村，鼓励有一技之长的农村年轻人返乡，加大引进乡村治理人才的资金支持力度，给予政策和资金等方面的"倾斜"。创造良好的环境。

四是积极探索政府与地方大学合作，开展乡村治理人才培养工程，真正实现大学为农业农村发展培养人才。

参考文献

［1］《辽宁省 2023 年国民经济和社会发展统计公报》。

［2］张志国：《辽宁省食品产业发展存在的问题及对策研究》，《中国农村科技》2024 年第 7 期。

［3］张锐、李薇、吴兴壮等：《浅议辽宁省农产品加工发展现状及理论探索》，《农业经济》2020 年第 7 期。

［4］王丹：《辽宁省粮食产业高质量发展研究》，载李冬艳、丁冬主编《东北三省农业发展报告（2023）》，吉林人民出版社，2023。

［5］课题组：《辽宁乡村特色产业高质量发展对策研究》，载张万强主编《辽宁经济社会发展报告（2023~2024）》，社会科学文献出版社，2024。

［6］杨柳、李逦：《壮大辽宁乡村产业新业态的路径研究》，《农业经济》2024 年第 9 期。

［7］刘爱军、陈长斌：《强化新型农业经营主体信息化，助力农业现代化加速前行》，《新华日报》2024 年 10 月 21 日。

［8］吕萍：《辽宁省新型农业经营主体高质量发展问题研究》，《农业经济》2024 年第 3 期。

［9］郭涛、佟玲、张朔禹：《辽宁省农民专业合作社发展情况研析与建议》，《农业经济》2024 年第 6 期。

［10］缪翼：《辽宁打造现代化大农业发展先行地》，《农民日报》2024 年 4 月 27 日。

B.4
2023～2024年黑龙江省
推进乡村全面振兴报告

赵 勤*

摘 要： 2023～2024年，黑龙江省深入学习运用"千万工程"经验，以发展现代化大农业为主攻方向，统筹推进"五大振兴"，乡村产业发展水平、乡村建设水平、乡村治理水平不断提升，农业农村发展持续向好，但在产业发展、农民收入、基础设施、公共服务、人口结构、县域经济等方面存在突出问题。推进黑龙江省乡村全面振兴，要以科技和改革为驱动，培育发展农业新质生产力，巩固提升粮食等农产品有效供给，鼓励支持县域富民产业发展壮大，加快补齐农村基础设施建设短板，优化提高农村基本公共服务水平，组织开展乡村人才振兴行动，以党建引领乡村治理现代化，进一步深化农业农村改革。

关键词： 乡村全面振兴 农业农村现代化 农业强省

党的二十大报告对全面推进乡村振兴作出重要部署。2024年中央一号文件提出，"运用'千村示范、万村整治'工程经验有力有效推进乡村全面振兴"。黑龙江省委省政府深入学习运用"千万工程"经验，坚持农业农村优先发展，从省情实际和农民需求出发，扎实推进乡村全面振兴，努力提升乡村产业发展水平、乡村建设水平、乡村治理水平，为加快推动高质量发展和现代化强省建设奠定坚实基础。

---

* 赵勤，博士，黑龙江省社会科学院农业和农村发展研究所所长，研究员，主要研究方向为农业经济理论与政策、区域经济。

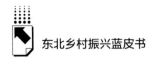

一 黑龙江省推进乡村全面振兴取得的主要成效

2023～2024 年是全面贯彻落实党的二十大精神、全面推进乡村振兴的关键时期。黑龙江省坚持以发展现代化大农业为主攻方向，大力发展科技农业、绿色农业、质量农业、品牌农业，统筹推进"乡村五大振兴"，推动农业农村发展稳中有进、持续向好。

（一）粮食等重要农产品保障能力不断增强

1. 粮食产量再创新高

2023 年以来，黑龙江省深入落实国家新一轮千亿斤粮食产能提升行动，加力实施千万吨粮食增产计划，围绕"稳面积、提单产、增总产"的目标，以问题为导向，加大科技创新和改革赋能力度，大力推进粮食大面积单产提升，全力打造良田、良种、良法、良机和良制融合增产的龙江样板。2023年，黑龙江省粮食产量达 1557.64 亿斤，为历史第二高产年。2024 年，粮食总产量再创历史新高，达到 1600.3 亿斤，连续 15 年保持全国第 1 位，占全国粮食总产量的 11.3%。在大豆播种面积占粮食播种面积 31.8% 的情况下，2024 年黑龙江省粮食单产提高了近 19 斤/亩。

2. 畜禽产品供给增强

黑龙江省加快推进畜牧业高质量发展，稳定生猪生产，推进奶业振兴，发展中高端肉牛。2023 年，全省肉蛋奶等畜禽产品产量 939.41 万吨，其中肉类产量 328.48 万吨，禽蛋产量 107.36 万吨，牛奶产量 503.57 万吨（居全国第 3 位）。肉牛出栏 325.8 万头，龙江和牛畅销全国；生猪出栏 2414.3万头，位列全国第一阵营；优质荷斯坦奶牛存栏总量、乳制品加工能力、奶粉产量和婴幼儿配方粉产量均居全国第 1 位。

3. 果蔬水产品产量稳步提升

一方面，利用光能、地热、热电余热、生物发酵等热量资源和新能源，积极推进棚室经济、设施农业发展，特色地产果菜产量稳步提高。2023 年，全省蔬菜产量达到870.5万吨，比2020年增长29.1%；水果产量188.9万吨，比2020年增长11.1%。

另一方面，发挥大水面水域资源优势，积极打造北方生态优质"龙江鱼"供应基地。2023年，全省水产养殖面积652万亩，在全国淡水养殖省份中居第3位；湖泊、水库等大水面增加养殖面积467万亩，居全国第2位；水产品总产量77.54万吨，大水面增加养殖水产品产量18.8万吨，占比1/4。① 良好的水质生态环境与寒冷气候，为鱼类糖、脂肪酸、氨基酸等营养物质积累提供了充足时间，"龙江鱼"因肉质紧实、味道鲜美、口感细腻、营养丰富深受省内外消费者喜爱。

（二）乡村富民产业发展方兴未艾

1. 特色产业提质增效

黑龙江省通过大力发展绿色特色种养业、强化农产品加工业转型升级、加快发展定制农业、推动产业融合，因地制宜、因时制宜地推进鲜食玉米、中药材、黑木耳、蔓越莓、紫苏、蜂产品等特色产业做大做强。"黑土优品""九珍十八品"等龙江"土特产"品牌影响力稳步提升，鲜食玉米、高端肉牛、白鹅等一批特色农业产业集群不断发展壮大。以鹅产业为例，黑龙江省先后印发了《鹅产业振兴行动计划（2022~2025年）》《促进鹅产业高质量发展若干政策措施（2022~2025年）》，成立了省级工作专班，加快构建鹅全产业链一体化发展模式。2024年，全省商品鹅出栏量超过4000万只，波司登（哈尔滨）产业基地项目正式开工，柳桥集团鹅产业一体化项目基本建成，鹅司令项目已经投产。

2. 新产业新业态蓬勃发展

近年来，农村电商、休闲农业、乡村旅游、健康养老等农村新产业新业态蓬勃发展，为农业增效益、农村增活力、农民增收入注入了前所未有的新动能。积极落实《黑龙江省直播电商发展三年行动计划（2020~2022

---

① 《推进渔业现代化部署会典型发言》，《中国渔业报》2024年11月25日。

年）》，激发农村直播电商发展潜力，农产品网络年零售额超过200亿元，龙江优质农产品走向全国、走向世界。黑龙江省大力推进休闲农业和乡村旅游业发展，有6个乡镇、42个村入选全国乡村旅游重点镇（乡）、重点村名录。牡丹江宁安市小朱家村积极探索"文旅农+"融合发展模式，将生态优势、特色美食、文化演艺、平台直播融合，带动当地餐饮、住宿、农产品销售等发展，村庄知名度越来越高，"石板米仓"民宿入住率超过85%，实现了村集体收入和村民收入双提升。

（三）持续巩固拓展脱贫攻坚成果同乡村振兴有效衔接

黑龙江省持续推进脱贫攻坚成果与乡村振兴的有效衔接，牢牢守住不发生规模性返贫致贫底线。过渡期以来，黑龙江省共落实产业、就业、兜底等各类帮扶措施4.6万个，户均2.68个，全省无返贫致贫现象发生，20个脱贫县培育特色主导产业48个。2023年，黑龙江省脱贫人口人均纯收入达到17143元，同比增长12.3%，增长速度快于全省农村居民人均可支配收入增速，年度考核成绩居全国第8位，综合评价为"好"。① 2024年，黑龙江省将防止返贫监测范围调整为年人均纯收入8400元，较2023年增加900元，增幅达到12%。

（四）农村居民人均收入保持较快增长

黑龙江省通过落实强农惠农富农政策，提高农业综合效益，推动乡村产业发展，增加就近就地转移机会等举措，千方百计拓宽农民增收渠道。2016~2024年，黑龙江省农村居民人均可支配收入保持较快增长（见表1），始终高于同期全省地区生产总值增速和城镇居民人均可支配收入增速。从收入结构看，黑龙江省家庭经营净收入仍然是黑龙江省农村居民最主要的收入来源，占比超过50%。

---

① 数据来自黑龙江省农业农村厅。

表 1　2016~2024 年黑龙江省农村居民人均可支配收入及增速

单位：元，%

年份	绝对值	增速
2016	11832	6.6
2017	12665	7.0
2018	13804	9.0
2019	14982	8.5
2020	16168	7.9
2021	17889	10.6
2022	18577	3.8
2023	19756	6.3
2024	20963	6.1

资料来源：2017~2023 年《黑龙江统计年鉴》，2024 年数据来自 2024 年 12 月《黑龙江统计月报》。

（五）乡村文化建设持续推进

优秀的乡村文化能够提振农村精气神，增强农民凝聚力，孕育社会好风尚。黑龙江省将乡村文化建设作为乡村全面振兴的重要一环，坚持弘扬和践行社会主义核心价值观，不断丰富乡村文化体育活动，深入挖掘农耕文化、红色文化、历史文化等资源，加强乡村文化传承发展，推进乡村文化设施数字化升级，开展"除陋习、树新风"专项整治行动，为乡村振兴"铸魂""塑形"。截至 2023 年，全省按照有场所、有队伍、有活动、有项目、有机制的"五有"标准，基本实现了新时代文明实践中心、文明实践所、文明实践站在县、乡、村三级全覆盖，建成乡风文明试点乡（镇）728 个、试点村 5212 个，抚远赫哲族鱼文化系统、宁安响水稻作文化系统被认定为中国重要农业文化遗产。大兴安岭地区漠河市北极镇北极村，常态化开展道德讲堂、"北极先锋之星"评选、村民夜校等活动，深化乡村文明思想建设；围绕神州北极、神奇天象、神秘界江、大冰雪、大界江等特有资源和"最北红坐标·致富排头兵"党建载体，打造本村旅游文化新亮点，弘扬特色冰雪文化、红色文化。

（六）农村人居环境得到明显改善

一方面，黑龙江省聚焦普惠性、兜底性、基础性民生板块，不断提高乡村公共基础设施建设水平。截至 2023 年底，黑龙江省农村交通运输体系不断完善，农村客运班线 3924 条，901 个乡镇、9025 个建制村通客车率保持100%，投入农村公交化运营车辆 1755 辆，"快递进村"覆盖率达到 97%以上。① 村庄内道路长度 83024.7 公里，村庄内道路面积 41584.6 万平方米；集中供水的行政村 7432 个，供水普及率为 89.53%，供水管道长度 66727.8公里，排水管道沟渠长度 33746.0 公里。

另一方面，黑龙江省深入实施"百村精品、千村示范、万村创建"行动，落实"4+2"农村人居环境整治提升重点任务，全省 95%以上的村庄实现干净整洁有序，农村居民生活环境明显改善。截至 2023 年底，黑龙江省乡镇已建成生活垃圾中转站 411 座，拥有环卫专用车辆设备 4346 辆，农村生活垃圾处理率和生活垃圾无害化处理率大幅度提高（见表 2）；共有 196个建制镇、31 个乡对生活污水进行处理，乡镇累计建有 166 个污水处理厂，农村生活污水处理率有较大幅度提高。加快推进厕所革命，大力推进"农民自建、先建后补、市场化运维"机制试点，新建卫生户厕 2 万余户。

表2 2017~2023 年黑龙江省农村生活垃圾处理率

单位：%

年份	生活垃圾处理率		生活垃圾无害化处理率	
	建制镇	乡	建制镇	乡
2017	17.61	11.49	2.01	2.81
2018	17.81	10.79	6.03	2.68
2019	18.07	9.15	9.09	3.43
2020	43.74	38.54	26.47	30.63
2021	54.68	49.94	46.69	45.23
2022	61.12	55.22	52.77	47.15
2023	95.31	100.00	90.74	97.93

资料来源：2017~2023 年《中国城乡建设统计年鉴》。

---

① 黑龙江省交通运输厅：《扎实推动"四好农村路"高质量发展 奋力谱写黑龙江加快建设农村公路新篇章》，《中国公路》2024 年第 18 期。

（七）农村社会保持和谐稳定

黑龙江省高度重视农村基层组织建设，突出党建引领，统筹推进以自治为核心、以法治为保障、以德治为支撑的现代乡村治理体系和治理能力现代化建设。通过开展试点示范探索乡村善治，全域推行农村网格化治理，持续完善推广积分制、清单制治理方式，推动乡村治理数字化，扎实推进法治乡村、平安乡村、和谐乡村建设，有效提高了乡村治理水平，加快推进乡村治理现代化。截至2023年底，全省累计创建国家级乡村治理示范乡（镇）9个、示范村88个。海伦市仁东村积极探索基层治理新途径，通过打造"初心网格"服务站，解决群众"急难愁盼"问题，实现了乡村治理由粗放向精细、由被动到主动、由分散到集中的深度转变；通过设置便民服务窗口、组建"仁东村便民服务微信群"、实行党务村务财务"三公开"、建立村级小微权力清单，开展"一窗"尽办、"一微"尽阅、"一码"尽知、"一图"尽览"四个一"便民服务，真正做到了"小事不出村、大事不出镇"，提高了服务效能，方便了群众，温暖了人心。

二　黑龙江省推进乡村全面振兴面临的突出问题

全面推进乡村振兴是"三农"工作重心的历史性转移。从当前国内外形势看，全面推进乡村振兴面临的环境更趋复杂、任务更加艰巨，其深度、广度、难度都不亚于脱贫攻坚。虽然黑龙江省乡村全面振兴取得了积极进展，但也面临着一些突出问题。

（一）乡村产业发展不平衡不充分

随着新型城镇化的加快推进，城乡二元结构问题虽然得到一定改善，但仍是制约城乡要素自由流动的主要障碍，各种产业要素在城乡间分配不平等，使黑龙江省乡村产业门类不宽、链条不长、融合程度低，产业发展不平衡不充分问题日益凸显。

一是传统产业同质化问题突出。在快速工业化和城镇化进程中，主要农产品生产成本居高不下，不断挤压农民从事农业生产和增加农业投入的边际收益，农业在市场经济发展中仍处于弱势地位。一些乡村未能充分考虑本地特色优势、地域适应性和市场供需状况，盲目跟风发展农产品加工、农村建材等传统产业，这些产业规模偏小、链条偏短、层次偏低，造成产业发展同质化倾向，容易加大乡村之间产业发展的非良性竞争。

二是新产业新业态发展不足。大多数乡村新产业新业态的培育面临着顶层设计不清、生产要素制约、规范发展不足等问题，直播电商、休闲农业、创意农业、定制农业、文化旅游等发展比较缓慢。以乡村旅游为例，黑龙江省乡村旅游经营类型多停留在农家乐、垂钓、采摘等传统项目上，个性化主题不多、缺少文化内涵，中高端产品供给不足，乡村旅游收入不高。

三是乡村产业发展存在短视化行为。由于缺乏完备有效的激励约束和考核机制，部分乡村在乡村产业发展过程中，为追求短期利益，盲目引入一些高耗能、低水平的产业项目，不但消耗了当地资源，也留下一些环境问题。

（二）农村居民收入低且城乡绝对差距扩大

一方面，农村居民可支配收入偏低。多年来，黑龙江省农村居民人均可支配收入一直低于全国平均水平，且绝对差距呈逐年扩大趋势。2024 年，黑龙江省农村居民人均可支配收入为 20963 元，居全国第 20 位，与全国平均水平的绝对差距由 2016 年的 531 元扩大到 2156 元。

另一方面，城乡居民收入绝对差距呈扩大趋势。自 2020 年起，黑龙江省城乡居民收入比一直低于 2，且有继续缩小的趋势（见表 3）。但从绝对值来看，城乡居民收入的差距从 2016 年的 13904 元扩大到 2024 年的 17249 元，持续扩大趋势明显。需要强调的是，尽管黑龙江省城乡居民收入比已落入 2 以内，且在全国一直居于前列，但这并不是高质量的城乡均衡发展，而是低水平下的城乡发展不充分，城市特别是大城市的带动能力不强。

表3 2016~2024年黑龙江省城乡居民收入差距变化

单位：元

年份	城乡居民收入绝对差距	城乡居民收入比
2016	13904	2.175
2017	14781	2.167
2018	15387	2.115
2019	15963	2.065
2020	14974	1.924
2021	15757	1.881
2022	16465	1.886
2023	16736	1.847
2024	17249	1.823

资料来源：2017~2023年《黑龙江统计年鉴》和2024年12月《黑龙江统计月报》。

（三）农村基础设施和公共服务短板明显

农村基础设施和公共服务是推进乡村全面振兴的"硬件"和"软件"。一方面，农村基础设施建设短板明显。与城市相比，农村公共基础设施仍不完善。由于地域辽阔，黑龙江省农村区域发展不平衡问题也比较突出。比如，行政村硬化路建设标准较低，存在路面较窄、硬化层薄、道路老化等问题，村内巷道、田间路等建设较滞后；绝大部分村庄缺少污水处理设施，农村厕所改造任务仍然较重，农村污水治理率、村庄绿化覆盖率等偏低；农村物流基础设施覆盖不高，仓储、加工以及冷链物流功能发展相对不足；公共基础设施管护机制不健全，缺乏管护技术标准，资金投入不足，设施损耗较为严重。另一方面，农村公共服务水平不高。城乡之间基本公共服务发展水平不平衡问题仍十分突出，城乡公共服务在资源配置、供给保障、服务水平等方面差异较大。农村居民受教育水平、教育资源、教学质量落后于城镇，办学条件存在较大差距；农村医疗卫生从业人员数量偏少、学历偏低，每万人拥有的医疗机构床位数不到城镇的1/2；农村居民以参加城乡居民医疗保险为主，城镇居民以参加城镇职工医疗保险为主，二者在报销比例上存在较大差距；农村居民以参加城乡居民基本养老

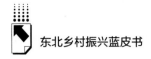

保险为主，城镇居民以参加城镇职工基本养老保险为主，二者在缴费标准、给付金额上存在较大差距。

（四）人口老龄化与人力资本不足并存

人是乡村全面振兴的基础和原动力。农村人口老龄化、高素质"三农"人才不足，是当前和今后一个时期黑龙江省全面推进乡村振兴的一大障碍。

一是农村人口老龄化严重。根据第七次全国人口普查数据，黑龙江省农村 65 岁及以上人口占农村总人口的比重超过 17%，超过了"深度老龄社会"标准。而同时，农村新生人口数量减少，加快了农村老龄化进程，"未富先老"问题更为突出。

二是农村人力资本不足。农村劳动者年龄整体偏大、受教育水平偏低，有技术、懂经营、善管理的高素质劳动者短缺。从受教育程度看，黑龙江省农村 6 岁及以上人口中高中和大专以上学历占比约为 14%，农村居民平均受教育年限约为 8.25 年。截至 2022 年末，全省高素质农民仅有 17.3 万人，占农村劳动力的 1.7%左右。

（五）县域经济发展长期滞后

县域经济是发展特色产业、推进乡村全面振兴、实现城乡融合发展的落脚点和着力点。黑龙江省县域耕地约为 1.95 亿亩，占全省耕地的 81%，县域粮食产量占全省粮食总产量的 70%以上，但县域地区生产总值不到 7000 亿元，仅占全省地区生产总值的 40%左右。从产业结构看，县域第一产业比重超过 40%；第二产业规模小、产业层次偏低，比重不足 20%；第三产业增长较快，比重在 43%左右。从空间布局看，经济强县多分布在哈大齐绥牡地区，经济薄弱县多分布在东部四煤城、边境地区。与浙江、江苏、山东等县域经济发达省份相比，黑龙江省县域经济体量小，自主发展动力不足，县域产业园区运营服务能力不强、集聚效应不明显。2023 年，黑龙江省县域 GDP 排名第 1 的五常市经济体量（285 亿元）仅相当于全国 GDP 百强县入围门槛（763 亿元）的 37.4%。

三 黑龙江省推进乡村全面振兴的对策建议

推进乡村全面振兴，是一项复杂的系统工程。黑龙江省推进乡村全面振兴，要坚持系统思维、城乡融合、分类施策，以科技和改革为驱动，培育发展农业新质生产力，健全推动乡村全面振兴长效机制，推动农业增效益、农村增活力、农民增收入取得实质性进展。

（一）巩固提升粮食和重要农产品有效供给

要把握当好粮食安全"压舱石"的战略定位，坚持产量产能一起抓、数量质量一起抓、生产生态一起抓，突出抓好良田、良种、良机、良技等关键点，充分挖掘农产品生产各要素、各环节增产潜力。

一是强化黑土地保护利用。综合采取工程、农艺、生物等多种措施，推进黑土耕地数量、质量、生态一体保护，高质量推进高标准农田建管用一体化建设，持续推进水土保持和综合治理，深入实施地力提升工程，确保耕地总量不减少、功能不退化、质量有提升、产能可持续。

二是推进农业科技自立自强。坚持把科技创新贯穿农业产业链和生产周期全过程，聚焦全产业链"卡脖子"问题，加强关键核心技术攻关，重点推进种业自主创新，集成推广高产高效技术，推进生物技术在农业领域应用，加快农业装备改造升级，强化农业科技协同创新。

三是打造践行大食物观实践地。统筹更好满足人民美好生活需求与食物供求结构性矛盾，强化生物科技有效赋能，全方位多途径有序开发食物资源，优化食物供给结构，增强食物供给能力，把农业建成大产业，把黑龙江建设成为国家稳定可靠的大食物供给基地。

（二）鼓励支持县域富民产业发展壮大

2025年中央一号文件首次提出"着力壮大县域富民产业"，标志着乡村产业发展的核心场景由"乡村"拓展到"县域"，也意味着乡村产业振兴要

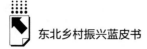

以县域为单元进行统筹规划。通过有效承接大中城市产业转移，辐射带动乡村产业发展，将县域和乡村贯通起来，构建起更具规模效应、更具特色优势的产业体系，拓宽农民增收渠道，带动乡村全面振兴。

一是进一步优化县域产业布局。综合考虑县域资源禀赋、区位条件、发展基础、人口特点、环境承载能力，围绕产业链延伸、价值链提升和供应链优化，加大精准招商力度，合理布局种养加、产供销、农文旅、科工贸等一批县域富民产业，推动产业向县城有序转移，积极培育县域特色产业集群。

二是推进农产品加工业转型升级。大力推动农产品生产和初加工、精深加工协同发展，打造食品和饲料产业集群，重点加快创建玉米精深加工和婴幼儿配方乳粉国家级先进制造业集群。

三是做好"土特产"文章。因地制宜发展鲜食玉米、食用菌、中药材、杂粮杂豆、鹅等乡村特色产业；大力发展定制农业，运用信息化、数字化手段，精准对接消费者需求，促进乡村一二三产业紧密融合；加强农文旅深度融合，推进乡村旅游重点村（镇）建设，推进乡村民宿规范发展、提升品质、优化服务，积极培育新业态。

（三）加快补齐农村基础设施建设短板

现代化完善的基础设施是实现乡村全面振兴的基础保障。加快补齐农村基础设施短板，有利于促进城乡基础设施互联互通、无缝对接，有利于提高农村居民生产生活便捷程度，有利于城乡居民共享现代文明的成果。

一是加快补齐生产性基础设施短板。重点加强高标准农田、抗旱抗涝、水利灌溉、田间道路、气象设施等建设。

二是加快补齐生活性基础设施短板。重点提高交通运输仓储、信息通信、农村电网、人畜饮水设施等保障能力，提高乡道、村道建设标准，将林区公路、边防巡逻路、旅游观光路纳入农村公路建设，加快实现高速公路、干线公路与农村公路互联互通；积极谋划布局一批乡村旅游道路、旅游厕所、停车场、景区服务中心等基础设施项目；加快乡村信息基础设施建设，重点加速 5G 网络、新一代互联网向乡镇、行政村延伸，特别是提高偏远乡村通信设施通达率。

三是加快补齐生态型基础设施短板。重点加强河道、水库、水资源治理、垃圾处理、污水排放等生态性基础设施建设。此外，还要高度注重农村基础设施的管护问题。

（四）优化提高农村基本公共服务水平

要优化农村基本公共服务，提高其均等化、可及性。

一是健全农村基本公共服务标准体系。针对教育培训、医疗卫生、文化体育、养老托幼等基本公共服务，健全标准体系，推动标准水平城乡区域间衔接平衡。

二是构建多元化投入机制。引导社会资本投资农村公共服务领域，促进公共服务资源向农村覆盖、向边远地区和生活困难群众倾斜，提高公共服务在乡村的有效供给，增强城乡公共服务一体化、同步性。

三是健全防返贫监测和帮扶机制。完善就业帮扶政策，加强普惠性、兜底性农村社会救助体系建设，有效防范化解规模性返贫风险，补齐农村社会福利短板，确保农村低收入群体实现共享发展。

四是加快推进农村基本公共服务数字化。积极搭建城乡互通兼容的公共服务一体化平台，构建文化教育、医疗卫生、社会保障等公共服务大系统，提高服务水平与服务效率。

（五）组织开展乡村人才振兴行动

将乡村人才振兴与创新创业相结合，组织开展乡村人才振兴行动，强化乡村全面振兴的人才支撑。

一是高层次人才培育行动。重点培养一批长期奋战在"三农"一线，具有前瞻性、跨学科、领导能力的"三农"领域高层次人才，特别要重点培养青年科技人才，完善全链条培育制度，健全"揭榜挂帅"制度，建立职称晋升绿色通道，支持其在乡村全面振兴的重大任务中挑大梁、当主角，

快速成长。

二是高素质农民培育行动。面向市场需求、产业主线，聚焦提升技术技能、产业发展能力、综合素质素养，不断拓宽农民教育培训渠道，分层实施、全程培育，加快培养一批农业农村综合实用型人才。

三是涉农企业家引育行动。借鉴浙江乡村 CEO 经验，地方政府要积极营造干事创业的良好环境，重点针对农业龙头企业、农业科技企业、涉农企业、农村集体经济组织、农民专业合作社带头人，与涉农高校、职业院校合作，培养一批乡村职业经理人。

四是社会各界服务乡村行动。不断优化发展环境，以乡情乡愁为纽带，研究建立有效激励机制和制定乡村振兴人才柔性引进管理办法，畅通大学生、医生、律师、志愿者等各界人士服务乡村渠道，重点支持青年大学生返乡就业创业，在职业发展、社会保障等方面给予支持帮助，解决其后顾之忧。

（六）以党建引领乡村治理现代化

要将基层党建与乡村治理有效融合，发挥党建引领作用，最大限度把党建优势转化为乡村治理效能。

一是健全县乡村三级治理体系和功能。强化县级统筹协调，推动乡镇扩权赋能、完善村级组织体系，落实推进包联机制，使资源、服务、管理向基层下沉。

二是健全"三治融合"治理结构。用好乡贤资源，搭建乡贤平台，发挥乡贤在产业发展、乡村建设、乡风文明、乡村治理方面的作用；发挥法治在乡村治理中的基础作用，加强农村法治宣传教育与服务，强化法律在维护农民权益、规范市场运行、生态环境治理、解决社会纠纷等方面的权威地位，深化法治乡村建设；重视道德的融合、引导、教化等功能，用好新时代文明实践中心站、党群服务中心等平台，制定负面清单，将村民道德积分与福利、荣誉和约束措施挂钩，以德治促进乡村精神文明建设。

三是推进乡村治理数字化。创新治理方式，推动数字赋能乡村治理，不断深化"党建+网格+大数据"工作模式。

（七）进一步深化农业农村改革

加快推进黑龙江省乡村全面振兴，需要立足实际，不断深化农村改革。

一是深化农村土地制度改革。积极开展二轮土地承包到期后再延长30年试点，探索解决承包地碎片化问题；加快完成房地一体宅基地确权登记颁证，允许农户采取出租、入股、合作等多种方式盘活合法住房；做好农村集体产权制度改革"后半篇"文章，有序推进农村集体经营性建设用地入市改革，健全土地增值收益分配机制。

二是健全多元化投融资机制。发挥财政资金引导支持作用，强化政府长期稳定的投资支持，提高土地出让收益用于农业农村比例；深入实施信贷支农行动，发展农村数字普惠金融，探索针对规模化种植主体融资模式，建立健全市场化涉农金融风险补偿机制；发展多层次农业保险，扩大完全成本保险和种植收入保险覆盖面，完善农业再保险和农业保险大灾风险分散机制。

三是完善种粮农民收益保障机制。全面落实国家稻谷最低收购价、稻谷补贴等政策，统筹实施玉米、大豆生产者补贴政策，保障农民种粮积极性。继续实行水稻地表水与地下水灌溉差异化补贴标准，调动农民用地表水替代地下水积极性。

参考文献

［1］魏后凯、杜志雄主编《中国农村发展报告——促进农民农村共同富裕》，中国社会科学出版社，2022。

［2］刘立新、丁晓燕主编《中国东北地区发展报告（2023~2024）》，社会科学文献出版社，2024。

［3］刘天军、李卓：《农村增活力：县域城乡融合促进乡村全面振兴的路径探索》，《学习与探索》2025年第2期。

［4］董伟俊：《当好国家粮食稳产保供"压舱石"》，《红旗文稿》2023 年第 19 期。

［5］赵勤：《肩负起"压舱石"首要担当》，《黑龙江日报》2023 年 10 月 31 日。

［6］赵勤：《东北地区乡村产业空心化及应对策略》，《智库理论与实践》2019 年第 6 期。

［7］赵勤、陈芷珊：《粮食主产区农民生计满意度调查研究》，《黑龙江粮食》2021 年第 10 期。

B.5
2023~2024年蒙东地区推进
乡村全面振兴发展报告

于光军　辛倬语*

摘　要： 2023~2024年，蒙东地区乡村全面振兴战略的实施，促进了蒙东地区农牧业和农村牧区发展各项工作整体融合，蒙东地区农牧业发展、农村牧区建设、全面深化改革取得明显成效，蒙东乡村全面振兴战略实施进入新发展阶段，为全面推进农牧业和农村牧区现代化奠定了稳固基础。但在蒙东地区乡村全面振兴战略实施的模式转型中，也产生了以项目建设为主导的战略实施策略、战略实施主体责任错位，以及资金投入效果不优等问题，应完善战略实施主体结构，深化实施主体履行权责体制改革，创新推进乡村全面振兴动力机制。

关键词： 实施主体　动力机制　蒙东地区

　　蒙东地区是位于内蒙古自治区东中部五个盟市的概称。因地处我国北方东部草原、森林、丘陵和东北平原地带，蒙东地区的乡村由农业种植区、草原畜牧业区和半农半牧区构成。在推进乡村全面振兴的进程中，蒙东地区牧区占乡村比重较大的呼伦贝尔市、锡林郭勒盟和农区占乡村比重较大的兴安盟、通辽市、赤峰市，结合地域特色，按照中共中央、国务院促进乡村全面振兴的方针政策，落实内蒙古自治区党委和人民政府的具体部署，乡村振兴

---

* 于光军，内蒙古社会科学院研究员，主要研究方向为区域经济；辛倬语，内蒙古社会科学院马克思主义研究所研究员，主要研究方向为政治经济学、产业经济学

战略实施的转向推进现代农牧业和现代化农村牧区建设，在乡村产业振兴、乡村人才振兴、乡村文化振兴、乡村生态振兴和乡村组织振兴的基础上，按照内蒙古自治区人民政府下达的任务目标，完成本地方年度乡村全面振兴的工作任务。在促进乡村全面振兴与推进农牧业和农村牧区发展工作高度融合的新型治理模式下，蒙东地区与此相关的各项工作，整体上划分为两个领域，即现代化农牧业生产体系、组织体系建设和农村牧区社会建设。2023～2024 年蒙东各盟市按照国家、自治区部署要求，围绕各盟市在东北地区和内蒙古自治区农牧业产业定位，开展推进乡村全面振兴工作。

一　2024年蒙东地区推进乡村全面振兴重点工作

2023 年 5 月，内蒙古自治区党委确定了新发展阶段内蒙古的"两件大事"，即建设我国北方重要生态屏障、建设我国北疆安全屏障、建设我国重要能源和战略资源基地、建设我国绿色农畜产品生产基地和建设我国向北开放的桥头堡"五大任务"，以及全方位建设模范自治区。内蒙古自治区为做好"两件大事"，经过自治区人民代表大会颁布了六部条例，以法规的形式，确定了做好"两件大事"各项工作的目标要求和工作规范。其中，生态屏障建设、安全屏障建设、绿色农畜产品生产基地的工作部署和任务，分解延伸到蒙东农村牧区；以铸牢中华民族共同体意识为主线，加强农村牧区基层治理，促进农村牧区精神文明建设，作为建设模范自治区的工作内容，成为蒙东地区乡村全面振兴战略实施的具体工作要求。

2024 年 2 月 3 日，中共中央、国务院发布了《关于学习运用"千村示范、万村整治"工程经验有力有效推进乡村全面振兴的意见》，促进乡村全面振兴成为农业农村发展的核心任务。伴随着乡村振兴主责机构与农牧厅在延续扶贫政策和实施乡村振兴战略方面的工作融合，在落实政策、明确工作任务、推进项目建设等方面，乡村全面振兴成为蒙东地区"三农三牧"（农业、农村、农民，牧业、牧区、牧民）工作的目标，实施乡村全面振兴战略，推动发展农村牧区社会事业、公共服务、基础设施和乡村治理，改善农村牧区人居环境和生产环境，指导农村牧区精神文明和优秀农耕文化、草原文化建设等方面的工作，成为蒙东地区盟市、旗县、乡镇苏木三级政府农牧业部门的主责；中共中央对农业农村工作的各项方针政策、年度工作部署成为蒙东地区促进乡村全面振兴的基本遵循。

2024年，内蒙古自治区政府针对高质量完成"五大任务"，办好"两件大事"，确定了10个方面的重点工作①，为蒙东地区各盟市政治经济和社会发展制定了年度工作任务目标。其中，在现代化产业体系建设和民生工作中，对农牧业和农村牧区发展作出了工作部署。提出加强农牧业规模化、产业化、品牌化，促进农牧业从分散式向集约化转变，发展设施农业、舍饲圈养、庭院经济，在兴安盟建设现代畜牧业试验区，推动农牧业产值突破万亿元，提出了将农牧业打造为现代化大产业的目标。具体措施包括建设高标准农田、实施黑土地保护工程、提升改造规模化养殖场，提高农畜产品精深加工度，选定了奶业、玉米、肉羊、肉牛、饲草、羊绒、马铃薯7条重点产业链，并为每条产业链建设明确了重点建设内容。如奶业重点要加快奶酪等固态乳制品精深加工，玉米重点要延伸发展色氨酸、精氨酸、黄原胶等高附加值产品，肉羊肉牛重点要发展屠宰加工，饲草重点要提高草种质量和优质饲草自给能力，等等。

在农牧业生产服务和农村牧区社会服务和基层治理方面，内蒙古自治区政府也列出了明确的工作内容。如增建嘎查村医保服务点，改造农村牧区危房，组织"乌兰牧骑演出万村行"，为农牧户提供冬季取暖用煤，实施生活垃圾集中处理、生活污水治理，新建和改造提升农村牧区供水工程，增建农村牧区公路，以及全面推行信访代办制，"小矛盾即知即调、复杂事项分流分调、疑难案件联管联调"，将信访群众吸附在当地、矛盾纠纷化解在当地。增建乡镇苏木区域养老服务中心、村级养老服务站，实施特殊困难老年人家庭适老化改造，实施居家社区养老服务提质、机构养老服务升级、农村

---

① 内蒙古自治区人民代表大会常务委员会：《内蒙古自治区全方位建设模范自治区促进条例》《内蒙古自治区建设国家重要农畜产品生产基地促进条例》。

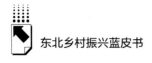

牧区养老服务扩面、养老服务综合保障强基 4 项工程。

蒙东地区乡村全面振兴工作中，完善农村牧区基层治理、加强对农牧民公共服务供给、促进村（嘎查）集体经济发展等乡村层面上的工作，很重要的推动手段是强化基层党建。2021 年在农村牧区基层组织换届时，自治区党委提出在村委会主任选举中，推动村党支部书记任村委会主任；同时，提出村委会人员年龄结构、学历结构要求，解决村党支部书记（村委会主任）年龄、知识老化问题，加强对村党支部党员、村委会委员政治学习和培训，提高村党支部和村委会组成人员的思想意识和知识水平，加强村党支部和村委会能力建设。为壮大村集体经济组织经济实力，旗县党委组织部门选取具有发展基础的村，投入集体经济发展资金，以促进集体经济发展。

2023～2024 年蒙东地区促进农牧业和农村牧区发展的重点工作之一，是加强农牧业和农村牧区建设项目运作，对标国家乡村振兴衔接资金等各类与资金匹配的政策，谋划各类建设项目，逐级向上申请项目资金。研究、判断、寻求社会投资主体的投资意向，编制项目招商引资目录；意图盘活多年建设形成的基本农田、棚圈、厂房、文旅设施等资产，采取向社会招募和将经营权收归政府设立的国有公司等途径，扩充农牧业、农村牧区经济规模。2023～2024 年，蒙东地区旗县级财政收支总体水平处于较为低迷时期，大部分村（嘎查）集体经济组织自身发展能力薄弱。因此，国家政策导向、自治区落实国家政策的项目安排，成为蒙东地区各级政府促进乡村全面振兴的根本导向。

我们在农村牧区调研发现，盟市、旗县、乡镇苏木三级政府农牧业部门促进乡村全面振兴的工作，基本处于"执行和完成"状态，各级政府将自治区政府布置的工作任务细化分解到下一级政府，各级政府将各领域的工作要求细化分解到政府各组成部门。在细化分解的任务明细中，不仅规定了具体的工作内容，也有明确的完成时间、各时点完成程度的要求。在日常管理中，上级部门和本级政府依据工作任务明细，以月、季度为时点，对农牧业部门各项工作完成情况进行检查。同时，各类项目的申报、获取、推进、验收等项目进度被列入对各级农牧业、民政部门工作督导的内容，对没有按要求完成的情况，也设立了本级政府约谈各部门负责人并通告，约谈下级政府主官并通告的制度。自盟市到乡镇苏木，形成了严格对照目标任务安排本部门各项工作的执行机制。在这种制度机制下，各级政府和村（嘎查）支部和村（嘎查）委会履行着促进乡村全面振兴的各项职责，承担着促进农牧业生产体系现代化建设、农村牧区社会发展的具体工作任务，构建起蒙东地区乡村全面振兴新发展阶段的动力机制。

二　蒙东地区乡村全面振兴重点工作的成效[①]

2023～2024年，蒙东地区农牧业和农村牧区保持稳定、持续发展，在促进农村牧区产业升级、农牧业基础设施建设，落实国家农业生产治理体系现代化要求，推进农牧业生产组织现代化，推广普及农村集体土地"入市"改革经验，促进一二三产业融合，以及不断提升基层治理能力建设成效，提高农村牧区基本公共服务质量，有序深化美丽乡村建设等重点工作领域，均可以看到比较明显的成效和进展。

2023～2024年，蒙东地区农牧产业量质齐升。高标准农田建设，黑土地保护性耕作扩容，地方优势农畜产品种植养殖增量增质，日光温室、暖棚、高等级棚圈、菌菇等特色养殖设施、低温仓储库、农超对接仓储集散等设施建设更新，以村集体经济为经营主体的飞地型经营场地、设施建设；以各类型企业为主体的生产线扩容增量，肉、奶、马铃薯、大豆等地方特色农畜产品收储深加工在项目建设数量、投入力度上不断加大，饲草种繁基地提质扩容，以轮牧、禁牧、飞播等技术手段修复治理草原等，生态与生产融合提升草原生产能力建设面积不断扩大。蒙东各盟市按照国家、自治区统一布局安排和建设重点，产业优化升级整体进展顺利。受消费终端牛肉价格下降影响，2023～2024年蒙东地区肉牛养殖收益下降，连带饲草料价格出现波动，2024年与此相关的行业规模呈现出收缩的现象；上溯到蒙东地区执行养殖

[①] 本节数据由作者根据蒙东地区五盟市2023年、2024年政府工作报告、统计公报整理计算。

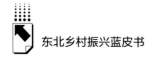
结构"减羊增牛"调整的上级指令，无论是养殖基础设施利用效率，还是养殖场（户）收益均受到较大影响。

呼伦贝尔市产业发展的重点是建设草原肉羊、大豆两个国家级产业集群，做大做强玉米、小麦、油菜、甜菜、肉牛等产业。2023年，粮食产量132亿斤，实现"十一连丰"；超额完成大豆和油菜扩种任务，种植人工饲草111万亩，牲畜存栏1252.3万头（只），设施畜牧业养殖比重达52%，主要农畜产品加工转化率达74%。2024年，粮食产量135.85亿斤，实现"十二连丰"；完成了呼伦贝尔市粮食产量稳定在120亿斤以上的目标任务。牲畜存栏1243万头（只），肉、奶产量分别达27万吨和85万吨。新建高标准农田140万亩，耕种收综合机械化率达95.8%，在内蒙古自治区排在首位。牙克石市小麦、油菜、马铃薯生产基地被纳入全国绿色食品原料标准化生产基地名录。呼伦贝尔芥花油、草原羊肉入选国家级精品培育计划。除上述工作外，呼伦贝尔市按照自身农牧业与农村牧区发展基础和目标，开展了培育农牧业生产经营新型主体，培育示范社、示范家庭农牧场；培育社会化服务组织，培育推广地方特色品牌，增加绿色食品、有机农产品和名特优新农产品数量，促进食用菌、中草药等特色产业发展等重点工作。

兴安盟2023~2024年度在农牧业和农村牧区体制改革创新、现代农牧业生产经营模式创新中取得了重要突破，支撑了农牧业和农村牧区发展。其间，非常重要的改革成果，是作为宅基地制度改革国家试点，形成了农村宅基地管理各项制度性成果34项，其中《乌兰浩特市农村宅基地使用权流转管理暂行办法》入选国家制度文件汇编。与发达地区区域合作减贫机制创新工作形成了《政府、企业、农民伙伴关系建立订单农业增收——内蒙古自治区科右中旗产业减贫案例》，在2024减贫与发展高层论坛上获评"第五届全球减贫案例征集活动"最佳减贫案例。全国首创高标准草地建设新模式饲草中央厨房模式，成为全国样板。2023年，兴安盟粮食作物播种面积1041.88千公顷，粮食总产量135.63亿斤，再创历史新高；猪牛羊禽肉产量30.41万吨，同比增长5.3%；其中牛肉产量5.79万吨，同比增长12.4%；牛存栏88.64万头，同比增长16.1%。2024年，全盟粮食产量达

140.42亿斤，实现"十五连丰"；兴安盟农牧（乡村振兴）领域争取上级资金103.69亿元，同比增长64.8%，首次突破百亿元大关。大豆亩产321.7公斤，水稻亩产785.9公斤，连续三年刷新内蒙古自治区高产纪录。大豆ARC试验亩产229.63公斤，高出全国大豆平均亩产近100公斤。新建高标准农田130.14万亩，同比增长83.3%。实施黑土地保护性耕作1147万亩、黑土地保护利用项目17万亩、绿色防控667万亩。牲畜存栏1348.25万头（只），同比增长4.5%。中国肉牛选择指数（CBI）前100名占位中头数、种公牛存栏量排名全国第1。建成了全国最大的综合性饲草产业园区、全国最大的生物育种大豆种植基地、全国最大的大豆生物育种制种基地和种源输出基地。

通辽市确定了打造现代农牧业强市的目标。2023年制定了建设高标准农田，建设千万亩现代节水高产农业示范区，打造"全国肉牛产业第一重镇"目标，加快建设"一中心、三园区、五基地"，坚持从市场开发端持续发力，"反弹琵琶"带动肉牛产业高质量发展。建设标准化家庭牧场，扩大育肥规模，增加屠宰加工能力，创新肉牛供应链金融支撑肉牛行业发展；培育农牧业龙头企业，做优肉牛、玉米、荞麦、红干椒、水稻、林果等特色产业链等重点工作。2023年，新建高标准农田56万亩，玉米千亩方、万亩片示范区单产分别达到2493斤和2367斤，再次刷新东北春玉米区纪录，粮食总产量达到189亿斤，实现"二十连丰"。落实发展肉牛产业一揽子政策，"全国肉牛产业第一重镇"建设取得积极进展，肉牛存栏、育肥分别达到385.8万头和31.5万头，育肥和屠宰规模分别增长85%、46.5%，肉牛全产业链产值达到404.9亿元，增长15.6%，"通辽肉牛"品牌价值达267.8亿元，居全国畜产品区域品牌首位。2024年，通辽市粮食总产量194.1亿斤；新建高标准农田313万亩，实施玉米单产提升项目602万亩，再次刷新全国粮食主产区玉米大面积单产纪录。引进肉牛加工销售类项目37个，肉牛出栏量、交易量、屠宰加工量分别增长8.9%、20.9%和44.1%，"通辽牛肉"品牌价值升至271.6亿元。

赤峰市2023年被确定为全国农村产权流转交易规范化整市试点。

2023～2024 年，赤峰市将稳定粮食种植面积，建设全国现代设施农业创新引领区，打造国家现代设施农业强市；引进培育龙头企业，推动一二三产业融合发展，提高主要农畜产品加工转化率；提高优质农畜产品知名度和影响力作为重点工作。2023 年，赤峰市粮食产量 130 亿斤，实现"十一连丰"。肉牛存栏 345.5 万头，羊存栏稳定在 1423 万只。宏福农业、飞鹤乳业等现代农牧业项目进展顺利，平源牧业、新府等 6 个奶源基地加快建设。宁城县被评为乡村振兴激励县，喀喇沁旗被命名为国家农业绿色发展先行区。2024 年粮食产量 136 亿斤，实现"十二连丰"；牲畜存栏 2379 万头（只），实现"十八连稳"。创立的"赤诚峰味"品牌联盟价值达到 894 亿元，位列内蒙古地方特色品牌价值榜首。

锡林郭勒盟 2023 年进行了粮食种植结构调整，增加了豆类、薯类播种面积，降低了谷物播种面积，全年粮食播种面积 15.13 万公顷，比 2022 年增长 0.4%。其中，谷物播种面积 9.51 万公顷，下降 6.0%；豆类播种面积 0.14 万公顷，增长 66.4%；薯类（马铃薯）播种面积 5.48 万公顷，增长 12.8%。粮食总产量 9.68 亿斤，其中，谷物总产量 18.48 万吨，下降 20.7%；豆类总产量 0.13 万吨，增长 8.5%；薯类（马铃薯）总产量 29.81 万吨，增长 21.7%。2024 年，兴安盟粮食产量 10.10 万斤，超额完成年度目标任务。锡林郭勒盟草原面积占比大，草原牧区畜牧业有圈养舍饲与季节性放牧利用草场两种方式。2024 年为进一步解决过牧问题，锡林郭勒盟减少超载牲畜 95.7 万羊单位，投入 1.6 亿元新建标准化畜棚和舍饲养殖基地，新增 4 万头舍饲肉牛。

2023～2024 年，蒙东地区乡村全面振兴社会领域的各项建设稳步推进，在内容上，按照国家和自治区乡村建设项目安排，开展了建设卫生户厕、供水保障工程、农村牧区生活垃圾收运处置体系、农村公路电网等基础设施建设维护、农村牧区新型家庭采暖设施供给等乡村人居环境项目类建设。在乡村治理方面，按照国家和内蒙古自治区要求，开展了乡村那达慕、"村排"、"村晚"等群众性文体活动，以及以除陋习、树新风、聚民心为目的的节庆活动。

三　2023~2024年蒙东地区乡村全面振兴
评价与持续推进的建议

（一）对乡村全面振兴视阈下蒙东地区乡村全面振兴战略实施的评价

1. 从促进乡村全面振兴工作调查研究的视角

目前，乡村全面振兴战略作为促进农业农村现代化建设的重要工作，在实际运行领域，已经与促进农业农村发展各项工作融合，也因此将农村发展与农业发展并行，将农村发展各项工作列入乡村振兴的范畴，与传统意义上以产业振兴为基础的乡村振兴内涵发生变化。蒙东地区在推进乡村全面振兴的各项工作中，涉及农村基本公共服务、农村基层组织建设、农村基础设施建设等内容，除对接国家乡村振兴政策性资金的项目管理依然由归并在农业农村部门的乡村振兴职能负责，其余的工作则由民政、人社、城乡建设等部门负责，存在乡村全面振兴各项工作主体与工作成效多元分散的现象。从考察乡村全面振兴工作绩效的角度，各项工作只能从任务来源、进度等完成程度角度展开，没有建立一套包含产业振兴、人才振兴、文化振兴、生态振兴和组织振兴的系统考核评价方法，在一定程度上表现为以农业农村各领域工作任务完成情况考核替代乡村全面振兴战略实施绩效评估。

现代农牧业生产体系、组织体系建设成效考评，乡村人居环境、基础设施建设等乡村发展成效考评，也仅能从新增或提质升级涉及的数量等角度展开。从蒙东乡村2023~2024年建设项目、资金来源分析，乡村建设所安排的内容，服从于国家、自治区是否有建设内容设置，建设成效评价依从于项目建设、工程建设管理评价体系，乡村全面振兴战略实施整体绩效、进展缺少可获得的数据资料，对乡村全面振兴政策效果评估、策略调整与完善的依据比较匮乏。

2. 从战略实施主体选择的视角

农牧业生产设施和农村牧区基础设施建设中，公共预算投入部分，建成

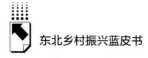

后的产权交由乡村集体经济所有，村委会办村集体经济组织享有形成的固定资产所有权、收益权。在实际运行中，村委会办集体经济组织将该部分资产以租赁、股权合作、经营权收益等方式，交由个人或社会组织运营；部分比较偏僻、劳动力稀少的村委会办集体经济组织的资产经营，有乡镇、旗县代办的状况，有资产闲置状况，有由村两委成员包办的状况。其中的核心问题，是村两委经营管理能力提升存在瓶颈和"天花板"，蒙东乡村"能人经济"特征明显，按照村两委成员来源和政治素养要求，"能人"与成为村两委成员之间没有必然联系，也并非所有的蒙东乡村都适合外部资本和社会力量进入乡村全面振兴领域。由此，造成部分蒙东乡村在选择是否由村委会办集体经济组织作为乡村全面振兴战略实施主体时，出现能力偏差与身份偏差"两难"局面。

3. 从资金投入绩效的视角

2023~2024年投放于农牧业和农村牧区的各类项目较多，在乡村全面振兴战略实施中保留着过渡期中央财政衔接推进乡村振兴补助资金名目，农牧财政、民政等部门具有专项行动、专项资金，组织部门设立了支持村委会办农牧民专业合作社发展资金，农村牧区获得财政资金投放的总规模较大，在各地政府部门完成工作任务目标中，也会将获得上级财政资金的规模作为完成工作的绩效。在具体运行中，各类财政资金投入的绩效评估不甚乐观，能够达成设计初衷的建设项目占比不理想。尽管有些项目建设形成的设施闲置、低效利用、无收益等情况与农畜产品市场波动、经济下滑、消费结构变化、人口布局调整等息息相关，但项目建设初始设计不符合经济运行规律的原因也不容小觑。

（二）持续推进乡村全面振兴的建议

1. 加速推进深化农村牧区改革，为社会力量进入配置制度基础

蒙东乡村发展存在青壮年劳动力流出、返乡创业力量不足问题，乡村全面振兴内生动力匮乏，乡村发展资源得不到有效利用，人口流出、公共服务保障带来了资源富集和资源价值衰减问题，需要吸引社会力量、外部资本进入，激活和放大乡村资源价值实现。蒙东地区农业农村深化改革探索虽然在条件适宜地区，如临近工业园区、经济开发区的乡村取得了一定成效，但在地处偏远、社会基础薄弱、经济发展条件处于劣势的乡村还需要探索更为积极的政策创新，如整合农村居民迁徙与土地制度，创新乡镇政府、旗县农牧服务机构对村有资产代理经营制度，强化政府投资项目经营绩效考评等，推动各级政府将吸纳社会力量进入乡村作为促进乡村全面振兴的重点工作。

2.完善乡村全面振兴各领域主体的责权制度，构建以终端质效为目标的绩效衡量体系

改革、完善以项目投放为促进乡村全面振兴主渠道的战略实施模式，成立统一的乡村全面振兴促进基金，分离项目投放与战略实施绩效考评的关联，评估不对村集体经济收入考核、乡镇代管村集体财务的政策效果，建立村两委承担基层治理、乡村精神文明建设主责，乡镇或旗县农牧业服务机构承担代理运营村集体经济资产主责，将经济交于市场，将治理交于村两委，将建设规划执行交于盟市旗县政府部门，将绩效考核评价交于农牧民，进一步明确分工，构建各司其职、各尽其责的乡村全面振兴实施主体结构。

产业发展篇

B.6
东北三省冰雪产业数字化助推
乡村振兴发展路径研究

长春金融高等专科学校课题组*

摘　要：　后冬奥时期，冰雪产业在我国迅速崛起，成为推动经济高质量发展的新引擎。东北三省凭借其得天独厚的冰雪资源，正积极探索冰雪产业数字化助推乡村振兴的发展路径。分析东北三省冰雪产业数字化的发展现状、存在的问题与面临的挑战，以冰雪产业助力乡村振兴为目标，探索冰雪产业促进乡村经济发展的有效路径，冰雪产业数字化带动乡村经济多维发展，将"冷资源"变成"热产业"，为冰雪产业数字化升级进一步助推乡村经济发展提出建议，为东北三省乃至全国的乡村振兴提供借鉴，以冰雪产业带动区域经济稳步推进，最终实现乡村振兴的进一步发展。

关键词：　冰雪产业　乡村振兴　数字化　冰雪经济

---

*　课题组成员：郭文尧，长春金融高等专科学校会计学院副教授，主要研究方向为经济学、会计学；尹丽娜，长春金融高等专科学校会计学院讲师，主要研究方向为会计学、审计学；张聪，长春金融高等专科学校会计学院讲师，主要研究方向为会计学、统计学；张家彬，长春金融高等专科学校会计学院助教，主要研究方向为会计学。

2024 年 1 月，中国旅游研究院发布的《中国冰雪旅游发展报告（2024）》显示，中国冰雪产业进入了更稳定、更可持续的阶段。冰雪旅游正从初期行业培育向产业生态体系构建转变，"冰雪国潮"引领我国冰雪产业向链条化、集群化、全球化发展。东北三省乡村地域冰雪资源丰富，拥有巨大的产业潜力，冰雪产业已成为经济发展的重要支撑和重要一极。东北三省冰雪产业秉承全面实施"一主六双"高质量发展战略，以冰雪全产业链带动乡村经济发展新格局正式确定。通过数字化手段，提升冰雪产业的运营效率和服务质量，推动冰雪产业向高端化、智能化、绿色化方向发展，实现冰雪产业数字化转型。利用冰雪产业的辐射带动作用，促进乡村经济多元化发展，增加农民收入，改善乡村基础设施和公共服务条件，实现乡村振兴。

一 东北三省冰雪产业数字化建设现状分析

冰雪产业是一类集传统与新兴元素于一体的特殊产业，东北三省冰雪产业作为我国重要的特色经济领域，数字化建设的发展现状尤为值得关注。从政策支持角度来看，近年来，国家及地方政府高度重视冰雪产业的发展，出台了一系列政策措施，推动了东北三省冰雪产业数字化建设的进程。在政策引导下，冰雪产业数字化建设取得了显著成果，如冰雪旅游、冰雪运动、冰雪文化等领域的数字化应用逐步完善。从技术层面来看，东北三省冰雪产业数字化建设已初具规模。冰雪景区的智能导览系统、在线预订平台、虚拟现实（VR）等技术应用得到广泛应用，为游客提供了便捷的游览体验。此外，冰雪运动领域也实现了数字化技术的突破，如智能穿戴设备、数据分析系统等，有助于运动员提高竞技水平。冰雪领域总体战略定位是，打造中国寒地冰雪经济高质量发展示范区，全方位、多维度提升其在国内外的知名度和影响力，旨在推动冰雪产业的高质量发展，成为世界知名的国际冰雪旅游胜地。①

---

① 《吉林省人民政府办公厅关于打造吉林区域品牌推动高质量发展的实施意见》，《吉林省人民政府公报》2022 年第 4 期。

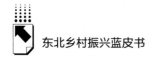

（一）黑龙江省冰雪产业数字化建设现状

1.冰雪旅游产业首屈一指

哈尔滨冰雪大世界与科技公司合作，利用元宇宙技术打造实景三维项目，通过数字化手段，游客无须亲临现场即可通过手机等智能设备欣赏冰雪盛景。数字化技术还应用于冰雪景区的导览、购票、餐饮预订等环节，提高了游客的便利性和满意度。

第二十五届哈尔滨冰雪大世界，运用了"基于云平台的冰雪景区灯光联动控制系统"，创新实现了园区的八块冰面和主塔灯光的整体联动效果，精确同步控制灯光效果，在国际上尚属首次。该系统在严寒条件下可靠性、设备成本和安装便利性上具有明显优势。系统的应用不仅解决了精确同步控制的难题，同时提高了冰雪园区灯光控制设备的安装实施效率，推进了"冰雪+数字""冰雪+5G"等智慧化概念在冰雪旅游项目中的广泛应用，实现了灯光效果的精确同步控制和创新主题呈现，提升了游客的观赏体验。同时，该系统的应用也推动了冰雪旅游项目的智慧化发展。

黑龙江省通过数字化平台宣传和推广冰雪旅游品牌，如哈尔滨国际冰雪节、漠河北极村等，吸引了大量国内外游客的关注。数字化营销手段如社交媒体、短视频平台等也有效提升了黑龙江冰雪旅游的知名度和美誉度，扩大了品牌影响力。

2.冰雪装备制造业提档升级

黑龙江省的冰雪装备制造业积极引入数字化技术，实现智能制造和个性化定制。比较突出的是天行健公司以自有专利技术的智能滑雪机装备制造为依托，联合黑龙江省科学院、哈尔滨工程大学成立冰雪运动实验室，搭建线上线下同步的数字滑雪竞技平台。数字化技术还应用于冰雪装备的研发、设计、生产等环节，提高了产品的质量和性能。

数字化技术促进了冰雪装备制造业与上下游产业的协同发展。通过数字化平台实现原材料采购、物流配送、销售等环节的信息共享和协同作业，降低了生产成本和库存压力，达到产业链协同运行的良好效果。

3.冰雪产业政策保障完善

黑龙江省政府高度重视冰雪产业的数字化建设，出台了一系列政策措施引导和支持冰雪产业的创新发展。《黑龙江省冰雪经济发展规划（2022～2030年）》等文件明确了冰雪产业数字化建设的目标和路径。2022年，黑龙江省研究编制了《黑龙江省冰雪产业标准体系》，并在黑龙江省冰上训练中心、黑龙江冰雪体育职业学院、大庆市滑冰馆和齐齐哈尔黑龙江国际冰雪装备有限公司4个单位，开展冰雪体育标准化试点，以高标准助推冰雪产业高质量发展。

黑龙江省政府还通过设立专项资金、提供税收优惠等方式支持冰雪产业的数字化建设。这些资金主要用于支持冰雪旅游景区的数字化改造、冰雪装备制造业的智能化升级等方面。

（二）辽宁省冰雪产业数字化建设现状

辽宁省冰雪产业的数字化建设目前正处于积极推进的阶段，并取得了一定的成果。

1.雪场开发与运营管理良好

通过数字化技术的应用，辽宁省的冰雪产业在运营管理方面取得了显著的成效。多个大型滑雪场，如东北亚、白青寨、棋盘山等，在场地选择、设施建设、运营管理等方面都积极引入了数字化技术。通过信息化技术，雪场实现了智能化管理，包括场地预约、设施维护、人员管理等方面，有效提高了运营效率。雪场、旅游景区等场所的运营效率得到了大幅提升，有效降低了人力成本和时间成本。利用大数据分析，雪场能够更好地了解顾客需求，提供个性化的服务，从而提升顾客满意度。

2.冰雪装备设计与销售提档升级

在冰雪装备领域，数字化技术的应用主要体现在产品设计和销售过程中。通过虚拟现实和仿真技术，设计师可以更好地进行产品设计和改良，提高产品的质量和性能。线上购物平台和数字化营销手段为冰雪装备的销售提供了便利，使得消费者可以更加便捷地购买到自己所需要的冰雪装备。

3.冰雪旅游服务与营销趋近完善

在冰雪旅游方面，辽宁省通过建立在线旅游平台和移动应用程序，为游客提供了便捷的旅游信息获取、预订和导航服务。数字化技术的应用使得游客在冰雪旅游过程中能够享受到更加便捷、个性化的服务，用户体验得到了极大的提升。通过大数据分析游客需求和行为，旅游景区可以优化游客体验，提供个性化的服务，从而吸引更多的游客前来体验冰雪运动的乐趣。数字化建设不仅提高了辽宁省冰雪产业的运营效率和服务质量，还推动了产业的升级和转型。通过引入新技术和新模式，冰雪产业得以向更加智能化、绿色化、可持续化的方向发展。

（三）吉林省冰雪产业数字化建设现状

吉林省在冰雪产业数字化建设方面取得了显著进展，冰雪装备、冰雪旅游、冰雪体育和产学研一体化融合等方面均实现了数字化转型和升级。

1.冰雪装备制造业初见成效

吉林省的冰雪装备制造企业积极投入研发，通过技术创新提升产品竞争力。一些重点企业已经掌握了滑雪板上下底板的核心高分子材料技术，以及滑雪板防撞边条的研发和生产，不仅满足了国内市场需求，还成功将产品出口到欧洲等国际市场，获得了国内外客户的青睐。

2.冰雪旅游服务愈加完善

吉林省积极构建智慧化服务体系，利用互联网、物联网、云计算等技术提升冰雪旅游的服务水平。通过构建冰雪产业大数据中心，有效释放数据价值，打通全产业链和全价值链的数据通道。这些措施使冰雪旅游的服务更加便捷、高效，提升了游客的满意度和体验感。吉林省第二十四届长春冰雪节开幕后，广大市民积极响应，可通过手机 App 获取冰雪文旅消费券，参加主题冰雪活动，文旅消费券一度出现一票难求的空前热销情况。

3.冰雪体育赛事成果累累

吉林省积极申办承办国际级、国家级竞技体育大型赛事，并利用数字化手段提升赛事的观赏性和互动性。通过直播、录播等方式，让更多人能够观看到精彩的冰雪体育赛事。同时，吉林省还利用大数据分析等技术手段，对赛事进行精准预测和评估，为赛事的策划和组织提供了有力支持。

4.产学研一体化融合

数字技术推动产学研一体化融合，促进了冰雪装备制造企业与高校、科研机构的合作。北华大学的大学生团队研发了可穿戴设备，将雪上运动数字化，帮助运动员提升训练质量和增强体能。这种合作模式有助于加速科技成果的转化和应用，推动冰雪装备产业的升级和发展。

二 乡村冰雪产业在数字技术方面存在的问题

冰雪产业作为乡村振兴战略的重要一环，正逐步展现出其巨大的经济和社会价值。然而，尽管冰雪产业在东北三省具有得天独厚的优势和潜力，但在利用数字技术推动乡村振兴的过程中，仍然面临着一系列的问题，主要集中在以下三个方面。一是乡村冰雪产业体系数字化建设不健全、数字技术普及程度不高，导致冰雪产业与互联网、大数据等技术的融合程度较低，难以形成产业联动效应。二是乡村冰雪装备数字技术发展存在障碍，数字化改造进程缓慢，许多冰雪场地设施尚未实现智能化升级，影响了场馆的运营效率和游客体验。三是乡村冰雪体育领域数字技术弱势明显，缺乏专业的数字技术人才和管理经验，也制约了冰雪产业数字化转型的步伐。这些问题限制了数字技术在冰雪产业中的应用，影响了乡村振兴的推进。

（一）乡村冰雪产业体系数字化建设不健全

国家和地方政府已经出台了一系列政策，鼓励和支持冰雪产业的数字化转型，但在实际操作中，许多乡村地区的冰雪产业仍然停留在传统的运营和管理模式上，未能充分利用数字技术带来的便利和优势。

一是乡村冰雪产业在数据采集、存储、处理和分析方面存在明显的短板。由于缺乏专业的数据管理和分析工具，乡村冰雪产业难以对市场需求、游客行为、资源利用等进行全面、精准的分析，从而影响了产业决策的科学

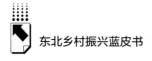
性和准确性。

二是乡村冰雪产业在数字化营销和服务方面存在不足。传统的营销手段已经难以适应现代市场的竞争需求，而数字化营销则能够更精准地定位目标客户，提高营销效率。然而，由于乡村冰雪产业在数字化营销方面的投入不足，品牌知名度不高、市场份额有限。同时，数字化服务也未能得到广泛应用，游客在预订、支付、咨询等方面的体验仍有待提升。

（二）乡村冰雪装备数字技术发展存在障碍

冰雪装备作为冰雪产业的重要组成部分，其数字化水平对冰雪产业的竞争力和可持续发展能力起着一定的决定作用。目前，乡村冰雪装备在数字技术方面的应用仍然相对滞后。由于乡村地区在数字化技术方面的投入不足，冰雪装备的研发和生产水平相对较低，难以满足市场需求。乡村冰雪装备的研发和生产缺乏数字化技术的支持。传统的生产模式已经难以适应现代市场的需求，而数字化技术则能够更高效地设计、生产和测试冰雪装备。

乡村冰雪装备的智能化程度不高。随着物联网、大数据、人工智能等技术的快速发展，冰雪装备的智能化已经成为一种趋势。然而，由于乡村地区在智能化技术方面的应用相对较少，冰雪装备的智能化水平较低，难以提供个性化、智能化的服务，降低了产品的实用性和用户满意度。

（三）乡村冰雪体育领域数字技术弱势明显

乡村冰雪体育在赛事管理和运营方面缺乏数字化技术的支持。传统的赛事管理和运营模式已经难以适应现代市场的需求，而数字化技术则能够更高效地组织、管理和运营赛事。然而，由于乡村地区在数字化技术方面的投入不足，冰雪体育赛事的管理和运营水平相对较低，难以吸引更多的游客和赞助商。

乡村冰雪体育在运动员训练和数据分析方面也缺乏数字化技术的支持。传统的训练方式已经难以适应现代竞技体育的需求，而数字化技术则能够更精准地分析运动员的体能、技能和战术等方面的数据，为运动员提供个性化的训练方案。然而，由于乡村地区在数字化技术方面的应用相对较少，运动员的训练和数据分析水平较低，难以提高运动员的竞技水平和成绩。

三 冰雪产业数字化助推乡村振兴发展的对策和建议

以数字技术推进东北三省冰雪产业链整合的路径是一项重要的战略举措。打造区域特色的冰雪产业标准体系，融合"数字冰雪+文化"产业协同发展；借势数字技术打造全季旅游，逐步完善冰雪产业发展一体化模式，形成完整化、科学化、智能化冰雪产业链结构。逐步在乡村中推进、推广冰雪产业的赋能效果，最终实现数字冰雪助力乡村振兴，为乡村经济发展再提速。

（一）以数字技术催生乡村冰雪产业新业态

1. 以数字技术驱动乡村冰雪产业运行模式

通过加速"五个转化"，让创新优势更好地转化为经济优势和发展优势：一是将数字技术资源转化为数字创新成果，二是将数字创新成果再转化为冰雪创新产品，三是将冰雪创新产品转化为冰雪产业新业态，四是将冰雪产业新业态转化为冰雪产业创新集群，五是实现冰雪产业集群化。[1]吉林省借助数字化、信息化这一重要动力源，创新乡村冰雪产业业态，打造富有特色的乡村冰雪产品品牌，建设全产业链的现代化冰雪产业体系。此外，吉林省还应积极打造冰雪产业数字平台，将其运用于社交平台、自媒体平台等数字化渠道，分享乡村冰雪经济收入数据和创新创业经验，带动冰雪产业新产品、新场景、新应用的发展。

2. 以数字技术打造乡村冰雪全季旅游

借鉴黑龙江省在夏季冰雪旅游方面进行的创新推广，如推出室内冰雪

---

[1] 郭文尧、刘维刚：《数字技术赋能冰雪产业链高质量发展研究》，《企业经济》2024 年第 6 期。

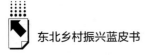

项目，满足游客四季赏冰乐雪的需求。哈尔滨冰雪大世界依托科技创新，建设了梦幻冰雪馆，让游客在夏天也能体验冰雕的魅力。同时，辽宁省在夏季冰雪旅游方面也有所创新。沈阳东北亚国际滑雪场在夏季转型为云端草原风景区，提供了丰富的旅游体验项目。该景区规划了6大板块10余个项目，实现了从"单季游"向"四季游"的转变。吉林省在冰雪场地+旅游、冰雪场地+休闲、冰雪场地+住宅、冰雪场地+商业等项目的融合发展方面多做文章，打通吉林省冰雪全产业发展链条，进一步促进冰雪经济高质量发展。

（二）以数字技术融合"冰雪+乡村文化"产业协同发展

1. 加快实施乡村文旅行业数字赋能提升工程

乡村信息化基础设施是数字赋能乡村文旅行业的基石。应持续加强信息网络、能源网络、物流网络等基础设施建设，推动乡村地区信息化水平的全面提升。通过完善基础设施网络，降低设施运营成本，强化设施保障能力，确保数字化服务及相关配套体系能够高效、稳定地运行。

利用数字技术提升乡村旅游体验。通过虚拟现实（VR）、增强现实（AR）等技术，为游客提供更加沉浸式的乡村旅游体验。

推动智慧乡村旅游发展。运用物联网、大数据等技术，对乡村旅游进行智能化管理和运营，提高乡村旅游的智能化水平。

加强文旅与数字创意产业的融合。支持数字创意企业在乡村旅游领域进行创新和创业，推动文旅与数字创意产业的深度融合发展。

2. 探索"科技+文旅+乡村农业"融合发展模式

吉林省注重农文旅的深度融合，通过冰雪旅游与农业、文化等产业的结合，拓展了产业链条，提升了产业附加值。当前阶段，一些乡村地区推出了冰雪采摘、冰雪民俗体验等活动，吸引了大量游客前来体验，同时也带动了当地农产品的销售和民俗文化的传播。应进一步升级冰雪旅游特色品牌，如雾凇岛、松岭雪村、二合雪乡等，这些品牌不仅提升了吉林省冰雪旅游的知名度，也带动了乡村冰雪产业的发展，巩固和提升了品牌知名度和辐射效应。积极利用数字技术赋能乡村冰雪产业，更是未来发展的必然选择。通过智慧旅游、大数据中心等手段，实现冰雪产业的智能化升级。

（三）以创新冰雪产品促进乡村电商发展

未来东北三省冰雪产业改革需打破单一格局，以冰雪带动三次产业融合，开启乡村冰雪新产品、冰雪新业态和冰雪新模式。充分发挥电子商务的网络作用，推进乡村冰雪旅游网络的联动效应，充分借助高校教育资源，联动高校电子商务专业，借电商媒介做推广和宣传，借乡村冰雪文化带动乡村冰雪产业，促进乡村经济全面铺开，创造属于东北人民自己的乡村冰雪新生活、消费新时尚、特色新产品。推进冰雪产业发展，加强冰雪产业技术研发，提高冰雪产品质量。进一步以冰雪产业赋能乡村经济，拉动农民收入持续性增长。

（四）以冰雪产业城乡联动铺设链条式发展之路

未来吉林省冰雪产业改革需打破单一格局，以冰雪带动三次产业融合，促进冰雪产业与相关产业加速融合，增加供给链，拓展产业链，提升价值链。根据冰雪产业的外部产业关联性较强的特点，在冰雪产业加速提档期，重点推进冰雪旅游产业与相关的教育、体育、文化等产业的联动与加速融合。引用"冰雪+"模式，推进乡村冰雪旅游与乡村电商、乡村体验文化等新产业的融合发展，促进乡村振兴，共同发展，延伸冰雪旅游的产业链，实现优势产业互补。开启乡村新产品、新业态、新模式。[1] 在发展乡村冰雪旅游产业的过程中，冰雪产业城乡联动数字化转型需要从基础设施建设、产业融合、人才培养、政策支持和示范项目等多个方面入手，形成全方位、多层次的数字化转型体系。这将有助于推动冰雪产业的高质量发展，提升城乡冰雪产业的竞争力和影响力。

---

[1] 丁子轩：《发展冰雪旅游 促进乡村振兴——以吉林舒兰二合雪乡为例》，《湖北农机化》2020 年第 18 期。

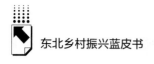

四 乡村冰雪产业数字化发展趋势

冰雪产业数字化助推乡村振兴发展路径的探索是一项长期而艰巨的任务。未来更具挑战的任务是，东北三省通过加强数字化基础设施建设、培养与引进专业人才、推动产业深度融合、创新营销模式以及强化品牌建设等措施的实施，进一步发挥冰雪资源优势，推动冰雪产业高质量发展，为乡村振兴注入新动能。继续加强冰雪产业的规划、布局和建设，拓展冰雪装备技术研发和成果转化中心，促进冰雪配套服务业创新发展。努力打造中国冰雪文化品牌高地，构建具有国际竞争力的冰雪产业体系。

（一）冰雪产业政策导向良好

在《"十四五"体育发展规划》的明确指引下，体育场地设施的数字化升级被赋予了加速推进的重任，旨在打造一系列智能化的体育场馆，为公众提供更加先进、便捷的体育服务。中共中央办公厅、国务院办公厅印发的《关于构建更高水平的全民健身公共服务体系的意见》着重强调了信息技术与传统行业的深度融合，特别是5G等新一代信息技术在优化场馆管理中的应用。这些政策文件不仅倡导利用互联网、大数据、人工智能等前沿技术来提升场馆的运营效率和智能化水平，还明确要求通过科技手段，推动全民健身公共服务体系的更高水平构建，从而满足人民群众日益增长的体育健身需求。

这一系列的政策导向，不仅体现了国家对体育场地设施数字化升级的高度重视，也彰显了利用现代信息技术推动体育事业高质量发展的决心。通过加速数字化进程，体育场馆将实现更加精细化的管理和运营，为体育爱好者提供更加个性化、智能化的服务体验，进一步推动我国体育事业的蓬勃发展。[①]

---

① 刘花香、曹芳平：《智慧滑雪场馆建设的驱动机制、现实掣肘与实践进路》，《首都体育学院学报》2024年第2期。

政府部门、体育部门、文旅部门应进一步联合制定和完善冰雪产业数字化发展的相关政策法规，明确发展目标、重点任务和保障措施，为产业发展提供有力的政策支持。

（二）数字化技术赋能乡村冰雪旅游体验前景广阔

数字技术的应用为乡村冰雪旅游带来了全新的体验。通过大数据分析，景区可以精准把握游客需求，优化服务资源配置。在冬季东北三省各个冰雪大世界项目，逐步采用大模型实时掌握游客流量，有效采用智能体策划安排娱乐活动和智能服务。同时，全方面覆盖虚拟现实（VR）和增强现实（AR）技术的应用，为游客提供沉浸式的冰雪体验，如虚拟滑雪、全景 VR 观赛等。这些做法不仅可以突破冰雪旅游的季节限制，还可以提升游客的参与感和满意度。

（三）产业融合与创新模式不断升级

数字化推动了乡村冰雪产业与其他产业的深度融合。一方面，冰雪产业与互联网、大数据、人工智能等技术结合，催生了"智慧冰雪服务""冰雪场馆数字化运营"等新模式。另一方面，乡村冰雪产业通过数字化手段拓展了四季运营模式，开发了春季踏青、夏季露营、秋季研学等项目，打破了"一季养四季"的困境。此外，乡村民宿等业态也借助数字化平台实现了品牌推广和市场拓展。

东北三省冰雪资源丰富，正积极响应国家政策号召，通过数字化手段赋能乡村振兴，探索出了一条独具特色的冰雪产业高质量发展之路。研发特色鲜明的冰雪文化产品来着力延长产业链、提升价值链、完善利益链，推进产业融合发展。以冰雪产业中四个核心板块为主导，结合冰雪人才、冰雪商贸等相关配套，促进传统冰雪旅游产业转型升级，提高乡村地区的"冰雪竞争力"，推动城乡经济一体化发展，实现冰雪装备品牌化、冰雪旅游完备化、冰雪服务一体化的全产业链模式，加速冰雪产业与其他产业实现优势互补。进一步将冰雪产业与数字技术深度融合，打造智慧冰雪景区、智慧冰雪

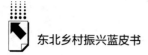

运动场馆等，提升游客体验，拓展冰雪旅游市场。冰雪产业的数字化发展有助于促进区域间的交流合作，实现资源共享和优势互补，有助于实现乡村振兴和推动区域经济的协同发展。

参考文献

［1］郭文尧、刘维刚：《数字技术赋能冰雪产业链高质量发展研究》，《企业经济》2024 年第 6 期。

［2］刘花香、曹芳平：《智慧滑雪场馆建设的驱动机制、现实掣肘与实践进路》，《首都体育学院学报》2024 年第 2 期。

［3］《吉林省人民政府办公厅关于打造吉林区域品牌推动高质量发展的实施意见》，《吉林省人民政府公报》2022 年第 4 期。

［4］史强：《乡村振兴战略背景下发展冰雪产业的实施路径》，《南方农机》2021 年第 9 期。

［5］许明轩：《"十四五"时期我国冰雪旅游产业发展路径研究》，《湖北体育科技》2021 年第 9 期。

［6］丁子轩：《发展冰雪旅游 促进乡村振兴——以吉林舒兰二合雪乡为例》，《湖北农机化》2020 年第 18 期。

B.7
吉林省杂粮杂豆产业发展现状、问题与对策研究

李菁菁 翟文畅*

摘　要： 吉林省是全国杂粮杂豆的主要生产基地，凭借独特的特色和优良的品质，逐渐成为当地农民增收致富的支柱产业。本文对吉林省杂粮杂豆产业的发展现状进行了深入的分析与总结。总体来看，吉林省杂粮杂豆产业在种植面积、产量方面维持一定规模，单位面积产量有所提升，农产品加工呈现集群化发展态势，品牌建设取得显著成效，政府扶持政策密集出台。然而，产业仍面临种植区域分散规模小、加工链存在短板、品牌发展不足、质量标准体系不健全以及科技创新驱动力不足等问题。为促进产业的可持续发展，建议合理定位，强化区域协同发展；强化精深加工，提升产品附加值；讲好吉林杂粮故事，塑造特色品牌形象；完善质量保障体系，确保产品优质安全；加大科研投入，激发技术创新活力。

关键词： 杂粮杂豆　特色产业　吉字号　吉林省

　　杂粮杂豆主要是指除水稻、小麦等主要粮食作物和特定豆类（如大豆）、玉米以外的其他粮食和豆类作物，在中国种植历史悠久且分布广泛，是中国农业多元化发展的重要体现。近年来，国家出台了一系列政策以扶持杂粮杂豆产业的发展。2024年4月国务院印发《新一轮千亿斤粮食产能提

---

* 李菁菁，长春光华学院商学院副教授，主要研究方向为农村经济、电子商务；翟文畅，长春光华学院商学院助教，主要研究方向为农村经济、电子商务。

升行动方案（2024~2030 年）》，强调因地制宜发展杂粮杂豆等农作物，以满足市场需求。农业农村部表示持续加大对杂粮产业发展的支持力度，优化杂粮产业布局，提升杂粮全产业链发展水平。吉林省出台一系列政策和措施推动杂粮杂豆产业的发展，如《吉林省"十四五"推进农业农村现代化规划》《美丽吉林建设规划纲要（2023~2035 年）》等，为农民增收和乡村振兴提供了有力支撑。

一 吉林省杂粮杂豆产业发展现状

（一）生产水平波动且整体向好

从播种面积来看，吉林省杂粮杂豆产业发展态势复杂而多样。高粱种植面积 2014~2022 年呈波动下降趋势，从 2014 年的 118.94 千公顷降至 2022 年的 46.98 千公顷。绿豆种植面积 2014~2017 年相对稳定，之后开始下降，2022 年降至 43.38 千公顷。红小豆种植面积先减后增，总体保持稳定，从 2014 年的 10.95 千公顷降至 2020 年的 4.99 千公顷，2022 年回升至 9.27 千公顷。花生种植面积呈现先增后减态势，从 2014 年的 185.56 千公顷增长至 2017 年的 332.65 千公顷的峰值后，逐渐下降至 2022 年的 213.81 千公顷。尽管部分品种种植面积有所波动，但吉林省杂粮杂豆产业整体种植面积仍维持在合理水平。①

从产量上看，吉林省粮食总产量从 2014 年的 3800.06 万吨增长至 2023 年的 4186.5 万吨，其间虽有波动，但整体呈显著增长态势。这一成绩主要得益于吉林省优越的自然条件、农业技术的持续进步以及政策的有力扶持。具体到杂粮杂豆品种，高粱产量在 2014~2018 年保持较高水平，2019 年有所下降，2022 年降至 32.46 万吨。绿豆产量呈现波动性，2014 年为 12.31 万吨，2022 年降至 6.54 万吨，近年趋于平稳。红小豆 2014 年产量为 1.83

---

① 《吉林统计年鉴》（2014~2023 年）。

万吨，2022 年为 1.46 万吨，虽有波动，但红小豆作为传统的中药材和食品原料，其市场需求保持增长。花生产量从 2014 年的 67.36 万吨增长至 2022 年的 79.44 万吨，随着种植结构的优化调整，有望保持稳定发展态势。

从单位面积产量上看，不同作物生产呈现出差异化特征。高粱单位面积产量 2014~2018 年波动较大，从 2019 年起逐步趋稳并呈增长态势，2022 年达 6909.14 公斤/公顷，较 2019 年增长 15.25%。绿豆单位面积产量呈先升后降再回升趋势，2016 年达 1732.63 公斤/公顷峰值后，2018~2020 年连续三年下降，2022 年回升至 1507.55 公斤/公顷，较 2014 年增长 33.66%。红小豆单位面积产量整体呈波动中增长趋势，2014 年为 1666.67 公斤/公顷，2016 年增长至 2146.48 公斤/公顷峰值，2018 年降至 1070.73 公斤/公顷，随后逐年恢复增长，2022 年增至 1580.03 公斤/公顷，较 2018 年增长 47.57%。花生单位面积产量稳定性较强，2014~2022 年保持在 3200~3700 公斤/公顷，2022 年达 3715.45 公斤/公顷，为近 9 年最高值。豆类单位面积产量在波动中稳步提升，2014 年为 1507.35 公斤/公顷，2022 年增至 2140.79 公斤/公顷，增幅达 42.02%。

吉林省杂粮杂豆产业生产水平复杂多样且整体向好，种植面积和产量虽有波动，但保持了一定的规模。单位面积产量的提升反映了农业生产技术的不断进步和农业生产效率的提高。

（二）杂粮杂豆加工发展态势良好

吉林省在农产品加工领域，特别是在杂粮杂豆加工领域，展现出了较强劲的发展势头。这一发展不仅体现在传统加工技术的持续稳固上，还表现在农产品加工逐渐形成的集群集聚态势上。据天眼查，截至 2024 年 9 月，吉林省杂粮杂豆加工企业共有 576 家，主要分布在杂粮杂豆的主产区，如白城、松原等地。其中，白城地区的加工企业数量达到 287 家，约占全省的50%；松原地区有 168 家，约占 30%。据企查查，目前吉林省以制粉、碾米等为主的规模以上杂粮加工企业占 70% 以上，构成了吉林省杂粮加工行业的基石。同时，以杂粮主食和特色加工为主的企业约占 20%，虽然从事杂

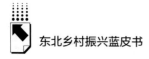

粮精深加工的企业占比很小，但对这一领域的探索和发展为吉林省农产品加工的多元化和高端化发展提供了可能。

与此同时，吉林省农产品加工的集群集聚态势也日益明显。近年来，吉林省积极推动农业产业强镇以及优势特色产业集群等农产品加工业园区的建设工作，并取得显著成效。2023年，吉林省成功争取到4个国家级农业产业强镇项目，吉林大豆入选国家级产业集群。此外，新评选出的8个农产品加工示范园区也为吉林省农产品加工的集群化、集聚化发展提供了有力支撑（见表1）。

表1 2021~2023年吉林省农产品加工示范园区评定情况

单位：个

年份	数量	吉林省农产品加工示范园区
2021	6	吉林德惠经济开发区、榆树环城工业集中区、吉林桦甸经济开发区、四平辽河农垦管理区、通化人参产业园、吉林白城工业园区
2022	5	长春农安经济开发区、吉林磐石经济开发区、靖宇县道地中药材加工园区、吉林镇赉经济开发区、敦化市北方道地中药材种养植（殖）产业园
2023	8	长春九台经济开发区、永吉县万昌现代农业产业园、吉林东丰经济开发区、通化县林特产品加工园区、吉林通榆经济开发区、吉林抚松经济开发区、延吉市人参现代农业产业园、梅河口市高新区健康食品产业园

资料来源：2021~2023年吉林省农业农村厅关于对省级农产品加工示范园区拟认定结果的公示。

（三）"吉字号"品牌优势凸显

吉林省凭借其得天独厚的自然气候条件，在杂粮杂豆的生产领域展现出了显著的竞争优势。特别是其弱碱性土壤、较高的积温、独特的冷凉气候以及一年一季的耕作模式，使得产出的杂粮杂豆具有独特性和稀缺性，在国内外市场上享有较高的声誉，占有较高的市场份额。

吉林省的杂粮杂豆品种丰富，品质优良。其中，洮南出产的A字鹦哥绿豆在国际市场上广受欢迎，畅销日本、韩国以及欧洲多个国家和地区，在出口贸易中属于免检产品；扶余地区出产的花生因其不含黄曲霉素而备受认可，山东鲁花集团甚至在此地建立了专门的生产基地。

在杂粮杂豆品牌建设方面，吉林省取得了显著成果。目前，多个杂粮杂豆产品获得了农业农村部、国家市场监督管理总局等的地理标志认证。例如，洮南绿豆在农业农村部登记为地理标志农产品，扶余四粒红花生、长岭葵花籽、乾安黄小米等在原国家工商总局注册了地理标志商标，而扶余四粒红花生、乾安黄小米、乾安糯玉米、白城绿豆、白城燕麦、白城向日葵等则获得了原国家质检总局的地理标志保护产品认证。在农业农村部公布的全国名特优新农产品目录中，吉林省的洮南绿豆、扶余四粒红花生、乾安黄小米等产品被收录其中。此外，一些企业品牌和产品品牌逐渐崭露头角，如"北显""吉松岭""增盛永""绿禾""鹤龙汇""洮河绿野"等，逐渐成为国内外知名的优质品牌。

为推动吉林省杂粮杂豆等特色农产品品牌的高质量发展，吉林省积极响应国家号召，出台了多项政策与举措。吉林省多部门联合发布的《关于推进"吉字号"特色品牌建设的若干举措》，明确提出要做大做强"吉字号"品牌，重点打造产业品牌与区域品牌，支持杂粮杂豆企业提升品牌实力，加大品牌营销推广力度。吉林省以"吉字号"品牌崛起为核心，全面推进农产品的分级分类管理，制定产业链标准，推动杂粮杂豆产业转型升级。

（四）政府扶持政策密集出台

吉林省政府在支持杂粮杂豆产业发展方面采取了一系列具体政策措施，这些措施涵盖了品牌建设、产业集群发展、资金支持、政策引导等多个方面。

2018年吉林省人民政府办公厅印发的《关于加快推进农业供给侧结构性改革大力发展粮食产业经济的实施意见》显示了政府加强统筹协调和政策引导，坚持"玉米做深、大米做精、杂粮做细"的发展理念，全力推进玉米、大米和杂粮杂豆三大产业的发展。2021年吉林省人民政府办公厅发

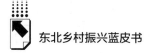

布《吉林省"十四五"推进农业农村现代化规划》提出培育"吉林杂粮杂豆"公共品牌，积极开发粥饭、饮品、休闲食品等健康食品和保健食品。

2024年吉林省人民政府印发《美丽吉林建设规划纲要（2023～2035年）》，鼓励吉林大米、吉林杂粮杂豆、长白山人参等特色品牌持续发挥影响力，打造"吉字号"生态产品区域公用品牌，提升生态产品品牌价值；同年，吉林省人民政府发布的《关于加快农产品加工业和食品产业发展的意见》提到以白城、松原为核心区，打造国家级杂粮杂豆生产加工基地。鼓励企业开发杂粮粥饭、杂粮饮品、休闲食品等加工产品，突出区域特色，特别是在白城、松原等西部地区大幅增加杂粮杂豆种植面积，并通过政策引导鼓励土地适度规模经营。同时，实施了"吉林大米""吉林鲜食玉米""吉林杂粮杂豆"等品牌提升专项行动，形成具有竞争力的产业集群。

二 吉林省杂粮杂豆产业发展存在的问题

（一）种植区域相对分散且规模较小

从地理分布上看，吉林省的杂粮杂豆种植主要集中在西部的白城和松原地区，以及中部四平的部分地区。这种区域性的集中分布，虽然在一定程度上有利于特定区域内杂粮杂豆产业的初步发展，但从全省范围来看，却显得较为分散。这种分散的种植模式导致资源难以有效整合，难以形成规模效应，从而限制了产业的进一步发展。

从种植规模上看，吉林省杂粮杂豆的种植面积在吉林省粮食作物中占比较小。据国家统计局网站数据，2022年吉林省主要杂粮杂豆播种面积为420.2千公顷，仅占粮食作物播种面积5785.1千公顷的7.3%。这一数据表明杂粮杂豆的播种面积在全省粮食种植中占比较小，尚未形成规模化的种植格局，与主粮作物相比差距巨大。种植区域分散导致杂粮杂豆产业难以实现规模化、标准化生产，品牌和产品影响力弱，同时限制了深加工和产业链延伸，影响了产业的附加值和整体效益。较小的种植规模使得农民在销售过程中难以形成议价能力，往往只能被动接受市场价格，从而进一步压缩了利润空间。

（二）产业链整合度低亟待提升

吉林省的杂粮杂豆产业链条薄弱主要表现为产业链整合度低，这一问题制约了产业的整体发展和市场竞争力的提升。从行业整体看，从田间到餐桌为完整产业链，吉林省的杂粮杂豆产业缺乏从生产到销售的有效联动机制。各环节衔接不够紧密，导致资源利用效率低下。生产、加工、销售各自为政，未能实现信息共享和资源整合。这种割裂的状态使得企业无法快速响应市场需求的变化，影响了产品的供需匹配和市场拓展。同时，产业链上下游企业之间的合作不足，也未能形成有效的协同效应。

此外，吉林省的杂粮杂豆产业呈现出以初加工为主导的格局，在深加工技术方面存在明显不足。目前，全省有 576 家杂粮杂豆加工企业，这些企业大多依赖传统加工技术，在清洗、筛选、晾晒等初加工环节中使用传统设备，现代化和深加工技术的应用相对有限。我国发达地区的杂粮深加工利用率超过 50%，而据吉林省发展和改革委员会统计，吉林省杂粮深加工利用率不足 10%，远低于全国平均水平。

（三）品牌建设存在短板

尽管品牌建设取得了阶段性成果，但在市场适应性、服务能力、品牌推广等方面仍存在短板，这些短板制约了其市场竞争力与品牌影响力的提升。从产品层面来看，"吉字号"杂粮杂豆未能紧密贴合市场多元化需求的变化。当前，消费者对于健康、特色及便捷食品的需求日益增长，但"吉字号"在产品创新上步伐滞后，未能及时调整产品结构，以满足市场对健康成分和功能的需求。同时，在包装设计上，品牌也未能紧跟现代市场对环保、便捷、美观包装的追求，在一定程度上削弱了其市场竞争力。

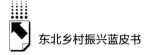

服务方面的不足同样制约了"吉字号"的品牌建设。在电商环境下，消费者对产品信息的全面性、准确性和及时性有着更高的要求。然而，"吉字号"在售前提供的信息往往不够详尽，导致消费者在购买决策时心存疑虑。而在售后环节，品牌缺乏完善的服务体系，难以为消费者提供及时有效的支持，进一步影响了消费者的购买体验和品牌忠诚度。

在品牌推广方面，"吉字号"依赖传统的线下渠道，如展销会和实体店宣传，而对于新兴的线上渠道，如社交媒体和电商平台，尚未充分挖掘其推广潜力，缺乏系统的推广策略，未能根据不同平台的用户特点进行有针对性的营销。在内容创作上，品牌推广缺乏吸引力，没有充分展示"吉字号"杂粮杂豆的独特优势，如吉林的优质种植环境、独特种植技术及其营养价值，导致消费者对杂粮杂豆产品的认知度不高。此外，品牌推广的内容呈现形式也相对单一，主要依赖简单的文字和图片，缺乏视频、动画等更生动直观的形式，难以有效吸引消费者的注意力，进而影响了品牌的知名度和美誉度。

（四）质量保障体系不健全

吉林省杂粮杂豆种类繁多，涵盖了绿豆、红豆、花生及多种谷物等。由于种植条件、品种选择、田间管理等多种因素的影响，杂粮杂豆在生长和收获过程中可能常面临颜色不均、异色粒增多等问题，市场上杂粮杂豆参差不齐，在一定程度上制约了其质量安全。尽管我国已发布一些杂粮杂豆品质评价标准，但这些标准统一性不强，无法管控整个产业链条的各个环节。吉林省虽有部分杂粮杂豆质量标准，如吉林省质量技术监督局发布了 DB22/T 2619—2017《吉林黑豆》地方标准，但现有质量标准并未全面覆盖所有杂粮杂豆品种，难以有效保障杂粮杂豆的整体质量。

更为严峻的是，吉林省市场监督管理厅发布的 2023 年度食品安全监督抽检情况分析显示，全省共计公布 99331 批次食品安全监督抽检结果，其中合格样品 97008 批次，不合格样品 2323 批次。在这些不合格样品中，食用农产品（包括杂粮杂豆）的不合格数量最多，达到了 1383 批次，占总不合格批次的近60%。这一数据反映了吉林省在杂粮杂豆等食用农产品的监管上存在较明显漏洞，也进一步证实了其质量保障体系的不健全。

（五）科技创新驱动力不足

研发资金投入是产业创新发展的核心驱动力，在杂粮杂豆产业领域，充足的研发资金投入更是实现品种改良、技术革新、产品深加工等环节的重要保障。然而，吉林省在研发资金投入方面尚显不足。从宏观数据来看，2023年吉林省研究与试验发展（R&D）经费投入总额为210.2亿元，在东北三省一区中排名第4。同时，吉林省R&D经费投入强度为1.55%，这一比例与全国平均水平的2.65%相比，存在明显的差距。这一数据表明吉林省在研发投入总量和强度上均处于相对较低水平，企业在技术创新方面的资金支持力度有待加大。

近年来，吉林省政府逐步加大了科技资金支持力度，但在具体分配到杂粮杂豆等特色农业领域时，资金投入依然显得不足。2024年吉林省政府已下达科技创新专项资金总额为28297.1万元，这些资金用于支持科技研发、人才队伍建设、科技成果转化以及创新体系搭建等多个方面。然而，其中专门用于科技研发的金额仅为4451万元，占比15.73%。虽然这一专项资金表明了政府对科技研发工作的重视，但相较于其他更成熟的产业领域，杂粮杂豆项目的研发资金显得捉襟见肘。

此外，专业人才队伍建设滞后也制约了杂粮杂豆产业的科技创新发展。北京大学与吉林省发展和改革委员会联合课题组阶段性成果《吉林省经济结构转型升级研究报告》提到，吉林省农民整体从业素质和科技水平不高。农民的受教育年限、每年参加农业科技培训的天数、科技推广人员服务的次数等相关指标偏低，没有参加职业技术和教育培训的农村从业者高达70%，农民的科技意识薄弱。农技人员相对不足，只占农业人口的2.16%左右。吉林省大中专院校及科研机构的人才优势发挥不够明显，对人才的引进缺乏相应的激励机制，科研、推广、教育存在割裂现象。

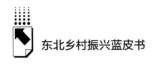

三　吉林省杂粮杂豆产业发展对策

（一）合理定位，强化区域协同发展

1.明确产业定位

一是吉林省需确立杂粮杂豆产业作为特色优势产业的地位，明确其发展路径。结合吉林省的自然资源和气候条件，选择适合当地种植的杂粮杂豆品种，形成具有地域特色的杂粮杂豆产业体系。

二是根据杂粮杂豆产业的发展定位，制定详细的发展规划，明确发展目标、重点任务和措施。规划应突出区域特色，注重与周边地区的协同发展，形成优势互补、资源共享的产业格局。可借鉴《2024年吉林省玉米水稻产业集群推进工作方案》的经验，推动杂粮杂豆产业向规模化、标准化、品牌化方向发展。

2.强化区域协同

一是建立协作机制，加强吉林省内各市县之间的沟通与协作，建立杂粮杂豆产业发展协作机制。通过定期召开联席会议、共享市场信息、联合开展技术攻关等方式，推动区域间的产业协同发展。

二是优化产业布局，根据杂粮杂豆的生长特性和市场需求，优化产业布局，形成若干个具有规模效益和区域特色的杂粮杂豆种植基地。通过基地建设，推动杂粮杂豆产业向规模化、标准化、品牌化方向发展。

（二）强化精深加工，提升产品附加值

1.引进先进技术，强化精深加工

农产品精深加工对保障国家粮食安全、更好满足人民群众日益多元的食物消费需求具有重要意义。政府与企业应加大资金投入，引入国际先进杂粮杂豆加工设备与技术，与高校、科研机构深化合作，构建人才培养体系。高校与科研机构应设置相关课程或研究方向，培养专业人才。建立产学研合作

平台，促进技术交流。鼓励企业技术人员参加高水平技术活动，及时掌握前沿技术动态，加强交流与合作，推动产业加工技术水平的提升。

2.拓展产品种类，提高附加值

鼓励企业运用现代技术对传统杂粮食品及加工方式进行升级改造。借助现代食品科学技术深入探究杂粮杂豆的营养价值，开发具有高附加值的功能性食品。充分利用吉林省生物医药产业优势，利用生物技术手段对杂粮杂豆中的营养成分进行改性，提高其生物活性和可吸收性，进而开发出具有特定保健功能的产品。在产品形式创新方面，运用现代食品加工技术（如挤压膨化技术、冻干技术等）将传统的杂粮杂豆加工成新型方便食品。在包装方面，采用先进的包装技术（如活性包装技术、智能包装技术）延长产品保质期、实时监测产品的质量状况，为产品提供更好的保护，同时提升产品的科技感和附加值。

（三）讲好吉林杂粮故事，塑造特色品牌形象

1.挖掘文化内涵，丰富品牌故事

挖掘吉林地域文化（如满族文化、朝鲜族文化等）中与杂粮杂豆相关的元素，如满族传统饮食文化中杂粮杂豆的烹饪方式、朝鲜族美食中杂粮杂豆的特色运用，以及吉林悠久的农业历史和传统种植技艺，将文化融入"吉字号"品牌故事，讲述从品牌起源（追溯吉林杂粮杂豆种植开端）、发展历程（从传统农耕到现代产业化的转变）到核心价值观（对土地的尊重、传统传承、品质追求等）的完整故事，使消费者在情感上与品牌深度联系，提高品牌忠诚度。

2.强化品牌宣传，提升市场认知

完善传统推广渠道，精心策划展销会展示内容，融入吉林地域文化特色，专人讲解，同时提前调研目标受众，依据不同展销会调整展示与宣传重点；实体店宣传要优化布局和陈列，开展促销活动，设置品尝区以增加购买欲。拓宽新兴推广渠道，根据用户特点制定策略；创新宣传内容与形式，宣传内容突出吉林杂粮杂豆的特色优势，包括地理环境、种植技术和营养价值等，通过多维宣传形式，为消费者提供产品相关的沉浸式体验。

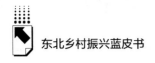

（四）完善质量保障体系，确保产品优质安全

1. 完善质量标准体系

为确保杂粮杂豆产品的优质与安全，一是完善质量标准体系。组织专家团队，深入吉林省杂粮杂豆产业实际，制定科学、合理的质量标准，明确质量指标及检测方法，强化标准的实用性与可操作性。加大宣传力度，提升农民与企业的质量标准意识。

二是加大科研投入。加大对杂粮杂豆品质的科研投入，提高产品的科技含量和附加值。通过科学研究，不断优化产品品种和生产工艺，提高产品质量和市场竞争力。

三是推动标准化生产。鼓励和支持杂粮杂豆加工企业采用标准化生产技术，建立标准化生产示范基地。通过示范带动，推动整个产业向标准化、规模化方向发展。

2. 建立健全监管体系

一是完善杂粮杂豆市场的监管体系，明确各部门的监管职责和权限。加强协调配合，形成监管合力。建立健全市场准入制度，严格审核市场主体资格，打击无照经营行为，维护市场秩序。

二是加大对市场的执法力度，对违法违规行为进行严厉查处。加大对假冒伪劣产品的打击力度，保护消费者的合法权益。建立举报奖励机制，鼓励消费者和媒体对市场上的不法行为进行举报和曝光。

三是加强对杂粮杂豆产品的质量检测，建立定期检测和随机抽查相结合的监管机制，确保产品符合质量标准，提高产品质量和市场竞争力。推动杂粮杂豆产品的认证工作，提高产品的信誉度和市场竞争力。

（五）加大科研投入，激发技术创新活力

1. 加大研发投入，提升技术创新能力

一是吉林省政府应设立杂粮杂豆产业科技创新专项基金，专项支持新品种选育、病虫害防治及种植技术改进等方面研究，以提升技术创新能力。

二是鼓励企业承担技术创新主体责任，出台相关政策激励企业加大研发投入，建立研发中心或技术团队，这些研发中心将成为企业技术创新的核心力量，负责新技术的研发、试验和推广。

三是吉林省政府应注重技术创新与产业升级的深度融合。通过推动杂粮杂豆产业的智能化、绿色化发展，提高整个产业的附加值和市场竞争力。

2. 加强人才队伍建设，提升科技创新能力

在人才队伍建设方面，一是吉林省政府需深化与高校、科研机构的合作，共建杂粮杂豆产业人才培养基地，结合产业需求，培养复合型人才。

二是积极拓宽人才引进渠道，通过高层次人才引进计划、人才奖励基金等举措，吸引顶尖科技人才和创新团队，引领产业科研攻关和技术创新。

三是建立健全人才激励机制，为优秀人才提供优越的工作环境、广阔的发展平台及丰厚的薪酬待遇，激发其创新活力，为杂粮杂豆产业的持续健康发展贡献力量。通过加强人才队伍建设，提升科技创新能力，推动杂粮杂豆产业向智能化、绿色化方向发展，提高产业附加值和市场竞争力，实现产业升级与技术创新深度融合。

参考文献

[1] 李莎：《国常会审议通过〈新一轮千亿斤粮食产能提升行动方案（2024~2030年）〉》，21经济网，http：//www.21jingji.com/article/20240312/herald/5f935 35cd8d8cad1a2a9b390387d77a8.html。

[2] 《吉林省人民政府办公厅印发〈关于加快推进农业供给侧结构性改革大力发展粮食产业经济的实施意见〉》，国家粮食和物资储备局网站，https：//www.lswz.gov.cn/html/zt/qglscy/2018-06/29/content_238546.shtml。

[3] 《吉林省"十四五"推进农业农村现代化规划》，农业农村部网站，http：//www.njhs.moa.gov.cn/qcjxhtjxd/202302/t20230206_6419893.htm。

[4] 《美丽吉林建设规划纲要（2024~2035年）》，吉林省人民政府网，http：//www.jl.gov.cn/szfzt/zcfg/swygwj/202405/t20240523_3165120.html。

[5] 《关于进一步加强吉林省农产品区域公用品牌建设工作的通知》，吉林省人民

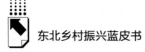
政府网，http：//xxgk. jl. gov. cn/zcbm/fgw _98047/xxgkmlqy/202310/t20231030_
8819810. html。

［6］《关于推进"吉字号"特色品牌建设的若干举措》，吉林省人民政府网，http：//
www. jl. gov. cn/szfzt/jlssxsxnyxdh/tzgg/202404/t20240413_3142724. html。

［7］阎红玉：《吉林省杂粮杂豆成增收支柱》，中国农网，https：//www. farmer.
com. cn/2016/07/20/99569810. html。

［8］刘帅：《实施乡村振兴战略背景下吉林省杂粮产业发展问题探析》，《行政与
法》2019 年第 11 期。

［9］谭斌、乔聪聪：《杂豆在可持续膳食发展中的机遇与挑战》，《食品与机械》
2019 年第 10 期。

B.8
东北三省文旅产业发展路径研究

高婷婷*

摘　要：　党的二十大报告中提出坚持以文塑旅、以旅彰文，推进文化和旅游深度融合发展。近年来，东北三省在文旅产业的推动下，展现出了前所未有的活力与潜力。东北三省文旅产业规模呈现上升态势，特色产品逐渐增多，拥有丰富的自然和人文资源。然而，文旅企业生存压力大，融合发展视域狭窄，文化资源挖掘深度不够，缺乏特色和理念，人才储备与引进不足也在一定程度上制约了东北三省文旅产业的发展。为推动文旅产业发展，建议营造企业生存新环境，打造区域发展新局面，加强文旅产业要素集聚集约，加强旅游文化产品设计，加强科技创新与人才培养。

关键词：　文旅产业　区域发展　产业融合

作为中国的老工业基地，东北三省拥有丰富的历史文化资源和自然风光，并不断探索和创新文旅产业的发展路径。随着国家对文旅产业的重视和支持，以及东北三省自身的不断努力，文旅产业已成为推动该地区经济转型升级的重要引擎。

一　东北三省文旅产业发展现状

（一）东北三省文旅产业发展基本情况

东北三省拥有丰富的自然和人文资源，为文旅产业发展提供了坚实基

---

* 高婷婷，长春光华学院讲师，主要研究方向为区域经济。

础。长白山、大小兴安岭等自然景观雄伟壮丽，冰雪资源得天独厚，是发展冰雪旅游、生态旅游的理想之地。同时，东北三省历史文化底蕴深厚，拥有丰富的红色文化、工业文化、民俗文化等资源，随着居民收入水平的提高和消费结构的升级，人们对旅游的需求日益旺盛，对旅游产品的品质要求也越来越高。东北三省独特的自然风光、人文景观和民俗风情，对国内外游客具有较强的吸引力。特别是近年来，冰雪旅游、避暑旅游、红色旅游等特色旅游产品备受青睐，为东北三省文旅产业发展注入了强劲动力。

1. 文旅产业规模呈现上升态势

随着国内旅游市场的蓬勃发展，东北三省的文旅产业也迎来了前所未有的发展机遇。相关统计数据显示，2019 年东北三省的国内游客量及旅游收入分别为 11.01 亿人次和 13620.59 亿元，2020~2022 年有所下降，2023 年快速恢复至 10.42 亿人次和 12453.95 亿元（见表1）。东北三省的文旅产业规模呈现出显著的上升态势，这一趋势不仅体现在游客接待量和旅游收入的增长上，更反映在文旅产业的多元化发展和创新能力的提升上。这些数字的背后，是东北文旅产业的快速崛起和日益壮大的市场规模。东北三省还注重文旅产业的融合发展，通过"文旅+百业"的模式，催生了众多新产品、新业态和新场景。这种融合不仅提升了文旅产业的附加值，也为当地经济的发展注入了新的活力。

表 1　2019~2023 年东北三省国内旅游人次及收入

单位：亿人次，亿元

年份	国内旅游人次	国内旅游收入
2019	11.01	13620.59
2020	5.97	6869.3
2021	8.68	8012.03
2022	5.04	4137.1
2023	10.42	12453.95

资料来源：作者根据东北三省统计年鉴数据及东北三省文化和旅游厅统计数据进行整理计算而得。

2. 文旅产业特色产品数量逐渐增多

近年来,东北三省依托丰富的自然资源、独特的文化底蕴和产业转型需求,文旅产业特色产品数量显著增多,形成了多元化、差异化的供给体系。吉林省、辽宁省、黑龙江省结合自身优势,分别打造了独具特色的文旅产品体系,推动区域文旅产业高质量发展。

黑龙江省以"冰雪旗舰"定位,打造世界级冰雪旅游目的地。哈尔滨冰雪大世界、亚布力滑雪场成为国际IP,配套冰雪民宿、冰雪摄影等衍生服务。《冰秀》等冰雪主题演艺及冰雪雕非遗技艺强化文化输出。同时,黑龙江挖掘生态资源,五大连池矿泉疗养、大兴安岭蓝莓采摘等"避暑经济"产品弥补季节性短板。在乡村文旅方面,雪乡民俗体验、鄂伦春族狩猎文化等小众产品满足深度游需求。数字营销上,"淘学企鹅"等短视频IP成功破圈,黑河—俄罗斯跨境自驾游及绥芬河免税购物拓展国际客源市场。

吉林省以长白山为核心,大力发展生态旅游与冰雪经济。长白山森林温泉、万达国际度假区等成为高端康养旅游目的地,同时依托人参、鹿茸等特色农产品开发健康衍生品,形成"旅游+康养"产业链。在冰雪旅游方面,万科松花湖滑雪场、北大湖滑雪度假区吸引了大量国内外游客。此外,吉林深入挖掘高句丽遗址、朝鲜族非遗文化(如象帽舞、辣白菜制作),结合延边"朝鲜族公主旅拍"等网红营销,提升文旅吸引力。在数字文旅方面,"元宇宙滑雪"等虚拟体验项目进一步拓展消费场景。

辽宁省依托深厚的历史文化底蕴,重点发展满族文化、红色旅游和工业遗产游。沈阳故宫、清永陵等"一宫三陵"打造满族文化体验区,丹东抗美援朝纪念馆、旅顺口红色景区打造爱国主义教育基地。在工业旅游方面,鞍山钢铁博物馆、大连造船厂旧址改造项目结合研学与文创开发,形成特色IP。创新业态上,沈阳故宫VR展览、老北市庙会等节庆活动带动文创消费,大连国际啤酒节等会展经济促进文旅商融合。此外,辽宁沿海优势推动跨境旅游,如丹东—朝鲜边境游,进一步丰富了产品供给。

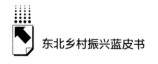

（二）东北三省文旅产业的优势

1. 历史文化浓厚

东北三省拥有悠久的历史文化，历史遗迹众多，如沈阳故宫、长春伪满皇宫、哈尔滨中央大街等，这些历史遗迹和文化景观吸引了大量国内外游客。深厚的历史文化底蕴为文旅产业的发展提供了丰富的资源。沈阳故宫作为中国仅存的两大皇家宫殿建筑群之一，具有极高的历史文化价值，每年吸引大量游客前来参观。此外，东北三省的民俗文化、工业文化等也具有独特的魅力，为文旅产品的开发提供了广阔的空间。东北三省的红色文化具有鲜明的特质，其中最为显著的就是其深厚的底色。

东北三省是中国抗战的重要组成部分。在抗日战争期间，东北三省人民英勇抗击日寇，为中国的抗日战争作出了巨大的贡献。东北三省涌现出了大量的红色英雄人物。这些英雄人物在抗战中英勇无畏，为了国家和人民的利益不惜牺牲自己的生命。他们的故事和事迹激励着一代又一代的中国人，成为红色文化中的重要组成部分。东北三省的红色文化还体现在其丰富的红色旅游资源上，这些资源包括革命遗址、纪念馆、烈士陵园等，它们见证了东北三省人民的革命历史和英勇事迹，也成为红色旅游的重要目的地。

2. 文旅产业丰富

东北三省的文旅产业涵盖了自然景观、历史遗迹、民俗文化等多个方面。东北三省有长白山、五大连池等天然的冰雪旅游场所和北大湖、万科、亚布力等知名滑雪场，以及哈尔滨冰雪大世界、长春莲花山冰雪大世界等冰雪乐园，每年冬季举办的哈尔滨冰雪节、长春雪博会、吉林雾凇冰雪节和查干湖冬捕节等节庆活动享誉国内外。东北三省拥有丰富的冰雪资源、良好的生态环境，地处世界滑雪黄金纬度带，具有独特的冰雪旅游资源。东北三省拥有持续时间长达4~5个月的寒冷冬季，1月平均气温更是低至-20~-14℃，这成为其开展冰雪旅游的得天独厚的自然环境。创新并丰富冰雪旅游资源，开发多元化的冰雪旅游项目，以提升冰雪旅游在国民经济体系中的占比，也已成为推动东北老工业基地转型升级的关键路径。

3.地理位置优越

东北三省坐拥得天独厚的地理位置与显著的地缘优势，其地形构成以广袤的平原为主体，且与京津冀经济区相邻而居，这一区域的人口基数相对庞大，经济基础较为坚实，民众对于精神文化层面的需求亦随之攀升，这无疑为东北三省文化旅游产业的蓬勃发展开辟了广袤的市场蓝海。加之东北三省与俄罗斯、朝鲜、日本等国接壤或邻近，这一独特的地理位置吸引了众多国际游客的目光，诸如中俄、中朝等跨境旅游线路的开发与运营，进一步拓宽了东北三省文化旅游产业的发展视野，为其开辟了新的市场空间。更为重要的是，东北三省积极响应并深度参与"一带一路"合作，通过加强国际合作与交流，有力推动了文化旅游产业的国际化进程，为其长远发展注入了强劲动力。

（三）东北三省文旅产业发展的机遇

1.政策机遇

东北三省近年来在文旅产业发展方面出台了一系列政策支持措施，涵盖冰雪经济、生态旅游、文化传承、产业融合、基础设施等多个领域。《黑龙江省冰雪旅游产业发展规划（2020～2030年）》提出打造"国际冰雪旅游度假胜地"，重点支持哈尔滨冰雪大世界、亚布力滑雪旅游度假区等项目建设以及"文旅+"战略，推动文旅与农业、康养、体育等融合，如支持雪乡、五大连池等景区升级。

《吉林省冰雪产业高质量发展规划（2021～2035年）》提出重点建设长白山、吉林市北大湖等冰雪经济带，对滑雪场升级给予补贴，支持长白山森林康养、温泉度假等夏季旅游产品开发。在文化遗产保护与利用方面，设立专项基金，推动非遗技艺（如象帽舞）商业化开发。吉林省也积极推动"文旅+"战略政策的实施，通过"文旅+产业"思维，打造全域全时多圈层的立体文旅产业新格局。如"文旅+农业"示范项目对人参、鹿茸等特色农产品深加工企业提供低息贷款。

辽宁省出台了《辽宁省文旅产业高质量发展行动方案（2023～2025

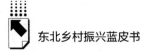

年）》，明确提出要把文旅产业培育成现代服务业发展新引擎、国民经济战略性支柱产业，强调各区域的特色资源和产业，结合旅游产业总体空间布局和区域内的现有资源，促进区域内部文旅产业的集聚性发展，并推动各个产业与文旅产业的融合发展。《辽宁省文化旅游产业振兴计划》重点支持沈阳故宫、旅顺口等历史文化景区升级，打造"满族历史文化走廊"。

2. 产业转移机遇

全球产业化浪潮正不断涌向新的航道，世界各国纷纷加速推进第三产业的崛起，寄望于通过第三产业的蓬勃发展驱动各地区经济的新飞跃。随着我国经济版图的持续扩张，近年来，东北三省的文旅产业展现出了蓬勃的发展活力。东北三省正积极调整产业结构，充分利用文旅产业对自然资源依赖低、投入成本相对较小的特点，致力于将其培育为区域经济的支柱产业，以期有效推动产业结构的优化与升级。

3. 消费升级机遇

东北三省文旅产业的消费升级正迎来前所未有的机遇。随着消费者对高质量、个性化旅游体验的需求日益增长，东北三省凭借其独特的冰雪资源、丰富的历史文化和民俗风情，成为国内外游客的热门旅游目的地。消费升级不仅体现在旅游产品的多样化和品质提升上，更反映在游客对文旅体验的深入探索和追求上，游客对文旅产品的品质、体验和服务提出了更高的要求，这为东北三省文旅产业的发展提供了新的机遇。东北三省应紧抓这一机遇，不断优化文旅产业结构，提升服务质量，创新旅游产品，以满足游客日益增长的消费需求，推动文旅产业向更高层次发展。例如，冰雪旅游、温泉旅游、生态旅游、"文旅+康养"、"文旅+体育"等高端文旅产品逐渐受到市场的青睐，为东北三省文旅产业的发展提供了新的增长点。此外，随着"互联网+"和数字技术的应用，文旅产品的供给方式和消费模式也在不断创新，为文旅产业的发展提供了新的动力。

4. 区域合作机遇

东北三省地理位置优越，与俄罗斯、朝鲜接壤，具有独特的地缘优势。

近年来，东北三省加强了与周边国家和地区的区域合作，推动了文旅产业的跨境发展。例如，中俄、中朝等跨境旅游线路的开发，为东北三省文旅产业的发展提供了新的市场空间。此外，东北三省还积极参与"一带一路"建设，推动了文旅产业的国际化发展。区域合作的深化，不仅提升了东北三省文旅产业的影响力，也为产业发展提供了新的机遇。另外，随着科技的发展和互联网的普及，数字营销和智慧旅游成为提升文旅产业竞争力的重要手段。东北三省可以加强在数字化、网络化、智能化等方面的合作，共同打造智慧旅游服务体系，提升旅游服务信息化、便利化水平，为游客提供更加便捷、舒适的旅游体验。东北三省应该抢抓机遇，乘势而上，充分发挥各自优势，加强区域合作，推动文旅产业高质量发展。

二 东北三省文旅产业发展存在的问题

东北三省文旅产业发展近年来虽然取得了诸多显著成效，为东北三省的文旅产业注入了新的活力，推动了地方经济的多元化发展，然而，在繁荣景象的背后，仍存在着一些不容忽视的问题。

（一）文旅企业生存压力较大

东北三省文旅企业生存压力持续增大，这一现象在近年来尤为显著。随着国内外旅游市场的竞争加剧，以及消费者需求的不断变化，东北三省的文旅企业面临着前所未有的挑战。一方面，全球经济大环境疲软，文旅消费增长动力不足，导致东北三省的文旅市场消费动力减弱。另一方面，东北三省的文旅企业普遍存在着产品同质化严重、创新能力不足等问题，难以满足游客日益多样化的需求。这不仅影响了游客的旅游体验，也制约了文旅企业的长远发展。此外，一些文旅企业还面临着资金短缺、人才流失等困境。由于融资难、融资贵等问题，一些企业难以获得足够的资金支持，项目推进缓慢，甚至被迫停工。

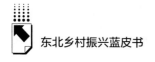

（二）文旅融合发展视域狭窄

东北三省作为我国的老工业基地，拥有丰富的历史文化和自然资源，文旅融合发展本应是其振兴经济的重要引擎。然而，当前东北三省的文旅融合发展视域却显得相对狭窄，在一定程度上制约了其文旅产业的进一步发展。目前，东北三省的文旅融合主要集中在冰雪旅游、历史文化旅游等方面，这些领域虽然具有独特的吸引力，但产品同质化严重，缺乏创新和多样性。同时，一些具有潜力的文旅资源尚未得到充分挖掘和利用，如少数民族文化、现代农业、科技创新等领域的资源等。此外，东北三省的文旅融合发展在宣传和推广上也存在不足。许多优质的文旅产品未能得到广泛的宣传和推广，导致游客对东北三省的文旅资源了解不足，影响了其旅游意愿。

（三）文化资源挖掘深度不够

东北三省文化资源虽然丰富，但在其挖掘与利用的深度上尚显不足，未能充分彰显其潜在价值。具体而言，诸如历史文化遗迹等关键资源的保护与开发力度有待加强，尚未成功打造出具有广泛影响力的文化旅游品牌。此外，文化资源的利用模式较为单一，缺乏足够的多样性与创新性，多以静态展示为主，缺乏互动性和深度体验，难以有效吸引并留住游客。

东北三省在自然景观资源方面独具优势，然而，由于其发展历史相对较短且地理位置相对偏远，可开发利用的民族与历史文化资源空间受到一定限制，具有东北特色的人文旅游资源相对匮乏，游客难以全面深入地体验东北三省的文化旅游资源。当前，东北三省的旅游资源开发工作多停留于低层次的重复建设层面，资源条块分割问题突出，对文化价值的深入挖掘明显不足，特别是对核心资源的创意设计与开发更是严重不足。

（四）缺乏文化旅游产品的特色和理念

我国幅员辽阔，各地区均呈现出鲜明的地域性特征。文化作为区分不同地域的关键标识之一，目前在东北三省的文化产品中尚未得到充分体现，导致市场上的产品普遍缺失文化深度与生动性。在设计维度上，现有产品显现出创新意识不足的问题，商家普遍侧重短期经济利益的获取，致使产品包装设计趋向粗糙，整体品质偏低，难以有效激发消费者的购买兴趣。同时，东北三省的旅游文化产品在品牌建设层面存在显著短板。

（五）人才储备与引进不足

东北三省拥有丰富的自然资源和深厚的文化底蕴，文旅产业本应成为推动其经济发展的重要力量，然而，当前东北三省的文旅产业却面临着人才储备与引进不足的问题，在一定程度上制约了其文旅产业的进一步发展。一方面，东北三省文旅产业的人才储备相对薄弱。由于历史和经济的原因，东北三省的人才流失现象较为严重，许多优秀的文旅产业人才选择到南方等经济更为发达的地区发展。这导致东北三省文旅产业在人才方面出现了短缺，尤其是在高端人才方面更是不足。另一方面，东北三省在引进文旅产业人才方面也存在着一定的困难。由于地理位置相对偏远，以及经济发展相对滞后，东北三省在吸引和留住文旅产业人才方面面临着较大的挑战。同时，一些地方的文旅产业环境和发展前景也未能充分展现，使得人才对东北三省的文旅产业缺乏足够的信心和兴趣。

三　东北三省文旅产业发展路径

（一）营造企业生存新环境

为了推动文旅企业的健康发展，东北三省需要营造良好的企业生存环境。首先，政府应加大对文旅企业的政策支持力度，出台更多优惠政策，为企业提供资金和资源保障。可以设立文旅产业发展专项基金，支持企业进行基础设施建设和服务提升。其次，完善融资渠道，为企业提供多元化的融资服务。可以推动金融机构加大对文旅企业的信贷支持力度，降低融资门槛，简化融资流程。最后，提升企业管理水平，提高运营效率。组织企业管理培

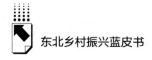

训，提升企业的管理和服务水平。推动企业信息化建设，提升运营效率。建立健全市场监管机制，打击不正当竞争行为，维护市场秩序。

（二）打造区域发展新局面

东北三省作为中国的老工业基地，近年来正积极寻求经济转型和产业升级的新路径。文旅产业作为推动区域经济发展的重要力量，正逐渐成为东北三省打造区域发展新局面的重要引擎。为了打造文旅产业的新局面，东北三省充分利用其丰富的自然资源和深厚的文化底蕴。从冰雪旅游到历史文化旅游，从自然景观到民俗风情，东北三省的文旅资源独具特色，具有极高的吸引力。推动文旅产业与其他产业的融合发展，形成协同效应，推动文旅产业与农业、工业、科技等产业的融合发展，打造多元化的文旅产品。

同时，东北三省也要注重文旅产业的创新和升级。通过引入新技术、新模式和新业态，提升文旅产业的智能化水平，这不仅有助于吸引更多的游客，还能提升游客的满意度和忠诚度，推动文旅产业的持续发展。此外，东北三省还加强区域合作，实现资源共享和优势互补。通过与其他地区的合作与交流，建立区域文旅联盟，共同开发旅游资源，拓展旅游市场，推动文旅产业的协同发展。这不仅有助于提升东北三省的文旅产业竞争力，还能为游客提供更加丰富多样的旅游选择。东北三省文旅产业正以其独特的资源和优势，打造区域发展的新局面。通过充分利用资源、创新升级和区域合作等措施，推动文旅产业的快速发展和转型升级，为东北三省的经济发展注入新的活力和动力。

（三）加强文旅产业要素集聚集约

为了推动文旅产业迈向高质量发展的新阶段，东北三省亟须增强文旅产业要素的集聚效能。要实现文旅产业的集聚化发展，构建产业集群，东北三省必须在文化产业与旅游产业深度融合的基础上，广泛联结其他服务业态，为游客提供深度沉浸的地域文化体验，从而加速文旅产业要素的集聚与整合，深化产业间的互动协作。在此过程中，应确保市场在资源配置中发挥核心作用，遵循分类引导、区域协同、重点攻克的战略导向，加快文旅产业的融合步伐，促进其向集约化方向快速发展。

首先，加强基础设施建设，提升交通、住宿、餐饮等配套服务水平。建设更多的星级酒店、特色民宿，提升住宿条件；完善交通网络，提升交通便利性；发展特色餐饮，满足游客的多样化需求。其次，推动文旅产品创新，开发具有地方特色的文旅项目。开发冰雪旅游、温泉旅游、生态旅游等特色项目，提升游客体验。最后，加大市场营销力度，提升品牌影响力，吸引更多游客。通过举办大型文旅节庆活动，提升地区知名度；利用新媒体平台，开展线上营销，扩大宣传覆盖面。

（四）加强旅游文化产品的设计

在现代文旅产业融合发展的宏大图景中，企业作为核心参与者，其作用至关重要且不容忽视。特别是在全域旅游理念的深切指引下，东北三省的文化创意企业亟须借助先进科技与持续创新的力量，对现有的旅游产品进行深度重塑，将文化精髓与现代旅游商品巧妙融合，以提升东北文旅项目及产品的独特吸引力与魅力。目前，市场上仍显匮乏富含东北文化标识的旅游文创产品，此类产品的开发已成为东北旅游业亟待攻克的关键课题。鉴于文创产业具有初期投资成本高昂、回报周期与效益存在不确定性等显著特征，未来在驱动旅游业高质量发展的同时，应加大对东北三省文创企业的政策扶持与资金投入力度，致力于推广具有浓郁地方特色的文化衍生产品，提升其艺术收藏价值，进而增强文创企业的经济盈利能力，有效应对可能面临的风险与挑战，为企业的稳健发展奠定坚实基础。

（五）加强科技创新与人才培养

为了推动文旅产业的可持续发展，东北三省需要加强科技创新与人才培养。首先，加强科技创新，推动文旅产业的数字化和智能化发展。利用大数据、人工智能等技术，提升文旅产品的开发和管理水平。其次，加强人才培养，引进和培养文旅产业专业人才。与高校、科研机构合作，建立文旅人才

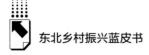

培养基地，培养专业人才。引进国内外优秀文旅人才，提升产业管理和服务水平。再次，开展职业技能培训，提升从业人员的专业素质。通过政策激励，吸引更多年轻人投身文旅产业，为产业发展注入新的活力。最后，加强人才引进和培养的机制建设，为产业发展提供智力保障。可以建立健全人才引进和培养的机制，提供优惠政策和良好的发展环境，吸引和留住优秀人才。

参考文献

［1］杨絮飞：《全域旅游视域下的东北文旅产业融合发展模式研究》，《东北亚经济研究》2020 年第 6 期。

［2］刘治龙、沈涛、张濛濛：《东北地区文旅小镇的叙事性设计策略与案例分析》，《文艺争鸣》2024 年第 11 期。

［3］黄国民、王绮：《文旅深度融合背景下东北抗联文化旅游开发研究》，《江苏商论》2024 年第 10 期。

［4］王丽娟、高丽敏：《新时期我国文旅产业融合发展政策回顾与演进分析——基于 2009~2021 年 32 项重要政策的梳理》，《时代经贸》2023 年第 8 期。

［5］赵尔奎、许安琪：《资源型城市文旅融合发展困境与对策研究——以铜川市为例》，《经营与管理》2022 年第 2 期。

吉林省冰雪旅游发展对策研究

骆秋含*

摘　要： 吉林省冰雪资源禀赋优异，在"冰天雪地也是金山银山"理念指引下，近年来吉林省不断以政策加持助力释放冰雪经济潜力，促进冰雪旅游业发展。本文深入剖析了吉林冰雪旅游发展现状、存在的问题及面临的新的发展契机与挑战，提出统筹资源，建立区域协同发展机制；挖掘文化内涵，破解冰雪旅游产品同质化难题；完善基础配套设施建设，提供优质冰雪旅游服务；搭建"冰雪旅游+"产业链，促进冰雪旅游业态融合；加强冰雪旅游数字化建设，助力冰雪旅游高质量发展等对策建议。

关键词： 冰雪旅游　产业协同　品牌塑造　冰雪经济

一　吉林省冰雪旅游发展现状

吉林省发展冰雪旅游具有得天独厚的优势。从地理位置上看，吉林省位于中纬度欧亚大陆的东侧，地处由日本、俄罗斯、朝鲜、韩国、蒙古国与中国东北部共同组成的东北亚几何中心位置，是重要的交通枢纽；从气候特征上看，春季干燥多风，夏季炎热多雨，秋季晴朗清爽，冬季凛冽漫长。从发展冰雪经济角度看，吉林省坐落于世界"黄金冰雪纬度带"，拥有开展冰雪活动的理想气温和降雪条件，同时其降雪具有雪期较长、雪质优良、雪量丰富等特点；加之省内拥有可利用的风速、坡度、高度适中的

---

* 骆秋含，长春光华学院副科长，讲师，主要研究方向为乡村振兴、教学管理。

山体，这些先天及主要指标优势，促使吉林省成为国内发展冰雪经济最具优势的省份之一。

（一）冰雪资源与设施优势为世界级冰雪大区愿景实现奠定基础

吉林拥有得天独厚、丰富优质的冰雪资源，长白山的粉雪质量上乘，雪期长、雪质软、雪量丰富，是世界顶级的滑雪胜地。松花湖等地区的自然雪景壮美，为冰雪旅游提供了绝佳的自然条件。这种资源优势是打造世界级冰雪大区的关键要素。吉林各地区积雪天数如表1所示。

表1 吉林省各地区的积雪天数

单位：天

地区	积雪天数
长春、吉林、四平、白城、松原	140~150
通化、辽源	150~160
延边	160~180
白山	180~200
长白山	250

资料来源：孙凯军、胡中明《利用卫星遥感和常规观测的积雪资料分析吉林省积雪特征》，《吉林气象》2008年第2期。

近年来，吉林省在冰雪设施方面投入巨大，冰雪设施日趋完善。各大滑雪场不断升级改造，雪道数量和质量都有显著提升。2024~2025雪季，万科松花湖滑雪场西扩副中心滑雪场雪道数量达到50条，总长55公里[①]，5条国际雪联认证雪道，6条进口高速缆车、8条魔毯，每小时运力达22000人次，滑雪面积达175公顷，能同时满足1万人滑雪。北大湖滑雪度假区在新雪季新增了100台造雪机、10条雪道和2条索道，新铺设造雪管线3000米，进一步提高了雪场的接待能力和服务品质。此外，近年来吉林省冰雪主题公

---

① 李婷、周淞宇：《24~25雪季万科松花湖造雪正式启动！预计11月15日开板》，《吉林日报》2024年11月7日。

园、冰雪小镇等设施不断涌现，为游客提供了全方位的冰雪体验场所（见表 2、表 3）。

表 2　近年来吉林省冰雪主题公园建设情况

序号	主题公园	特色
1	长春冰雪新天地	作为天定山旅游度假小镇四大核心板块之一，近几年发展迅速。2023 年景区占地面积 156 万平方米，冰雪总用量 73.8 万立方米，建设冰雪建筑 120 组，园区设计由北京冬奥会吉祥物"雪容融"设计团队主导，运用"数字科技+国潮 IP+时尚元素"及夜游灯光设计营造现场氛围，全面烘托"冰雪丝路、龙腾盛世"主题。整个雪季设置有 5 大系列 30 余项冰雪游乐项目，500 余场演艺、巡游和烟花秀等。此外，还曾获得"世界最长的冰滑梯""世界最高的冰火炬""最大规模冰雪主题健身操"三项 WRCA 世界纪录
2	吉林市梦幻冰雪大世界	2023 年 11 月 21 日开工建设，以"梦幻·乐园"为主题，规划建设景点近 50 处、游乐项目 20 余项，设有大型冰雪景观展示、冰雪活动、舞台演出、互动游戏、三维立体灯光演示、特色餐饮等室内外活动
3	扶余市冰雪乐园	2023 年 12 月 4 日开工建设，位于潢貊花海内，分为南区冰雪运动广场和北区冰雪乐园两部分，项目总占地面积近 7 万平方米。冰雪运动广场以北欧童话小镇为主题，由四个雪场及三个冰场组成，针对不同游玩功能及年龄群体进行区分。冰雪乐园平面布置以六边形为主，代表抽象的雪花，展示冰雪文化，冰建以欧式风格为主，有俄式城堡、荷兰风车、芬兰圣诞老人等造型，设有冰球、滑雪、雪圈等冰上娱乐项目
4	长白山冰雪运动主题公园	2021 年建设，园区亮点纷呈。一是主题鲜明，以长白山"12 度粉雪，温暖相约"的冬季旅游理念为设计思路。二是内容丰富，有主入口冰雪雕塑、百米雪圈滑道、炫彩灯光冰滑梯、攀冰运动场等众多户外冰雪景观和冰雪运动旅游项目。三是惠民力度大，除体验项目外，其余均对游客和居民免费开放

表 3　近年来吉林省冰雪小镇建设情况

序号	冰雪小镇	特色
1	长春市天定山旅游度假小镇	以长春冰雪新天地为依托，打造世界级冰雪主题乐园，是集冰雪观光、游乐、娱乐、研学、科技于一体的冰雪主题乐园，有互动演出、冰雪演绎、烟花表演等活动，2020 年获得三项 WRCA 世界纪录
2	舒兰市上营冰雪小镇	入选吉林省特色产业小镇清单，依托当地冰雪资源，积极发展冰雪旅游等相关产业，不断完善基础设施和服务配套，为游客提供更优质的冰雪旅游体验

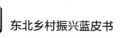

东北乡村振兴蓝皮书

续表

序号	冰雪小镇	特色
3	通化市金厂冰雪运动小镇	聚焦冰雪运动特色产业,不断加大投入,建设了一批高质量的冰雪运动场地和设施,吸引了众多冰雪运动爱好者前来参与,同时也带动了当地相关产业的发展
4	抚松县漫江四季运动小镇	利用当地的自然资源和地理优势,打造了一个集四季运动、休闲度假、健康养生于一体的特色小镇,冬季的冰雪运动项目更是吸引了大量游客
5	吉林市松花湖冰雪山地度假小镇	以松花湖滑雪场为核心,周边配套建设了酒店、商业街等设施,形成了一个综合性的冰雪山地度假胜地,为游客提供了全方位的冰雪旅游服务
6	吉林市北大湖粉雪度假小镇	凭借其优质的粉雪资源,重点发展滑雪度假产业,不断提升滑雪设施和服务水平,同时也积极拓展其他冰雪旅游项目,如雪地摩托、雪圈等,丰富游客的体验
7	长白山池西冰雪运动小镇	依托长白山的冰雪资源和旅游市场,不断完善小镇的基础设施和服务功能,建设了一批冰雪运动场地和休闲娱乐设施,吸引了越来越多的游客前来参与冰雪运动和休闲度假

在文化和旅游部、国家体育总局认定的19个国家级滑雪旅游度假地中,吉林省拥有4个,居全国第1位。全国34家滑雪场有脱挂式架空索道,吉林省有8个雪场共计29条脱挂式架空索道,居全国第1位。[①] 携程数据也同步显示,北大湖滑雪度假区、吉林万科松花湖度假区、万达长白山国际度假区、万峰通化滑雪场入选全国十大热门雪场。2023年新雪季,吉林旅游订单同比提升50%。

(二)冰雪旅游政策加持助力

吉林省政府出台了一系列支持冰雪旅游发展的政策,包括对冰雪旅游项目的投资补贴、对旅游企业的税收优惠等。这些政策为冰雪旅游产业的发展提供了有力的支持,鼓励了更多的企业和资本进入冰雪旅游领域。

---

① 《携程发布〈吉林省冰雪旅游国际化竞争指数〉》,电商派,https://www.pai.com.cn/234872.html。

一方面，吉林省积极推动建立标准体系。2022 年成立吉林省冰雪产业标准化技术委员会，制修订《冰雪旅游服务规范》《旅游滑雪场等级划分与评定》等多项冰雪旅游地方标准，指导制定团体标准，填补国内冰雪旅游标准空白，以标准提升带动旅游服务质量提升，引领冰雪旅游产业规范化发展。

另一方面，吉林省努力促进冰雪消费。《吉林省加大文旅消费十八条措施》《吉林省旅游万亿级产业攻坚行动方案（2023~2025 年）》等文件中提出了发放冰雪消费券，进一步拓展对外开放平台，将吉林冰雪产业博览会升级为"冰雪丝路"国际博览会，举办"冰雪丝路"世界发展大会。吉林省冰雪旅游相关政策文件如表 4 所示。

表 4　吉林省冰雪旅游相关政策文件

序号	文件名称	主要内容
1	《2023~2024 新雪季吉林省冰雪政策》	2023 年 11 月 10 日发布，面向游客、旅行商、俱乐部、投资企业等市场主体，从消费券、直通车、航线、项目投资、贷款贴息等方面制定出台了 3 方面 11 条优惠政策，包括发放 3000 万元冰雪消费券、设立 1000 万元冰雪交通补贴、给予项目投资奖补等
2	《吉林省加大文旅消费十八条措施》	2023 年 11 月 16 日印发，其中多项措施涉及冰雪旅游，如发放新雪季冰雪消费券 3000 万元，以雪票、门票、引客、引流活动为重点支持方向，通过 OTA 线上平台给予冰雪产品满减补贴；实施"吉林冰雪朋友圈"产业助力专项行动，组织重点冰雪企业与多地旅行商等进行"点对点"回访和联络；组织开展冰雪特色活动，举办"雪博会""开板大会""粉雪联赛"等新雪季专项活动以及长春冰雪节、吉林雾凇节、查干湖冬捕节、长白山粉雪节等各具地方特色的冰雪活动
3	《吉林省旅游万亿级产业攻坚行动方案（2023~2025 年）》	2023 年 10 月印发，提出省财政每年安排 1 亿元资金用于冰雪产业发展，其中每年投放冰雪消费券不低于 3000 万元；专班推进吉林省冰雪运动中心、延边长白山仙峰滑雪场、柳河青龙山滑雪度假综合体等重大冰雪项目建设，5 年内再打造一座世界级滑雪场；进一步拓展对外开放平台，将吉林冰雪产业博览会升级为"冰雪丝路"国际博览会，举办"冰雪丝路"世界发展大会
4	《吉林省航线开发与培育补助经费实施细则》	2024 年 1 月 10 日发布，旨在通过对航线开发与培育的补助，进一步完善吉林省的交通网络，为冰雪旅游的发展提供更便利的交通条件，吸引更多的游客前来吉林参与冰雪旅游

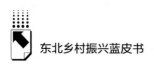
续表

序号	文件名称	主要内容
5	《2023~2024 新雪季吉林省冰雪政策资金申报指南》《吉林省 2023~2024 年雪季冰雪直通车奖补细则》	对 2023~2024 新雪季吉林省冰雪政策中的资金申报和冰雪直通车奖补等具体操作进行了详细规定和指导,确保政策的有效实施和资金的合理使用
6	《吉林省扶持涉旅企业奖补细则》	明确了对涉旅企业的奖补标准和条件,包括对新建并投入运营的宾馆酒店,按客房数量不同档次给予一次性资金奖补等,有助于提升涉旅企业的积极性,推动冰雪旅游相关产业的发展

资料来源:根据吉林省人民政府网以及吉林省文化和旅游厅网站资料整理而成。

(三)品牌塑造与国际合作助力发展

吉林积极打造特色冰雪旅游品牌,"长白天下雪""长春冰雪新天地""瓦萨国际滑雪节""吉林雾凇""吉林冰雪产业国际博览会"等品牌在国内外的知名度逐渐提高。通过举办国际冰雪节、雪博会等大型活动,向世界展示吉林冰雪的魅力。这些活动不仅吸引了大量游客,也吸引了国际媒体的关注,进一步提升了吉林冰雪旅游在国际上的影响力。吉林省加强了与国际冰雪旅游发达地区的合作与交流。与瑞士、奥地利等国家在滑雪场运营管理、冰雪旅游人才培养等方面开展交流。引进国际先进的冰雪旅游发展理念和技术,聘请瑞士专家团队自 2003 年起连续承办 23 届瓦萨国际滑雪节。同时也将吉林的冰雪文化和旅游产品推向国际市场,为成为世界级冰雪大区创造了有利条件。

(四)吉林省冰雪旅游产业协同发展新局面逐渐形成

首先,吉林省的冰雪旅游与体育产业发展相辅相成。吉林省已经建成 75 座滑雪场,雪道总数 319 条。滑雪场单日最大接待量达到 10 万人次,成为全国滑雪接待规模最大的省份,众多滑雪场为冰雪赛事提供了优质场地,如 2024 年国际雪联亚洲杯系列赛事,国际雪联自由式滑雪世界杯,第六届亚洲冬季运动会雪上赛事，第八届、第九届及第十二届全国冬季运动会，全国青少年跳台滑雪锦标赛，北欧两项锦标赛，中国长春净月潭瓦萨国际滑雪节，2021 中国长春（国际）无人驾驶汽车冰雪挑战赛等赛事在吉林省成功举办，提升了吉林省在国际国内冰雪体育领域的知名度。同时，吉林省的冰雪装备制造业也随之兴起，从高端滑雪板到保暖滑雪服，不断满足市场需求。

其次，吉林冰雪旅游与文化产业深度融合。吉林的民俗文化、历史文化等通过冰雪旅游展现出新的活力。例如，满族的冰嬉传统被改编成现代的表演节目，在冰雪景区上演。吉林的冰雪雕塑更是融合了现代艺术与传统文化元素，成为吸引游客的一大亮点。具有吉林特色的雾凇画、满族剪纸、长白山木雕等纪念品深受游客喜爱，带动了手工艺品制作和销售产业。这种融合既传承和弘扬了文化，又丰富了冰雪旅游的体验内容。

（五）带动吉林省经济、产业多方协同发展

冰雪旅游对吉林省经济拉动效应显著，在经济和产业协同发展方面有着至关重要的作用。

冰雪旅游为吉林省吸引了大量游客，吉林省在 2023~2024 雪季接待国内游客 1.25 亿人次，同比增长 121%，实现国内旅游收入 2419 亿元，同比增长 140%，两项指标均创历史新高。[①] 2024 年春运期间，长春机场航班量1.57 万架次，旅客吞吐量 233.2 万人次，同比分别增长 21.3%、40.3%，航班量和旅客量恢复率均居全国千万级机场第 1 位。2023~2024 雪季以来，长春机场航班量和旅客量较 2019 年同期分别增长 14.6%、18%，较上一雪季分别增长 71.7%、106.1%，其中休闲游旅客占比超 60%。游客在吉林的消费涵盖吃、住、行、游、购、娱等多个领域。2023~2024 雪季吉林省酒店产品销售额同比增长 89.1%，机票产品销售额同比增长 73.2%，度假产品销

---

① 汪志球、孟海鹰、门杰伟：《这个雪季，吉林省冰雪旅游市场异常火热》，人民网，http://ent.people.com.cn/n1/2024/0307/c1012-40190477.html。

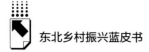

售额同比增长274%，门票产品销售额同比增长81.5%。[①] 冰雪旅游产业关联带动特色文化纪念品、主题文化游乐场等娱乐产业不断发展，为经济增长注入了新动力。

二　吉林省冰雪旅游发展存在的问题

（一）缺乏整体规划

1. 资源整合不足

吉林省虽拥有丰富的冰雪资源，但在开发过程中，未能充分将自然资源、文化资源等有机整合。例如，部分地区只注重滑雪场建设，而忽略了周边自然景观如森林、湖泊等与冰雪运动的融合，没有形成具有独特吸引力的旅游资源集合体。各地的冰雪民俗文化，如满族冰嬉文化、朝鲜族冰雪民俗等，也未得到全面挖掘和与旅游项目的有效结合，导致资源分散，无法发挥出最大的旅游价值。

2. 区域合作不足

吉林省内不同城市和地区之间在冰雪旅游发展上缺乏深度协作。各个城市往往各自为政，在旅游线路规划、市场营销等方面没有形成统一的战略。比如，长春、吉林、延边等地的冰雪旅游产品本可以串联成线，打造出更具吸引力的多日游行程，但实际操作中却很少有这种跨区域的整合，使得游客难以获得丰富、连贯的冰雪旅游体验，也不利于形成全省性的冰雪旅游大品牌。

（二）冰雪旅游产品同质化现象比较普遍

1. 景点选择同质化

多数地区的冰雪旅游景点集中在传统的滑雪场和冰雪主题公园。无论是

---

① 《2023~2024雪季吉林多项旅游数据创新高》，中国政府网，https：//www.gov.cn/lianbo/difang/202404/content_6944992.htm。

松花湖周边还是长白山脚下的景区，都以滑雪项目为主要卖点，缺乏独特性。对于一些小众但有潜力的冰雪景点，如某些具有特色冰瀑景观的山谷或原始森林冰原，没有得到足够的开发和推广，导致游客的选择范围相对狭窄，容易产生审美疲劳。

2. 旅游活动安排同质化

在旅游活动安排上，形式较为单一。常见的活动多为滑雪、雪地摩托、滑冰等传统项目，缺乏创新性和地域特色。各个景区的冰雪节活动内容也大多相似，如冰雕展览往往只是简单的造型展示，没有融入更多的文化内涵或互动体验元素，无法满足游客多样化、个性化的需求。

3. 旅游产品内容同质化

在旅游产品内容方面，如旅游纪念品，大多是千篇一律的雪花造型钥匙链、冰箱贴等，没有深入挖掘吉林本地特色文化。在冰雪旅游套餐上，无论是旅行社还是在线旅游平台推出的产品，大多是"住宿+滑雪门票"的简单组合，缺乏针对不同类型游客，如亲子家庭、老年群体、情侣等的差异化产品设计。

（三）冰雪旅游基础设施与服务水平参差不齐

1. 交通、住宿、旅游等配套设施仍有改进空间

在交通方面，通往一些偏远冰雪景区的道路在雪季可能因积雪清理不及时而影响通行，公共交通的班次和覆盖范围也不能满足游客需求。在住宿方面，虽然有高档的滑雪度假村，但周边经济型酒店和民宿的质量参差不齐，部分存在卫生条件差、保暖设施不足等问题。在旅游设施上，景区内的休息区、餐饮区等数量不足，布局不合理，在游客高峰期无法满足需求。

2. 从业人员服务质量有待提升

部分冰雪旅游从业人员专业素养和服务意识较低。例如，滑雪教练水平参差不齐，一些教练缺乏专业培训和教学经验，无法为游客提供高质量的指导。酒店服务人员、景区工作人员在服务态度、应急处理能力等方面也存在不足，当遇到游客投诉或突发情况时，不能及时有效地解决问题，影响游客的旅游体验。

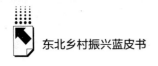

三　吉林省冰雪旅游发展的对策建议

（一）统筹资源，建立区域协同发展机制

1. 整合资源，进行冰雪旅游总体规划，共建东北冰雪经济功能区

吉林省有着丰富的冰雪资源，但分散的资源难以形成强大的合力。通过整合资源进行总体规划，可以打破地区之间的壁垒，使整个区域内的冰雪资源得到优化配置。例如，将长白山的自然冰雪景观资源与周边城市的冰雪娱乐设施资源相结合，形成互补。共建东北冰雪经济功能区能提升吉林省在东北地区乃至全国冰雪旅游市场中的地位，增强区域竞争力，吸引更多的游客，促进经济发展。通过对全省的冰雪资源进行全面调研和评估，依据资源分布、交通状况、市场需求等因素，制定科学合理的总体规划。在东北区域层面，加强与辽宁、黑龙江的合作沟通，制定统一的发展目标和协调机制，共同打造冰雪经济功能区。

2. 构建吉林省冰雪旅游高质量发展开发大格局

高质量发展开发大格局能够提升吉林省冰雪旅游的品质和可持续性。这意味着从单一的景点开发向综合旅游目的地打造转变，从传统的旅游模式向创新体验型旅游模式升级。比如，可以将冰雪旅游与当地民俗文化、生态保护等有机结合，形成更具吸引力的旅游产品。通过加大对冰雪旅游开发的政策支持和资金投入力度，鼓励社会资本参与。推动旅游企业的创新发展，引进国际先进的旅游开发理念和技术。同时，注重区域内不同城市和景区之间的协同发展，形成以点带面、点面结合的发展格局。

（二）挖掘文化内涵，破解冰雪旅游产品同质化难题

1. 强化规划引导

在冰雪旅游产品开发过程中，缺乏规划引导容易导致盲目跟风和同质化。通过强化规划，可以深入挖掘吉林省独特的文化内涵，如满族、朝鲜族

等少数民族的冰雪文化，为旅游产品注入灵魂，提高冰雪旅游产品在开发过程中的系统性和科学性，避免冰雪资源浪费。通过制定专门的冰雪旅游文化挖掘规划，明确冰雪文化主题和开发方向。文旅企业深入研究当地文化，将文化元素融入旅游产品设计的各个环节。例如，在旅游线路规划中加入文化体验点，在景区建设中体现文化特色建筑和装饰。

2. 推动活动创新

创新性是冰雪旅游活动吸引游客的重要因素。传统的滑雪、滑冰等活动已经不能满足游客日益多样化的需求。创新活动可以提升游客的参与度和体验感，如举办冰雪音乐节、冰雪民俗节等特色活动，让游客在享受冰雪乐趣的同时，感受吉林冰雪文化魅力。旅游企业和相关机构需要积极开展活动创新，设立创新奖励机制，并加强与文化艺术团体、体育赛事组织等的合作，引入新的活动形式。同时，利用现代科技手段，如虚拟现实、增强现实等，为游客创造新颖的冰雪活动体验。

3. 塑造特色品牌

特色品牌是吉林省冰雪旅游市场竞争的重要标识。一个具有鲜明特色的品牌能够提高游客的辨识度和忠诚度。例如，以长白山冰雪为核心品牌，突出其壮观的自然雪景和独特的温泉冰雪体验，能使其在众多的冰雪旅游目的地中脱颖而出。通过深入挖掘吉林省冰雪旅游的独特卖点，结合文化、自然景观、活动等要素，打造具有代表性的品牌形象。加强品牌宣传推广，通过线上线下多种渠道，如社交媒体、旅游展会等，向国内外游客传播品牌价值。同时，注重品牌的维护和管理，保证品牌质量和游客体验的一致性。

（三）完善基础配套设施建设，提供优质冰雪旅游服务

1. 加大基础设施建设及扶持力度，进行规范化管理

良好的基础设施是冰雪旅游发展的基础保障。包括交通、住宿、餐饮等设施的完善，可以提高游客的舒适度和便利性。例如，完善通往滑雪场、冰雪景区的道路建设，能减少游客的交通时间。规范化管理则能保证服务质量和游客安全，提升旅游形象。同时，持续加大对基础设施建设的投资力度，

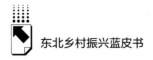

重点改善交通网络，提高景区周边的交通可达性。鼓励建设多样化的住宿设施，满足不同层次游客的需求。同时，制定严格的基础设施建设和服务标准，加强对旅游企业的监管，确保规范化管理。

2. 加强从业人员素质培养，打造高质量服务队伍

从业人员是旅游服务的直接提供者，他们的素质决定了游客的体验。高素质的服务队伍能够为游客提供专业、热情、周到的服务，增强游客满意度。例如，专业的滑雪教练可以让初学者更快地掌握滑雪技巧，提升游客的滑雪体验。通过建立完善的从业人员培训体系，包括入职培训、定期技能提升培训等，与高校、职业院校合作，开设相关专业和课程，培养专业人才。同时，建立合理的激励机制，提高从业人员的工作积极性和服务质量。

（四）加大专业化冰雪专业人才"留吉"力度，加强自身冰雪装备器材研发

1. 建立冰雪高级人才智库，加大人才"留吉"力度

冰雪旅游的发展需要大量专业人才，包括旅游规划、冰雪运动指导、冰雪景观设计等方面。建立智库可以汇聚这些高级人才的智慧，为吉林省冰雪旅游发展提供智力支持。加大人才"留吉"力度能保证人才的稳定性，避免人才流失导致的发展瓶颈。政府和企业联合出资，建立冰雪高级人才智库，邀请国内外知名专家加入。制定优惠的人才政策，如提供住房补贴、子女教育优惠等，吸引人才留在吉林。同时，为人才提供良好的发展空间和科研环境，鼓励他们在吉林开展与冰雪旅游相关的研究和实践。

2. 重视自身冰雪器材研发培育

目前，我国在冰雪装备器材方面一定程度上依赖进口。加强自身研发可以降低成本，提高产业附加值，同时也能满足吉林省冰雪旅游发展对装备器材的需求。例如，研发适合本地气候和地形的滑雪板、雪橇等装备，可以提高游客的使用体验。同时，通过设立专项科研基金，支持冰雪装备器材研发项目。鼓励高校、科研机构与企业合作，建立产学研一体化的研发模式。引

进国外先进的研发技术和人才，加强国际合作与交流，提升吉林省冰雪装备器材的研发水平。

（五）搭建"冰雪旅游+"产业链，促进冰雪旅游业态融合

1. 加强冰雪业态融合发展

单一的冰雪旅游业态容易受到季节和市场波动的影响。通过融合发展，如将冰雪旅游与温泉疗养、民俗文化体验、农业观光等业态相结合，可以拓展旅游产品的内涵和外延，延长旅游季节，增加游客的停留时间和消费。例如，游客在滑雪后可以体验温泉疗养，感受冰火两重天的独特魅力。同时，不同业态的组织之间要紧密合作，打破行业壁垒。旅游企业积极探索融合发展模式，开发新的旅游产品和线路。例如，打造冰雪民俗文化旅游村，将传统的民俗表演、手工艺品制作与冰雪景观相结合。

2. 构建完备的冰雪旅游产业链体系

完备的产业链体系可以提高产业的稳定性和抗风险能力。从冰雪资源开发、旅游产品设计、营销推广到旅游服务、装备制造等环节形成完整的产业链，能促进产业的协同发展，提高经济效益。例如，冰雪旅游的发展可以带动当地农产品、手工艺品等相关产业的发展。从产业链各环节进行规划和引导，培育和扶持龙头企业，发挥其带动作用。完善产业链上下游企业之间的合作机制，建立产业联盟或协会，促进信息共享和资源整合。同时，加强对产业链薄弱环节的支持，如冰雪装备制造等，提高整个产业链的竞争力。

（六）加强冰雪旅游数字化建设，助力冰雪旅游高质量发展

1. 搭建冰雪旅游数字化管理平台，推进冰雪旅游数字化进程

数字化管理平台可以实现对冰雪旅游资源的高效管理和调配。例如，通过平台可以实时掌握景区的游客流量、住宿预订情况等信息，从而合理安排景区运营和服务。这有助于提高管理效率，优化游客体验，同时也为政府决策提供数据支持。探索多方共同投资搭建数字化管理平台，整合旅游资源信息、旅游企业信息、游客信息等。引入大数据、云计算等技术，实现数据的

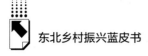

分析和预测功能。同时，加强平台的安全防护，保护游客和企业的信息安全。

2. 提升数字化智慧冰雪旅游场景体验，提供优质个性化服务

随着游客对旅游体验要求的提高，数字化智慧旅游场景能为游客带来全新的体验。例如，利用虚拟现实技术让游客在室内体验滑雪的乐趣，或者通过智能导览系统为游客提供个性化的旅游路线推荐，可以满足不同游客的需求，提高游客的满意度和忠诚度。通过加大对数字化技术的应用力度，在景区内设置数字化体验项目。利用人工智能算法，根据游客的兴趣、行为等数据，为其提供个性化的服务。例如，根据游客的滑雪水平推荐合适的滑雪道和教练，根据游客的文化喜好推荐相应的民俗活动。

参考文献

［1］高峰：《以科技创新赋能冰雪装备升级》，《人民政协报》2024 年 10 月 31 日。

［2］鲍淑玲：《打造特色文旅 IP　银川破圈出彩》，《银川日报》2024 年 10 月 21 日。

［3］李雨珊：《长白山地区文旅 IP 设计研究》，《美与时代》（城市版）2024 年第 9 期。

［4］徐钧钻、黄启艳、陈梓煌：《提炼千年古村文化内核　打造"状元还乡"文旅 IP》，《中山日报》2024 年 9 月 20 日。

［5］曹洪仁：《文旅网红昙花一现，文旅 IP 要全盘思维要可持续发展》，《商业文化》2024 年第 17 期。

［6］孙庭阳：《中国社科院旅游研究中心特约研究员高舜礼：吉林可打造成为世界级冰雪旅游避暑胜地》，《中国经济周刊》2024 年第 11 期。

［7］平延辉、王洪奕、钟炽慧：《吉林冰雪产业探析》，《中国统计》2024 年第 2 期。

［8］张欣：《吉林市全力维护冰雪旅游市场价格秩序》，《中国价格监管与反垄断》2024 年第 1 期。

［9］《高点谋划 高位推动 加快吉林文旅产业率先突破》，《吉林省人民政府公报》2023 年第 10 期。

B.10
吉林省农产品跨境电商外宣现状、
问题与对策研究

刘禹男*

摘　要：　随着全球经济一体化与数字技术的飞速发展，跨境电商已成为国际贸易的重要新兴模式。吉林省作为农业大省，拥有丰富的农产品资源，积极响应国家政策，大力推动跨境电商发展。本文研究了吉林省农产品跨境电商外宣的发展现状，并详细分析了外宣过程中存在的问题，如外宣内容质量不高、外宣渠道选择存在局限性、专业外宣人才短缺以及品牌建设与外宣协同性差等。针对这些问题，本文提出了相应的解决对策，包括制定吉林省农产品翻译地方标准、组建专业的农产品电商外宣团队、优化外宣内容以及多元化外宣渠道布局等，旨在为吉林省农产品跨境电商的外宣工作提供理论支持和实践指导，从而推动吉林省农产品在国际市场上的竞争力。

关键词：　跨境电商　外宣　农产品　吉林省

《中国大百科全书·新闻出版》曾将"宣传"定义为"运用各种符号传播一定的观念以影响人们的思想和行动的社会行为"。按地域来分，"宣传"可划分为"内宣"和"外宣"。"外宣"是指对外宣传，即对宣传主体之外所有对象的宣传。就我国而言，"外宣"和"内宣"的区别之处主要在于"外宣"是指借助各种媒介对海外发起的宣传，其受众在接受我们民族自身的语言、文化和思维方式时需要跨越更多的障碍，方能实时有效地传递信

---

* 刘禹男，长春光华学院国际交流学院讲师，主要研究方向为二语习得、翻译。

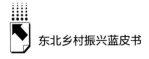

息，促进交流，推动中国文化全球化。外宣在跨境电商中起着重要作用，本文将从外宣角度，对吉林省农产品跨境电商的发展提出建议，以期提升吉林省农产品在国际市场上的竞争力。

一　吉林省农产品跨境电商外宣现状

（一）助力跨境电商发展的政策措施

在全球经济一体化与数字技术飞速发展的浪潮下，跨境电商作为国际贸易的新兴模式，正深刻改变着传统贸易格局。吉林省作为农业大省，农产品资源丰富多样，拥有玉米、大豆、人参、木耳等特色农产品。近年来，吉林省积极响应国家政策，大力推动农村跨境电商发展，致力于将丰富的农产品资源推向国际市场。

《吉林省电子商务发展"十四五"规划》明确提出，要推动农村电商与跨境电商融合发展，培育壮大农村电商市场主体，提升农产品跨境电商竞争力。在政策的大力推动下，吉林省农村跨境电商迎来了前所未有的发展机遇。

自 2021 年首届中国新电商大会在长春举办以来，吉林省加快发展以新电商为代表的新经济新业态新模式，累计培育国家和省级电商示范基地、示范企业 182 个，建成县城物流中心 31 个、电商服务中心 268 个、电商服务站 5316 个，打造规模直播基地超 300 个，电商平台注册商家 52 万余家。并连续出台《吉林省新电商产业高质量发展实施方案》《吉林省人民政府办公厅关于推进新电商经济高质量发展若干措施的意见》等政策措施，为电商发展提供规划和实践路径。吉林省连续举办三届中国新电商大会，定义了"新电商"概念。发布了中国第一份新电商产业发展报告、中国新电商行业规范发展倡议书，成为新电商产业发展的先行者。

（二）跨境电商平台上吉林省农产品外宣现状

虽然吉林省有着丰富的农产品种类，且品质优良，但在跨境电商平台上的宣传内容相对较少，本省大米、玉米、木耳等农产品在各跨境电商平台的搜索结果词条数目在 100 以下。以出现频率最高的人参为例，在英文网站上有多种不同名称，主要为 gingeng、panax 以及 renshen。以它们为关键词，分别在 eBay（亿贝）、Amazon（亚马逊）和 AliExpress（速卖通）网站上进行搜索。AliExpress 平台上人参产品数量较少，且显示产地多为美国，以加工后的瓶装或袋装保健品为主。Amazon 平台各关键词均有显示，人参产品显示种类较多，也多以加工后产品为主，如护肤品、保健品、茶和药品等。搜索结果最多的 eBay 平台显示的人参产品大多数以未加工的原材料形式出现，即整颗人参的宣传图片；还有大部分为半加工后的人参切片，或是其他半加工类型参产品。eBay 平台的搜索结果虽多，但不同商家内容、图片重复率高，同一商家产品反复出现频率高。

二　吉林省农产品跨境电商外宣存在的问题

（一）外宣内容质量不高

1. 缺乏针对性与吸引力

目前，吉林省农村跨境电商的外宣内容在很大程度上未能充分考虑不同国家和地区消费者的文化背景、消费习惯、审美观念以及需求偏好等差异，导致外宣内容缺乏针对性。在宣传吉林省的特色农产品时，往往只是简单地介绍产品的种类、产地和基本功效，而没有深入分析目标市场消费者对农产品的品质、包装、用途等方面的具体需求。对于欧美市场的消费者来说，他们更加注重产品的保健作用、有机属性以及环保包装，而吉林省的外宣内容可能没有突出这些重点，使得宣传无法有效吸引目标受众的关注。

外宣内容的形式和创意也较为匮乏，缺乏吸引力。许多外宣资料仅仅是文字和图片的简单堆砌，缺乏生动性和感染力。在视频宣传中，画面质量不高、剪辑粗糙，无法展现出吉林省乡村产品的独特魅力和文化内涵。在宣传加工后的成品时，没有通过精彩的视频展示食品制作者的精湛技艺和制作过

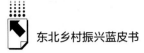

程，难以引起消费者的兴趣和购买欲望。相比之下，一些国际知名品牌的外宣内容，通过富有创意的故事讲述、精美的视觉设计和互动性强的体验活动，成功吸引了大量消费者的关注和参与。

外宣内容的更新速度缓慢，不能及时反映市场变化和产品创新。随着市场需求的不断变化和产品的更新换代，外宣内容需要及时调整和优化。然而，吉林省部分农村跨境电商企业的外宣资料长期未更新，导致消费者对其产品的新鲜感和关注度逐渐降低。在新兴消费趋势如个性化定制、健康养生等兴起时，企业未能及时将相关元素融入外宣内容，错失了吸引消费者的机会。

2. 文化差异处理不当

在跨文化传播过程中，文化差异是一个不可忽视的重要因素。吉林省农村跨境电商在外宣过程中，由于对不同国家和地区的文化差异了解不足，在内容创作和传播时出现了诸多问题。文化符号的运用存在不当之处。不同文化背景下的文化符号具有不同的象征意义，如果在对外宣传中使用不当，可能会引发误解甚至负面反应。在中国文化中，红色象征着吉祥、喜庆，但在一些西方国家，红色可能与危险、警示等含义相关联。若在向这些国家宣传产品时，过度使用红色元素，可能会引起消费者的不适。

不同国家和地区的消费者具有不同的价值观和消费观念，外宣内容应与之相适应。在一些欧美国家，消费者更加注重绿色天然、环保主义等价值观，而吉林省的外宣内容可能没有充分体现这些价值观，导致在文化共鸣上存在缺失。在宣传农产品时，若没有强调产品的生产过程符合环保标准，以及对当地社区和农民的积极影响，可能无法吸引到注重环保和社会责任的消费者。以黏豆包为例，黏豆包以糯米和红豆为主要原料，深受国内消费者喜爱。但国际消费者不熟悉该食品及其背后的饮食文化，阿里巴巴国际网站上在翻译时也没有结合消费者的文化背景差异，只将其翻译成"Sticky Bean Buns"，此种翻译虽简洁明了，但无法将黏豆包的节日食品特殊意义与文化内涵表达出来。再如粉条，其是吉林地区人民餐桌上必备的食材，营养丰富，口感好，但是在国际网站上，有的农产品企业将粉条翻译为

"Vermicelli Starch","Starch"是淀粉的意思,国外的消费者比较担心淀粉的热量会影响体重,看到这个产品名称后就基本上没有了购买的欲望,会导致产品的销售量不高。

3. 翻译内容标准不一致

在语言翻译方面,存在直译、错译等现象,使得外宣信息无法准确传达给目标受众。吉林省农产品外宣翻译中,翻译文本缺乏规范的统一标准,导致同一产品英语翻译不一致。以优势农产品人参为例,吉林省具有独特的地理环境与生长条件,为人参的生长创造了优异条件,使人参产业在国际合作与交流中占据重要地位。但是吉林人参在国际市场中的被发掘认识和接受度还有待提高,在宣传推广中存在较大的随意性,其英语翻译在阿里巴巴国际站和 Amazon 等平台中,存在多种译法,包括"ginseng"、"ren shen"、"panax"以及"Jilin Ginseng"等,还包括大小写的问题。截至目前,吉林省人参产品的外宣翻译还没有形成统一的规范标准,造成同一种产品的英文翻译不一致,为目标受众带来了理解和选择困难,不利于形成农产品外宣的品牌效应。且对于一些非英语母语国家的消费者来说,可能并不理解其含义和价值。在一些产品说明书中,对专业术语的翻译不准确,导致消费者在使用产品时产生困惑。且人参作为吉林省在跨境电商平台上的优势项目,对其的外宣材料应尽快规范,如在 eBay 平台上,搜索吉林人参会出现 sex 这个单词,其并不是一个褒义词,不但是对人参功效的简化,还会让人产生误解,不适合人参产品推广。还有诸如"it is pure, non-polluting",此句应想表达是纯天然无污染的有机食品,可实际不但没有说明,反而词不达意,使用表示污染的 polluting 反而会引起读者疑惑。只需用"It is organic product"即可充分表达天然有机的概念。

目前,农产品品名外宣翻译中可采用的翻译方法比较多样,包括音译、意译、音意兼译、直译等。其中最为简单也是使用较多的音译法,在特定情境下具有可行性。比如,吉林省长白山蓝莓,音译为"Changbaishan Blueberry",对具有国际知名度的产品而言,此翻译法是可行的。但对于在国际市场并未建立知名度的吉林省农产品来说,音译法可能会造成理解上的

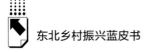

困难，难以开拓市场。又如，阿里巴巴国际网站上将吉林省玉米面翻译成"Yumi Noodles"，国际消费者难以从字面理解该食品，也不了解玉米面作为粗粮的健康属性。再如，将延边朝鲜族辣白菜翻译成"Yanbian Korean Kimchi"，翻译中虽涵盖地域与民族特色，但"Kimchi"一词已广为人知，是指韩式泡菜，无论是单独使用还是加上"Yanbian Korean"都会出现理解混淆的情况。

（二）外宣渠道选择存在局限性

1. 过度依赖单一渠道

许多吉林省农村跨境电商企业在对外宣传中，过度依赖某一特定的外宣渠道，这在很大程度上限制了市场的拓展范围。一些企业将主要精力集中在Amazon等少数几个大型跨境电商平台上，忽视了其他渠道的潜在价值。这些平台虽然拥有庞大的用户基础和较高的流量，但竞争也异常激烈，新进入的企业和产品要想在众多的竞争对手中脱颖而出并非易事。在Amazon平台上，吉林省农村跨境电商企业面临着来自全球各地企业的竞争，产品的曝光度和排名受到多种因素的影响，如平台算法、广告投放力度等。企业过度依赖这些平台，一旦平台的政策发生变化，或者在平台上的竞争处于劣势，就可能导致业务受到严重影响。

2. 新兴渠道拓展不足

随着互联网技术的不断发展，社交媒体平台、直播带货等新兴外宣渠道逐渐兴起，为跨境电商的发展提供了新的机遇。然而，吉林省农村跨境电商企业在这些新兴渠道的拓展方面存在明显不足。

许多企业对社交媒体平台的营销价值认识不够充分，未能有效利用社交媒体平台进行品牌推广和产品销售。社交媒体平台如Facebook、Instagram、TikTok等拥有庞大的用户群体，能够为企业提供精准的营销定位和广泛的传播渠道。通过社交媒体平台，企业可以与消费者进行实时互动，了解消费者的需求和反馈，提高品牌的忠诚度和用户黏性。一些企业由于缺乏专业的社交媒体营销团队和平台运营经验，在社交媒体平台上的运营效果不佳。具体表现为没有制定有效的内容策略，发布的内容缺乏吸引力和互动性，导致"粉丝"增长缓慢，品牌传播效果不理想。企业在社交媒体平台上的广告投放策略也不够精准，无法有效触达目标客户群体，浪费了大量的广告资源。

直播带货这种销售模式在国内市场取得了巨大的成功，但在吉林省农村跨境电商领域的应用还相对较少。直播带货能够让消费者更直观地了解产品的特点和使用方法，增强消费者的购买意愿。吉林省农村跨境电商企业在开展直播带货方面面临着诸多挑战。语言障碍是一个重要问题，跨境直播需要具备流利的外语能力和专业的产品知识，能够与海外消费者进行有效的沟通。许多企业缺乏这样的专业人才，导致直播效果不佳；直播带货的配套设施和服务也不够完善，如物流配送、售后服务等，无法满足消费者的需求。由于对直播带货的重视程度不够，企业在直播策划、主播培养等方面的投入不足，影响了直播带货的质量和效果。

（三）专业外宣人才短缺

高校作为人才培养的重要阵地，在课程设置上未能充分满足跨境电商外宣的实际需求。许多高校的相关专业课程，如电子商务、国际贸易等，虽然涉及一些跨境电商的基础知识，但对于外宣方面的内容，如跨文化传播、国际市场营销、外语语言运用等课程的设置不够系统和深入。一些高校在电子商务专业中，仅开设了基础的外语课程，缺乏针对跨境电商外宣所需的商务英语、外贸函电等专业外语课程。对于跨文化传播课程，也只是简单提及，没有深入讲解不同文化背景下的传播技巧和策略。[①]

实践教学环节薄弱也是一个突出问题。跨境电商外宣是一个实践性很强的领域，需要学生具备实际操作能力和解决问题的能力。然而，吉林省部分高校在实践教学方面投入不足，缺乏与企业的深度合作，无法为学生提供足够的实践机会。一些高校的电子商务专业学生，在整个大学学习期间，参与实际跨境电商项目的机会寥寥无几，导致学生在毕业后难以快速适应工作岗

---

① 刘亚玲：《高职院校跨境电商专业课程体系的构建研究》，《对外经贸》2021 年第 5 期。

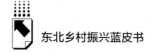

位的要求。

师资力量不足同样制约着人才培养的质量。许多高校从事跨境电商教学的教师缺乏实际的行业经验，对跨境电商外宣的最新发展动态和实践操作了解不够深入。在课堂教学中，教师只能传授理论知识，无法将实际案例和操作经验融入教学中，使学生难以掌握实用的技能。一些教师虽然具备扎实的理论知识，但由于没有在跨境电商企业从事过外宣工作，对于国际市场的实际需求、外宣渠道的运营技巧等方面缺乏了解，无法为学生提供有针对性的指导。

（四）品牌建设与外宣协同性差

1. 品牌定位不清晰影响外宣效果

品牌定位是品牌建设的核心，其决定了品牌在市场中的独特位置以及与竞争对手的差异化。吉林省农村跨境电商在品牌定位方面存在诸多不清晰之处，对外宣效果产生了严重的负面影响。以吉林省人参产品为例，eBay 和 Amazon 平台上几乎所有产地为吉林的人参产品都没有注册商标与品牌标识，它们共同使用的说明内容是"Changbaishan Ginseng"或"Jilin Ginseng"。这种品牌意识的模糊，增加了消费者区分选择的困难，也使得外宣工作缺乏明确的方向和重点。

在进行外宣时，由于没有清晰的品牌定位指引，外宣内容显得杂乱无章。宣传资料中既包含了关于产品健康营养成分的介绍，又有关于产品产地风光和民俗文化的描述，但这些内容未能有机地结合在一起，形成一个清晰、独特的品牌形象。在社交媒体平台上发布的宣传内容，有时侧重强调产品的健康功效，有时又突出产品的地域特色，缺乏连贯性和一致性。这使得海外消费者难以准确理解该品牌的核心价值和独特卖点，无法在众多竞争对手中形成深刻的印象。在国际市场上，面对众多定位清晰、特色鲜明的竞争对手，该品牌的产品难以脱颖而出，外宣投入未能转化为有效的市场影响力和销售增长。

2.品牌价值、文化内涵挖掘弱

外宣活动的重要目标之一是将品牌的核心价值准确无误地传递给目标受众，从而在消费者心中树立起独特的品牌形象。然而，吉林省农村跨境电商在这方面存在明显不足，导致品牌形象在国际市场上模糊不清。许多外宣活动未能深入挖掘品牌的核心价值，仅仅停留在产品表面的介绍上。如吉林省永吉县的万昌大米，以优质水源和肥沃土壤闻名，口感软糯润滑，营养价值高，是我国消费者心目中的优质、高端大米。其生产历史悠久，万昌是我国东北地区最早的粳稻贡米之乡，历史上的康熙、乾隆皇帝都曾赋诗对万昌大米给予了高度评价，但是国外消费者不了解其中的历史文化。阿里巴巴国际网站上对万昌大米的介绍只停留在品质、口感等层面，而忽视了其背后蕴含的文化故事。万昌大米拥有的悠久历史、种植技艺及农耕文化，这些皆是构成其独特魅力的因素，在推广中挖掘与展示此文化内涵，能给消费者留下深刻印象。而由于外宣翻译中并未将其所具有的文化内涵挖掘并传递出来，该产品无法在国外消费者心目中留下深刻印象和好感度，使得外国消费者难以真正理解产品的独特价值，无法与品牌产生情感共鸣。

外宣渠道的选择和运用不当也影响了品牌价值的传递。一些企业在选择外宣渠道时，没有充分考虑渠道与品牌定位和目标受众的匹配度。在一些以时尚、娱乐为主的社交媒体平台上宣传传统的农村特色农产品，由于平台用户群体与产品的目标受众不相符，品牌价值无法有效地传递给真正有需求的消费者。外宣内容的表达方式和语言风格也可能与目标受众的文化背景和审美观念存在差异，从而阻碍了品牌价值的传递。在翻译外宣文案时，由于语言表达不准确、文化差异处理不当等问题，品牌价值在传递过程中出现偏差或丢失，无法被海外消费者准确理解和接受。

三 解决吉林省农产品跨境电商外宣问题的对策建议

（一）制定吉林省农产品翻译地方标准

国内早在2005年就已经颁布《翻译服务译文质量要求》国家标准，以推动翻译行业能朝着标准化的进程发展。为此，翻译领域专家明确指出，标准化实质是通过制定、发布与实施标准，以实现统一。现阶段，农产品外宣翻译工作出现"产品相同、译名各异"的问题。要解决此问题，应制定与完善翻译的标准，加大标准的执行力度，提高标准的权威性。吉林省有关部门应借鉴其他地区外宣翻译的成功经验，将其应用于农产品的外宣翻译工作中，以提高翻译的精准性。例如，相关部门应借鉴成都市质监局在 2008 年制定的《四川名菜及名小吃英、日、韩语译法》标准，面向社会公开征求产品的外宣翻译意见，调动更多专业翻译人士参与到其中，共同制定外宣翻译的标准。在此过程中，政府应发挥自身的职能作用，组织专业翻译人员对具有潜力与特色的吉林农产品进行实地调研，邀请专家共同参与该工作，为外宣翻译提供强有力的语言支持，推动农产品外宣翻译工作朝着标准化发展。

（二）组建专业的农产品电商外宣团队

要培养既懂农业，又精通翻译、擅长电商外宣的专业人才。吉林省作为农业和教育大省，省内高校众多，有非常好的人才培养与选拔优势。农业方面有吉林农业大学和吉林省农业科学院这样的专业综合性大学和科研机构，开设有关农业科学、农业技术、园艺技术等农业相关专业；在其他如吉林大学、东北师范大学等一众高校都开设了英语或翻译专业。此类高校拥有专业的师资队伍，尤其是农业英语专业方面的师资。不仅是教师，而且还有学生，他们往往都具备扎实的农业学科知识与出色的外语翻译能力。加之这些教师和学生在吉林省工作学习，对吉林省当地的方言、风俗习惯、历史民情等皆有着深入的了解，热爱当地文化。有鉴于此，应以这些教师为核心，吸引与引领其他高校中对涉农翻译感兴趣的师生参与到农产品外宣翻译工作中，以及调动行业内专业的翻译人员，共同组建吉林省农产品外宣专业翻译团队。以此专业化与规模化的外宣翻译团队，为吉林省农产品外宣翻译质量的提高提供人才保障，从而促进农产品开拓更广阔的市场。

同时，还应积极鼓励和引导省内应用型本专科高校电商相关专业的发展，使人才培养和吉林省区域经济发展需求相接轨，培养具有国际视野、高素质的翻译人才和电商服务人才。加强政校企合作与产教融合，让更多电商从业人员具备较高的业务能力和国际素养，以加快吉林农产品电商产业的国际化进程。

比如，2023 年 12 月，新东方旗下的东方甄选团队在长白山直播带货，专场三天商品交易总额达 2.76 亿元，各种物美价优的吉林特产销售超过 110 万单。① 其中，酸菜丝超过 6.4 万单，东北冻梨超过 20 万斤，吉林小町香米 2 天热销 40 万斤，皓月牛腩超过 4 万单。吉粮大豆油、泉阳泉矿泉水等吉林家庭熟悉的品牌，借助东方甄选直播间实现全国范围宣传，让更多消费者得以了解和品鉴。这次直播的成功，为吉林省的电商尤其是跨境电商作了非常好的示范：各学科人才与电商可以完美融合，吉林省应打造本省的专属电商团队；吉林省本地农产品只要宣传到位，也是超级抢手好物；吉林省农产品物美价廉、品质上乘，在扩大内宣的同时，更要注重外宣。

（三）优化外宣内容

1. 增加文化输出内容，减少文化差异带来的影响

饮食文化是社会文化的重要组成部分之一，不仅能映射地域独特风情，还能体现民族人文精神。吉林省与我国部分地区、西方国家等饮食文化存在明显的差异，包括饮食内容、习惯、观念与礼仪等。其饮食文化深深植根于农产品中，不但让农产品承载着"地道风味"美誉，更蕴含着与自然和谐共生的生存哲学。比如，吉林省农产品背后流传着诸多的民间故事、历史传说等，展现了当地人民对自然的敬畏之心，以及对生活的热爱之情。而作为东北地区的农业大省，吉林省的饮食文化既继承了东北文化的传统精髓，又吸收了日、韩、俄的饮食文化内容，此种开放性与包容性，全方位体现了中华民族的文化特性。为推动吉林省农产品的出口，提高外宣翻译工作的精准

---

① 《超 110 万单，破 2.76 亿元！东方甄选吉林专场圆满收官！》，人民网，http：//jl. people. com. cn/n2/2023/1211/c349771-40673783. html。

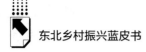

度，在外宣翻译中应利用好饮食文化力量，以政府引导和社会参与，向世界传递吉林省的饮食文化，让吉林省农产品魅力能在国际舞台上绽放光彩，为中华民族文化的海外传播与吉林经济发展贡献力量。

2.打造精品宣传语料

吉林省拥有东北亚核心地位，是东北文化的重要发源地，也是了解中国与东北亚各国的桥梁，有着丰富的农业资源，并形成了独具特色的农业文化。近年来，尽管已有一些关于吉林省农业文化的书籍问世，如《中国东北农业史》《东北农耕文化》等，但这些书籍往往因出版时间较早、传播渠道有限而未能充分发挥其应有的作用。有关吉林省内各地区的农产品、农业人物、民俗传说故事等具体内容的专门著作不足，仍需要进一步挖掘、整理及出版此类书籍。为了能擦亮吉林省文化品牌，为农产品外宣翻译提供优质母语范本，应加大省内文化资源的开发与宣传力度。例如，对有关文献进行更新，提升其可读性与传播力；组织专业力量挖掘农产品文化内涵，创作一批能将吉林农产品特色反映出来且富有感染力的文学艺术作品。组织专业的翻译团队，将这些优质汉语言精品语料翻译成相应的目标语，如英语、俄语、韩语等，既能为农产品外宣翻译提供丰富的素材与灵感，又能在国际交流中将吉林省的独特文化魅力体现出来，为吉林省农产品外宣工作与国际化进程提供助力。

（四）多元化外宣渠道布局

传统外宣渠道，如电视、广播、报纸等，在信息传播方面具有广泛的覆盖面和较高的权威性。吉林省乡村跨境电商可充分利用这些传统渠道，进行品牌形象的塑造和产品信息的传播。与国际知名的电视媒体合作，制作关于吉林省乡村特色产品的专题节目，介绍产品的生产过程、品质特点以及背后的文化故事。通过电视媒体的广泛传播，能够吸引大量不同年龄段和消费层次的海外观众，提升品牌的知名度和影响力。在一些国际知名的财经类报纸上，发布关于吉林省乡村跨境电商发展成果的报道，展示企业的创新模式和发展潜力，吸引国际投资者和合作伙伴的关注。

新兴外宣渠道，如社交媒体平台、短视频平台等，具有传播速度快、互动性强、定位精准等优势。吉林省乡村跨境电商企业应加大在新兴渠道的投入，充分发挥其优势。在社交媒体平台上，通过举办线上互动活动，如产品试用、抽奖、问答等，吸引用户的参与和关注。利用短视频平台，制作生动有趣、富有创意的短视频，展示吉林省乡村的自然风光、民俗文化以及产品的制作过程，激发海外用户的兴趣和购买欲望。还可以利用新兴渠道的大数据分析功能，精准定位目标客户群体，实现个性化的营销推广。通过分析用户的浏览历史、购买行为等数据，为用户推送符合其兴趣和需求的产品信息，提升营销效果。

将传统与新兴外宣渠道进行有机整合，能够形成优势互补，扩大外宣的覆盖范围和影响力。在传统媒体上进行品牌宣传的同时，引导观众关注社交媒体账号，实现线上线下的互动和引流。在举办线下展会时，利用社交媒体平台进行预热宣传，吸引更多的潜在客户关注展会，提高展会的参与度和效果。通过整合传统与新兴渠道，构建全方位、多层次的外宣网络，提升吉林省乡村跨境电商的国际传播能力。

参考文献

［1］刘莉、卢一鸣等：《乡村振兴背景下农村跨境电商发展现状及可行性策略实施——以山东省为例》，《中国市场》2024年第12期。

［2］李芳：《论跨境电商背景下甘肃省农产品外宣翻译水平的提升》，《甘肃开放大学学报》2023年第4期。

［3］顾保颖：《跨境电商对长三角经济高质量发展的影响研究——基于综试区建设的准自然实验》，《经营与管理》2024年第12期。

［4］衡月月、张翼等：《跨境电商视角下乡村非遗产品外宣英译研究——以连云港兴西村水晶雕刻为例》，《新传奇》2024年第18期。

［5］陈文佳、鲍文：《目的论视角下企业跨境电商平台对外宣传文本翻译策略研究》，《文学创新比较研究》2023年第16期。

［6］刘芬：《城市外宣网页的多模态话语研究——以广州市政府门户网英文版为

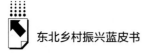
例》，《科技传播》2024 年第 21 期。

［7］ 于林英：《吉林省特色农产品跨境电商出口存在的问题与对策研究》，《农村经济与科技》2022 年第 24 期。

［8］ 杜春晶：《吉林省农产品跨境电商发展问题研究》，《税务与经济》2022 年第 5 期。

［9］ 齐悦彤：《跨境电商背景下吉林省农产品出口现状及发展策略研究》，《营销界》2023 年第 8 期。

［10］ 张明玮：《乡村振兴战略下农产品跨境电商发展路径分析》，《中国商论》2024 年第 5 期。

［11］《吉林省 2023 年国民经济和社会发展统计公报》，吉林省统计局网站，http：//tjj. jl. gov. cn/tjsj/tjgb/ndgb/202403/t20240326_3128572. html。

［12］ 毕玮琳：《沃野良田孕生机》，《吉林日报》2024 年 9 月 6 日。

［13］ 陶连飞：《锻造新引擎 发展新电商》，《吉林日报》2024 年 4 月 18 日。

［14］ 刘亚玲：《高职院校跨境电商专业课程体系的构建研究》，《对外经贸》2021 年第 5 期。

农业升级篇

B.11
东北三省智慧农业发展报告

肖国东　孙溪洽*

摘　要： 创新引领的新质生产力，突破了传统经济增长模式和生产力发展
轨迹，展现出高科技、高效率和高品质的特性。智慧农业展现了农业新质生
产力的关键特性，成为发展新质生产力的关键组成部分和强大动力。通过运
用现代信息技术与智能设备，智慧农业实现了对农业的全面革新与提升，显
著提升了劳动生产率、资源使用效率以及土地的产出能力。近年来，东北三
省智慧农业发展较快，智慧化水平不断提升，政策的支持不断增强，技术应
用初具规模，协同效应不断涌现。但制约东北三省智慧农业发展的因素依然
存在，智慧农业基础设施建设面临着较大的成本压力，智慧农业领域面临复
合型人才结构性短缺困境，数据传输与标准化不足。为加快东北三省智慧农
业发展，应夯实基础设施优化数字环境，建设高端智能农机装备基地，完善
人才培育体系，多措并举降低成本门槛，完善全域基础数据库建设，为全国
智慧农业发展提供示范样板。

---

* 肖国东，吉林省社会科学院城市发展研究所研究员，主要研究方向为城市经济、产业经济、数
量经济；孙溪洽，吉林财经大学统计学院硕士研究生，主要研究方向为产业经济、农业经济。

关键词： 智慧农业 创新发展 农业科技

一 东北三省智慧农业发展现状

（一）智慧化水平不断提升

辽宁省建有 5 个国家级数字农业应用基地和 65 个省级智慧农业应用基地，这些基地覆盖了种植、畜牧、水产等多个农业领域。随着农业产业数字化转型的加速，从生产到加工、销售、物流等农业产业链的各个环节，数字化程度都在不断提高。这些基地为全省农业发展提供了众多可借鉴和可推广的智慧农业模式。

在智慧农业建设领域，吉林省取得了显著的成就，成功建立了 32 个省级高标准示范基地，这些基地涵盖了农业产业链的各个主要环节，包括大田种植和园艺特产等。通过构建一个覆盖省市县乡村五级的数字农业农村云平台体系，实现了农业生产要素的全面汇聚、动态交互和智能决策。这一系列措施构建了一个"系统深度耦合、数据实时融通、场景智慧迭代"的农业数字生态，为黑土地配备了具有自主进化能力的"智慧芯片"，全面赋能现代农业的转型升级。通过深度整合农业相关数据资源，创新构建了"吉农云"智能中枢，将 23 套专业应用系统整合成一个一体化的大数据中心，形成了一个覆盖从产前、产中到产后全周期的数字化解决方案。

黑龙江省的智慧农场建设已经展现出显著的示范效应，成功高标准地建设了 30 个数字农场先行试点，并打造了 14 个省级智慧农业标杆基地。其中，融合物联网技术的智慧灌排技术体系，使得千亩稻田每年平均节约了 1.2 万元的管护成本。在智能农机的规模化应用方面，也取得了突破性的进展：北大荒集团接入省级智慧农业云平台的智能终端数量已超过 11 万台，服务范围覆盖了 4800 万亩的黑土地，实现了农机作业计划、质量监测、调度指挥的全流程智能化监管。

（二）政策支持不断加强

2023 年 12 月，辽宁省农业农村厅颁布了《辽宁省智慧农业发展三年行动计划（2023~2025 年）（试行）》，提出到 2025 年实现智慧农业建设的显著进步。计划中提出要建立一个统一的全省农业农村大数据体系，并确保各类农业数据得到有效的管理和共享。同时，农业数字经济将得到快速发展，预计省级智慧农业应用基地数量将达到 100 个。

吉林省也推出了一系列政策来促进智慧农业的发展，其中包括吉林省政府办公厅发布的《关于智慧农业发展的实施意见》，该意见详细规划了数字技术与农业产业、生产、经营和服务体系融合的进度和路径。吉林省还启动了"吉农云"平台，以推动农业生产的数字化，以及加工销售、农民生活和乡村治理的数字化转型。

2024 年中共黑龙江省委一号文件强调了大力发展智慧农业的重要性，并提出争创国家智慧农业引领区的目标。黑龙江省认识到发展智慧农业是培育农业新质生产力的关键，因此必须加快构建现代农业智慧化的大基地、大企业和大产业，确保国家粮食安全的稳固基础。

（三）技术应用初具规模

辽宁省在农业领域积极推广多项新技术，为农业生产配备了先进的智能化管理系统。辽宁省引入了包括远程监控、北斗卫星导航、无人驾驶在内的现代科技装备，显著提升了农业生产的智能化程度。目前，全省主要农作物的综合机械化率已超过 80%，北斗导航无人播种机的轨迹误差控制在 2 厘米以内，无人机植保的日作业面积可达千亩。

吉林省在农业生产中广泛运用智能化设备，如无人机、智能灌溉系统、无人驾驶农机等，这些设备的应用显著提高了农业生产效率并降低了人力成本。以公主岭市的种粮大户为例，他们采用无人驾驶农机进行智能精播，实现了厘米级的直线定位精度，定位误差不超过 2.5 厘米。吉林省还积极推进

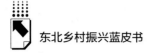

数字技术在农业生产、经营、管理和服务等环节的集成应用，通过大数据、云计算、物联网等技术的综合运用，实现了农业生产的精细化管理。例如，吉林市永吉县的农场利用地面摄像头、无人机和遥感卫星等多层立体管控体系，有效监控作物生长状况及病虫害情况。

黑龙江省的智慧农业应用涵盖了智能无人驾驶插秧机、智能灌溉系统、叶龄智能诊断等先进技术，这些技术的应用使得农业生产更加精准高效。建三江分公司通过数字农田系统、水稻生长模型和遥感技术，实现了农时、农资、农技、农机、农田、农品六大要素之间的高效协同，构建了"天、地、空"一体化监测体系。北大荒集团通过物联网、大数据和人工智能技术，构建了"1+3"智慧农业发展模式，该模式包括数字管理、数字农服和智慧农场三大核心业务场景，显著提升了农业生产的智能化水平。北大荒集团打造了全国首个超万亩的"无人化农场"，采用北斗导航农机自动驾驶技术，完成了从播种、插秧到收割的全流程自动化。

（四）协同效应不断涌现

智慧农业推动农业向全产业链延伸，如黑龙江省稻米精深加工向高端产业链迈进，辽宁省发展深远海智能养殖装备，拓展农业新场景。北大荒集团以"1个数字化底座"（涵盖数据中台、物联网感知系统等）为基础，集成"数字管理、数字农服、智慧农场"三大核心场景，实现4800万亩耕地的精准化、智能化管理。产业协同效应显著。哈尔滨工业大学联合农垦系统开发的"群智协同算法"，在玉米种植中实现无人机与地面农机协同作业，效率提升30%。2024年全省智慧农业相关产值达180亿元，带动农产品溢价率超25%。"数字农场"示范效应显著，黑龙江五常大米、吉林抚松人参等通过区块链溯源技术提升品牌价值。电商助农新业态，拼多多、抖音等平台助力东北农产品上行，2024年黑龙江省农产品网络零售额突破300亿元。

二 东北三省智慧农业发展的制约因素

（一）设施成本存在压力

东北三省在智慧农业基础设施建设方面遭遇显著的成本压力，主要体现在以下几个维度：硬件投入的强度较大，数字化基础设施的重复建设率较高，算力资源的获取难度较大以及运维成本的持续性问题较为突出。具体而言，农业物联网系统的构建需要密集部署环境监测传感器、智能灌溉设备以及自动化控制终端等硬件设施。因为缺乏统一的区域技术标准，导致设备系统兼容性不足以及网络设施的重复架设，从而造成了双重的资源损耗。在运维保障层面，设备周期性的更新维护、软件版本的迭代升级以及技术人员能力的提升等环节，均形成了持续性的人力与资金消耗压力。在算力资源获取方面，存在显著的行业壁垒，农业大数据分析、决策模型训练以及行业大模型研发亟须基础算力的支撑，但受限于农业产业投入大、周期长、见效慢的固有特性，当前国家科研投入和社会资本注入规模明显弱于工业领域。中小型农业主体普遍面临着云计算资源采购成本高企、AI 算法训练能耗巨大、技术储备薄弱等问题，致使智慧决策系统构建进程受阻。特别是在处理大规模气象数据、土壤墒情数据和遥感影像数据时，算力服务的高昂费用与农业产业的边际效益形成尖锐矛盾，成为智慧农业发展的关键瓶颈。

（二）复合型人才匮乏

在应对复合型人才结构性短缺的挑战过程中，东北三省的智慧农业领域正面临人才短缺的困境。农业与数字技术的双栖人才极为稀缺，基层农技培训体系存在系统性断层。高等院校的育人机制与产业前沿需求之间存在显著的代际差异，学科建设的迭代速度落后于技术革新的周期。特别是在涉农高校的课程体系中，农业大数据分析、智能装备运维等交叉学科的比重明显不足，实践性教学模块与企业应用场景之间存在适配性差距。尽管智慧农业政

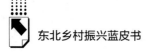

策红利已经释放，但若不能系统性地解决教育保障、医疗配套及人居环境优化等基础性问题，仅依赖人才引进激励措施，将不可避免地陷入"高端人才引进困难、本土精英流失迅速"的双重困境，导致智慧农业人才供给侧失衡，成为产业升级的长期瓶颈。推动数字经济赋能农业现代化，需要具备数字化技术和知识储备的人才。目前，农村网民在数字内容的使用上主要集中在即时通信和网络娱乐等基础应用，对数字化的理解仍然有限，更不擅长将数字技术与农业产业相结合。

（三）关键技术有待突破

智慧农业虽然拥有巨大的发展潜力，但目前仍有一些核心技术需要进一步发展。关键核心技术的缺失和技术集成度的不足是目前智慧农业面临的主要问题。传感器作为农业数据获取的重要工具，其精确度和稳定性仍需提高。智慧农业的核心技术，包括感知、决策和执行等方面的研发和集成度，目前还不够完善。农业传感器在采集指标数量、精确度、耐用性和成本方面存在诸多挑战。例如，在高温和高湿的条件下，一些土壤湿度传感器的数据误差可能高达±10%，这会对精准灌溉的决策产生负面影响。农业物联网设备品牌多样，传感器之间的协议不统一，导致跨平台数据整合困难。硬件和软件技术的成熟度和安全性问题亟须得到解决。物联网、大数据和人工智能等技术的成熟度和安全性对智慧农业的应用至关重要。同时，数据安全和隐私保护也是不容忽视的议题。随着技术的不断进步，确保数据安全和防止隐私泄露将成为智慧农业未来发展的重要课题。此外，智慧农业的教育和培训也是至关重要的部分。提高农民的技术知识和应用技能，将直接影响智慧农业技术的普及和应用效果。

（四）数据传输与标准化不足

目前尚无统一的智慧农业机械与工具间通信标准协议，使得不同品牌和型号的农业机械、工具以及车载智能软硬件之间的有效互联互通变得困难。这种情况限制了农业机械化和智能化的进一步发展，影响了农业生产的效率和质量。同时，在农业设备、应用软件、农业服务供应商之间的数据传输和共享平台方面也存在挑战。因为农业相关的设备、传感器和软件种类繁多，且通常由不同的制造商生产，导致了数据格式和协议的不统一。目前，国内尚未形成一个跨供应商的多源异构数据交换和集成解决方案，在一定程度上阻碍了农业信息化的进程，使得农业数据的整合和利用效率不高，难以满足现代农业对数据驱动决策的需求。在气象数据方面，目前存在的问题包括气象监测站的数量相对较少、站点的分布不均匀、监测设备存在老化现象以及技术更新不够及时等。诸多因素的综合作用导致了气象数据的质量与精度相对较低，限制了其在准确监测和反映地区气象变化方面的能力。在遥感数据领域，国内目前能够稳定获取的遥感数据分辨率普遍偏低，数据获取也受到一定限制，这使得在大时空范围内下载数据变得较为困难。此外，知识产权和数据安全问题较为突出，同时缺乏高质量且成本低廉的公开免费遥感数据集，这些因素共同制约了相关研究和应用的发展。

三 东北三省智慧农业发展的对策建议

（一）夯实基础设施优化数字环境

积极推进农村新型信息基础设施建设，重点布局行政村和自然村的5G基站，同时提升千兆光纤网络的覆盖品质。拓展和提升农业数字化应用，构建覆盖从育种育苗到田间管理再到采收加工的全链条数字化解决方案。深入应用北斗导航定位、高精度遥感测绘、环境智能传感等成熟技术于农业场景，全面推广水稻智能浸种催芽系统、基于AI视觉的作物长势分析平台，以及变量施肥播种机具的协同作业体系。利用天空地一体化感知网络，结合多光谱卫星影像和无人机航拍数据，建立"天眼巡田+地面验证"的精准监测机制。通过政府与企业合作的方式，完善通信基础设施配套，构建一个低延迟、广泛连接、高可靠性的通信网络体系，以支持农业物联网设备的接入和农机自动驾驶的高速数据传输，逐步缩小城乡之间的数字差距。重点推广

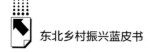

智慧植保云平台，整合病虫害预警模型与植保无人机群控系统，实现"定点侦测—智能配药—精准喷施"的全流程闭环管理，通过"北斗+智慧农业"的创新应用，推动粮食生产成本降低和效率提升，助力高标准农田的单产能力持续提高。

（二）建设高端智能农机装备基地

聚力大型大马力高端智能农机装备研发制造，通过政策引导与资金支持，吸引国内外知名农机装备企业入驻，形成产业集群效应。加强与高校、科研院所的合作，搭建产学研用平台，加速农机装备智能化技术的研发与成果转化。同时，注重本土农机企业的培育与升级，鼓励其加大研发投入，提升自主创新能力，逐步摆脱对国外核心零部件的依赖，实现农机装备的国产化替代。此外，建立健全农机装备质量标准体系，强化质量监管，确保农机产品的可靠性与耐用性，满足现代农业生产的多样化需求。聚焦大型大马力农机整机制造、关键零部件生产、农田环境识别感知等关键技术，加强高端智能装备研发。通过引进和自主研发相结合的方式，不断提升农机装备的智能化水平。同时，建立智能农机装备测试与验证平台，对新型农机装备进行全面评估，确保其在实际应用中的稳定性和可靠性。此外，加强与农业合作社、家庭农场等新型农业经营主体的合作，推广高端智能农机装备，提升农业生产效率和质量，推动现代农业的转型升级。加强智能农机装备与现代信息技术的深度融合，推动物联网、大数据、云计算等技术在农机装备上的广泛应用，提升农机的智能化水平和远程管理能力。同时，加大对新能源农机装备的研发力度，推动绿色、低碳、环保的农机装备发展，降低农业生产对环境的压力。此外，建立健全农机装备维修保养体系，提高农机装备的可靠性和使用寿命，为现代农业的可持续发展提供有力支撑。

（三）完善人才培养体系

根据发展新质生产力的需求，针对现代农业数字化转型的实际情况，打造一个从基础研究到技术攻关再到成果转化的完整人才培育链条，以促进教育、科技和人才之间的良性互动。特别重视完善人才引进、培养、留存和使用的四位一体政策体系，构建一个以创新能力和实际成效为核心的评价和激励机制，从而更有效地培育出智慧农业发展所需的高素质复合型、创新型和应用型人才。专注于农业关键核心技术的突破，培育科技创新的领导者。推行智慧农业领军人才专项计划，依托国家农业科技重大项目，通过"揭榜挂帅"和"赛马制"等创新机制，着力培养既精通生物技术又熟悉信息技术的跨界科技领军人才和创新团队。加强校企合作实验室的建设，设立智慧农业青年科学家工作站，以壮大涵盖农业传感器、农业机器人、农业大数据等领域的科技高端人才队伍。关注技术成果的转化和应用，培养智慧农业科技推广的主力。完善"专家+农技员+示范基地"的智慧农业科技特派员制度，建立线上云课堂和田间实训站的立体化培训网络。实施基层农技骨干"数字素养提升工程"，通过定向委培、在岗研修、海外访学等方法，三年内实现县域农技推广人员智慧农业技术轮训的全面覆盖，探索"订单式培养"和"定制化输送"的农技人员定向培养模式。立足生产经营主体的转型，培育智慧农业生产的新一代农民。实施"数字农匠"高技能人才素质提升工程，开发智能农机操作、农业物联网运维等职业标准，构建"理论教学+虚拟仿真+实操考核"的"三位一体"培训体系。深化高素质农民培育工程，在新型经营主体带头人的培训中增加智慧农业专题模块，持续推进乡村产业振兴带头人"头雁"项目，通过建立数字农业示范基地、开展智慧农业创业大赛，形成"培育一人、带动一片"的示范效应。同时，深化产教融合协同育人机制，优化农业院校学科专业布局，加大智慧农业专业建设力度，推动建立"产业需求牵引—高校定向培养—企业实践提升"的协同育人体系。强化资源配置保障，建立智慧农业人才发展专项资金，完善人才服务保障体系，打造国际智慧农业人才交流平台，为发展农业新质生产力提供坚实的人才支撑。

（四）多措并举降低成本门槛

降低智慧农业成本需政府、金融机构与企业多方协同发力。政府应加大

财政补贴力度，对农户购置智能农机、传感器等设备给予高额补贴，减轻农户初始投入压力。出台财政补贴政策，以大幅降低农户的设备采购成本。金融机构应创新金融产品，为智慧农业项目提供低息贷款、融资租赁等多元化服务。企业自身也应通过技术创新、优化生产流程等方式，降低智慧农业系统的制造成本与运维成本，让智慧农业真正走入寻常农户家。将社会资本融入智慧农业发展，给予智慧农业发展社会资金十分必要，可确保农业资金增加，保障科研，将更多的高科技手段运用到智慧农产品生产当中，提升农产品质量，满足人民群众对高质量、绿色农产品的需求。此外，"互联网+"背景下的智慧农业发展离不开高科技网络信息技术的实践运用，智能通信设备的引进有利于拓宽智慧农业发展信息获取渠道，利用"互联网+"下的各种技术掌握农产品生产和农作物生产实况，智慧化、高效能地管控智慧农产品生产。

（五）完善全域基础数据库建设

构建数据安全与标准化框架。制定农业数据分类与分级保护规则，对土壤检测数据、产量预测等关键信息实施加密传输及分级权限控制。推动东北三省共同发布《智慧农业数据共享技术规范》，统一传感器接口及数据格式等23项关键技术标准。成立省级农业大数据中心，于沈阳、长春、哈尔滨分别设立区域数据中心，统一数据采集与管理规范，实现三省耕地、农机、气象等信息的跨省共享。促进构建"政务云+行业云"的双平台架构，实现农业农村部门与金融、保险机构间土地确权、产量预测等核心数据共享，支持"按亩定保""按产授信"等创新服务。建设精细化气象监测网络，加强村级气象监测站建设，特别是在松嫩平原、三江平原等粮食主产区部署微型气象站，实现温度、湿度、风速等数据的分钟级采集。与气象部门合作开发"东北寒地农业气象服务平台"，集成霜冻预警、积温预测等模型，为玉米、水稻等作物提供播种期、收获期的精准建议。构建农业遥感监测体系，利用高分卫星、无人机等多源遥感数据，建立覆盖东北三省主要农作物的长势监测网络。

参考文献

［1］李娜、张馨月、张美慧：《中国智慧农业发展指数测度与分析》，《经济与管理评论》2025 年第 1 期。

［2］朱康睿、宋成校：《智慧农业发展的国际经验及启示》，《世界农业》2024 年第 3 期。

［3］刘长全：《关于智慧农业的理论思考：发展模式、潜在问题与推进策略》，《经济纵横》2023 年第 8 期。

［4］方和远、王婧楠、郭湘怡：《数字技术赋能东北地区智慧农业发展的困境与对策研究》，《农场经济管理》2024 年第 10 期。

［5］黄怡青：《新质生产力赋能东北智慧农业发展研究》，《智慧农业导刊》2024 年第 16 期。

［6］胡婷：《吉林省智慧农业发展现状及策略》，《特种经济动植物》2022 年第 12 期。

［7］李爱芹、吴光华、孙鸿：《吉林省智慧农业发展中的问题及其对策研究》，《农业技术与装备》2022 年第 2 期。

［8］王枫：《辽宁省智慧农业高质量发展路径探索——基于全国多地实地调研的经验借鉴》，《农业经济》2025 年第 2 期。

［9］王淑莹：《浅析辽宁省智慧农业发展中的问题与对策》，《农业开发与装备》2023 年第 10 期。

［10］符建华、谢珂：《黑龙江省智慧农业发展水平测度及评价分析》，《统计与咨询》2024 年第 4 期。

［11］王富文、张秋平、刘晓晴：《基于区块链技术视角下的黑龙江省智慧农业发展研究》，《对外经贸》2024 年第 7 期。

B.12
吉林省黑土地保护现状及问题研究

孙喜月*

摘 要： 全球黑土地仅占耕地面积的 7%，是稀缺的战略性农业资源，我国东北黑土区承担着全国 25% 以上的粮食生产任务。本文旨在研究吉林省黑土地保护现状及存在的问题，以推动其可持续利用。通过系统梳理黑土地资源概况、保护政策与技术实施现状，剖析现阶段黑土地保护存在政策执行碎片化、技术适配性不足、资金保障低效及农民参与度低等问题，提出完善政策法规、加强技术创新、强化资金保障和提高农民参与积极性的对策建议。研究结果对落实"藏粮于地、藏粮于技"战略，筑牢国家粮食安全屏障具有重要意义，也为其他黑土区保护提供借鉴参考。

关键词： 黑土地保护 粮食安全 吉林省

一 吉林省黑土地资源概况

吉林省作为东北黑土区核心省份，拥有黑土地 558.7 万公顷，占全省耕地面积的 87%，形成了中部松辽平原、东部低山丘陵、西部风沙平原三大地理单元，构建起了"粮食生产—生态屏障—退化治理"的复合功能体系。本节基于地理分区、土壤属性与农业经济数据，系统解析黑土地资源禀赋及其战略价值，揭示其在国家粮食安全与区域可持续发展中的核心地位。

---

* 孙喜月，长春光华学院助教，主要研究方向为金融市场投资与管理。

（一）黑土地分布特征

吉林省黑土地呈"中聚东散西过渡"的空间格局。中部松辽平原区（长春、四平、松原、辽源）集中连片分布385.2万公顷（占比69%），地处松辽平原核心，地势平坦（海拔120~200米），以黑土、黑钙土为主，黑土层厚度一般为35~50厘米（最厚80厘米），是典型的"黑土粮仓"。东部低山丘陵区（吉林、通化、白山）分布123.5万公顷（占比22%），属长白山西麓低山丘陵（海拔300~800米，坡度为5°~15°），土壤以暗棕壤（黑土型）为主，黑土层厚度为25~35厘米，兼具粮食生产与水土保持功能。西部风沙区（白城、松原西部）分布50.0万公顷（占比9%），属松嫩平原西缘风积地貌（海拔130~180米），土壤以黑钙土、风沙土为主，黑土层厚度仅为15~25厘米，是黑土地退化的敏感区域。受气候梯度影响（中部年平均气温为4.5~6.0℃，年平均降水量为550~650毫米；东部年平均气温为2.5~4.0℃，年平均降水量为600~750毫米；西部年平均气温为5.0~6.5℃，年平均降水量为350~450毫米），黑土有机质含量自东向西递减（东部4.1%→中部3.6%→西部2.1%），耕层厚度自东向西先增加后降低（东部25~35厘米→中部25~40厘米→西部15~20厘米），形成显著的地理分异规律（见表1）。

表1　吉林省黑土地空间格局

区域	范围	面积 （万公顷）	地形地貌特征	土壤类型	黑土层厚度 （厘米）
中部平原区	长春、四平、松原、辽源	385.2	地处松辽平原核心，海拔120~200米	黑土、黑钙土	35~50 （均值为32）
东部丘陵区	吉林、通化、白山	123.5	低山丘陵，海拔300~800米	暗棕壤（黑土型）	25~35 （均值为25）
西部风沙区	白城、松原西部	50.0	风积沙丘，海拔130~180米	黑钙土、风沙土	15~25 （均值为17）

资料来源：吉林省农业农村厅《黑土地保护总体规划（2021~2030年）》。

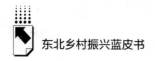

（二）土壤特性与肥力状况

吉林省黑土地土壤理化性质呈现显著的区域分异特征，其空间差异与地理环境、耕作方式及保护措施密切相关。根据2023年全省1208个耕地质量监测点数据，中部松辽平原区（长春、四平、松原、辽源）因长期实施"梨树模式"（秸秆覆盖免耕+深松深翻），土壤有机质含量达3.6%±0.5%（全省平均为2.686%），全氮2.1g/kg，速效磷32mg/kg，速效钾210mg/kg，耕层厚度为32厘米，呈现"高氮磷、中钾、疏松多孔"特征（孔隙度60%）。东部低山丘陵区（吉林、通化、白山）依托"秸秆碎混还田+有机肥"模式，土壤有机质含量达4.1%±0.6%（全省最高），全氮2.3g/kg，速效钾240mg/kg，耕层为25厘米，呈"高有机质、富钾、微酸性"（pH值为5.5~6.8）。西部风沙区（白城、松原西部）受风沙侵蚀影响，有机质仅为2.1%±0.3%，全氮1.5g/kg，速效钾170mg/kg，耕层为17厘米，表现为"低养分、偏碱性"（pH值为7.0~8.5）。

近60年的监测显示，全省黑土有机质含量下降趋势显著：中部平原区因高强度利用，有机质降幅达55%~65%，耕层厚度缩减40%~60%；东部丘陵区受水土流失影响，有机质下降36%~49%；西部风沙区因风蚀沙化，耕层厚度不足20厘米的地块占比超60%（见表2）。养分结构失衡问题突出，氮磷钾比例达1∶0.5∶0.8，钾素亏缺显著。肥力退化直接影响粮食产能：中部平原区玉米单产增速（2015~2023年年均为1.2%）低于全国平均（2.1%），每1%有机质下降导致减产5%~8%。东部丘陵区土壤侵蚀模数高达5000~8000吨/（公里^2·年），远超容许值200吨，形成"侵蚀—退化—减产"的恶性循环。

表2　吉林省黑土地相关指标

指标	中部平原区	东部丘陵区	西部风沙区
有机质（%）	3.6±0.5	4.1±0.6	2.1±0.3
全氮（g/kg）	2.1	2.3	1.5

指标	中部平原区	东部丘陵区	西部风沙区
速效磷（mg/kg）	32	28	20
速效钾（mg/kg）	210	240	170
耕层厚度（cm）	32	25	17
pH 值	6.0~7.2(中性)	5.5~6.8(微酸性)	7.0~8.5(偏碱性)

资料来源：吉林省土壤肥料总站耕地质量监测、吉林省农业农村厅黑土地保护年度报告。

（三）在农业生产中的地位：粮食安全与经济引擎

作为国家粮食安全的"压舱石"，吉林省黑土地占全国2%的耕地，贡献了全国6%的粮食产量（2023年总产量为837.3亿斤，居全国第4位），商品率超90%，调出量占全国的10%，承担着新一轮千亿斤粮食产能提升行动1/5的任务（2025~2030年新增200亿斤）。黑土地支撑全省90%以上的粮食生产，其中玉米、大豆、水稻三大作物在黑土地上的种植比例分别达92%、85%、80%，产量占全省总量的84.8%、88.1%、79.4%。2023年，黑土地粮食总产量达753.6亿斤（占全省90%），其中玉米单产1200斤/亩，水稻860斤/亩，大豆320斤/亩，形成以"黄金玉米带"为核心的高效粮食生产体系（见表3）。

表3　2023年吉林省黑土地作物种植情况

作物	种植面积（万公顷）	黑土地占比（%）	产量（亿斤）	全省占比（%）	单产（斤/亩）
玉米	405.3	92	720.5	84.8	1200
大豆	68.2	85	32.6	88.1	320
水稻	65.8	80	85.2	79.4	860
杂粮杂豆	32.5	75	12.7	72.3	260

资料来源：吉林省统计局《吉林统计年鉴（2024）》、吉林省农业农村厅黑土地保护年度报告。

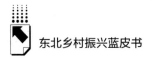

在国家粮食安全战略中，黑土地的产能优势持续凸显。中部松辽平原区通过"梨树模式"（秸秆覆盖免耕+深松深翻），耕层厚度达35厘米，有机质提升至3.8%，玉米单产达1450斤/亩（较常规耕作增产8%），梨树县年粮食总产量突破40亿斤（占全省的5%）。西部风沙区通过节水灌溉+有机肥还田，风沙土有机质提升0.3%，玉米增产12%，长岭县盐碱地改造后每公顷产粮达1.2万斤。东部丘陵区依托"秸秆碎混还田+有机肥"模式，实现了粮食生产与水土保持的协同发展，水稻旱种技术创下单产千斤纪录。

经济层面，黑土地农业产值占全省农业总产值的83%，带动食品加工、农机制造等关联产业年产值超2000亿元。全省建成709家省级以上农业产业化重点龙头企业，形成生猪、肉牛肉羊千亿级产业集群，以及人参、梅花鹿等特色产业集群（梅花鹿存栏量占全国的70%，人参产量居全国第1位）。黑土地的生态服务价值同样显著：年固碳量达1.2~1.5吨/公顷，减少水土流失经济损失超200亿元，成为生态系统的"稳定器"。

二 吉林省黑土地保护现状

（一）保护政策与法规体系

吉林省已建立起由国家法律、省级条例和地方细则构成的三级政策体系。2022年《中华人民共和国黑土地保护法》确立国家战略后，吉林省率先出台地方性条例，配套实施《吉林省黑土地保护总体规划（2021~2025年）》并创新田长制、生态补偿等制度。政策执行方面全省划定558.7万公顷黑土地保护红线，建立1208个监测点，但基层存在资金使用碎片化、考核形式化和补偿标准滞后等问题。2023年省级财政投入18.6亿元，同比增长23%，但整合资金仅占41%，部分市县保护性耕作达标率不足65%，生态补偿标准（15元/亩）低于农户保护成本（25~30元/亩）。梨树县"秸秆银行"模式因收储成本高导致覆盖率仅为68%，反映出政策设计与实际需求的脱节。

（二）保护技术与措施实施

吉林省形成了以保护性耕作（免耕、深松）为核心，集成秸秆还田、有机肥施用、节水灌溉等技术的体系。2024 年保护性耕作面积达 3800 万亩，耕层增厚 3~5 厘米，有机质年增 0.1%，但存在机具价格高、作业效率低等推广障碍。不同区域技术适配性差异显著：西部风沙区免耕导致地温降低影响出苗率，东部丘陵区有机肥资源分布不均，中部平原区土壤酸化问题凸显。全省农机合作社中仅 37% 的具备技术服务能力，技术指导覆盖率不足 50%，制约了技术落地的效果。

（三）保护项目与资金投入

2021~2023 年累计投入 112.6 亿元实施黑土地保护工程、保护性耕作补贴和有机肥替代化肥三大项目。黑土地保护工程投入 58.3 亿元用于侵蚀沟治理和高标准农田建设，达标率为 85% 但后期维护缺失；保护性耕作补贴 32.1 亿元存在 18% 的面积偏差率；有机肥替代项目投入 22.2 亿元，但实际利用率仅为 62%。资金管理存在部门分割、监管缺位等问题，2023 年审计发现 12 个县挪用资金 2.3 亿元，长春市高标准农田建成后耕层厚度出现回落现象，反映出资金使用效率亟待提升。

（四）保护成效评估

构建的包含土壤质量、粮食产能、生态效益的三维评价体系显示，2018~2023 年全省黑土地有机质从 2.15% 提升至 2.69%，耕层厚度从 18.5 厘米增至 20.3 厘米，粮食总产量增长 12.4%，达 837.3 亿斤，水土流失量减少 20%。区域差异表现为中部保护性耕作覆盖率为 75% 但土壤酸化加剧，东部侵蚀沟治理率为 68% 但钾素亏缺，西部节水灌溉覆盖率为 45% 但沙化扩展。成效背后存在政策依赖强、技术适配弱、经济激励不足等隐忧，需通过实施精准政策、本土技术和市场化参与等途径实现可持续保护。

三 吉林省黑土地保护存在的问题及原因分析

（一）吉林省黑土地保护存在的问题

1. 政策落实层面：制度执行碎片化与考核形式化

尽管吉林省已构建较为完善的黑土地保护政策体系，但在执行过程中存在明显的层级差异。2023 年，省级财政投入黑土地保护资金达 18.6 亿元，然而市县配套资金到位率仅为 62%。政策执行呈现部门分割特征，农业农村部门主导技术推广，资金占比 52%；水利部门负责水土流失治理，占比 15%；自然资源部门推进高标准农田建设，占比 28%，项目重复率高达 31%。例如，松原市 2023 年同时实施保护性耕作补贴与深松整地项目，导致部分农户虚报作业面积，实际达标率不足 65%。此外，考核机制流于形式，市县政府绩效考核中黑土地保护指标权重仅占 6%，存在数字造假现象。

2. 技术推广层面：区域适配性不足与服务体系薄弱

技术研发与区域需求脱节，西部风沙区推广梨树模式导致春季地温降低 2~3℃，玉米出苗率下降 10%；东部丘陵区缺乏固土保肥技术，水土流失面积占全省的 71.97%，侵蚀模数达 5000~8000 吨/（公里^2·年）。全省农机合作社中仅 37% 的具备技术服务能力，技术指导覆盖率不足 50%。长春市某合作社因缺乏专业技术人员盲目深松，导致耕层破坏、土壤容重增加 0.2 克/平方厘米。技术推广还存在重硬件轻软件现象，2023 年新增免耕播种机 8000 台，但配套培训仅覆盖 23% 的农户。公主岭市某家庭农场因操作不当，秸秆覆盖不足导致土壤风蚀加剧，2024 年春季沙尘暴天数增加 5 天。

3. 资金保障层面：投入不足与使用低效并存

2023 年吉林省黑土地保护投入占农业总支出的 8.3%，低于黑龙江省（12.1%）和辽宁省（9.5%）。资金使用效率低下，2021~2023 年审计发现 12 个县挪用资金 2.3 亿元，松原市某县将资金用于城市绿化。长春市投入

15亿元建设高标准农田，耕层厚度当年提升2厘米，但因缺乏养护次年回落1厘米。社会资本参与度低，有机肥项目中社会资本仅占30%且集中于中部平原区，西部风沙区因投资回报率低（年收益率为2%），社会资本占比不足10%。

4.农民参与层面：短期利益驱动与长期意识缺失

农户存在显著的知—行偏差，82%的农户认可保护重要性但仅37%的农户采用保护性耕作。利益补偿机制不完善，农民年均多支出120元/亩，政府补贴仅覆盖40%的成本。长岭县某农户因秸秆还田减产5%，虽获补贴15元/亩但损失达80元/亩。新型经营主体带动作用有限，全省家庭农场中仅29%的采用保护技术，合作社示范覆盖率不足40%。榆树市某种植大户连续5年超量施肥，导致土壤有机质从3.2%降至2.5%。

（二）原因分析

1.政策执行监督：激励约束机制失衡

政策设计存在重奖轻罚倾向，省级财政补贴占比达85%，而违规处罚仅占0.3%。市县政府存在重申报轻实施现象，2023年项目验收通过率为98.7%，但实地核查发现13%的未达标。监督手段落后，全省仅32%的市县应用遥感监测，导致数字耕层、纸上还田等造假行为频发。

2.技术适应性：研发推广链条断裂

技术研发存在实验室—田间断层，全省农业科研投入中黑土地保护技术占比不足15%，且80%的集中于中部平原区。西部风沙区耐旱品种研发滞后，现有品种需水量较常规高18%。推广体系线断网破，乡镇农技站专业人员占比不足50%，70%的人员年龄超过50岁。

3.资金管理机制：部门博弈与监管缺位

财政资金分配分散，2023年单个项目平均资金仅为210万元。部门间权责不清，农业农村、自然资源、水利部门存在管理真空。资金监管依赖行政手段，2023年违规资金中86%的通过虚报面积、重复申报套取。

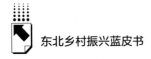

4. 农民认知与利益驱动：外部性内在化不足

黑土地保护的生态价值未显化，碳汇交易、生态补偿等市场化机制尚未建立。农民长期收益预期低，73%的认为保护投入5年后才能见效。土地流转期限短（平均为3.2年），导致掠夺式经营。例如，梨树县秸秆银行因未建立碳汇交易机制，2023年亏损1200万元。长岭县某合作社因土地租期仅为2年，放弃有机肥设备投资转而使用廉价化肥。

四　吉林省黑土地保护的对策建议

吉林省黑土地在国家粮食安全战略中占据关键地位，但当前其保护工作面临政策执行不力、技术适配不当、资金管理不严及农民参与不足等多方面的困境。为有效解决这些问题，推动黑土地保护工作迈向新高度，实现黑土地资源的可持续利用，本节从政策法规、技术创新、资金保障和农民参与四个关键维度提出针对性建议。

（一）完善政策法规体系

优化政策法规内容是完善政策法规体系的基础。吉林省应依据不同区域黑土地的特点，进一步细化黑土地保护标准与技术规范。例如，针对中部平原区土壤肥沃、粮食生产集中的特点，着重制定提升土壤肥力、防止土壤退化的具体标准；东部丘陵区水土流失问题较为突出，应强化水土保持技术规范；西部风沙区则需围绕防风固沙、改良土壤质地制定细则。通过明确不同区域的保护目标与措施，使政策法规更具针对性和可操作性。

加强执行监督是确保政策法规有效实施的关键。借助卫星遥感、地理信息系统（GIS）等先进技术，构建省、市、县三级全方位监测体系，对黑土地保护工作进行动态跟踪。成立专门监督小组，按照严格的检查标准和流程，定期对各地黑土地保护情况进行实地检查。针对以往部分地区存在的保护性耕作面积虚报等问题，利用卫星遥感影像与实际耕作情况进行比对核查，保证数据真实准确，切实保障政策执行不走样。

建立科学合理的考核奖惩机制是推动政策落实的重要手段。将黑土地保护成效纳入政府绩效考核体系，并大幅提高考核指标权重至 20% 以上，以凸显其重要性。对于保护成效突出的地区和部门，给予表彰和奖励，设立专项奖励资金，奖励金额根据保护成果的质量和数量进行评定；对未完成保护任务的地区和部门，严格问责，采取减少资金支持、通报批评等措施。同时，搭建公众举报平台，鼓励群众积极监督破坏黑土地的行为，对查证属实的举报给予举报人一定奖励，充分调动社会力量参与监督。

（二）加强技术创新与推广

加大科研投入是推动黑土地保护技术发展的核心动力。设立黑土地保护专项科研基金，每年投入不少于 5 亿元，为科研工作提供坚实的资金保障。积极鼓励科研机构与高校开展联合研究，整合各方优势资源。如吉林省农业科学院与吉林大学合作，针对黑土地退化过程中的关键科学问题和技术难题开展联合攻关，共同探索创新保护技术。

培育本土适宜技术是提升黑土地保护效果的关键。深入分析吉林省不同区域的土壤、气候和种植特点，因地制宜研发针对性的保护技术。在西部风沙区，重点研发耐旱作物品种、防风固沙种植模式以及风沙土改良技术；东部丘陵区着力研究植被固土、生态修复和保肥增效技术；中部平原区则对"梨树模式"进行持续优化升级，提高土壤有机质含量，增强土壤保水保肥能力，提升耕地质量。

构建多元化推广体系是加速技术应用的有效途径。加强政府、科研机构、企业和农民合作社之间的协同合作。政府通过组织大规模的培训班、举办现场示范活动等方式，向农民普及黑土地保护技术；科研机构组建专业技术服务团队，深入田间地头为农民提供一对一的技术指导；企业加大对适合黑土地保护的农业机械和农资产品的研发与生产投入力度，并提供配套的技术服务；农民合作社发挥组织协调作用，组织农民学习和应用新技术，以点带面，促进技术的广泛应用。梨树县依托"梨树模式"示范基地，定期组织周边农民进行现场观摩学习，有力推动了该技术在当地的推广应用。

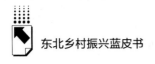

（三）强化资金保障与管理

拓宽资金筹集渠道是解决黑土地保护资金短缺问题的重要举措。一方面，加大政府财政投入力度，确保省级财政每年对黑土地保护的投入增长不低于15%，保障黑土地保护工作的基础资金需求。另一方面，积极吸引社会资本参与，通过设立产业投资基金、开展PPP项目等方式，引导企业和社会组织投资黑土地保护项目。在有机肥生产和推广项目中，引入社会资本建设现代化有机肥厂，提高有机肥的生产效率和供应能力，满足黑土地改良的需求。

优化资金分配结构是提高资金使用效益的关键环节。根据不同区域的保护需求和重点，合理分配资金。加大对西部风沙区和东部丘陵区等保护任务艰巨地区的资金投入，集中力量改善这些地区的黑土地质量。减少资金在部门之间的交叉和重复分配，通过建立统一的资金管理平台，对资金流向进行统筹规划和管理，提高资金使用效率。

加强资金监管是确保资金安全、合理使用的必要保障。建立健全资金监管机制，引入第三方审计机构对黑土地保护资金的使用情况进行全面审计。制定严格的资金使用审批流程，对每一笔资金的使用进行严格审核和监督，防止资金挪用和浪费。一旦发现违规使用资金的行为，依法依规严肃追究相关人员的责任。如对审计中发现的挪用黑土地保护资金用于城市绿化的行为，应及时追回资金，并对相关责任人进行严肃处理。

（四）提高农民参与积极性

加强宣传教育是增强农民保护意识的重要手段。充分利用电视、广播、报纸、网络等多种媒体平台，广泛宣传黑土地保护的重要性、相关政策法规以及实用技术知识。组织开展形式多样的黑土地保护知识下乡活动，举办专题讲座、发放宣传资料、播放科普视频等，多渠道、全方位提高农民对黑土地保护的认知水平。制作生动形象的黑土地保护科普视频，在农村地区的电视台、网络平台以及村庄宣传栏进行广泛播放，增强农民对黑土地保护的认同感和责任感。

完善利益补偿机制是调动农民积极性的关键因素。提高生态补偿标准，使其与农户保护黑土地的成本相匹配甚至略高于成本，将生态补偿标准提高到 30~40 元/亩，切实减轻农民的经济负担。设立专项补贴资金，根据农民实际种植面积和采用的保护技术给予相应补贴，对采用保护性耕作、秸秆还田等技术的农民进行精准补贴，提高农民采用保护技术的积极性。

培育新型经营主体是推动黑土地保护规模化、专业化发展的重要途径。加大对家庭农场、农民合作社等新型经营主体的扶持力度，通过税收优惠、贷款贴息、项目支持等政策措施，鼓励他们采用先进的黑土地保护技术，发挥示范引领作用。对采用"梨树模式"且效果显著的家庭农场，给予税收减免和贷款优惠，引导更多农民积极参与黑土地保护工作，形成良好的示范效应，带动周边农户共同参与黑土地保护。

五　总结

本文深入分析了吉林省黑土地保护的现状，揭示了在政策执行、技术推广、资金保障和农民参与等方面存在的问题，并提出了有针对性的对策建议。研究发现，优化政策法规、加大技术创新投入、拓宽资金渠道和完善利益补偿机制是提升黑土地保护成效的关键。然而，当前研究仍存在不足，如对黑土地生态系统服务价值核算和多维度评估体系的研究不够完善，难以全面衡量保护成果。未来研究应进一步深化区域特性研究，研发适配不同区域的技术，完善评估体系，同时探索长效激励机制，激发农户参与热情，推动黑土地保护工作迈向新高度。

参考文献

[1] 徐志强：《辽宁省黑土地保护利用现状及对策》，《农业科技与装备》2020 年第

1 期。

[2] 王萍：《辽宁黑土地保护与利用研究》，《农业科技与装备》2023 年第 2 期。

[3] 敖曼、张旭东、关义新：《东北黑土保护性耕作技术的研究与实践》，《中国科学院院刊》2021 年第 10 期。

[4] 窦森：《吉林省黑土地保护与高值化利用工程》，《吉林农业大学学报》2020 年第 5 期。

[5] 马金霞、张娜、赵志媛：《赤峰市黑土地保护性耕作现状及问题研究》，《现代农业》2022 年第 6 期。

[6] 崔佳慧：《吉林省黑土地保护利用工作现状及发展对策》，《现代农业科技》2021 年第 14 期。

[7] 韩颖、王峰、韩文锋等：《现代耕作技术在黑土地保护长效机制中的集成应用浅析》，《农场经济管理》2022 年第 1 期。

[8] 张曦、郭永旺、黄冲等：《吉林省植保体系建设现状及存在问题与建议》，《中国植保导刊》2020 年第 1 期。

[9] 肖宇胜、关卫东、霍刚等：《探析吉林省黑土地保护及分区施策技术模式的构想》，《农业与技术》2023 年第 18 期。

[10] 郭京梅、付保荣、赵磊等：《基于文献计量分析的黑土研究热点与发展趋势》，《环境保护与循环经济》2022 年第 12 期。

[11] 吴慧杰：《吉林省保护地黄瓜育种的研究现状及展望》，《吉林农业科学》2003 年第 2 期。

[12] 王超、涂志强、郑铁志：《吉林省保护性耕作技术推广应用研究》，《中国农机化学报》2019 年第 10 期。

[13] 周文涛、刘琪、黄元仿：《深化黑土耕地质量认知 加强耕地质量评价监测》，《中国农业综合开发》2022 年第 11 期。

[14] 王超、王守臣：《黑土地保护法治化研究——以吉林省黑土地保护实践为例》，《农业经济问题》2018 年第 10 期。

[15] 韩晓增、邹文秀、杨帆：《东北黑土保护利用取得的主要成绩、面临挑战与对策建议》，《中国科学院院刊》2021 年第 10 期。

[16] 周丹娟、荀文会、李洪涛等：《基于典型区调研的辽宁省黑土区耕地保护策略研究》，《辽宁自然资源》2023 年第 11 期。

[17] 《吉林省商品粮基地土壤资源可持续利用重点实验室》，《吉林农业大学学报》2024 年第 5 期。

[18] 《吉林省黑土地保护与利用工程研究中心》，《吉林农业大学学报》2024 年第 5 期。

[19] 杨洋：《吉林省黑土地保护现状及质量提升对策》，《现代农业科技》2023 年第 4 期。

[20] 中国科学院沈阳应用生态研究所：《沈阳黑土地保护性耕作的现状及建议》，《中国农村科技》2021 年第 4 期。

[21] 刘季幸：《全国人民代表大会宪法和法律委员会关于〈中华人民共和国黑土地保护法（草案）〉修改情况的汇报——2022 年 4 月 18 日在第十三届全国人民代表大会常务委员会第三十四次会议上》，《中华人民共和国全国人民代表大会常务委员会公报》2022 年第 4 期。

[22] 费红梅、孙铭韩、王立：《农户黑土地保护性耕作行为决策：价值感知抑或政策驱动?》，《自然资源学报》2022 年第 9 期。

[23] 李冰、边德军、曲红等：《吉林省农村饮水安全工程运行管理现状及对策研究》，《中国农村水利水电》2011 年第 9 期。

[24] 杨春晖、洪树民、郭俊彩：《吉林省非物质文化遗产产业化现状及发展对策研究》，《魅力中国》2011 年第 12 期。

[25] 沈东明、金雪：《吉林省财政支持黑土地保护现状及面临挑战》，《当代农村财经》2023 年第 4 期。

[26] 郑皓洋、李婷婷、黄颖利：《中国黑土区耕地利用效益评价及问题诊断——基于粮食安全与黑土保护双重背景》，《中国农业大学学报》2023 年第 11 期。

[27] 冯凯、安冬、任清丹等：《吉林省畜禽种业现状及发展对策研究》，《中国畜禽种业》2024 年第 7 期。

[28] 舒心、唐冰开：《吉林省环境治理现状及对策研究》，《农业灾害研究》2024 年第 11 期。

[29] 花雨亭、许紫良、程利：《吉林省保护性耕作技术与应用现状》，《农业工程》2021 年第 11 期。

[30] 谷颐、韩冰、胡雪：《吉林省花卉旅游的现状及开发对策研究》，《绿色科技》2015 年第 11 期。

[31] 韩秀丽、张慧来：《黑土地保护利用存在问题及保护策略》，《吉林蔬菜》2024 年第 1 期。

[32] 尤诗雨、郎宇、王桂霞：《农户黑土地保护性耕作技术采纳意愿及影响因素分析——以"梨树模式"为例》，《中国农机化学报》2024 年第 6 期。

[33] 杜奕璇、赵哲：《基于 CiteSpace 分析的中国黑土地保护利用研究热点与趋势》，《湖南师范大学自然科学学报》2024 年第 5 期。

[34] 姜冰、康祐梅、李全峰等：《黑土地保护视角下黑龙江省畜禽养殖环境效应分析》，《农业资源与环境学报》2024 年第 3 期。

[35] 李政宏、吕晓、徐畅等：《东北地区黑土地保护利用与乡村振兴的融合机理及互馈理路研究——基于典型村庄的过程追踪调查》，《自然资源学报》2024 年第 5 期。

[36] Wang Tianyi, Liu Linghui, Huang Shanlin, "Study on the Influence of Policy

Guidance and Market – Driven Factors on Farmers' Behavior Regarding Black Soil Protection," *LAND*, 2024, 13（07）.

［37］ Gong Keyang, Yang Fei, Long Hao, et al., "Vertical Variations of Thermal Stability of Soil Organic Matter in Black Soils under Different Pedogenetic Modes," *Acta Pedologica Sinica*, 2024, 61（03）.

［38］ Wei Suhao, Wei Guangcheng, "The Impact of Agricultural Machinery Services on Farmers' Black Soil Protection Behavior and Mechanism: Evidence from Farmers in Typical Black Soil Areas of Jilin Province," *Resources Science*, 2024, 46（07）.

［39］ 徐珂怡、易小燕、张泽蔚：《东北黑土地保护利用"北安模式"及推广建议》，《北方园艺》2024 年第 19 期。

［40］ 魏素豪、魏广成：《农机作业服务对农户黑土地保护行为的影响及机制——来自吉林省典型黑土区农户的证据》，《资源科学》2024 年第 7 期。

［41］ 张梅、张涵野：《黑土地保护政策工具对农业绿色全要素生产率影响及其空间差异》，《经济地理》2024 年第 7 期。

［42］ Guo Junhui, Liu Feng, Xu Shengxiang, et al., "Comparison of Digital Mapping Methods for the Thickness of Black Soil Layer of Cultivated Land in Typical Black Soil Area of Songnen Plain," *Journal of Geo – Information Science*, 2024, 26（06）.

［43］ 许春艳、王洪丽、梁建等：《规模经营主体黑土地保护模式形成机理及组态条件分析——基于 321 户玉米种植户的调查数据》，《玉米科学》2024 年第 2 期。

［44］ Gao Yanchen, Yang Jiahui, Chen Xiaoyu, et al., "Using Advanced InSAR Techniques and Machine Learning in Google Earth Engine（GEE）to Monitor Regional Black Soil Erosion – A Case Study of Yanshou County, Heilongjiang Province, Northeastern China," *Remote Sensing*, 2024, 16（20）.

［45］ Yu Yue, Zhao Lijun, Zhang Wei, et al., "Spatio–temporal Characteristic of Soil Loss on Cropland Slopes in Different Cultivation Periods of the Black Soil Region in Northeast China," *Journal of Nanjing Forestry University*（Natural Sciences Edition）, 2023, 47（06）.

［46］ 张帆、韩鹏、贝金娣：《黑土地保护政策的变迁历程与演进特征》，《中国农业大学学报》2025 年第 1 期。

［47］ 于佳、王瑞浩、顾莉丽：《黑龙江省玉米种植户黑土地保护利用技术采纳行为的影响因素研究》，《玉米科学》2024 年第 9 期。

B.13
吉林省边境地区休闲农业
与旅游产业融合发展研究

张佳妮*

摘　要： 本文聚焦吉林省边境地区休闲农业与旅游产业的融合现状、模式及发展路径，研究发现边境地区休闲农业发展迅速，形成了多样化模式，但存在基础设施薄弱、品牌建设不足、创新性欠缺和人才短缺等问题。旅游产业依托丰富的自然与文化资源逐步完善，但面临产品同质化、跨境合作不深和生态保护与开发矛盾等挑战。为进一步促进融合，本文从政府、企业和社会三个层面提出对策建议，包括从政府层面加强政策扶持与法规完善，提升基础设施与公共服务水平；企业层面注重产品创新与品牌建设，加强市场推广；社会层面重视人才引进与培养，发挥行业协会作用，推动地方文化传承与发展。通过多方合力，助力吉林省边境地区经济可持续发展与乡村振兴。

关键词： 吉林省边境地区　休闲农业　旅游产业融合发展　乡村振兴

　　吉林省位于中国东北地区，边境地区主要是指与朝鲜、俄罗斯接壤的地带，边境线总长约 1438 公里，其中东部边境与朝鲜接壤，主要为图们江流域及长白山区域，主要口岸有图们、珲春、集安等；北部边境与俄罗斯接壤，位于珲春市与俄罗斯的哈桑区交界处，主要口岸为珲春口岸。吉林省边境地区是多民族聚居区，以汉族、朝鲜族为主，满族、回族、蒙古族等少数民族分布较多。延边朝鲜族自治州是中国唯一的朝鲜族自治州，朝鲜族人口

---

* 张佳妮，长春光华学院电影学院副教授，主要研究方向为影视教育理论与影视农旅文化传播。

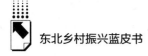

占延边州总人口的 30% 以上，其语言、饮食和文化特色显著。边境地区经济以农业、林业、矿业和边境贸易为主，近年来逐步发展休闲农业与旅游业。休闲农业与旅游产业融合发展，能够通过提升农业附加值、丰富乡村经济形态、推动绿色生态旅游等手段，为吉林省边境地区的振兴注入新的动力。本文综合分析了吉林省边境地区休闲农业与旅游产业融合发展的必要性，并结合乡村振兴战略，探讨了具体的政策性文件和实际实施案例，以期为吉林省边境地区的休闲农业与旅游产业融合发展提供参考和建议。

一 吉林省边境地区休闲农业与旅游产业发展及融合现状

（一）吉林省边境地区休闲农业与旅游产业发展现状

吉林省边境地区凭借独特的地理区位、丰富的自然资源和多民族文化，休闲农业与旅游产业呈现出融合发展、多元并进的特点。边境地区与朝鲜、俄罗斯接壤，形成独特的跨境区位优势，为边境农业与旅游合作提供了广阔空间。长白山及图们江流域生态环境优美，拥有稻田观光、森林康养、人参采摘等特色资源，吸引了大量游客。而朝鲜族、满族等少数民族文化赋予当地浓郁的民俗特色，促进了农耕文化与旅游体验的结合。在上述优势的积累下，延边朝鲜族自治州、白山市和通化市成为主要发展区域。边境地区依托长白山、图们江和中朝俄跨境区位，形成了"农业+观光旅游""农业+民俗文化""农业+康养度假"等多种融合模式。在延边州，和龙金达莱村通过朝鲜族民俗体验与生态农业相结合，吸引了大量的游客；珲春防川村依托三国交界优势，发展稻田观光与跨境旅游；白山市长白山蓝莓庄园将蓝莓采摘与生态休闲相结合，形成农旅互动。此外，图们江稻田文化节、长白山人参文化节等节庆活动有效带动了农旅消费。虽然休闲农业与旅游业发展势头良好，但仍面临基础设施薄弱、产业链不完善、服务水平参差不齐等问题。未来需通过完善基础设施、延伸产业链条、加强品牌推广与跨境合作，进一步推动边境地区休闲农业与旅游产业高质量发展。

（二）吉林省边境地区休闲农业与旅游产业融合发展现状

吉林省边境地区作为东北亚地理枢纽，依托独特的边境区位、生态资源与民族文化优势，近年来通过"农业+"模式创新，探索出休闲农业与旅游产业深度融合的特色发展路径。

1.边境生态资源赋能：农业与生态旅游的共生发展

吉林省边境地区坐拥长白山余脉、图们江流域及松花江上游等生态屏障，森林覆盖率超过60%，形成了"山水田林湖"立体景观系统。该地区可以通过生态资本化策略，将农业生产场景与自然景观深度融合。例如，珲春市敬信湿地周边农场推出"稻田观鸟+生态研学"项目，利用全球候鸟迁徙通道的独特性，每年吸引超5万人次生态旅游爱好者，带动周边农户年均增收1.2万元。此类模式既保护了生物多样性，又实现了农业资源的多维增值。

2.跨境文化交融：民族农事体验驱动文旅创新

延边朝鲜族自治州凭借"中俄朝三国交界+朝鲜族文化"双重特色，打造农文旅融合 IP。以和龙市金达莱民俗村为例，通过复原传统朝鲜族农耕场景，开发泡菜制作、农乐舞教学、辣白菜主题民宿等体验项目，形成"春种秋收节""农具文化展"等年度品牌活动。2024年该村接待游客23万人次，文旅收入占村集体经济收入的比重达65%，成为跨境民族文化活态传承的典范。[①]

3.边境区位红利：农业度假区的复合业态探索

松花江流域利用"界江+温泉+黑土地"组合资源，构建农康旅综合体。抚松县露水河镇通过"林下参种植+森林温泉+冰雪度假"三次产业联动，建成东北首个农业主题度假区。游客可参与人参采挖、林蛙养殖等特色农事，同时享受温泉疗养、冰雪运动等高端服务。该项目使当地农产品溢价率达40%，并带动周边7个村屯实现全域旅游化改造。

---

① 延边州文旅局：《延边地区跨境农旅合作项目评估报告》，2024年3月14日。

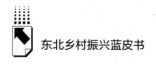

二 吉林省边境地区休闲农业与旅游产业融合存在的问题

吉林省边境地区依托独特的区位、生态与文化资源，近年来积极探索农旅融合模式，但在实践过程中仍面临多重制约，本文从基础设施、资源开发、产业链协同及人才供给四个方面剖析现存的问题。

（一）跨境区位劣势下的基础设施瓶颈

吉林省边境地区的休闲农业与旅游产业融合，面临的基础设施不完善问题尤为突出。边境地区通常地理位置偏远，交通设施发展较为滞后。尤其是吉林省的边境地区与内地及国际市场的联系相对薄弱，交通运输不畅导致游客难以到达，从而影响了旅游业的发展。不便的交通条件使得游客在选择目的地时，倾向于选择更便捷的地方旅游，从而使边境地区的休闲农业和旅游产业的吸引力下降。同时，边境地区的住宿设施建设相对落后，特别是农家乐、民宿等符合休闲农业和旅游融合要求的设施类型较少。以珲春市为例，尽管毗邻俄罗斯与朝鲜，但 2022 年统计显示，其公路网密度仅为全省平均水平的 67%，直达长白山景区的旅游专线班次不足每日 3 趟。此外，住宿设施结构性矛盾突出，高端民宿占比不足 10%，如延边州图们江流域的朝鲜族村落中，仅有 15% 的民宿配备独立卫浴和网络服务，远低于全国乡村旅游标准。[①] 基础设施短板直接导致游客平均停留时长仅为 1.2 天，低于省内其他景区 30%，影响了游客的住宿体验。

（二）民族文化与生态资源的低效转化

吉林省边境地区的休闲农业与旅游产业融合面临资源开发不足的问题，制约了区域经济的快速发展。边境地区虽拥有朝鲜族农耕文化、长白山生态走廊等独特资源，但开发深度不足。以和龙市为例，其朝鲜族传统农具博物

---

① 吉林省交通厅：《2023 年吉林省边境公路建设规划》，2023 年 12 月 5 日。

馆年参观量仅 1.5 万人次，而同期韩国同类文化体验项目年均吸引游客超 10 万人次。在生态资源利用方面，长白山南麓的野生蓝莓种植基地年产量达 2000 吨，但通过旅游渠道销售的加工产品（如果酱、饮品）占比不足 5%，多数仍以原料形式低价外销。此类现象折射出资源价值挖掘与市场转化能力的双重缺失。要有效解决这一问题，需要通过整合自然资源、挖掘文化资源、创新农旅结合产品以及加强政策和资金支持，推动资源的深度开发和有效利用。这不仅能提升边境地区的旅游吸引力，还能促进农业经济的转型升级，实现农旅融合的可持续发展。

（三）农旅产业链的断点与协同不足

吉林省边境地区休闲农业与旅游产业融合中的产业链条不完善问题，是制约该地区产业发展的一个重要因素。休闲农业与旅游产业的深度融合不仅需要良好的资源基础，还需要形成完善的产业链条，包括上游的农业生产、下游的旅游产品开发、服务体系的建设以及市场营销等多个环节，但产业链条断裂问题在跨境农旅融合中尤为明显。例如，抚松县的人参产业年产值超 20 亿元，但游客在参田体验后仅能通过零星零售点购买初级产品，缺乏深加工体验工坊和品牌化旅游商品。2023 年的调查显示，当地游客二次消费占比不足 15%，远低于江浙地区同类项目的 35%。此外，松花江流域的渔业资源与温泉度假项目尚未形成联动，导致"渔旅+康养"的复合业态仍停留在规划阶段，错失了与农业产业链的连接机会。

（四）专业化人才匮乏制约创新动能

吉林省边境地区休闲农业与旅游产业融合中的人才短缺问题，是制约该地区农业与旅游产业协同发展的关键因素之一。农业与旅游产业的融合，不仅仅是资源的整合，更需要高素质的人才来推动其可持续发展。据 2023 年延边州人社局统计，休闲农业从业者中仅 8% 的接受过系统培训，乡村旅游经营者大专以上学历占比不足 5%。以珲春市敬信镇为例，其生态研学项目缺乏专业讲解员，导致游客满意度低于 70%。高端人才流失亦成隐忧，延

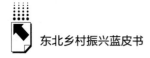

边大学近三年农业经济管理专业毕业生中，仅 12% 的选择留乡就业，进一步削弱了其产业创新潜力。边境地区的旅游产业虽然具备一定的自然和文化资源，但由于旅游从业人员普遍缺乏系统的专业培训，服务质量较低，缺乏创新的旅游项目和深度旅游开发的能力。此外，当地的旅游市场营销、品牌建设、导游等方面的人才也严重不足。

三　促进吉林省边境地区休闲农业与旅游产业融合发展的对策建议

本节聚焦"跨境、民族、生态"三大核心优势，提出系统性发展对策，旨在为吉林省边境地区产业振兴提供可复制的模式，研究不仅有助于提升边境地区农旅融合的经济效益，更对促进民族团结、生态保护具有重要价值。

（一）跨境区位优势激活与基础设施提档

吉林省边境地区需以"跨境联动为引擎、智慧基建为骨架、特色服务为血肉"，系统性激活区位优势并提升基础设施能级。通过交通网络的立体化延伸、数字技术的深度赋能及跨境政策的创新突破，可有效打通农旅融合的"最后一公里"，将边境地带转化为东北亚区域合作的高地，为边疆振兴与国际化发展提供示范样板。

1. 跨境区位优势的多维激活策略

重点推进珲春—俄罗斯克拉斯基诺公路扩建、图们—朝鲜南阳铁路复线工程，2025 年底实现"珲春—符拉迪沃斯托克（海参崴）"跨国旅游专列常态化运行，预计跨境货运量提升 40%，游客通关时间缩短至 30 分钟以内。在珲春边境经济合作区设立"中俄朝跨境旅游自贸区"，实施"一证游三国"签证便利化政策，允许游客凭单一电子签证在三国指定区域内自由流动。联合俄罗斯哈桑区、朝鲜罗先市，共同规划图们江、松花江流域的"生态渔业+边境观光"项目，推出"跨国垂钓大赛""界江星空露营"等体验活动。① 建立中俄朝农产品联合加工中心，利用珲春口岸的保税政策，将人参、冷水鱼等特色农产品加工成预制菜、冻干食品，通过跨境电商平台直供东北亚市场。

2. 交通基础设施的智慧化提档升级

重点提升边境县市与核心景区的连接性，2025 年底力争新建及改造公路 800 公里，将边境公路网密度从目前的 0.63 公里/公里² 提升至 0.85 公里/公里²（达到全省平均水平）。同时，加密延吉朝阳川机场至首尔、符拉迪沃斯托克（海参崴）的国际航线，增设"农旅包机"服务；在珲春口岸建设智能化边检通道，引入人脸识别与无感通关技术，提升通关效率。通过集成跨境交通预订、实时路况监测、多语种导航等功能，可让游客通过 App 一键预约中俄朝跨境巴士、景区接驳专线。在松花江流域布局智能冷链枢纽，采用物联网技术监控农产品运输温湿度，确保蓝莓、松茸等鲜货 24 小时内直达长春、沈阳等消费市场，降低鲜活商品的损耗率。

3. 服务设施的标准化与特色化建设

制订"星级民宿认证计划"，要求民宿配备独立卫浴、地暖系统及民族文化装饰元素，2025 年底实现标准化民宿覆盖率 50%，高端民宿（含温泉、智能家居）占比提升至 20%。鼓励农户结合朝鲜族、满族文化特色改造庭院，如增设泡菜窖、满族火炕体验区，通过政府给予补贴。同时，游客通过扫码即可获取多语种景区讲解、应急联络及生态监测数据，同步接入跨境支付功能（支持人民币、卢布、韩元结算）。在重点景区部署 5G 基站与 AI 摄像头，实时监控游客密度、森林火险等数据，并与俄、朝边境管理部门共享预警信息，确保跨境旅游安全。

（二）民族文化与生态资源的场景化开发

民族文化与生态资源的场景化开发，需打破资源静态展示的局限，通过沉浸式体验、科技融合与跨境联动激活资源价值。吉林省边境地区应以

---

① 珲春海关：《珲春海关关于跨境贸易便利化试点报告》，2023 年 11 月 7 日。

"文化为魂、生态为基、体验为核",构建"可参与、可记忆、可消费"的农旅融合新场景,为边疆地区可持续发展提供范式。

1.民族文化活态展示与沉浸式体验

吉林省边境地区应聚焦"科技赋能、社区共创、动态传承",构建民族文化活态展示新范式。依托网络技术搭建虚拟非遗村落,游客可穿越时空参与朝鲜族农耕仪式或满族萨满祭祀,同步生成个性化数字纪念品。推动"非遗传承人+设计师+科技团队"跨界合作,将传统技艺转化为可穿戴设备、互动艺术装置等体验型产品。建立"文化共享工坊",鼓励村民自主策划沉浸式剧本游、节气主题工作坊,通过区块链记录参与贡献并分配收益;联合高校开设"文化数字化"课程,培养既懂民族技艺又掌握虚拟引擎技术的复合型人才,确保文化在创新中永续传承。

2.生态资源的体验式开发与可持续利用

依托长白山、图们江等生态走廊,设计"虚拟生态实验室",模拟森林演替与候鸟迁徙,游客通过VR/AR参与虚拟植树、湿地修复等互动项目,同步生成个人碳足迹报告,强化生态责任意识;开发"动态承载监测系统",结合卫星遥感与AI算法实时调控游客密度,划定生态敏感区智能限流;[①] 深化中俄朝跨境合作,共建"图们江生物多样性保护带",联合开展跨国生态研学与低碳旅游线路设计;推动"生态服务付费"机制,将碳汇收益转化为社区分红,激励村民成为生态保护主体;同时,培育"自然疗愈导师"队伍,培训本土导览员提供森林声景冥想、苔藓微景观创作等深度体验服务,打造兼具教育性、参与性与责任感的可持续发展模式。

3.生态保护与开发平衡机制

未来应构建"动态监测—智能调控—跨境协同—社区共治"四位一体平衡机制。依托卫星遥感与物联网技术建立"生态承载力动态评估系统",实时监测长白山、图们江等敏感区域的植被覆盖、水土流失及游客活动强度,通过AI算法生成开发阈值并自动触发限流预警。深化中俄朝跨境生态

① 延边州文旅局:《延边地区智慧旅游平台运营评估报告》,2024年4月13日。

合作，联合划定"图们江生物多样性保护走廊"，共同制定碳汇交易与生态补偿标准，实现跨境生态红利共享。推行"社区生态银行"模式，村民通过参与护林巡护、湿地修复等行动积累"绿色积分"，可兑换旅游分红或农产品优先销售权。试点"生态责任债券"，要求开发项目方预留10%收益用于生态修复基金，并引入区块链技术确保资金透明使用，最终形成"保护即发展"的可持续边疆振兴路径。

（三）产业链协同创新与边境特色产品孵化

1.产业链协同创新的实践路径

吉林省边境地区休闲农业与旅游产业的深度融合，亟须通过产业链协同创新实现资源的高效整合与价值提升。当前，产业链条断裂、环节衔接松散等问题制约了产业整体效益。以下从全链条设计、跨境合作与数字化赋能三方面提出解决方案。

首先，构建农旅全产业链示范园。通过建设全产业链示范园区，实现"生产—加工—体验—销售"闭环，推动农业与旅游的深度融合。可以通过整合水稻种植、湿地观光、候鸟研学、稻米加工等环节，形成"稻田艺术+生态旅游+农产品深加工"模式。例如，开发"稻田画"观光项目，游客可参与插秧、收割等农事活动，并现场购买精包装的有机稻米。另外，可以依托野生菌资源，建设"采摘—加工—康养"一体化产业链。游客可参与菌菇采摘，并在园区内的工坊体验菌类罐头、保健品的制作过程。同时，配套开发"菌菇火锅宴""森林疗愈小屋"等旅游产品。

其次，推动跨境产业链合作。可以与俄罗斯哈桑区合作开发"松花江—日本海冷水鱼产业链"，联合推出"鱼拓艺术体验+跨国鱼宴定制"项目。游客可参与捕捞、鱼拓创作，并品尝中俄厨师联合烹饪的冷水鱼宴。在珲春边境经济合作区可以设立中朝联合加工中心，利用朝鲜劳动力成本优势，将人参、松茸等特色农产品加工成即食保健品、冻干食品等，通过跨境电商销往国际市场。

最后，数字化赋能产业链协同。可以通过物联网、区块链等技术，实现

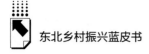

产业链各环节的透明化与高效协同。例如，可以在抚松人参产业中引入区块链技术，游客可通过扫描产品二维码查看人参种植、加工、运输全流程信息，增强消费信任。同时，可以在松花江流域布局冷链物流中心，通过大数据分析优化配送路径，确保农产品从田间到游客餐桌的时效性。

2. 边境特色产品孵化的创新策略

边境特色产品是吉林省农旅融合的核心竞争力。需通过文化赋能、科技融合与品牌化运营，打造具有市场辨识度的产品体系。

首先，民族文化与现代消费的结合。深入挖掘朝鲜族、满族等民族文化，开发兼具传统特色与现代审美的农旅产品。例如，可以通过"非遗工坊+现代食品科技"模式，开发即食泡菜料理包、辣白菜风味零食等产品。同时，将满族传统刺绣技艺应用于服饰、家居用品设计，推出"刺绣丝巾""图腾抱枕"等文创产品，设立刺绣体验工坊，游客可参与制作并定制个性化产品。

其次，生态资源的高附加值转化。依托长白山生态资源，开发健康养生与绿色食品系列产品。可以让游客参与采参、清洗、加工全流程，并体验制作人参蜜片、参茶等产品。配套开发"人参盲盒"礼盒，内含不同年份的参制品，满足年轻消费者的猎奇心理。同时，还可以开发蓝莓面膜、护手霜等美妆衍生品，通过景区专柜与线上渠道销售。

最后，品牌化与国际化营销。通过统一品牌形象与跨境合作，提升产品的市场影响力。可以甄选50款特色农产品与手工艺品，统一设计包装并注册"长白山礼物"商标。产品涵盖人参、蓝莓、松子、朝鲜族泡菜等，入驻天猫国际、亚马逊等平台。同时，联合俄罗斯VK、韩国Naver等平台开展"云游边境"直播活动。例如，邀请中俄网红在珲春口岸直播带货，推广冷水鱼制品与朝鲜族手工艺品。

（四）复合型人才育引与服务能级提升

吉林省边境地区休闲农业与旅游产业的深度融合，急需既懂农业技术、民族文化，又掌握旅游管理与跨境合作能力的复合型人才，并通过服务标准化、专业化与国际化提升整体服务能级。以下从人才引育机制、技能提升路径及服务标准建设三方面提出系统性对策。

1. 构建"政校企"协同的人才引育体系

首先，可以联合延边大学、吉林农业大学开设"边境农旅管理"本科及硕士专业，课程涵盖朝鲜语/俄语、智慧农业技术、跨境旅游策划、非遗文化保护等模块。同时，可以与俄罗斯远东联邦大学、韩国忠北大学共建"东北亚农旅学院"，开展交换生项目与双学位计划，重点培养懂三国语言、熟悉跨境规则的复合型管理人才。

其次，针对生态旅游规划、数字化营销等领域，以柔性引进方式聘请国内外专家，每年为边境地区提供 3~6 个月的技术指导，按项目成效给予奖励。

最后，可以对农业经济管理、旅游管理等专业毕业生返乡就业者，提供 3 年期内每月住房补贴及创业启动资金，从而吸引青年人才回流。

2. 实施本土人才技能升级工程

针对传统农户，开设"农旅服务技能培训班"，课程包括民宿运营、生态导览、农产品电商等，结业颁发"农旅服务资格证"。对现有旅游从业人员开展"服务国际化"专项培训，涵盖双语导览、跨境礼仪、应急救护等内容，目标是 2025 年实现一线服务人员持证上岗率达 100%。选拔朝鲜族农乐舞、满族剪纸等非遗传承人入驻农旅综合体，开展"1 名传承人+10 名学徒"的师徒制培训，政府每月补贴传承人相应的资金，要求年度带徒成果量化考核。同时，利用 VR 技术录制非遗技艺教学视频，建立"云端非遗库"，供从业者与游客在线学习。

3. 建立服务标准化与质量认证体系

通过建立边境农旅服务质量标准明确民宿卫生、双语导览、安全急救等细则，如要求民宿必须配备独立卫浴、无线网络及急救药箱，导游需掌握中朝/中俄双语讲解技能。与俄、朝旅游部门合作推出"通用服务认证体系"，对导游、翻译、餐饮服务人员进行联合考核，持证者可在三国跨境旅游区通用，提升服务国际化水平。还可以建设"一码通"数字化平台，即开发集

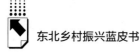
成预约、支付、导览、投诉功能的边境农旅服务 App，游客扫码即可获取多语种智能讲解、生态监测数据及应急联络通道。同时，在长白山、图们江等重点景区部署客流监测系统，实时分析游客行为数据，优化服务资源配置。

参考文献

［1］李静敏：《乡村振兴视域下休闲农业与旅游产业的融合发展研究》，《农业灾害研究》2024 年第 5 期。

［2］张磊、王昆主编《东北地区乡村振兴发展报告（2024）》，社会科学文献出版社，2024。

［3］其哈日嘎、孙莹丽：《农业与旅游产业融合发展时空特征及影响因素分析——以内蒙古为例》，《台湾农业探索》2024 年第 4 期。

［4］田海燕：《文化旅游产业与生态农业融合发展的实践路径研究》，《现代农业科技》2024 年第 22 期。

［5］刘莹莹：《产业融合视角下农业旅游生态转型发展研究》，《农业经济》2023 年第 12 期。

B.14
红色文化赋能吉林省乡村旅游研究

李佳音*

摘　要： 本文聚焦吉林省红色文化与乡村旅游的融合发展，以吉林省全域范围内的乡村地区为主要研究范围，这些乡村蕴含着丰富的红色文化资源，在中国革命进程中贡献突出，具有独特的历史与文化价值。本文运用政策梳理、现状分析及问题诊断等主要手段和方法，系统剖析吉林省乡村旅游现状。研究发现，尽管红色文化在促进乡村旅游发展、推动地方经济增长方面潜力巨大，但目前在乡村旅游中的应用尚处起步阶段，存在资源利用不充分、产品同质化严重以及文化体验流于表面等问题。基于上述研究，本文提出通过红色文创赋能乡村旅游的具体路径与模式，为吉林省及其他红色文化资源富集地区提供理论支撑与实践指导，以期推动红色文化与乡村旅游深度融合，助力地方经济发展，增强地区文化认同感。

关键词： 红色文化　乡村旅游　吉林省

一　红色文化赋能吉林省乡村旅游发展现状

吉林省作为中国革命的重要发源地之一，拥有丰富的红色文化资源。随着国家乡村振兴战略的推进，吉林省乡村旅游逐渐成为地方经济增长的一个重要支柱。红色文化作为吉林省的重要文化遗产和资源，发挥着推动乡村旅游发展的重要作用。通过对吉林省红色文化在乡村旅游中的现状进行分析，

---

* 李佳音，长春光华学院副教授，主要研究方向为教育学、新媒体。

本文旨在为未来的文化旅游发展提供思路和建议。

吉林省的红色文化与乡村旅游的结合尚处于起步阶段，尽管取得了一定的成绩，但后续的赋能措施及政策仍需进一步加强。

（一）红色文化旅游产品得到一定的开发

目前，吉林省的红色文化旅游产品大多集中在革命遗址的参观和历史教育上。游客前往红色文化景区，通常以参观历史遗址和纪念馆为主。例如，"四平战役纪念馆—叶赫那拉城—二郎山庄"线路；"东北抗联主题游"，依托磐石市红石砬子抗日根据地遗址、桦甸市老金厂镇抗联蒿子湖密营等众多抗联遗址；"红色+乡村游"，像吉林市龙潭区江密峰镇南沙村，围绕东北抗日义勇军代王砬子密营遗址，开发出红色文化体验之旅项目。

（二）红色文创产品的开发程度

2022 年，吉林省文旅厅通过开展"礼遇吉林"系列文创产品开发工作，对创意质量好、潜力大的红色文创企业和文博单位给予资金扶持。这一举措有效激发了市场活力，推动红色文创产品与科技融合创新发展，助力打造富有吉林特色的红色文创产品体系。目前，吉林省的红色文创产品的开发仍处于起步阶段。红色文化元素主要以简单的纪念品，如纪念币、书籍、明信片、民族饰品等为主，产品的文化价值和商业价值仍有很大的创新空间。

（三）乡村旅游基础设施建设逐步完善

乡村旅游的基础设施建设不完善是制约吉林省红色文化与乡村旅游深度融合的一个重要因素。许多红色文化旅游景点位于偏远的乡村地区，交通不便、住宿条件差，影响了游客的体验感。为此，在基础设施方面，需要优化外部交通连接，优化内部交通网络，完善游客中心服务、停车场管理和旅游标识系统，增加红色文化在乡村旅游中的比重。

（四）政策支持力度不断增大

近年来，吉林省政府在推动乡村振兴战略过程中，已将红色文化旅游作为乡村经济发展的重要组成部分。吉林省陆续出台了《关于推进乡村旅游高质量发展的实施意见》《吉林省乡村建设"吉乡农创园"工作方案（试行）》《吉林省乡村旅游发展总体规划》等政策，全力推动红色文化资源的开发与乡村经济的融合，助力吉林省乡村旅游的整体提升。

（五）红色文化教育功能的政策支持

2024年，由省委宣传部牵头召开吉林省红色资源保护传承联席会议第一次会议，审议通过《吉林省红色资源保护传承联席会议制度》《吉林省红色资源调查认定办法》，从制度层面保障红色资源的保护与传承，为红色文化教育提供了坚实支撑。省文旅厅、省发展改革委、省财政厅等部门印发《吉林省贯彻落实〈东北抗联革命文物保护利用三年行动计划（2023～2025年）〉的工作举措》，为红色文化教育资源的开发与利用提供了政策指导。

二 红色文化赋能吉林省乡村旅游的发展动态

随着乡村振兴战略的实施和文化旅游产业的不断发展，吉林省在推动乡村旅游发展过程中逐渐认识到红色文化的巨大潜力。红色文化资源不仅是吉林省的重要文化遗产，也为乡村旅游提供了独特的竞争优势。近年来，吉林省乡村旅游与红色文化的结合逐步深化，展现出多个积极的趋势。

（一）红色文化与乡村旅游融合的深化

随着乡村振兴战略的不断推进，吉林省的乡村旅游逐渐由传统的农事体验、生态观光等形式向文化深度体验转型。例如，南沙村围绕东北抗日义勇军代王碴子密营遗址打造旅游项目，建成"历史不会忘记——东北抗日义勇军在龙潭"室内博物馆并对外开放，同时复原温家老屋、暖窖子等多个

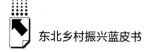
遗址项目。依托风光旖旎的南沙湖和义勇军密营遗址，南沙村形成了春可踏青采摘、夏可避暑垂钓、秋可登山观光、冬可娱雪过节的旅游格局，年均接待游客量近10万人次。通过将红色文化与乡村自然景观相结合，吉林省正在逐步打造具有文化内涵和历史意义的旅游项目。

当前，吉林省已有部分乡村旅游景区开始逐步探索红色文化与生态旅游、民俗旅游、研学旅游等的融合。未来，红色文化将不再是乡村旅游的附加元素，而是成为乡村旅游产品的核心组成部分。红色文化赋能乡村旅游的趋势将进一步加强，推动更多乡村景区将红色教育功能、历史体验与生态资源相结合，形成独特的旅游产品和品牌。

（二）红色文创产品的创新与多样化发展

红色文创产品是推动红色文化与乡村旅游深度融合的重要载体。随着文创产业的发展和消费者需求的多元化，吉林省的红色文创产品将呈现出更加丰富和多样化的趋势。通过创新设计，将红色文化与现代时尚元素相结合，开发出既富有历史底蕴又符合现代消费者审美需求的文创产品，逐步提升红色文化的市场吸引力。

未来，吉林省的红色文创产品将不仅限于传统的纪念品和工艺品，还将拓展到衣物、家居用品、文具、饰品、食品等多个领域。例如，南沙村打造了"关东十二坊"，涵盖米坊、油坊、豆腐坊等，南沙湖酒、十二工坊豆腐等特色产品成为深受游客欢迎的"乡村旅游后备箱"产品。四平战役纪念币以战役中的关键场景如城市攻坚战为浮雕图案，材质为铜镍合金，具有较高的工艺水准。抗美援朝纪念章则多以志愿军跨过鸭绿江、志愿军战士冲锋等画面为设计元素，有的纪念章还镶嵌有象征中朝友谊的红色宝石。

（三）红色文化+生态旅游的融合

吉林省拥有丰富的自然景观资源，如森林、湿地、山脉和湖泊等，红色文化与生态旅游的结合正在成为未来乡村旅游的重要趋势。通过将红色文化与乡村的自然景观相结合，开发"红色+生态"旅游项目，不仅能够让游客在欣赏自然风光的同时感受红色文化的教育功能，还能提升吉林省乡村旅游的竞争力。

例如，江源区大石人镇依托石人血泪山死难矿工纪念地这一省级爱国主义教育基地以及周边良好的生态环境，打造特色乡镇。石人血泪山占地总面积23公顷，内含纪念馆、纪念碑及七处遗址，馆内有六个展厅。通过将红色文化与乡村的生态资源相结合，不仅能够增加旅游的多样性，还能提高游客的参与感和体验感，增强红色文化的吸引力。

（四）红色文化研学旅游的兴起

随着家庭和学校研学旅行市场的快速增长，红色文化研学旅游正在成为吉林省乡村旅游的新兴方向。通过组织学生和家庭进行红色文化主题的研学旅行，吉林省不仅能够提升红色文化的传播力，还能促进地方经济的增长。红色文化研学旅游的核心在于将教育与旅游结合，帮助学生深入了解革命历史，培养他们的爱国主义精神和集体主义价值观。

吉林省的乡村旅游应该更注重红色文化的教育功能，开发以红色文化为主题的研学旅行线路和项目。例如，"凯歌荡气回肠 民族解放独立"线路串联了长春、四平、白山、临江等地的红色资源。在长春，游客可参观东北人民解放军第一兵团司令部旧址（第一前线指挥所）。到达四平后，参观四平战役纪念馆。四平战役在解放战争中具有关键地位，纪念馆通过多种展示手段，全面呈现战役的激烈与重要意义。在白山，了解七道江会议如何确定坚持南满的战略方针，对扭转东北战局产生的深远影响。最后在临江，参观四保临江战役纪念馆与四保临江战役指挥部旧址（陈云旧居），深入学习四保临江战役的历史。

（五）政策支持和政府引导的增强

随着国家乡村振兴战略的深入实施，吉林省的红色文化与乡村旅游的结合得到了越来越多的政策支持。国家和地方政府逐渐认识到，红色文化在推动乡村旅游发展中的独特作用，并已出台了一系列支持政策，促进红色文化

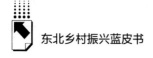

资源的保护和开发。

例如，吉林省出台了《吉林省红色资源保护传承条例（2024）》等政策文件，明确提出要加强红色文化资源的整合与旅游开发，推动红色文化与乡村旅游的融合。政府需要继续在资金、税收、基础设施等方面加大支持力度，推动红色文化与乡村旅游的深度融合。

（六）社区参与和乡村发展

社区的积极参与是红色文化赋能吉林省乡村旅游成功的关键因素之一。随着乡村旅游的不断发展，当地社区逐渐成为推动红色文化旅游发展的重要力量。通过让社区居民参与红色文化旅游项目的规划、开发和管理，不仅能够提升居民的经济收入，还能增加他们对红色文化的认同感和自豪感。

吉林省在推动乡村旅游发展的过程中，应鼓励更多社区居民参与到红色文化资源的保护和旅游项目的开发中。通过社区的积极参与，可以促进红色文化资源的可持续利用，并带动更多的乡村居民从中获益，推动乡村经济的全面发展。例如，在太芝庙社区通过发展红色旅游，铺设柏油路1000米，建设红色步行道800米，改造升级社区村部及服务大厅600平方米，一体推进党建广场、古井、陈列馆前坪等建设，实现了社区基础设施的整体提质。

三　红色文化与吉林省乡村旅游融合的对应赋能措施

吉林省的红色文化资源丰富，是该省独特的文化优势。随着乡村振兴战略的实施和文化旅游产业的不断发展，红色文化与乡村旅游的融合已成为推动吉林省乡村经济和文化发展的重要战略。在现阶段红色文化与乡村旅游融合推动的过程中，显露出一些需要解决的问题，如红色资源的开发和利用不充分、产品同质化、红色文化体验不足、基础建设滞后、人才短缺、市场推广不足、文化传承与创新不平衡等。为促进红色文化与乡村旅游的深度融合，吉林省应采取一系列有效的措施。

（一）深化红色文化与乡村旅游的融合

1. 加强红色文化景区的整合与联动

吉林省的红色文化景区和遗址大多分布在乡村地区，资源相对分散，缺乏系统性和联动性。为促进红色文化与乡村旅游的融合，吉林省应加强红色文化景区的整合与联动，打造一条具有文化内涵的红色旅游线路。例如，"红色+工业游"，以长春市第一汽车制造厂总部旧址为例，游客既能参观新中国汽车工业起步的见证地，了解汽车生产的历史与工艺，又能在长影旧址博物馆感受新中国电影事业的发展历程，体会红色文化与工业文化的独特魅力。"红色+乡村游"，例如，南沙村围绕东北抗日义勇军代王砬子密营遗址，开发出红色文化体验之旅项目，游客参与模拟密营生活后，还能在乡村品尝农家美食、体验农事活动，享受乡村生活的宁静与惬意。

2. 制定统一的红色文化旅游发展规划

为确保红色文化旅游资源的有序开发，吉林省应制定统一的红色文化旅游发展规划。该规划应考虑到各类红色文化资源的地理分布、文化内涵、历史背景等因素，进行合理布局，避免资源的重复开发和低效利用。例如，"抗美援朝主题游"以集安市鸭绿江国境铁路大桥、抗美援朝第一渡等景点为依托，游客可以站在鸭绿江国境铁路大桥上，遥想当年志愿军雄赳赳气昂昂跨过鸭绿江奔赴抗美援朝战场的情景。

（二）加强红色文创产品的开发与创新

1. 推动红色文化产品的创新设计

红色文创产品的创新是推动红色文化与乡村旅游融合的关键。吉林省应鼓励设计公司、文化创意企业和当地工艺师将红色文化与现代设计理念相结合，开发具有地方特色和市场竞争力的文创产品。例如，结合吉林省的红色历史，推出一系列富有纪念意义的产品，如以一汽经典车型解放牌卡车为原型制作的合金车模，按比例缩小，对车身细节、零部件都进行了精细还原；长影则推出电影主题笔记本、文件夹等办公用品，封面印有经典电影海报，

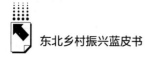

如《英雄儿女》《五朵金花》等，内部纸张印有电影拍摄趣事、电影史知识等。

2. 打造多元化的红色文创产品

红色文创产品不应仅限于传统的纪念品类产品，吉林省可以探索开发更多形式的文创产品。可结合红色文化的历史故事和人物，开发红色文化书籍、影视剧等文化产品。例如，满族剪纸工艺制作的红色主题作品，以抗联战斗场景、革命英雄为题材，用剪纸独特的艺术形式展现红色故事；以东北抗联在冰天雪地中战斗为主题的冰雪主题冰箱贴，采用特殊的夜光材料，在夜晚能呈现出独特的视觉效果。

（三）招贤纳士，集思广益促结合

1. 加强专业人才培养

组织针对红色文化讲解、乡村旅游服务等方面的专业培训，开展如红色文化知识、导游讲解技巧、乡村旅游经营管理等培训课程。例如，定期举办红色文化讲解员培训班，提升讲解员对东北抗联、解放战争等吉林省特色红色历史的深入理解，使其能生动准确地向游客讲述红色故事，传播红色文化。

鼓励省内高校开设与红色文化研究、乡村旅游管理相关的专业或课程。如吉林大学、东北师范大学等高校，可设置相关专业方向，通过系统教学，为红色文化与乡村旅游融合项目培养专业人才。同时，建立实习基地，让学生有机会参与到实际项目中，积累实践经验。

2. 吸引外部人才流入

出台优惠政策。政府制定吸引人才的优惠政策，如提供住房补贴、人才奖励金等。对于愿意投身吉林省红色文化与乡村旅游项目的优秀人才，在住房、生活等方面给予保障，减轻其生活压力，使其能全身心投入工作。

搭建交流平台。举办红色文化与乡村旅游相关的论坛、研讨会等活动，吸引省内外专家学者、行业精英参与。在这些活动中，展示吉林省红色文化与乡村旅游项目的发展潜力与成果，吸引外部人才关注。

3.建立人才激励机制

物质激励。对于在红色文化与乡村旅游项目中表现优秀的人才，给予物质奖励。如对服务质量高、游客评价好的红色文化讲解员和乡村旅游经营户等，给予奖金、奖品等奖励。在乡村旅游旺季，对表现突出的从业者给予额外绩效奖励，提高其收入水平。

精神激励。授予荣誉称号，如"优秀红色文化传播者""乡村旅游之星"等，增强从业者的荣誉感与归属感。在当地媒体宣传优秀人才的事迹，提升其社会知名度，激励更多人积极投身项目发展中。

（四）提升红色文化旅游的教育功能

1.结合红色文化打造研学旅游项目

红色文化具有深刻的教育意义，将其与研学旅行结合是推动红色文化与乡村旅游融合的有效方式。吉林省可以开发以红色文化为主题的研学旅行项目，吸引学校、青少年团体和家庭游客。通过结合红色文化的教育功能，为学生提供参观革命遗址、纪念馆以及聆听红色故事等互动体验，增强其爱国主义精神和历史使命感。

吉林省可以依托已有的红色景区，设计丰富的研学旅游课程，如"红色历史与文化解读""红色革命精神体验"等，让游客在旅游过程中，不仅能享受到自然风光，还能获得深刻的历史教育和文化启迪。这种融合教育与旅游的模式，不仅可以提升游客的文化体验，还能促进乡村旅游的可持续发展。

2.开展红色文化体验活动

除了传统的参观和教育功能，吉林省还可以通过开展丰富的红色文化体验活动，增强游客的文化认同感和参与感。比如，可以定期组织红色剧场演出、红色故事会、红色文化讲座等活动，让游客通过亲身体验和感悟，深入了解红色文化的精神内涵和历史意义。通过这些互动性强的活动，不仅能够提升红色文化旅游的吸引力，还能增强游客的沉浸感，推动红色文化的传播和弘扬。

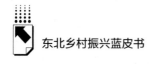

（五）加强基础设施建设与提升旅游服务水平

1. 改善乡村旅游基础设施

基础设施建设是推动红色文化与乡村旅游融合的重要保障。吉林省应加强乡村旅游的基础设施建设，提升交通、住宿、餐饮、旅游信息等服务设施水平。尤其是在红色文化景区和偏远乡村地区，交通不便和基础设施落后问题较为突出。吉林省应加大对红色文化旅游项目的资金投入，改善景区的配套设施，使游客的旅游体验更加舒适便捷。

此外，吉林省还应加强旅游安全设施建设，提升应急响应能力，确保游客的安全。通过完善基础设施，提升服务质量，吉林省能够提高游客的整体满意度，促进乡村旅游的可持续发展。

2. 提高旅游服务水平

除了基础设施，旅游服务质量也是影响游客体验的重要因素。吉林省应加强旅游从业人员的培训，提升其专业技能，增强其服务意识，特别是在红色文化的解说、服务接待、旅游管理等方面。专业化的旅游服务能够提升游客的整体体验，增加游客的回头率和口碑效应。

吉林省还可以通过打造一批具有红色文化特色的高端民宿、乡村酒店等，提供更具文化内涵的住宿体验，让游客在享受舒适住宿的同时，感受红色文化的氛围。

（六）加强市场推广与品牌建设

1. 多渠道宣传推广

红色文化与乡村旅游的融合需要强有力的市场推广与宣传。吉林省应通过电视、网络、社交媒体等多渠道进行红色文化旅游的宣传推广，扩大其在国内外市场的知名度。尤其是借助新媒体平台，如微博、抖音、微信等社交媒体，利用短视频、直播等形式，吸引年轻游客和文化旅游爱好者的关注。

通过加强市场推广，吉林省能够有效提升红色文化旅游的影响力，吸引更多游客前来体验吉林省的红色文化和乡村旅游。

2. 建设红色文化旅游品牌

吉林省应打造具有地方特色的红色文化旅游品牌，利用红色文化的深厚底蕴，打造一条独具特色的红色文化旅游线路。通过整合红色文化资源，形成具有地方特色的旅游品牌和文化符号，提升吉林省在全国红色文化旅游市场中的地位。

红色文化旅游品牌的建设不仅能够增强吉林省的市场竞争力，还能提升其在文化旅游领域的影响力，为乡村经济带来可持续的增长。

民生提升篇

B.15

东北三省农村居民生活质量研究[*]

王 磊 宋经翔[**]

摘 要： 本文基于乡村振兴战略视角从农村居民生活质量的基本情况入手，对东北三省农村生活质量进行分析。总体来看，东北三省农村居民收入和消费支出稳步提升，生活环境全方位改善，就医经济负担减轻，推进农村义务教育优质均衡发展，农村养老保障逐步提高。但值得注意的是，东北三省农村居民生活质量提升仍面临增收压力、消费需求不足、社保支出压力大、农村教育相对薄弱等问题，对此，本文提出推进农村三次产业融合发展、促进农业劳动力高质量就业、发挥公共消费乘数效应、完善医疗养老保障体系、持续提升农村基础设施要素支撑等对策建议，以助力缩小城乡收入差距，提升农村居民生活质量。

[*] 本文是国家社会科学基金项目"脱贫农户生活持续改善的多元化路径构建与政策协同研究"（项目编号：22BSH029）的阶段性成果。
[**] 王磊，辽宁社会科学院社会学研究所所长，研究员，主要研究方向为社会保障与社会政策；宋经翔，辽宁社会科学院社会学研究所博士研究生，助理研究员，主要研究方向为社会保障与收入分配。

关键词： 农村居民　生活质量　东北三省

提升农村居民生活质量是一个多维度的系统工程，需要在收入增长、消费升级、生活环境优化、公共服务完善和社会保障强化等方面协同推进。党的十八大以来，党中央始终将"三农"问题置于全局工作的重中之重，东北三省深入贯彻中央决策，聚焦乡村振兴，推进农业农村优先发展，完善强农、惠农、富农政策体系，积极落实新时代东北振兴战略，稳步提升农村居民收入，促进共同富裕。近年来，东北三省农村居民生活条件持续改善，收入和消费水平稳步提高，生活质量显著提升。

一　东北三省农村居民生活质量现状

全面构建社会主义和谐社会的目标在于提升居民生活质量，而研究农村居民生活质量对推进新农村建设具有重要意义。生活质量的内涵涵盖物质条件、居住环境和健康保障等多方面。

从物质条件看，收入水平决定了居民能否满足基本生活需求，如食品、衣物和住房等；消费结构则反映了教育、医疗、娱乐等领域的支出比例，体现生活的丰富程度。在居住环境方面，基础设施建设至关重要，如便利的交通、稳定的水电供应以及干净整洁的环境，直接影响生活便利性与舒适度。健康保障则是生活质量的重要支撑，包括医疗服务的可及性、质量和可负担性，关系到居民的安全感与幸福感。综合来看，农村居民生活质量的提升需在物质基础、环境条件和健康服务等方面实现协调发展，为新农村建设和乡村振兴提供有力支撑。

（一）居民收入稳步提升，增收渠道明显拓宽

在中央一系列政策措施的引导和支持下，东北三省农村居民可支配收入的总量稳步提升（见图1）。从各省情况来看，2023年，辽宁农村居民人均

可支配收入为 21483.23 元，同比增长 7.9%。从具体的收入来源来看，以国家统计局最新发布的 2023 年数据为例，其中，工资性收入为 7951.81 元，同比增长 6.9%，占人均可支配收入的比重为 37%；经营净收入为 9584.82 元，同比增长 8.5%，占人均可支配收入的比重为 44.6%。吉林省 2023 年农村居民人均可支配收入为 19472.04 元，同比增长 7.4%。其中，工资性收入为 4373 元，同比增长 9.7%，占人均可支配收入的比重为 22.5%；经营净收入为 11594.92 元，同比增长 4.9%，占人均可支配收入的比重为 59.5%。黑龙江省 2023 年农村居民人均可支配收入为 19755.87 元，同比增长 7.4%。其中，工资性收入为 3724.31 元，同比增长 9%，占人均可支配收入的比重为 18.8%；经营净收入为 9876.88 元，同比增长 1.8%，占人均可支配收入的比重为 50%。可见，工资性收入和经营净收入是东北三省农村居民人均可支配收入的两大支柱。

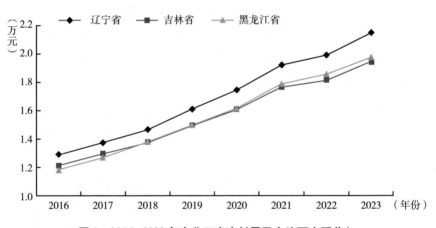

图 1　2016~2023 年东北三省农村居民人均可支配收入

资料来源：国家统计局、历年《中国统计年鉴》。

2015 年 11 月 2 日，中共中央办公厅、国务院办公厅印发《深化农村改革综合性实施方案》，从农村集体产权制度、农业经营制度、农业支持保护制度、城乡发展一体化体制机制和农村社会治理制度五大领域进行全面改革部署。这一系列改革不仅为农村经济的长远发展提供了制度保障和方向指引，也为提升农村居民收入和生活质量奠定了坚实基础。

从收入增长构成趋势来看，随着农村外出务工人数和工资水平的不断增长，东北三省农村居民人均工资性收入持续上升。由于支农惠农补贴力度的加大、社会保障网的织密织牢以及家庭成员收入的增加，辽宁省、吉林省和黑龙江省的农村居民人均转移性收入分别从 2015 年的 1521.34 元、1152.1元、1273.51 元上升至 2023 年的 3459.49 元、2969.33 元、4713.11 元。此外，农村改革赋予农民更多财产权利，推动各类农村资产逐步得到有效盘活利用，使得东北三省农村居民人均财产性收入持续提升，人均财产性收入分别从 2015 年的 231.75 元、198.63 元、524.93 元上升至 2023 年的 487.12元、534.78 元、1441.57 元。这一系列数据表明，农村改革的深化不仅优化了收入的多元化结构，也显著增强了农村居民的经济基础，为东北三省农村地区的可持续发展注入了强劲动力。

（二）农村居民消费支出持续提升，消费结构逐步优化

从农村居民消费支出总额来看，东北三省人均消费支出持续上升。2023年辽宁农村居民人均消费支出为 16039.89 元，在全国各省（区、市）中居第 20 位，比 2022 年前移 1 位；同比增长 12%，高于全国平均水平 2.7 个百分点，增速居全国第 12 位，较 2022 年前移 14 位。2023 年吉林省农村居民人均消费支出为 14354.47 元，相比 2022 年增加 1625.31 元，同比增长12.77%。2023 年黑龙江省农村居民人均消费支出为 16452.61 元，相比2022 年增加 1290.78 元，同比增长 8.5%。

从东北三省农村居民消费结构支出来看，随着农村居民收入的增长和农村商业物流服务体系的持续完善，东北三省消费结构逐步优化。辽宁省、吉林省和黑龙江省的农村居民人均生活消费支出分别从 2015 年的 2498.8 元、2550.8 元和 2306.66 元，提升至 2023 年的 4873.88 元、4382.61 元和5244.86 元，分别增加 0.95 倍、0.72 倍和 1.27 倍。在消费结构的构成中，辽宁省、吉林省和黑龙江省农村居民衣着所占消费支出的比例显著下降，分

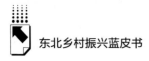

别从 2015 年的 6.75%、6.77% 和 7.63% 下降至 2023 年的 5.53%、4.98% 和
5.65%，而医疗保健支出有不同比例的提升（见表 1）。

表 1　2015 年、2019 年、2023 年东北三省农村居民消费结构支出

年份	指标	辽宁省	吉林省	黑龙江省
2015	农村居民人均消费支出(元)	8872.84	8783.31	8391.48
	食品烟酒支出占比(%)	28.2	29.0	27.5
	衣着支出占比(%)	6.75	6.77	7.63
	居住支出占比(%)	18.78	19.34	18.53
	生活用品及服务支出占比(%)	4.47	4.03	4.26
	交通通信支出占比(%)	15.23	13.70	13.85
	教育文化娱乐支出占比(%)	12.65	12.73	13.08
	医疗保健支出占比(%)	11.20	12.67	12.61
2019	农村居民人均消费支出(元)	12030.22	11456.59	12494.85
	食品烟酒支出占比(%)	26.55	28.15	26.81
	衣着支出占比(%)	5.90	6.06	6.68
	居住支出占比(%)	19.83	16.01	15.38
	生活用品及服务支出占比(%)	4.93	3.82	4.01
	交通通信支出占比(%)	14.72	14.84	15.28
	教育文化娱乐支出占比(%)	11.83	13.54	14.24
	医疗保健支出占比(%)	13.77	16.80	13.90
2023	农村居民人均消费支出(元)	16039.89	14354.47	16452.61
	食品烟酒支出占比(%)	30.39	30.53	31.88
	衣着支出占比(%)	5.53	4.98	5.65
	居住支出占比(%)	18.15	15.00	14.96
	生活用品及服务支出占比(%)	4.49	3.95	3.73
	交通通信支出占比(%)	14.32	14.60	15.17
	教育文化娱乐支出占比(%)	10.76	11.55	10.79
	医疗保健支出占比(%)	14.26	18.17	14.99

资料来源：国家统计局、历年《中国统计年鉴》。

（三）农村生活环境全方位改善，民生福祉不断增进

东北三省农村生活环境全方位改善保障了农村居民生活质量不断增进，

有力地保障了农村居民生活质量获得全面提升。我国在农村基础设施、人居环境和基本公共服务等方面持续加大投入，农村生产生活环境发生了改变，农村居民民生福祉不断增进。

公共基础设施的不断完善提高了农村生产生活的便利度。党的十八大以来，东北三省把基础设施建设的重点放在农村，进一步加大投资力度，持续推进"四好"农村路、新一轮农村电网改造升级、电信普遍服务等民生工程项目，农村路网连通、供电保障和网络普及明显改善，为农村居民多渠道增收和过上现代化生活创造了条件。截至 2023 年底，辽宁省农村公路总里程达到 11.1 万公里，实现了乡镇、建制村、撤并村和具备条件的自然村100%通硬化路，实现了互联互通。截至 2024 年 6 月，吉林省农村公路总里程达到 9.3 万公里，建制村通硬化路率和通客车率达 100%，自然屯通硬化路率达到 98.6%。截至 2024 年 7 月，黑龙江省农村公路总里程达到 12.4 万公里，乡镇和建制村通畅率达 100%，建制村通客车率保持 100%，"快递进村"覆盖率达到 97% 以上。不仅如此，黑龙江省农村公路管养体系建设效果显著，全面深化农村公路管理养护体制改革，实现农村公路"路长制"体系全覆盖，农村公路列养率达到 100%。

东北三省农村地区电力供应保障能力得到全面提升，有力保障了农村居民现代化生产生活的用电需要。从用电总量上看，东北三省农村居民用电总量从 2022 年的 275.09 亿千瓦时升至 2023 年的 398.96 亿千瓦时，增长了45%，农户家庭用电和农村生产用电也得到更加稳定的保障。东北三省大力实施农村供水工程建设，农村居民生活用水的保障水平显著提升。辽宁省农村自来水普及率从 2022 年的 84% 上升至 2023 年的 86%；吉林省 2023 年农村自来水普及率达到 97.8%，相比 2021 年上升了 2.1 个百分点；黑龙江省2023 年农村自来水普及率已达到 97%，普及率高于全国平均水平。

（四）农村居民就医的经济负担有所减轻

依据《国务院关于整合城乡居民基本医疗保险制度的意见》的有关规定，2016 年，东北三省城乡居民基本医疗保险全面实现整合并轨。并轨后医保报销比例获得更大幅度提升，居民基本医疗保险人均财政补助标准从2012 年的 240 元提高到 2024 年的 670 元，农村居民看病的经济负担明显减轻。辽宁省 2023 年城乡居民基本医疗保险参保人数为 2125.2 万人，其中 60岁及以上参保人数 620.8 万人，参加居民医保人员享受待遇 908.2 万人，比2022 年增长 23.3%。吉林省和黑龙江省 2023 年城乡居民基本医疗保险参保人数分别为 1685.42 万人、1861.5 万人，相较 2022 年基本持平。

乡镇卫生院是农村医疗卫生服务体系的重要网底，是为广大农村居民提供基本医疗和基本公共卫生服务的重要载体。2021~2023 年东北三省基层医疗卫生机构数量持续上升。2021 年辽宁省、吉林省和黑龙江省基层医疗卫生机构分别为 30919 个、24155 个和 18772 个。截至 2023 年，增长至 32005个、24905 个、19623 个，年平均增长率分别为 1.7%、1.5%、2.2%，黑龙江省年平均增长率最快，辽宁省和吉林省次之（见表 2）。

表 2   2021~2023 年东北三省基层医疗卫生机构

单位：个，%

地区	2021 年	2022 年	2023 年	年平均增长率
辽宁省	30919	30549	32005	1.7
吉林省	24155	23844	24905	1.5
黑龙江省	18772	18805	19623	2.2

资料来源：历年《中国统计年鉴》。

（五）持续推进农村义务教育优质均衡发展

东北三省将振兴乡村教育和教育振兴乡村作为促进协调发展、推动民生改善、共享振兴发展成果的一项重大政治任务，主动作为，攻坚克难，取得明显成效。根据国家政策调整，从 2024 年开始，东北三省将提高城乡义务教育学校公用经费补助标准。一是将农村学校校舍单位面积补助测算标准由每平方米 800 元提高到 1100 元。二是将城乡义务教育学校生均公用经费基准定额标准，小学由年生均 650 元提高到 720 元，初中由年生均 850 元提高到 940 元。三是城乡义务教育学校生均取暖费补助标准,由原来的 241.7 元提高到 370 元。同时,继续落实农村地区不足 100 人的规模较小学校按 100 人核定公用经费,特殊教育学校和随班就读残疾学生按照年生均 6000 元标准补助公用经费政策。四是将寄宿制学校单独增加的公用经费补助标准,由年生均 200 元提高到 300 元。

2024 年 7 月 1 日,辽宁省全面推进乡村教师队伍建设,安排专项培训经费,对骨干教师、中小学校长开展教学、管理培训。实施农村教师差别化补助政策,增加农村教师岗位的吸引力,加快推进义务教育优质均衡发展和城乡一体化。同时,对各市综合奖补资金规模从 2023 年的 505 万元增加至 2024 年的 5240 万元。吉林省创新推进学前教育大园区管理改革,聚焦资源结构的共同优化,实现城乡教育资源的均衡配置,加强课程资源的共同建设。首批 60 个示范性创建项目已被纳入省政府民生实事工程,构建起 285 个学前教育大园区,直接惠及 909 所农村地区幼儿园。同时,深入推进义务教育大学区管理改革,秉持"强弱携手,城乡共进"的核心理念,组建 454 个义务教育大学区,覆盖 3600 多所乡镇学校,惠及 88.4 万名学生,实现城市大学区对口支援乡镇学校全覆盖。2023 年,黑龙江省也提出,要素上要统筹,不断缩小城乡办学条件和师资配置差距。

(六)农村养老保障逐步提高

根据党的十八大精神和十八届三中全会的要求,以及《中华人民共和国社会保险法》的相关规定,自 2014 年城乡居民基本养老保险整合并轨以来,东北三省的农村养老保障体系逐步完善,保障水平持续提升。2024 年 1 月 1 日,东北三省先后公布养老金调整方案,其中黑龙江省基本养老金调整幅度达 0.92%,高于吉林省的 0.8% 和辽宁省的 0.5%。这一政策的实施有效优化了城乡居民养老保障标准,进一步缩小了区域和城乡间的差距。

在参保覆盖面方面,东北三省城乡居民基本养老保险参保人数保持整体上升态势。截至 2023 年,辽宁省参保人数达 1020.4 万人,其中 473.2 万人领取待遇,较 2022 年增加 13.7 万人;吉林省参保人数为

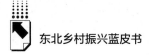
942.75 万人,同比减少 3.97 万人,反映出一定的人口迁移和结构变化特征;黑龙江省参保人数达 892.7 万人,同比增加 3.5 万人,显示出较为稳定的增长趋势。这一数据体现了农村居民对养老保险制度的信任和参与意愿的持续增强。

在服务设施建设上,东北三省加快构建以机构养老和互助模式相结合的农村养老服务体系,为农村老年群体提供更加多元化和专业化的服务。截至目前的最新数据显示,辽宁省建成各类养老机构 2371 个,总床位 21.24 万张,城乡社区养老服务设施 14021 个,其中床位 4.95 万张;吉林省养老机构达到 1597 家,总床位 14.62 万张,其中护理型床位占比 60%,助力专业护理服务的广泛覆盖,同时建成 4671 个农村养老大院、124 个互助站点,以及 1222 个社区老年食堂和助餐点,为城乡老年群体提供了便捷的日常服务;黑龙江省养老机构累计达到 1821 个,床位 17.3 万张,社区嵌入式养老设施 5700 多处,老年助餐服务设施 1250 个,农村互助养老服务点近 5000 个,有效满足了农村老年人的基本需求。总体来看,东北三省通过政策创新和服务优化,在农村养老保障体系建设方面取得了重要进展,为全国范围内应对农村人口老龄化挑战提供了可借鉴经验。

二 东北三省农村居民生活质量现存问题的主要表现

(一)增收压力依然较大

农村居民可支配收入是衡量农村居民生活质量与小康水平的关键因素,也是农村居民致富的重要指标。从表 3 可以看出,辽宁农村居民人均可支配收入于 2022 年首次低于全国平均水平,2023 年虽实现较快增长,与全国平均水平差距有所缩小,但 2024 年与全国平均水平差距扩大至 375 元,仍未扭转落后于全国的局面。吉林省居民人均可支配收入于 2015 年低于全国平均水平,并且与全国平均水平差距呈扩大趋势,从 2015 年低于全国农村居民人均可支配收入平均水平 95.54 元扩大至 2024 年差距 2415 元。黑龙江省与全国平均水平差距同样也呈扩大趋势，从 2015 年低于全国农村居民人均可支配收入平均水平 326.49 元扩大至 2024 年差距 2156 元。

表 3　2015~2024 年东北三省农村居民可支配收入与全国农村居民可支配收入差距

单位：元

年份	辽宁省	吉林省	黑龙江省
2015	-635.16	95.54	326.49
2016	-517.3	240.47	531.56
2017	-314.37	481.99	767.61
2018	-39.3	868.86	813.38
2019	-87.62	1084.62	1038.53
2020	-318.88	1064.44	963.05
2021	-285.7	1289.2	1041.6
2022	224.87	1998.36	1555.47
2023	207.64	2218.83	1935
2024	375	2415	2156

资料来源：历年《中国统计年鉴》。

从城乡差距来看，东北三省城乡之间的差距在日益扩大。根据国家统计局数据，2024 年，辽宁省城镇居民人均可支配收入累计为 47982 元，相比 2023 年同期增加 2086 元，同比增长 4.5%，辽宁省农村居民人均可支配收入累计为 22744 元，相比 2023 年同期增加 1261 元，同比增长 5.9%，城乡居民人均可支配收入差距扩大 825 元。吉林省城镇居民人均可支配收入累计为 39157 元，相比 2023 年同期增加 1654 元，同比增长 4.4%，吉林省农村居民人均可支配收入累计为 20704 元，相比 2023 年同期增加 1232 元，同比增长 6.3%，城乡居民人均可支配收入差距扩大 422 元。黑龙江省城镇居民人均可支配收入累计为 38212 元，相比 2023 年同期增加 1720 元，同比增长 4.7%，黑龙江省农村居民人均可支配收入累计为 20963 元，相比 2023 年同期增加 1207 元，同比增长 6.1%，城乡居民人均可支配收入差距扩大 513 元。

（二）农村居民消费需求尤显不足

农村居民消费是新常态下经济长久发展的重要基础，是经济良性循环的基本保证。从图2可以看出，东北三省农村居民消费需求不足现象日益加重。2024年，辽宁农村居民人均消费支出低于全国平均水平2538元。辽宁农村居民人均可支配收入与全国平均水平基本相当，但人均消费支出却长期低于全国平均水平，可以看出，辽宁省消费需求不足现象尤为严重，并且日益加深。相比于辽宁省，吉林省农村居民平均消费支出不足更为严重，从2015年与全国农村居民平均消费支出差距440元一路攀升至2024年的3813元。相较于辽宁省与吉林省，黑龙江省农村居民平均消费支出与全国农村居民平均消费支出差距的扩大现象并没有如此严重，但依然呈扩大趋势。

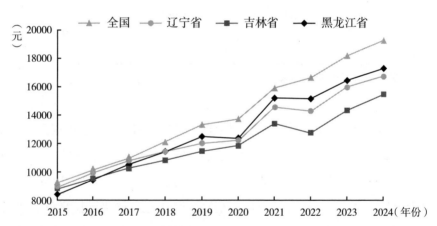

图2　2015~2024年东北三省农村居民平均消费支出与全国农村居民平均消费支出

资料来源：国家统计局、历年《中国统计年鉴》。

从城乡差距来看，东北三省城乡之间消费需求差距在日益扩大。根据国家统计局数据，2024年，辽宁省城镇居民人均消费支出累计为30350元，相比2023年同期增加1259元，同比增长4.33%，辽宁省农村居民人均消费支出累计为16742元，相比2023年同期增加702元，同比增长4.38%，城乡居民人均消费支出差距扩大557元。吉林省城镇居民人均消费支出累计为

28770 元，相比 2023 年同期增加 2093 元，同比增长 7.85%，吉林省农村居民人均消费支出累计为 15467 元，相比 2023 年同期增加 1113 元，同比增长 7.75%，城乡居民人均消费支出差距扩大 981 元。黑龙江省城镇居民人均消费支出累计为 27625 元，相比 2023 年同期增加 1743 元，同比增长 6.73%，黑龙江省农村居民人均消费支出累计为 17295 元，相比 2023 年同期增加 842 元，同比增长 5.12%，城乡居民人均消费支出差距扩大 901 元。

（三）社保支出压力较大

财政部发布了 2023 年养老金调剂情况，辽宁缺口 844.31 亿元，居榜首，黑龙江第二，缺口 829.32 亿元。东北三省合计高达 1892 亿元，占全国养老金缺口的七成。东北三省是我国最早进入老龄化社会的地区之一，老年人口占比高，大量退休工人集中，养老金支出规模庞大。截至 2023 年末，辽宁省 60 周岁及以上老年人口 1230 万人，占全省总人口的 29.4%，吉林省、黑龙江省也分别达到 26.8%、27.3%。同时，东北三省的人口出生率持续走低，黑龙江省、辽宁省、吉林省 2022 年出生率分别只有 3.34‰、4.08‰、4.33‰，新生儿数量减少，未来的劳动力人口供给不足，这将进一步影响养老保险的缴费人数，使得基金收入增长乏力。

同时，东北三省老年人口占比大，老年人患病概率高、医疗需求大，导致医保基金支出增长迅速。一些患有慢性疾病的老年人需要长期服药和定期治疗，这使得医保在药品报销、诊疗服务报销等方面的支出不断增加。而年轻人外流严重，参保缴费人群相对减少，进一步加剧了医保基金的收支矛盾。

（四）农村教育相对薄弱

第七次全国人口普查数据显示，2020 年，东北三省总人口 9851 万人，接近 1 亿人，规模依然较大，但比 10 年前减少了 1101 万人。其中，黑龙江省减少了 646 万多人，是人口负增长的省份。根据国家统计局数据，辽宁省乡村人口从 2021 年的 1150 万人降至 2022 年的 1133 万人，吉林省乡村人口从 2021 年的 870 万人降至 2022 年的 852 万人，吉林省乡村人口从 2021 年的 1072 万人降至 2022 年的 1047 万人。

一方面，人口负增长使得东北三省农村学校的生源大幅减少，许多农村家庭为了让孩子获得更好的教育资源和发展机会，选择将孩子带到城市上学。这使得农村学校的学生数量锐减，一些学校甚至出现了班级规模缩小，学校难以维持正常的教学秩序的现象。另一方面，人口负增长也进一步削弱了农村教育的师资力量，导致教学质量下降。留下来的教师可能面临更大的教学压力，教学积极性受到影响，难以全身心地投入到教学工作中。

三　提升东北三省农村居民生活质量的对策建议

（一）推进农村三次产业融合发展，拓宽居民增收致富渠道

农村三次产业融合不仅能够吸引现代要素改造传统农业实现农业现代化，更能拓展产业功能和形成新的产业形态，培育农村新的增长点。首先，大力发展农村特色产业。例如，鼓励农产品加工、农村电商以及乡村旅游等特色产业，通过拓展产业链、构建供应链以及提升产业链，打造全面且高效的现代农业产业体系，实现农村居民增收渠道多元化。其次，促进农业经营提质增效。以推进小农户现代化为重点，并关注农民增收和经营活力，发展新型农业经营主体和农业社会化服务，探索多元化的适度规模经营机制，构建全方位立体化经营体系，通过不断提高新型农业经营主体规范化发展水平，持续增强小农户参与合作经营、共同增收的能力。再次，要发展新型农村集体经济，深化农村集体经济组织改革发展，巩固完善农村集体产权制度改革成果。借助新型农村集体经济的发展潜力，可以有效增强农村资源活力，促进集体资产保值增值，有利于实现农村集体资产价值，保障农民稳定的资产收益。最后，建立健全农村集体资产监督管理制度，维护广大农民在农村集体经济组织中的合法权益，让广大农民共享一二三产业融合发展中带来的红利。

（二）促进农业劳动力高质量就业，稳定农村劳动力非农收入

高质量的充分就业不仅关系到人民的收入和生活，同时也是经济增长和社会发展的重要动力。一是要落实减税降费政策，着力改善市场主体预期。政府应当给予招收农业户口应届生的企业提供就业补贴、扩岗补助、税收优惠等政策倾斜措施，积极提升小微企业吸纳就业的能力。二是完善就业服务体系。积极建立创新创业平台，加大创业政策扶持力度，促进农村青年群体创新创业。并且运用大数据技术，完善就业信息共享平台，缩短劳动力工作搜寻与就业岗位空缺的匹配时间，帮助农村劳动力提高就业精准度。三是要完善区域间知识交流和有组织劳务输出机制，加强对高校毕业生、农民工、就业困难人员等重点群体的就业帮扶，推进技能培训和职业培训，尤其是提高农村中低技能劳动力的数字技术适应能力。此外，不仅需要持续完善劳动力失业保险制度，为失业人员提供基本生存保障并鼓励其积极就业，还应做好农村大龄劳动力就业帮扶工作，积极推广在地区重点公共工程项目和农业农村基础设施建设中实施以工代赈，鼓励农村劳动力多渠道就业。

（三）发挥公共消费乘数效应，构建农村新型消费金融体系

公共消费是最终消费的重要组成部分，增加公共消费支出不仅可以直接提升消费率，还可以减少居民支出压力以及对未来预期的不确定性，间接提升居民消费率。由于公共消费包括社会消费和政府自身消费，在增加社会消费支出方面，应针对农村低收入群体发放消费券，增加消费补贴，并落实好城乡低保、抚恤补助等政策。同时，为适应居民消费方式的变化，应重点增加医疗、文化、养老等公共服务的预算支出，特别是增加欠账较多区域、农村以及偏远山区的公共消费，从而有助于提高居民的实际消费水平。对政府自身消费方面，则应当严格控制行政管理成本，控制或减少不必要的公共消费。除此之外，农村新型消费金融体系的构建旨在通过提供适合农村特点的金融服务和产品，满足农村居民的金融需求，提高其消费能力。因此，还应加快金融产品和模式创新，确保金融体系支持消费率提升。一方面要推动数

字金融工具发展，加强大数据、云计算、区块链等科技手段的运用，推动移动支付、数字货币预付消费等数字金融工具的广泛使用，完善网上支付功能。另一方面则是加快健康养老领域金融产品研发，探索养老储蓄、养老基金、养老租赁等创新产品设计，加快健康保险产品开发，完善相关产品设计和定价。

（四）完善农村居民医疗养老保障体系，强化社会保障功能

在地区巨量的人口规模条件下，完善和健全社保制度是实现人民共建共享改革成果的重要保障。一方面，要完善医疗保险体系，加快发展以基本医疗保险为基础，以医疗救助为支撑，以补充医疗保险、商业健康保险、慈善捐助和医疗互助为补充的医疗保障体系。提高医保报销水平，减轻大病患者经济负担，将慢性病、罕见病药品和器械纳入医保目录。加快建立长期护理保险制度，改善对孤寡、失能、残障等特殊老年人的服务；对农村老年群体，要发展新型合作医疗，加大对农村卫生基础设施的投入，加快推进城镇医疗资源下沉。另一方面，需要加快发展多层次、多支柱养老保险体系，提高居民特别是农村居民的养老保障水平，实施养老保险基金投资运营，建立基础养老金长效增长机制。而随着区域互联网和大数据技术的兴起，社保数据的应用越来越重要。通过信息技术开展社会保障相关活动，可以消除社会保障制度的信息技术障碍，提升社会保障部门与其他部门之间的协作效率，推动社会保障制度高质量发展。因此，还需要借助大数据等技术手段，不断提高农村地区养老服务的质量和可及性，加快弥补农村地区养老基础设施的不足，促进乡镇与城市之间养老服务网络的发展。

（五）持续提升农村基础设施要素支撑，助力缩小城乡收入差距

一是加大资金投入。积极探索创新资金投入方式，加快建立健全"政府引导、市场主导"多元化投入格局，夯实城乡基础设施互联互通的资金保障基础。创新财政投入机制，加大财政投入，提高财政投入的针对性和导向性，疏通财政支持渠道重点聚焦城乡基础设施互联互通中存在的差距和薄

弱环节。充分发挥公共财政资源的能动性，引导社会资本加大对城乡基础设施一体化建设的投入，调动内生发展潜力，增强"造血"内循环能力，切实提高财政资金和社会资本的使用效率。二是强化科技支撑。围绕重点领域和薄弱环节，畅通科技供需渠道，确保科技供需双方有效衔接。要持续加大科技创新政策供给力度，不断完善科技创新和生产力转化体系，积极引导高等院校、科研院所、旗舰企业等科研单位，加强科技创新基础设施和农村社区建设，充分利用产学研深度融合的优势，确保科技成果等尽快转化为现实生产力。创新科技激励和利益分配机制，让更多优秀科技人员投入到农村基础设施建设和农村人居环境整治领域。三是强化人才基础。建立稳固的农村基础设施建设人才培养体系，重点培养愿意长期从事农村基础设施建设的新型农民，提高其施工、运维等技术水平。此外，破除城乡人才自由流动壁垒，畅通人才双向流动渠道，完善高素质人才吸引培养制度，设立城乡基础设施一体化人才吸引培养专项资金，鼓励人才下乡返乡投身城乡基础设施一体化建设事业。

参考文献

［1］金燕华、刘昌平、汪连杰：《城乡居民医保整合改善了农村居民的生活质量吗——基于医疗、健康与经济三维视角的政策绩效评估》，《社会保障研究》2023 年第 3 期。

［2］申云、尹业兴、钟鑫：《共同富裕视域下我国农村居民生活质量测度及其时空演变》，《西南民族大学学报》（人文社会科学版）2022 年第 2 期。

［3］刘双艳、张晓林：《中国农村居民生活质量评价》，《经济问题》2018 年第 10 期。

［4］彭浩、曾刚、徐中民：《黑河流域居民生活质量研究》，《人文地理》2009 年第 4 期。

B.16
东北三省农民增收问题研究

殷嘉成*

摘　要：　农民收入问题始终是社会发展的重大问题，也是我党工作的重中之重，自党的十八大以来，一系列惠农政策取得了历史性的巨大成功，全面建立了小康社会，解决了绝对贫困的问题，农民生活得到改善，但是农民始终是占比最高的脆弱性群体，返贫风险较大，应对冲击能力较弱。东北三省是我国粮食主产区，承担着保障我国粮食安全的重要任务，从事农业生产活动的群体众多，如何促进农民持续性增收仍是当前解决"三农"问题的核心内容。为此本文对当前东北三省农民群体收入现状及其构成进行了梳理，寻找农民增收过程中存在的问题，并提出对策和建议：保障农民工资性收入稳定增长，深入挖掘农村内部产业增收潜力，持续深化农村经济改革，推动农业生产经营配套服务升级，加快支农政策的优化调整。

关键词：　农民增收　共同富裕　东北三省

2024 年 7 月召开的党的二十届三中全会提出"在发展中保障和改善民生是中国式现代化的重大任务"，2024 年 12 月召开的中央农村工作会议和 2025 年中央一号文件都明确提出要强化农民增收举措。东北三省近年来积极落实中央关于农村工作的部署，取得良好成效，农民收入显著提高。

---

* 殷嘉成，吉林工商学院财税学院讲师，主要研究方向为农业经济、区域经济。

一 东北三省农民收入增长现状

（一）农民人均可支配收入持续提升

图 1 为 2021~2024 年全国以及东北三省农村居民人均可支配收入增速，2021 年增速较快可能是由全球性突发公共卫生事件导致的 2020 年经济较为低迷，2021 年恢复正常生活后农民收入增速放缓至正常水平，但是从整体来看，虽然东北三省农民收入水平持续提升，但是收入增速低于全国平均水平，仅在 2023 年辽宁省农民收入增速高于全国平均水平 0.2 个百分点，2024 年吉林省农民收入增速与全国平均持平。

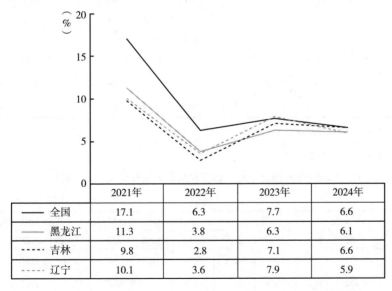

	2021年	2022年	2023年	2024年
—— 全国	17.1	6.3	7.7	6.6
—— 黑龙江	11.3	3.8	6.3	6.1
---- 吉林	9.8	2.8	7.1	6.6
---- 辽宁	10.1	3.6	7.9	5.9

图 1　2021~2024 年全国及东北三省农村居民人均可支配收入增速

资料来源：《中国农村统计年鉴》、《中国住户调查年鉴》、国家统计局网站。

表 1 至表 4 展示了 2021~2024 年全国和东北三省农村居民人均可支配收入及其构成情况。

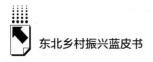

表 1　2021 年全国及东北三省农村居民人均可支配收入及其构成

单位：元，%

	可支配收入		工资性收入		经营性收入		财产净收入		转移净收入	
	总额	占比	总额	占比	总额	占比	总额	占比	总额	占比
全国	18931	100	7958	42	6566	34.7	469	3.5	3937	20.8
黑龙江	17889	100	3322	18.6	9354	52.3	1109	6.2	4104	22.9
吉林	17642	100	4302	24.4	10161	57.6	388	2.2	2791	15.8
辽宁	19217	100	7109	37	8667	45.1	397	2.1	3044	15.8

资料来源：《中国住户调查年鉴（2024）》。

表 2　2022 年全国及东北三省农村居民人均可支配收入及其构成

单位：元，%

	可支配收入		工资性收入		经营性收入		财产净收入		转移净收入	
	总额	占比	总额	占比	总额	占比	总额	占比	总额	占比
全国	20133	100	8449	42	6972	34.6	509	2.5	4203	20.9
黑龙江	18577	100	3417	18.4	9698	52.2	1310	7.1	4152	22.3
吉林	18134	100	3985	22	11058	61	460	2.5	2632	14.5
辽宁	19908	100	7442	37.4	8831	44.4	423	2.1	3212	16.1

资料来源：《中国住户调查年鉴（2024）》。

表 3　2023 年全国及东北三省农村居民人均可支配收入及其构成

单位：元，%

	可支配收入		工资性收入		经营性收入		财产净收入		转移净收入	
	总额	占比	总额	占比	总额	占比	总额	占比	总额	占比
全国	21691	100	9163	42.2	7431	34.3	540	2.5	4557	21
黑龙江	19756	100	3724	18.9	9877	50	1442	7.3	4713	23.9
吉林	19472	100	4373	22.5	11595	59.7	535	2.8	2969	15.3
辽宁	21483	100	7952	37	9585	44.6	487	2.3	3459	16.1

资料来源：《中国住户调查年鉴（2024）》。

表4　2024年全国及东北三省农村居民人均可支配收入及其构成

单位：元，%

	可支配收入		工资性收入		经营性收入		财产净收入		转移净收入	
	总额	占比	总额	占比	总额	占比	总额	占比	总额	占比
全国	23119	100	9799	42.4	7845	40	580	2.5	4895	21.2
黑龙江	20963	100	—	—	—	—	—	—	—	—
吉林	20704	100	4662	22.5	12112	58.5	580	2.8	3350	16.2
辽宁	22744	100	—	—	—	—	—	—	—	—

资料来源：国家统计局、黑龙江省统计局、吉林省统计局、辽宁省统计局官方网站。

工资性收入增长较为平稳，是农民增收的重要引擎。近年来，东北三省各级政府不断加大对创业就业的支持力度，通过支持农民外出务工，提供对接平台，以及优化营商环境，为农民创业活动提供税收优惠政策、财政补贴等手段，使得农民工资收入水平稳步提升。

经营性收入占比最高，是农民收入增加的主要来源和最大动力，远高于全国经营性收入的所占比重，这是由于东北三省都是产粮大省，近年来受到粮食价格稳定、产量不断提升的影响，第一产业经营性净收入保持稳定增长，随着国家对东北农村居民的各项政策扶持和资源倾斜，经济稳步向好，各类新型经营主体增添了市场活力，同时近年来东北乡村旅游火爆，吸引了大量游客消费，二三产业经营性净收入逐步成为经营性收入的重要组成部分。

财产净收入虽然数额总量较低，但却是农民增收的多元补充。随着新型城镇化的不断推进，农村常住人口不断减少，村中多为老年人和幼童，无力耕种土地导致弃荒、抛荒，而农村集体产权制度改革有效利用土地资源，承包土地经营权转让收入为农民增收拓宽了渠道，带动了农村居民财产净收入的增长。

转移净收入稳步增长，是农民增收的重要支撑。近年来，由于城乡基本医疗保险和基本养老保险一体化改革不断深化，农村居民养老金标准继续上涨，医疗保险报销比例提高。此外，东北三省重点帮扶县数量

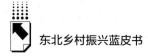

较多，农村居民得益于各项补贴和政府救助政策，转移净收入稳定增长。

（二）城乡收入差距不断缩小

东北三省城乡二元化的经济结构矛盾较为突出，城乡收入差距是二元化经济结构的重要体现，虽然近年来我国政府加快了户籍制度改革，致力于破除体制障碍，但是长期存在于社会的城乡二元化经济体制根深蒂固，成为阻碍城乡一体化发展的重要因素。

2024年7月，吉林省农业农村厅召开促进农民增收工作会议，确保吉林省农民收入增长提速，把实现农民增收作为"三农"工作的中心任务，此次会议确立2024年农民增收的主要目标就是，在实现"两个高于"（农民收入增速高于GDP和城镇居民收入增速）的基础上，切实扭转与全国平均水平差距不断拉大的局面。①

表5展示的是2021~2024年全国及东北三省城乡居民人均可支配收入及其比值，城镇居民人均可支配收入与农村居民人均可支配收入的比值代表城乡收入差距，除2022年黑龙江省城乡收入差距同比扩大0.01外，2021~2024年全国及东北三省城乡间的收入差距在持续缩减。

表5　2021~2024年全国及东北三省城乡居民人均可支配收入及其比值

单位：元

年份		全国	黑龙江	吉林	辽宁
2021	城镇	47412	33646	35646	43051
	农村	18931	17889	17642	19217
	比值	2.5	1.88	2.02	2.24
2022	城镇	49283	35042	35471	44003
	农村	20133	18577	18134	19908
	比值	2.45	1.89	1.96	2.21

---

① 《四套"组合拳"打赢农民增收"仗"》，吉林省农业农村厅网站，http://agri.jl.gov.cn/xw/stdt/202307/t20230712_3345685.html。

年份		全国	黑龙江	吉林	辽宁
2023	城镇	51821	36492	37503	45896
	农村	21691	19756	19427	21483
	比值	2.39	1.85	1.93	2.14
2024	城镇	54188	38212	39157	47982
	农村	23119	20963	20704	22744
	比值	2.34	1.82	1.89	2.11

资料来源:《中国农村统计年鉴》、《中国住户调查年鉴》、国家统计局网站。

此外,东北三省城乡收入差距显著低于全国平均水平,从东北三省内部收入差距来看,辽宁省收入差距最大,吉林省次之,黑龙江省最小。随着各项政策稳步落实并取得积极效果,在实现城乡居民收入增长的前提下更加注重公平,城乡收入差距不断缩小。

(三)政策落地支持农民实现增收

东北各地区积极促进农民就业增收,加大对农民工就业创业的支持力度,深入开展面向农民工的职业培训活动,提升职业技能。切实为农民工提供就业帮扶,做好就业服务工作,维护好农民工权益,如黑龙江省人社厅2024年4月印发《关于进一步做好支持农民工就业创业工作的通知》,辽宁省出台了《关于进一步支持农民工就业创业促进增收致富的若干意见》,旨在稳定农民工就业形势。积极落实国家建设返乡入乡创业园试点、农村创业孵化实训基地建设工作,带动农民工实现就业创业增收。

东北农村地区具有丰富的自然资源,通过对自然资源的有效利用,积极打造品牌农业新业态,着力推动休闲农业发展,辽宁省于2023年打造知名农产品品牌30个、23条精品景点线路,休闲农业和乡村旅游接待游客量5355万人次,营业收入115亿元。数字经济作为新质生产力在推动农民增收过程中发挥着重要作用,辽宁省2023年全年网上零售额达到205亿元。2023年吉林省出台了一系列政策举措,如投放冰雪消费券3000万元,对组

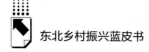

织省外游客入吉的旅行社给予奖补，为吸引社会资本参与乡村旅游项目投资，对项目进行补助和贷款贴息，最高奖补 800 万元。黑龙江省委省政府《关于做好 2023 年全面推进乡村振兴重点工作的实施意见》中提出支持家庭农场组建农民合作社，带动小农户合作经营共同增收，促进农业经营增效等。

从古至今农民的最大财产来自土地，如何处理好农民和土地的关系是"三农"工作的主线。为加速实现共同富裕以及乡村振兴，基层政府不断深化土地制度改革，扎实搞好确权，稳步推进赋权，有序实现活权，让广大农民更多分享改革红利，包括第二轮土地承包到期后再延长 30 年的试点工作，农村宅基地制度改革盘活闲置资源，巩固提升农村集体产权制度改革成果，完善农村产权交易市场体系建设等措施，稳步提升农民财产净收入。

二　东北三省农民增收过程中存在的问题

（一）农民工资性收入水平较低

表 1 至表 4 的相关数据表明东北三省的工资性收入无论是在总量上还是在收入份额所占比重上都远低于全国平均水平。当前，东北三省面临着产业结构转型升级的关键时期，劳动力的专业知识水平和技能素质面临着更高要求，但是当前农民群体受教育程度普遍偏低，无论是现代化思想观念还是工具使用能力、信息搜索能力，都与新兴产业的发展不相匹配，不能满足用工单位需求，阻碍了农民增收。传统的劳动密集型产业逐渐被技术密集型产业所替代，而农民往往由于人力资本水平较低无法适应行业需求，大部分外出务工的农民就业多集中在入职门槛较低的餐饮、快递等行业，就业不够稳定，而且对于农民年龄有所限制，工资性收入增长受限。

外出务工收入是农民收入的重要组成部分，虽然各地区相继出台促就业政策，部分农民群体得益于政府支持，在很大程度上减少了就业信息搜寻成本，缓解了信息不对称引致的就业难问题，收入得到显著提升，但是从整体上来看，当前受到国内外经济环境的冲击，劳动密集型企业发展受到影响不及预期，就业岗位需求减少，低人力资本的农民工群体在高附加值、高端产业就业难度大。

（二）农民经营性收入效益不高

保障农民从事农业的经营性收益是实现农民增收的重要途径，虽然近年来收益总量上有所提升，在总量和收入份额所占比重上都超过全国平均水平，但这是由于东北三省农民的主业就是种养业，农业经营性收入是农民最重要的收入来源，以此来看农民经营性收入水平还是偏低。农民收益偏低会直接影响到其从事农业生产的积极性，对增收的目标产生不利影响。同时，近年来受到国内外经济波动的影响，种子、农药、化肥、饲料等价格提升，劳动力使用成本增加，导致农业生产成本逐渐攀升，压缩了农产品的利润空间，农产品市场价格波动较大，加之缺乏现代化农业经营管理模式，依靠传统种植业和养殖业提升收入的途径难度较大。此外，当前东北三省农业产品依然停留在初级加工阶段，产业链条延伸不足，难以实现农产品的增值，制约了农民农业经营性收入的稳定增长。

除此之外，对农民非农业经营性收入发掘还不够充分。一是东北三省乡村特色产业同质化情况比较严重，近年来冰雪旅游和乡村旅游产业在东北的爆火，引致各地竞相模仿，部分地区忽略自身发展优势和资源禀赋条件，盲目投资导致市场拥挤、产品过剩和供需失衡，缺乏特色和创新的产品会削弱产品的市场价值，不仅不利于农民增收，反而增加了农民投资失败的风险。二是乡村产业发展存在明显短板，各类乡村人才深耕农村的意愿低，金融资本进入农村市场的意愿不强，数字化基础设施条件不足制约生产力发展，多种因素阻碍着农民实现高收益经营。

（三）财产性收入有待进一步挖掘

在挖掘财产性收入方面，黑龙江省在总量上和收入份额所占比重上都远超过全国平均水平，而吉林省和辽宁省的挖掘还不充分。农民的财产性收入

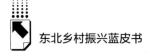

主要来自租赁、耕地流转、利息、股息和红利等。农民财产性收入很大一部分来源于集体资产的收益分配，东北农村地区依然存在大量尚未有效利用的资源资产，管理不规范、相关机制体制建设不健全等诸多问题导致农民分享到的收益较为有限，保障民生需建立在农村经济健康可持续发展的基础上，集体经济壮大极为重要。另外，农村金融的发展有待深化，尽管东北三省已经实现了机构网点的全覆盖，但是与城市相比，其服务质量不高，金融产品也较为单一，业务开展以存取款为主，削弱了农民通过金融资本实现增收的可能性。

（四）缺乏农业生产经营配套性服务

经营性收入始终是农民最主要的收入来源，配套性服务是推进农业现代化、维护农民收益的重要保障，然而当前缺少各类配套服务的问题已经严重制约了现代化进程和农民增收。一是城乡间物流配送服务体系不完善，运输成本较高，冷链储存环节建设不足，销售渠道不畅通导致农产品难以开拓市场。二是农业风险防范服务不足，农业生产面临风险较高，不仅有自然风险，还有市场风险，保险产品作为农民最后一道保障能够及时化解风险，然而目前东北三省农业保险面临着发展滞后、保障程度低的局面，导致农民生产活动面临着较大的不确定性。三是现代化手段推广普及服务水平较低，数字化的生产管理方式普及程度不足，农业技术推广效果不佳，机械化生产工具利用效率较低，农民生产活动缺少现代化手段的支撑阻碍了其进一步增收。

（五）支农政策的调整缺少灵活性

党的十八大以来，政府持续加大对东北三省"三农"事业的投入，并取得了积极成效，对缓解社会差距和促进社会发展方面起到了重要的推动作用，以各类补贴和救助资金为核心的转移性收入成为农民收入的重要来源，在吉林省和辽宁省成为第三大收入来源，在黑龙江省甚至成为仅次于经营性收入的第二大收入来源，在推动农民增收的过程中起到了"稳定器"的作用。但是随着经济下行压力的增大，财政收入增速放缓，农民所获取的转移净收入在未来可能面临着缩减，同时继续加大对"三农"的补贴可能也会引发"福利依赖效应"，过度追求实现社会公平，反而不利于效率的提高，无助于提高农民的内生发展动力。

农村居民收入的市场化体制建设不健全，随着生产成本的提升和粮食最低收购价的调整，东北三省作为粮食主产区，种粮农民的增收空间会进一步压缩，增收速度会进一步放缓，尽管市场化的农产品价格机制已经形成，但是政策性的调控手段依然处于支配地位，影响市场发挥资源配置作用。政府的过度干预会影响到市场的正常运行，当前部分农业领域政府干预机制建设滞后，政策的实施和执行有违市场规律。此外，基层权力的运行在公共服务和公正监管方面存在短板，存在"一刀切"的问题，有时会侵犯市场主体的合法权益，农民作为弱势群体受到的影响冲击更强烈，不利于实现收入的平稳增长。

三 促进东北三省农民实现进一步增收的对策建议

（一）保障农民工资性收入稳定增长

工资性收入是东北三省农民增收的重要动力，为进一步推动农民收入持续增长，首先，了解市场和用人单位招聘需求，有针对性地加大对农民专业技能的培训力度，提高农民外出务工就业质量，提供全方位就业服务，包括加快建成就业信息平台，帮助农民工和用人单位对接、提供就业指导等，充分利用城市就业拉动作用，积极引导农民外出务工，提高就业匹配度，稳定就业形势。其次，优化农民就业政策，创造良好的就业环境，为低技能农民提供更多就业机会，拓宽就业渠道，东北三省经济发展较为落后，农民受教育水平有限，无法快速实现由低素质劳动力向高素质劳动力的快速转变，而且部分农民具有季节性就业和临时性就业需求，农忙时依然要从事农业生产活动，推动在家政服务、养老托育领域以及公益性岗位等低门槛行业的就业

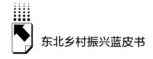
是必要的。最后，保护外出务工人员合法权益，确保农民工收入稳定，完善就业保障，加快落实最低工资标准，进一步健全工资按时支付体制机制，加快实现城乡居民公共就业服务均等化，推动实现平等就业。

（二）深入挖掘农村内部产业增收潜力

政府要进一步优化产业发展政策，加快推进农村一二三产业融合发展。加快打造农业品牌，提高产品质量，探索建立农产品高标准化认定，保障农产品安全，促进农业高质量发展，通过农产品深加工延伸产业链的方式提升产品价值，增加农民收入。绿色农业是农业未来的发展方向，加快推动传统农业向绿色农业转型，促进农药减量增效、将畜禽粪污转化为生态肥料、秸秆农膜综合利用，利用先进技术手段缩减生产成本提高收益。

鼓励农民增收途径多样化，发展乡村新业态创新增收方式，根据当地区域特点和资源禀赋条件大力发展乡村特色产业，拓展农业休闲旅游、观光体验、教育研学等功能，鼓励开展多元化、差异化、个性化特色产业，构建高效创新型现代化产业体系。同时，要加快补齐乡村产业发展短板，加大对农村网络基础设施建设的投入，缩小城乡信息壁垒和数字鸿沟，提升现代信息技术在农民增收领域的应用与服务，继续深化推进电子商务进农村工作，加快农村电商和直播带货在营销环节的推广应用，营造良好的农民创业增收的环境。

（三）持续深化农村经济改革

发展农村集体经济是促进财产净收入增加的重要途径，要加快农村集体资产确权登记进程，通过各类资源的有效利用，激发农村要素市场活力，实现集体资产的保值增值，完善集体资源资产产生的收益公平分配至集体成员，不断深化农村集体经济制度改革，增强农村集体经济实力，缩小区域间的发展差距，带动农民持续增收。

不断深化农村经济改革，实现资源和资产的优化配置，加快出台土地承包的配套细则，搭建土地市场交易平台，建立健全土地经营权退出机制，提高农民土地收入的稳定性。继续巩固提升农村集体产权制度改革成果，加快相关法治体系建设，深化农村集体经济组织改革与发展。持续推进农村宅基地改革工作进程，全面开展宅基地确权登记颁证，鼓励农民将闲置宅基地使用权进行流转交易，增加农民财产性收入。

完善农村金融政策，发挥农村普惠金融的作用，加大对农民的金融支持力度，不断提升金融服务的质量，鼓励机构为农民提供丰富多样化的金融产品，放宽财产抵押标准，打破城乡金融服务的不平等，使农民资产配置具有更多选择性。

（四）推动农业生产经营配套服务升级

一是提升农产品在加工、储存、运输、销售环节的服务水平，继续推进全国农业全产业链典型县和农产品产地冷藏保鲜整县推进试点县工作，扶持加工企业发展，加强储存设施建设，提高农产品加工水平和储存保鲜能力，在运输环节提升运输效率，保证产品运输能力，帮助农民拓宽销售渠道，保障农产品的变现。

二是建立健全风险防范制度，提升农业保险服务质量和水平，降低农业生产风险，提升农民的风险应对能力。加快农业金融产品创新，丰富农业保险的险种类别，对产品进行合理定价，鼓励农民购买农业保险产品，针对自然灾害导致的歉收绝收情况建立专项援助基金，提高农业保险的保障程度。

三是要提高现代化手段的推广普及服务能力，进一步健全农业技术推广体系，加大经费投入，加强与高校、科研机构的合作，以现实问题为研究导向，增强农业技术的成果转化率。加大对农村网络基础设施的投入，发挥数字经济作为生产要素的重要作用，利用数字化手段为农民就业创业提供信息服务保障，为农业生产经营活动提质增效开拓市场。东北三省地势平坦，平原面积广大，大规模机械化是东北三省农业的发展趋势，单纯增加农民劳动力的数量不再是现代化农业的需求，因此要加快培育职业农民和高素质农民，使其拥有较强的管理能力和高水平的机械使用和农业生产专业知识。

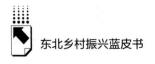

（五）加快支农政策的优化调整

保护农业发展，实现农民增收需要准确处理好政府与市场的关系，发挥政府支持机制和市场价格形成机制的协同作用。尽管政府的补助和补贴起到了为农民生活保障的兜底作用，但是这种直接给予个人的补贴方式可能引起个体的依赖心理，反而使其失去内生发展动力，长久来看不利于农民的可持续增收，因此要进一步优化对农民的直接补贴政策。政府补贴和补助应逐步转向产业链前端的科研和产业链后端的深加工，加大对乡村新业态的支持力度，政府要将资金更多地用于农业基础设施建设、科技研发推广、产品运输流通等方面，更好地提高生产效率和质量水平，保障增收的可持续性。

在保障农民收入特别是保障种粮农民收入方面，在继续发挥粮食最低收购价格的补充性作用之上，要保证市场的基础性作用。政府需要遵循市场规律，减少对市场的直接干预，让市场发挥主导作用，引导资源合理配置，让粮食价格逐步回归市场化。同时，政府的监督管理要防止"一刀切"现象的发生。

参考文献

［1］杜志雄：《持续推动农民增收的几点思考》，《中国人口科学》2024 年第 1 期。

［2］涂圣伟：《面向共同富裕的农民增收长效机制构建》，《改革》2023 年第 4 期。

［3］孙同全：《农民增收与农村共同富裕》，《中国金融》2022 年第 11 期。

［4］汪为、万广华：《促进农民持续增收：主要瓶颈、实现路径与政策优化》，《中州学刊》2024 年第 2 期。

［5］王亚红、韦月莉：《农业新质生产力对农民增收的影响》，《农林经济管理学报》2024 年第 4 期。

［6］张远新：《全方位拓宽农民增收致富渠道》，《人民论坛》2024 年第 3 期。

［7］高鸣、胡原：《坚持促进农民持续增收：愿景、挑战和战略构想》，《南京农业大学学报》（社会科学版）2023 年第 6 期。

B.17

东北三省农村基础教育发展问题研究

王湘涛*

摘　要：　农村基础教育在我国整个教育体系中扮演着举足轻重的角色。党的二十大以来，东北三省农村教育事业发展取得长足进步，经费投入、办学条件、师资力量等方面也得到了全面发展，但农村基础教育整体状况还比较薄弱，尤其在家长管理、学生生源、教师外流等方面表现较为明显，需进一步加强顶层设计与整合教育资源，完善农村基础教育体系建设，持续推动城乡学校集团化、一体化发展，提升农村教育现代化与智能信息化水平，加大投入提高教学质量和管理水平，多层面全方位持续发力，从而补齐东北三省农村基础教育发展的短板。

关键词：　农村基础教育　教育资源整合　农村教育现代化　城乡学校集团化

党的二十大报告指出，要缩小城乡教育差距，为农村学生提供更加公平、优质的教育资源，让农村孩子在家门口就能享受到高质量的基础教育。农村基础教育作为乡村教育的重要组成部分，要为乡村振兴和城乡融合发展培养人才，促进城乡之间的教育要素流动和共享，推动城乡教育协调发展，实现城乡教育一体化发展，提升农村基础教育对城乡融合发展的支撑作用。东北三省作为我国重要的工业基地和农业产区，农村基础教育的发展不仅关系到农村地区学生的成长和未来，也对东北三省的经济振兴和社会稳定起着

---

* 王湘涛，长春光华学院广播电视编导系主任，讲师，主要研究方向为影视摄影艺术与传媒教育。

至关重要的作用。随着中国式现代化教育高质量发展的进程，东北三省必须摒弃旧观念、拓展新思路，依托东北区域优势资源，为东北三省农村基础教育的可持续发展提供创新路径。

一 东北三省农村基础教育发展现状

农村教育与乡村振兴之间存在着较强的互动效应，乡村振兴必须教育振兴，最大限度做到教育公平，保证教育资源合理配置，逐步缩小城乡差距，用优质教育为乡村振兴注入更多发展动力与活力。[①] 农村基础教育的建设发展是农业转型问题和农民民生问题得以解决的关键，也是我国教育现代化的重要任务之一，更是我国社会主义现代化进程中必须要完成的任务。

（一）人口动态变化影响基础教育阶段学生数量变化

通过对 2020~2023 年《中国统计年鉴》数据整理与分析发现，东北三省人口负增长趋势明显，从 2020 年的 9825 万人下降到 2023 年的 9583 万人，且农村人口占比从 32.37% 持续下降到 30.68%。近年来，随着东北振兴战略的实施，东北城市化进程的推进，东北三省拉响了人口警报，人口呈现出从农村到县城、从县城到大城市、从北向南的流动趋势，农村空心化及人口老龄化严重，从而加剧了农村人口及出生率持续下降的情况，且出生率低于全国平均水平，从而直接影响农村基础教育阶段学生数量。农村人口数量的减少和出生率的持续低迷，导致农村基础教育阶段学校招生数量呈现出逐年减少的趋势。从 2019 年到 2023 年，农村学校中小学生总数年均减少8.21%，招生人数年均减少 15.16%，且农村学校招生占比持续下降，招生规模越来越小。

[①] 许佰雁、樊圆圆：《东北三省乡村教育振兴发展问题研究》，载张磊、王昆主编《东北地区乡村振兴发展报告（2023）》，社会科学文献出版社，2023。

（二）农村中小学校数量及规模逐渐减少

随着中小学学生数量的逐渐减少，东北三省农村的中小学校数量及规模也在不断地缩减，呈现出连年递减的趋势，从 2019 年到 2023 年年均减少 589 所，且农村中小学数量占比年均减少 1.06 个百分点；其根本原因在于农村适龄儿童数量大幅减少，如许多小型学校由于生源不足，不得不面临合并或者被撤销的命运，从而加剧了农村学校规模的逐年缩小。仅 2023 年全国范围内就有超过 5600 所小学关闭，东北三省尤为严重，这一现象揭示了教育资源的流失，也反映了农村地区人口结构和教育需求的深刻变化。

（三）各地政府对农村基础教育重视程度不断提高

东北三省各级政府积极采取行动，陆续出台了一系列的政策措施。这些政策的核心目标是将农村教育放在优先发展的战略位置，以确保农村地区的孩子们能够接受到优质的教育资源和教育环境，其中包括增加教育投入，改善农村学校的基础设施，提高农村教师的待遇和职业发展机会等，如黑龙江省教育厅 2024 年初举行了巩固拓展脱贫攻坚成果同乡村振兴有效衔接的工作总结会议，明确了入学率和资助率等关键指标，并实施了"四个体系"的闭环工作落实机制，以确保乡村教育工作的有序进行。有些地区以国家考核评估为导向，持续增强意识，确保教育政策的底线不被突破，将农村教育的发展状况纳入政府工作的考核体系中，从而促使各级政府更加重视农村教育的发展。

（四）农村学校教育经费投入越来越大

虽然东北三省农村基础教育面临诸多挑战，但农村学校教育经费投入越来越大，显示出政府和社会各界对农村教育的重视和决心。如吉林省委省政府认真贯彻落实党的教育方针，始终把教育摆在优先发展的战略地位，以办好人民满意的教育为目标，12 个县市实施农村义务教育学生营养改善计划，累计受益学生超过 84 万人次。"十四五"期间，累计规划投入资金 91 亿元，支持 2289 所中小学校改善基本办学条件。黑龙江省大力提升乡村教育，近 3 年各级财政累计投入超 180 亿元，新建和改扩建的学校数量达到了 1852 所，新增校舍和体育运动场馆面积超过了 300 万平方米，为学生提供了更加宽敞舒适的学习和运动环境。辽宁省不断加大财政投入，落实经费保障，从 2019 年至 2023 年，累计投入省以上补助资金 34.2 亿元，将基本办学条件改善与办学内涵质量建设相结合，持续改善农村基本办学条件，有序扩大城镇学位供给，稳步提升学校办学能力，推动城乡义务教育优质均衡发展。通过以上举措，东北三省农村基础教育的质量得到了显著提升，为缩小城乡教育差距、促进教育公平作出了积极贡献。

二　东北三省农村基础教育发展过程中存在的问题

东北三省农村基础教育在我国整个教育体系中扮演着举足轻重的角色，其重要性不容忽视。东北三省农村基础教育尽管地位显著，但仍然面临着一系列亟待解决的问题。

（一）生源外流、师资老龄化及联动机制不健全现象严重

1. 城乡教育质量差异导致生源的外流

自改革开放政策实施以来，中国的城市化进程，尤其是东北地区的城市发展迎来了翻天覆地的变化。东北三省作为新中国成立初期的重要工业基地，吸引了大量优质资源向城市集中。随着城市化水平的不断提升，城乡之间的发展差异日益显著，医疗、教育、劳动力等关键资源均呈现出向城市集中的趋势。城市地区在教育资源方面表现出更为丰富的多样性，教育理念更为先进，资金投入更为充裕，师资力量更为强大，基础设施更为完备，学生生源质量显著优于农村学校。相比之下，农村基础教育各方面都难以与城市学校相媲美。在这种情况下，为了让孩子接受更好的教育，许多农村家长选择将孩子送到城市学校就读，导致农村学校生源大量外流，从而催生农村学校空心化趋势。

2. 农村学校师资匮乏催生老龄化现象

东北三省农村学校的"空心化"现象催生了师资队伍老龄化现象。通过生师比这一指标进行分析,可以发现东北地区农村学校的生师比普遍偏高,这揭示了教师资源和教育资金投入的不足,特别是在农村基础教育阶段,专职教师的匮乏尤为显著,特别是农村学校的工作环境较为艰苦以及教师薪酬普遍偏低,吸引年轻教师到农村地区任教面临较大挑战,随着时间的推移,教师队伍的年龄结构逐渐趋向老龄化。农村教师即使通过参与继续教育和专业培训提升了学历水平,但在年龄结构上,青年教师所占比例依然较低,这反映出加强青年教师储备工作的迫切性。这种人才流失现象进一步加剧了农村学校师资力量的不足和教师队伍老龄化的趋势。

3. 校家联动不健全增加学生管理难度

在东北三省农村基础教育发展过程中,校家联动机制不健全,从而导致学生管理的空心化现象,即学校对农村学生管理的缺失和家长对学生管理的缺失。有一些家长对学校教育要求的理解和解释与学校方面存在明显的差异,他们只关注为子女提供物质上的支持,而很少参与到学校的教育活动中去。比如,他们中的一些人将子女接受教育视为孩子个人努力和学校教育责任范围内的事情,普遍缺乏对父母参与教育过程重要性的认识。这种作为"局外人"的身份定位,导致了学校在进行学生管理时难以获得家长的有效支持。

(二)农村学校基础教育发展不充分

1. 城乡学校义务教育集团化办学模式发展不均衡

为切实加强党对教育工作的领导,要坚持以新发展理念为指导,强化学校党建工作,贯彻立德树人的根本任务,深化教育体系的综合改革,并推进依法治教,统筹推进县域内城乡义务教育一体化改革发展。[1] 在当前阶段,东北三省的城乡学校在实施义务教育集团化办学模式方面已经取得了一些积

---

[1] 《全面推进城乡义务教育一体化改革发展十大措施出台》,《宁夏教育科研》2017 年第 3 期。

极的成果，但是为了进一步提升教育质量和效率，这种模式仍然需要不断地进行优化和改进。在集团化办学的推进过程中，我们注意到农村学校与城市学校在资源共享、师资交流等关键领域仍然存在一些不足之处。特别是对那些地理位置较为偏远、学校规模相对较小的农村学校来说，它们在实际操作中难以充分地享受到集团化办学所带来的各种优势和便利。城乡学校义务教育集团化办学在课程设置、教学方法等方面的统一规划和实施，在一定程度上无法完全贴合农村学校的特定需求和实际情况，进而需要我们对现有的规划进行细致的调整和完善，以确保教育公平和质量的提升。

2. 农村教育现代化与智能信息化水平有待提升

在当今社会，农村教育现代化和智能信息化的推进，已经成为缩小城乡之间发展差距的关键力量，这种力量的持续积累和增强，对形成强大的软实力至关重要。然而，东北三省农村地区与城市地区在发展水平上存在明显的差距，无论是在经济层面还是在科技与信息技术层面都处于落后位置。东北三省农村地区普遍缺乏先进的科技和信息技术设备，这直接影响了农村学校办学条件的改善，限制了学校教育的发展潜力。[1] 此外，农村地区的师资力量也普遍缺乏与现代信息技术相关的专业培训，导致许多教师在运用智能信息化教学手段时感到力不从心。这种技能的缺失，不仅限制了教师在教学过程中采用更为丰富和多样化的教学方法，也影响了学生参与学习的积极性。在智能信息化时代，信息的获取和处理能力已成为衡量一个人综合素质的重要指标，而农村学生在这方面与城市学生相比无疑处于劣势地位。这种劣势若不加以改变，将会进一步加剧城乡教育差距，影响农村学生的未来发展。因此，提升农村教育现代化与智能信息化水平，已成为当前农村基础教育发展亟待解决的重要问题。

3. 农村学校教师的教育家精神需进一步加强

教育家精神是教育家在从事教育研究、追求教育理想、践行教育理念过

---

① 刘杰：《"十四五"背景下农村义务教育存在的问题及解决策略》，《延边教育学院学报》2023 年第 6 期。

程中体现出来的对教育的态度情感、价值取向和职业操守，它决定了教育家对教育的看法和行为取向。[①] 在农村地区，教师的角色不仅仅局限于向学生传授知识，他们还承担着更为重要的责任，那就是传播现代文明的火种，传承社会的主流文化，并且传递国家的意志和精神。然而在当前的农村教师队伍中，我们遗憾地发现仍有一部分教师在改革创新方面的意识并不强烈，他们的教育教学观念往往显得陈旧，习惯于遵循旧有的教学模式，不愿意跳出舒适区去尝试新的方法。他们往往满足于现状，缺乏积极主动去探索和尝试新事物的精神，从而导致教学方法和内容难以与时俱进，并缺乏进一步思考和探索的精神，缺少解决问题的创新意识，东北三省农村学校教师的教育家精神有待进一步加强，进而有效地促进学生的全面发展。

三　东北三省农村基础教育发展的对策

各级政府必须将教育视为实施乡村振兴战略的关键组成部分和基础性工程，坚定不移地贯彻乡村振兴与教育优先发展的原则，致力于加速推进农村基础教育的进步，有效弥补教育领域的不足之处，全面提升教育质量，从而从整体上提高东北三省的教育教学发展质量和水平。

（一）政府主导、资源整合与制度创新推动农村基础教育高质量发展

1. 政府主导，加大农村基础教育支持力度

政府应充分发挥主导作用，要加强顶层设计，坚持长远规划，协调多方力量，细化实施方案，共同解决农村教育的短板。要坚持底线思维，做好乡村振兴战略规划，长远谋划，科学规划，加大财政投入力度[②]，确保农村学

---

① 吴叶林、徐涵、高凌希：《教育家精神融入高校教师教育：逻辑、功能与模式》，《黑龙江高教研究》2023 年第 4 期。
② 魏龙飞、丁莉：《当前农村教育发展面临的问题及对策》，《山西广播电视大学学报》2023 年第 1 期。

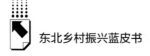

校的基础设施建设、教学设备更新以及师资培训等方面有充足的资金保障，实施一揽子政策，稳步推进农村教育发展，制定优惠政策，吸引优秀教师到农村任教，提高农村教师的待遇和地位，稳定农村教师队伍，优化农村教育资源配置，统筹兼顾乡村产业与农村教育发展，促进乡村教育现代化。

2. 整合教育资源，优化农村学校数量

根据农村人口分布和学生数量变化，合理整合教育资源，优化农村学校数量。对于生源不足、规模较小的学校，可以进行合并或转型，提高办学效益。同时，保留必要的小规模学校，确保偏远地区学生的受教育权利。在整合过程中，要充分考虑群众意见，做到"学校撤并取得群众同意，保留学校办到群众满意"。例如，积极推进基础教育学校布局结构优化调整试点工作，综合考虑常住人口数量、教育资源总量以及人口流动等因素，重点从保留、撤并、寄宿、转型四个方面进行优化，有效整合教育资源，提高中小学办学效益。

3. 推进制度创新，构建合理的农村教育体系

为了进一步提升农村教育水平，需要积极推进制度创新，构建一个合理且高效的农村基础教育体系，包括改革现有的教育政策，优化资源配置，提高教育质量，确保农村学生能够享受到与城市学生同等的教育资源和机会。加强农村教育的顶层设计，制定符合农村实际情况的教育政策和发展规划。在课程设置、教学方法等方面，充分考虑农村学生的特点和需求，注重培养学生的创新精神和实践能力。同时，还需要加强师资队伍建设，提升教师的专业素养和教学能力，以更好地满足农村教育的需求。通过全方位的制度创新和体系建设，我们有望在农村地区实现教育的均衡发展，为农村学生的未来打下坚实的基础。

（二）推动城乡学校集团化、一体化发展

1. 城乡协作开展集团化、一体化办学育人模式

积极推动城乡学校集团化、一体化办学育人模式，促进城乡教育资源共享和均衡发展。以优质城市学校为龙头，吸收农村薄弱学校组建紧密型或松

散型教育集团，通过管理重构、资源重组、体制创新，充分发挥优质教育资源的带动辐射作用。如吉林省已组建172个教育集团，覆盖763所义务教育学校，充分发挥地方教育行政部门统筹作用，组织优质校与新建校、薄弱校、农村校组建紧密型的教育集团，盘活教育资源，增强办学活力。坚持均衡配置，共享共赢，推动校际紧密合作，真正实现一体化"捆绑式"发展，持续扩大优质教育资源总量和覆盖面，实现全省义务教育学校集团化办学全覆盖。通过集团化办学，实现薄弱校和农村校校际差距不断缩小，从而提升教育教学质量。

2. 数字赋能建立远程教学平台，实现城乡教育资源共享

数字技术作为当今时代最具活力与变革性的力量，正以前所未有的速度赋能各个领域，推动世界朝着智能化、高效化、创新化的方向飞速发展。农村教育要充分利用数字技术赋能，搭建远程教学平台，从而促进城乡教育资源的共享。远程教学平台的搭建，可以让城市和乡村的学生都能获得优质的教育资源，打破地域限制，实现教育公平。教师们可以通过该平台进行在线授课、互动答疑，学生们也可以通过该平台获取丰富的学习资料和课程资源。这种创新的教学模式不仅可以提高教育质量，还能为乡村学生提供更多的学习机会，缩小城乡教育差距。

（三）进一步提升农村教育现代化与智能信息化水平

1. 营造良好的农村教育现代化和智能信息化环境

为了推动农村教育的现代化进程，需不断加大对农村教育现代化和智能信息化的投入，营造良好的发展环境。在农村学校的信息化基础设施建设方面，需配备计算机、多媒体、互联网等教学设备，确保农村学生能够接触到最新的科技和信息，并有专业的技术人员和维护人员进行管理和维护，从而提高远程教育在农村地区的应用效果，完善远程教育平台，提供优质的教育资源和学习机会。此外，还应鼓励和支持农村学校与企业和科研机构合作，共同推进教育现代化和智能信息化的发展，引入更多的创新技术和教育理念，从而为农村学生提供一个与城市学生相当的教育环境，缩小城乡教育差

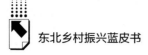

距，促进教育公平。

2. 提高农村教师数字信息素养和智能信息化能力

为了更好地满足农村教育现代化和智能信息化的需求，农村教师不仅需要掌握扎实的学科知识，还必须具备数字信息素养和智能信息化能力。这涵盖了熟练使用教育软件和平台，能够借助互联网资源进行备课和教学，以及运用大数据和人工智能技术进行教学分析和个性化辅导。同时，农村教师还应主动参与各类培训和交流活动，持续提升自身的专业素养和综合能力，为学生提供更优质、高效的教育服务。

农村教师还应发挥引领作用，成为乡村学生数字信息素养和智能信息化能力提升的榜样和导师。他们可以通过组织课外活动、兴趣小组等形式，激发学生对科技和信息技术的兴趣，培养学生的创新思维和实践能力。同时，农村教师还应积极引导学生正确使用互联网资源，避免网络沉迷和不良信息的侵害，为乡村学生的健康成长提供有力保障。通过这些努力，农村教师将更好地适应教育现代化和智能信息化的要求，为乡村教育的长远发展贡献力量。

（四）加大投入、提高教学质量和管理水平

1. 改善办学条件，提高教学质量，让学生"留下来"

习近平总书记提出，要牢固树立终身学习理念，加强学习，拓宽视野，更新知识，不断提高业务能力和教育教学质量，努力成为业务精湛、学生喜爱的高素质教师。[①] 为了提升学校的整体教育水平，吸引更多学生并使他们愿意留在农村学校，学校应当加大对基础设施的投入，确保教学楼、实验室、图书馆等硬件设施现代化、功能齐全，为学生提供一个舒适和高效的学习环境。课堂教学质量的提升需要教师全方位、多角度地探寻合适的教学策略[②]，如加强在职教师的培训和专业发展，提高教学质量，使学生在学习过

---

① 《习近平书信选集》第一卷，中央文献出版社，2022，第 10 页。
② 李春容：《"双减"背景下提高小学语文课堂教学质量的实践》，《天津教育》2024 年第 30 期。

程中能够获得更多的知识和技能，课堂上采用先进的教学方法和教学手段，激发学生的学习兴趣和学习动力。例如，长春市通过乡村教师跟岗培训、"名师牵手乡镇教师计划"等举措，加大对乡村教育的投入，提高乡村教师的专业素质和教学水平，从而推动乡村教育教学改革快速发展。

2. 提高教师待遇，开拓优秀青年教师"走进来"的良好局面

学校的教学质量主要依靠教师，因而农村学校应大力发展师资队伍。首先，要为优秀青年教师提供更多的职业发展机会和培训资源，帮助青年教师提升自身的教学能力和专业素养。其次，要加大农村教师的工资、补贴、职称评定等方面的政策支持力度，合理调整教师的薪酬结构，改善农村教师的工作和生活条件。最后，要改善教师的工作环境，提供必要的教学设施和科研支持，使他们能够更好地专注于教学和研究工作。通过这些措施，我们可以逐步形成一个良性循环，吸引更多优秀青年教师"走进来"，为教育事业注入新的活力和创新力量。

3. 重视农村学生的身心发展，强化家庭教育的作用

重视农村学生的身心发展，强化家庭教育的作用，是当前教育改革的重要任务之一。由县级教育主管部门成立乡村控辍保学机构办公室，设立专项资金，对特殊学生全部建档立卡。学校和教师要关注农村学生的心理健康，通过开展丰富多彩的体育活动和心理健康教育，帮助他们树立健康的生活习惯和积极的心态。学校可以组织定期的体育课程和课外活动，鼓励学生积极参与，增强体质。同时，配备专业的心理辅导老师，为学生提供心理咨询服务，帮助他们解决成长过程中遇到的困惑和问题。家庭教育在农村学生的成长过程中起着不可替代的作用。家长是孩子的第一任老师，他们的言传身教对孩子的成长有着深远的影响。因此，加强家庭教育的指导和支持显得尤为重要。可以通过举办家长学校、家长会等形式，向家长普及科学的教育理念和方法，帮助他们树立正确的教育观念，提高家庭教育的质量。[①]

4. 加强校家配合和管理水平，解决农村教育管理弱化问题

加强学校与家庭的配合，提高农村教育管理水平，解决农村教育管理弱

---

① 陈文庄：《新时代农村初中家校共育机制的改革》，《亚太教育》2024 年第 8 期。

化问题。通过建立更加紧密的沟通机制，确保双方在教育理念、教学方法和学生管理等方面达成共识，形成合力，学校要及时向家长反馈学生的学习和生活情况，听取家长的意见和建议，共同制订教育计划和管理措施。同时，为了提高农村教育管理的水平，要加强教育管理人员的培训，提升他们的专业素养和管理能力；建立健全各项管理制度，确保教育管理工作的规范性和有效性；加大对农村教育的投入，改善教育设施和教学条件，为学生提供更好的学习环境，从而解决当前存在的管理弱化问题，为学生的全面发展奠定坚实的基础。

参考文献

［1］许佰雁、樊圆圆：《东北三省乡村教育振兴发展问题研究》，载张磊、王昆主编《东北地区乡村振兴发展报告（2023）》，社会科学文献出版社，2023。

［2］《全面推进城乡义务教育一体化改革发展十大措施出台》，《宁夏教育科研》2017年第3期。

［3］刘杰：《"十四五"背景下农村义务教育存在的问题及解决策略》，《延边教育学院学报》2023年第6期。

［4］吴叶林、徐涵、高凌希：《教育家精神融入高校教师教育：逻辑、功能与模式》，《黑龙江高教研究》2023年第4期。

［5］魏龙飞、丁莉：《当前农村教育发展面临的问题及对策》，《山西广播电视大学学报》2023年第1期。

［6］韩振峰：《教师是立教之本　兴教之源》，《中国教育报》2014年9月5日。

［7］李春容：《"双减"背景下提高小学语文课堂教学质量的实践》，《天津教育》2024年第30期。

［8］陈文庄：《新时代农村初中家校共育机制的改革》，《亚太教育》2024年第8期。

专题篇 ⟫

B.18
东北地区乡村人才振兴研究

隋 鑫*

摘 要： 在全面建设社会主义现代化国家的新征程中，乡村振兴战略与东北全面振兴战略"双战略"背景下，东北地区乡村人才振兴肩负着维护国家粮食安全和推动老工业基地转型发展的双重使命。本文发现东北地区乡村人才存在结构性矛盾，人才流失与空心化问题严重、人才结构失衡与技能短板突出、教育与培训体系支撑不足、政策协同与激励机制缺位、城乡资源失衡加剧人才外流等层面阻碍乡村人才振兴。分析了辽宁盘锦蟹稻共生的"土专家"培育体系、中国科学院沈阳"科技特派团"、延边朝鲜族非遗传承人、黑龙江"候鸟人才工作站"等典型案例，并提出"三链融合"战略框架和"四维赋能"实施体系的乡村人才振兴路径设计，旨在为东北地区乡村人才振兴提供理论支持和实践指导。

关键词： 乡村振兴 人力资源 人才振兴

---

* 隋鑫，长春光华学院讲师，主要研究方向为工商管理、人力资源管理。

在全面建设社会主义现代化国家新征程中，乡村振兴战略与东北全面振兴战略"双战略"叠加的历史背景下，东北地区乡村人才振兴肩负着维护国家粮食安全"压舱石"、推动老工业基地转型发展的双重使命。2023年中央一号文件明确要求"强化乡村振兴人才支撑"，将乡村人才定位为涵盖新型职业农民、农业科技工作者、乡村治理骨干、本土文化传承者及返乡创业群体的复合型人才体系。东北地区作为我国重要的粮食生产基地和生态屏障，在国家发展战略中具有重要地位。然而，随着经济社会的发展，东北地区乡村人才流失、老龄化等问题日益突出，严重制约了乡村振兴战略的实施。因此，深入研究东北地区乡村人才振兴的现状与困境，探索有效的振兴路径，具有重要的现实意义。

一 东北地区乡村人才振兴现状与困境

（一）乡村人才存在结构性矛盾

辽宁省人才总量持续增长，但乡村人才占比仍待提升。截至2023年底，全省人才资源总量达766.7万人，其中高技能人才141.1万人，较2021年增长15.4%。通过"百万学子留辽来辽"专项行动，2023年引进高校毕业生40.1万人，同比增长20.8%，但乡村地区人才吸引力仍弱于城市，农业产业化与新型职业农民培训被列为重点方向。2024年乡村从业人员约为580万人，较2023年增长4.2%，其中农业技术人才占比12.3%；涉农高校与职业院校毕业生返乡率提升至18.5%，但硕士及以上高层次人才仅占0.8%。

吉林省通过政策扶持与产业培育双轮驱动，乡村人才队伍建设成效显著。2023年，全省累计培育高素质农民18353人，重点覆盖家庭农场经营者、合作社带头人等群体，为农业生产注入了新动能。同时，人口流动趋势改善显著，2023年实现13年来首次人口净流入4.34万人，政策吸引力逐步增强。乡村人口约920万人，农业科技人才总量达15万人，占从业人员的14%；通过"吉乡英才"计划引进外省人才超2万人，但人才流失率仍达15%。

黑龙江省乡村人才流失问题突出，老龄化制约发展。2016~2023年，全省常住人口减少72万人，乡村人口持续外迁加剧空心化问题。2023年省内高校毕业生留省率虽创五年新高，但多流向城市新兴产业领域，乡村人才补给不足。2024年乡村人才总量约740万人，其中新型职业农民占比22%，但老龄化严重，45岁及以上占比63%；哈尔滨农业大学与地方政府合作培养项目使青年人才占比提升至11%。

内蒙古东部地区乡村人口呈现老龄化趋势，根据第七次全国人口普查数据，内蒙古东部地区乡村60岁及以上人口占比达22.3%，较全国平均水平18.7%高3.6个百分点，赤峰市部分偏远乡镇老龄化率超过25%。内蒙古东部地区乡村劳动力外流，2022年赤峰市乡村劳动力转移人口达45万人，东部地区同样面临青壮年和高技能人才向城镇转移的压力，2023年农机维修技术人员缺口达1200人。技能型人才占比较低，通辽市农业农村局数据显示，乡村实用技能人才，含农机操作、兽医、农产品加工等仅占从业人口的18.6%，高技能人才，如农业数字化管理专业人员不足5%。内蒙古大学、内蒙古农业大学毕业生返乡就业率不足15%，呼伦贝尔学院农学专业毕业生本地就业率仅为12%。呼伦贝尔草原牧区草场急需生态修复与智慧牧场管理人才，本地相关人才缺口超800人。

通过对东北地区乡村人才现状进行梳理发现，传统务农群体老龄化显著，"60后"农民占比超60%，"90后"新生代留存率不足15%。现代农业技术人才缺口明显。东北地区整体人才吸引力全国最低，高端人才流失问题突出，乡村振兴所需的农业科技、数字化等领域专业人才储备薄弱。

（二）多层面困境阻碍人才振兴

人才流失与空心化问题严重，东北地区乡村面临持续性人口外流，尤其是青壮年劳动力向城市迁移。2023年辽宁省虽通过"百万学子留辽来辽"政策吸引高校毕业生40.1万人，但乡村地区仍面临"引不进、留不住"的困境。吉林省虽实现了13年来首次人口净流入4.34万人，但回流人口多集中在城市，乡村人才补给仍显不足。黑龙江省内高校毕业生留省率虽创五年

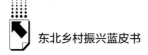

来新高，但多流向城市新兴产业领域，乡村人才补给不足。蒙东地区乡村人口呈现老龄化趋势，乡村劳动力外流，多地区农村劳动力及实用技能人才外流严重。

人才结构失衡与技能短板突出，东北乡村人才呈现"四低一高"特征。东北地区文盲率低，第七次全国人口普查及相关调查显示，辽宁省文盲率为1.6%，吉林省文盲率为2.8%，黑龙江省文盲率为2.8%，内蒙古自治区文盲率为4.8%，均低于全国平均文盲率的4.9%；技能水平低，主要体现在现代农业技术应用率不足30%；职业化程度低，主要体现在新型职业农民占比不足5%；创新能力低，且老龄化比例高，主要体现在46岁及以上务农人员占比超50%。以吉林省为例，2023年培育高素质农民1.8万人，但仅占全省农业从业人员的0.6%，且培训内容与现代农业技术需求存在脱节。黑龙江省农村实用人才中，初中及以下学历占比87.1%，无职称或技能证书人员占比高达73.9%。

教育与培训体系支撑不足，乡村基础教育与职业教育存在双重短板。辽宁省虽加大职业农民培训力度，但培训资源集中在城市，乡镇以下培训覆盖率不足30%，且培训内容偏重传统种植技术，缺乏电商营销、智慧农业等现代技能模块。吉林省农村地区18~22岁高等教育入学率长期处于全国低位。黑龙江省农村技能服务型人才占比仅15.4%，远低于全国平均水平的25%。蒙东地区职业教育专业设置与农业需求匹配度不足40%。

政策协同与激励机制缺位，政策碎片化。三省一区尚未建立统一的人才共享机制，如辽宁省未公布乡村人才专项数据，黑龙江省未将"高校毕业生留省率"细化到乡村层面。激励力度不足：吉林省"长白英才计划"主要面向高端人才，基层农技人员月均补贴不足500元；黑龙江省乡村人才评价体系中，中级及以上职称占比仅0.71%，远低于城市水平。产才融合度低：东北地区家庭农场、合作社等新型经营主体对人才的吸附能力较弱，以吉林省为例，1.2万个合作社中仅12%的配备了专职管理人员，制约了产业升级需求。

城乡资源失衡加剧人才外流，城镇化加速导致乡村资源虹吸效应显著。辽宁省乡村人才创业支持政策中，仅有18%的项目实现了市场化运作，资金使用效率偏低。吉林省长春市九台区 2024 年城镇化率达 61.69%，但乡村地区医疗、教育等公共服务投入仅为城区的 1/3，人才发展环境差距扩大。黑龙江省会哈尔滨未能发挥区域辐射作用。尽管通过冰雪旅游提升知名度，三次产业融合升级缓慢，周边县域未能承接产业转移，反而因资源被省会吸纳加剧人才外流。蒙东地区虽通过区域协同引入农业科技项目，但乡村基础设施滞后，如宽带网络覆盖率不足 60%，难以满足数字化人才需求。

二　东北地区乡村人才振兴典型案例剖析

（一）产业驱动型：辽宁盘锦稻蟹共生产业链与"土专家"培育体系

辽宁盘锦凭借稻蟹共生模式，成功构建了一条生态农业产业链，走出了一条"一地双收、生态增值"的产业驱动型的发展路径。2023 年，盘锦稻蟹综合种养面积超过 90 万亩，河蟹产量达到 8.5 万吨，带动全产业链产值超过 120 亿元，成为全国最大的稻蟹共生示范基地。

政府积极整合农业和科技部门的资源，形成了"科研机构+龙头企业+合作社+农户"的技术推广体系，2022 年培训农民达 3.2 万人次。盘锦还建立了"三级农技员+土专家"的培育机制，累计认证了 1560 名"稻田养蟹能手"。大洼区的农民王成军通过农业农村部"新农人"培训，创新了"分段式"养殖法，带动周边 12 个村实现了亩产增收 15%。

当地政府设立了专项扶持资金，对获得技术职称的"土专家"给予每亩 50 元的补贴，并建立了"技术入股"分红机制，推动人才与产业的深度融合。技术传承与创新并重，地方政府与高校合作建立了"田间学院"，培育本土技术骨干。例如，盘锦职业技术学院开设了"稻蟹共生技术"课程，年均培训 500 人次。资深农户"土专家"通过口传经验与现代农业科技相结合，创新出了"蟹苗分级投放法"等实用技术。

在知识共享与激励机制方面，官方设立了"稻蟹技术带头人"评选，获奖者将获得 10 万元的政策资金支持。社交媒体平台"盘锦农技云"集聚

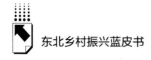

了 2000 余名土专家, 线上分享的病虫害解决方案超过 3000 条, 形成了知识迭代网络。

(二)科技赋能型: 中国科学院沈阳应用生态研究所黑土地保护 "科技特派团"

黑土地作为我国粮食生产的核心战略资源, 其可持续利用直接关乎国家粮食安全与东北生态屏障功能。中国科学院沈阳应用生态研究所组建的黑土地保护科技特派团, 以"技术赋能—产业转化—生态修复"为主线, 构建了"产学研用"一体化创新模式, 形成全链条黑土地保护技术体系, 为东北粮食主产区耕地质量提升提供了系统性解决方案。

该团队依托遥感监测网络、土壤微生物组学数据库及数字农业平台, 构建黑土地健康诊断与预警系统。通过施用生物炭基改良剂、实施保护性耕作技术, 实现土壤有机质含量提升幅度达 15%~20%, 耕地质量等级提高 0.5~1.0 个等级。针对黑土区风蚀水蚀问题, 创新研发秸秆还田耦合深松耕作技术, 使表层土壤流失量降低 40% 以上, 相关技术成果已通过农业农村部技术评估。

建立"政府+科研机构+农户"协同推广机制, 制定 12 项黑土地保护技术规程, 在吉林梨树等地建成万亩级技术示范基地。通过"田间课堂""科技下乡"等活动, 累计培训新型职业农民超 5000 人次, 示范推广秸秆腐解菌剂、缓释肥等新技术, 带动项目区玉米产量提高 12%~18%, 经济效益提升 25% 以上。

自项目实施以来, 累计推广保护性耕作技术面积超 100 万亩, 形成"监测—诊断—修复—管理"的可持续技术路径。相关成果获国家科技进步奖二等奖, 有效支撑了东北黑土地保护利用国家战略, 为保障国家粮食安全提供了坚实支撑, 也为全球脆弱生态系统治理提供了中国方案。

(三)文化振兴型: 延边朝鲜族非遗传承人带动乡村文旅融合发展

延边朝鲜族自治州依托丰富的非物质文化遗产资源, 构建起以传承人培育为核心的文化传承体系, 通过非遗资源与文旅产业的深度融合, 探索出一条文化基因传承与乡村经济振兴协同发展的创新路径。截至 2024 年底，全州已构建起覆盖 287 名各级非遗代表性传承人的梯队化传承网络，形成"文化保护—人才孵化—产业转化"三位一体的乡村振兴模式。

延边州创新实施"非遗+人才"培育工程，构建起"传承人—学徒—村民"三级传承体系。国家级非遗传承人金顺姬在龙井市建立的朝鲜族传统舞蹈传承基地，年均开展技艺培训 200 余人次，累计培养省级传承人 32 名。州文旅部门联合教育系统实施的非遗技艺进校园项目，已覆盖 16 所乡村学校，培养青少年传承人超 500 名。此外，非遗工坊通过与电商平台联动，系统化传授传统美食制作、服饰工艺等技能，累计培训村民 1200 余人次，实现非遗技艺向生产力转化。

非遗传承人主导的产业项目已孵化乡村小微企业 47 家，创造就业岗位 2300 个。和龙市朝鲜族传统乐器制作合作社年产量达 2000 余件，产品远销韩国、日本，年销售额突破 800 万元。数据显示，延边非遗相关从业人员中 78% 的通过传承人体系掌握核心技艺，成为乡村经济内生增长的关键力量。非遗工坊与电商平台合作模式，不仅推动了传统技艺的现代化转型，更构建起了"生产—销售—文旅体验"的全产业链条。

通过传承人培育体系的辐射效应，延边州实现非遗保护与乡村振兴的共生发展。非遗传承人不再局限于文化守护者角色，更成为乡村人才孵化器、产业创新引擎和文旅 IP 塑造者。

（四）人才引进型：黑龙江"候鸟人才工作站"柔性引才实践

为破解高寒地区乡村人才结构性短缺难题，黑龙江省创新构建"候鸟人才工作站"平台体系，通过"季节性柔性引智+项目制精准匹配"模式，形成人才"引育用留"全链条机制。截至 2024 年底，全省建成 127 个候鸟人才工作站，累计吸引 2300 余名高层次人才参与乡村振兴项目，实现人才效能与地方发展的双向赋能。

省级层面出台《候鸟型人才助力乡村振兴实施意见》，首创"户口不迁、身份不变、契约管理"柔性引才机制，对签约专家提供最高每年 50 万

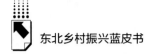

元专项补贴。同江市依托赫哲族非遗智库，建立300人规模的动态人才池，通过"项目签约+成果分成"模式，推动鱼皮画、伊玛堪说唱等非遗技艺转化为文旅产品，带动8个乡镇年均增收超1200万元。密山市白鱼湾镇实施"冬训夏创"计划，累计培训本土手工艺者420人次，开发12类文创产品，2024年电商销售额突破800万元。

构建"乡村需求库+专家资源库"双向匹配系统，实现人才供给与产业需求的精准耦合。绥化市寒地黑土示范区与东北农业大学候鸟专家团队合作，研发寒地水稻抗逆品种，使亩产提升15%，技术覆盖23万亩农田。同江市将非遗传承人纳入"乡村工匠"培育计划，开设鱼皮画制作技艺传承班，累计培养县级传承人85名，其中45人创办合作社形成"传承人+农户+电商"产业链。密山市打造的"非遗+电商"孵化平台，已培育37名乡村主播，2024年直播带货销售额同比增长210%。

通过"候鸟带留鸟"传帮带模式，构建人才扎根乡村的可持续路径。据省农业农村厅数据，候鸟人才工作站累计实施项目412个，创造经济效益9.3亿元，培训本土人才1.2万人次，推动23个村镇获评省级非遗旅游示范村。同江市街津口赫哲族乡通过非遗文旅融合，年游客量从5万人次增至18万人次，村民人均收入提升至3.2万元，形成"人才引育—产业升级—民生改善"的良性循环。

该模式通过政策创新、平台搭建与利益联结，有效破解高寒地区人才引留难题，为东北地区乡村振兴提供了可复制的柔性引才范本。实践中需进一步强化人才服务保障体系，深化产学研用协同机制，持续释放候鸟人才的创新动能。

三　东北乡村人才振兴路径设计

东北地区作为我国重要的粮食基地和生态屏障，其乡村人才振兴需立足资源禀赋，通过产业链延伸、创新链驱动、价值链拓展实现人才与产业的深度耦合。

（一）"三链融合"战略框架

产业链方面，从粮食生产向农产品加工、冷链物流、电商销售延伸人才配套。从"粮食生产"向"加工—物流—销售"一体化转型，需针对性培育三类人才。一是加工技术人才。依托龙头企业建立"产学研"联盟，联合高校开设农产品深加工课程，定向培养机械操作、品质检测等技能型人才。可以与当地职业院校合作，制订长期培训计划，确保每年有稳定的人才输出。二是冷链物流人才。对接中外贸易园区，在农产品仓储物流园设置智能仓储管理实训基地，引入物联网技术人才，与物流企业合作，开展定期培训，提升员工的物联网技术应用能力。三是电商销售人才。借助东北跨境贸易优势，培养俄语、日语跨境电商运营团队，通过"零工驿站"灵活配置直播营销、数据分析人才。建立语言培训机制，与外贸企业联合，开展实战演练，提高电商人才的跨境业务能力。

创新链方面，寒地农业技术研发与数字农业场景应用人才储备。聚焦寒地育种、数字农业等前沿领域，实施"双轮驱动"。技术研发型人才孵化。与中国农业科学院合作设立寒地农业实验室，通过"揭榜挂帅"机制吸引生物工程、智能农机专家。研究重点包括耐寒作物新品种开发、智能农机装备的改进，提升农业生产的科技含量。建立定期交流与培训机制，促进技术成果的快速转化。场景应用型人才培育。在东北地区农业示范区推广"5G+智慧农业"技术，组建由农技员、大数据分析师组成的"田间服务团"。通过实地培训、案例分享，提高农技员对新技术的操作和维护能力。构建线上线下相结合的教学平台，确保技术能够真正服务于农业生产一线，解决技术应用"最后一公里"问题。

价值链方面，冰雪经济、边境跨境贸易等新增长极人才孵化。依托冰雪旅游、边境贸易等价值链延伸，培育新兴人才群体。冰雪经济人才。以吉林"长白山冰雪产业带"为试点，联合体育院校培养冰雪运动教练、文旅策划师，开发"冰雪+康养"复合型人才。具体而言，建立冰雪产业学院，开展定向培养，与当地旅游企业合作，提供实习与就业机会。同时，推动地方政策支持，吸引外部投资，促进产业链条完善。跨境贸易人才。在辽宁丹东、黑龙江绥芬河等边境节点，设立国际贸易实训中心，培养熟悉 RCEP（区域全面经济伙伴关系协定）规则的外语外贸人才，推动"数字口岸"建设。具体操作包括，与国际贸易组织合作，引入最新贸易规则与实战培训，建设智慧口岸，提升贸易效率，吸引跨国企业参与，提供实践平台。

（二）"四维赋能"实施体系

通过政策、教育、数字、文化四维赋能，破解人才"引育留用"难题。

政策赋能方面，建立东北乡村人才专项编制池。借鉴"产业链党组织"模式，根据产业实际需求，灵活跨区域调配教师、医生等编制资源，允许编制在产业链上下游跨乡镇调配。例如，针对农产品加工园区的发展需要，增设相应的技术职称岗位，以确保专业人才能够匹配产业发展的步伐。通过打破传统编制壁垒，实现人才资源的优化配置。此外，应建立人才流动机制，鼓励人才在不同产业环节间合理流动，提升整体人才利用效率。设立定期评估和调整制度，根据产业发展动态调整编制，确保人才供需平衡。

试点"乡村振兴人才编制单列"制度，通过"四个独立"重构编制体系。独立于传统行政编制总量，按需动态扩容；独立设置岗位目录，覆盖农业技术、电商运营、文旅规划等新兴领域；独立职称评审标准，侧重实践贡献而非论文指标；独立薪酬激励机制，与产业效益挂钩。以县为单位建立"乡村振兴人才编制池"，编制额度按产业规划需求弹性调整。职称评定与贡献挂钩，设立"乡村振兴职称评审委员会"，将新品种推广面积、电商平台商品交易总额增长、乡村旅游收入等指标纳入评审体系，突破传统论文、学历限制。

设立"寒地人才发展基金"，为吸引和留住人才提供有力支持。对于返乡创业的博士，给予高达 50 万元的启动资金，助力其创新项目的快速落地。这一举措不仅能为初创项目提供必要的资金保障，还将激励更多高层次人才回流乡村，促进当地产业的创新发展。同时，为技能型人才提供住房补贴，以减轻其生活压力，增强他们在东北乡村扎根的意愿。通过这种综合性的财政支持政策，东北乡村能够有效吸引和培育各类人才，为乡村振兴战略提供坚实的人才保障。

教育赋能方面，打造涉农高校"耕读教育"实践基地。采取高校联动模式，推动东北农业大学、吉林农业科学院与县域共建"耕读学院"，开设寒地作物栽培、乡村旅游规划等特色课程。这些课程将结合理论教学与实践操作，帮助学生深入了解寒地农业的技术要点和管理方法，培养适应现代农业需求的专业人才。此外，通过与当地农业企业的合作，学生将有机会参与实际项目，提升解决实际问题的能力。

进行深度产教融合，推行"订单式"人才培养，毕业生直接对接产业链岗位。通过这种模式，学校和企业可以共同制定培养方案，确保毕业生具备行业所需的技能和知识，实现教育与产业的无缝对接，提高就业质量和效率。

数字赋能方面，搭建"人才大数据云平台"实现精准匹配。供需精准匹配，整合农业农村部人才数据库与东北三省就业信息，开发"岗位—技能—地域"三维匹配算法。通过这一算法，能够准确分析人才供需情况，确保各类人才在适宜的时间和地点得到最佳配置，进而提高人才利用效率，推动乡村产业的快速发展。

智慧管理，通过区块链技术记录人才贡献值，与职称评定、信贷优惠挂钩，如为数字农业人才提供低息创业贷款。利用区块链的不可篡改性和透明性，确保人才贡献得到公正记录，为其职业发展和经济支持提供有力依据。这不仅可以激发人才的创新动力，也能为农村数字经济的发展提供坚实的支持。

建立东北地区乡村人才资质互认机制。打破省际壁垒，建立辽宁、吉林、黑龙江、蒙东地区三省一区统一的乡村人才资质认证标准，涵盖农业技术、乡村治理、非遗技艺等领域，实现资格互认、证书互通，促进人才自由流动与能力价值最大化。实施路径标准协同：组建三省一区专家委员会，整合现有认证体系，制定统一的技能等级评定框架，明确准入门槛与晋升通道。平台建设：开发"东北地区乡村人才互认信息平台"，集成人才数据

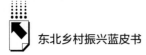

库、认证申请、跨省服务等功能，实现资质在线查询与互认申请一站式办理。激励政策：对跨省服务的乡村人才提供津贴补贴、职称评定优先权、创业扶持等激励，同时推动三省职业培训机构课程互认，降低人才再认证成本。

文化赋能方面，重构"闯关东精神"新时代内涵。对精神符号进行转化，将"艰苦奋斗、开拓进取"的闯关东精神融入乡村文化IP，通过制作高质量的纪录片和短视频，讲述现代东北乡村的发展故事，展示当地人民的奋斗历程和精神风貌，借助新媒体平台广泛传播，提升乡村文化的吸引力和影响力。

情感纽带联结，定期举办"数字乡贤大会"，邀请在各个领域取得卓越成就的东北籍院士、企业家等成功人士，组建"乡村振兴智库"，为乡村发展提供智力支持和宝贵经验。同时，设立"乡情奖学金"，不仅吸引东北地区优秀青年回流，还鼓励他们积极参与到乡村建设中来，为家乡的发展贡献力量。通过这种方式，加强内外联系，构建紧密的情感网络。

参考文献

［1］《中共中央 国务院关于做好2023年全面推进乡村振兴重点工作的意见》，中国政府网，https：//www.gov.cn/zhengce/2023-02/13/content_5741370.htm。

［2］中国社会科学院农村发展研究所：《中国农村发展报告2023》，2024。

［3］黄玟欣：《乡村振兴视域下青年人才流失问题研究》，《农村实用技术》2023年第2期。

［4］吴炎炎：《乡村振兴战略下农村人才培养路径》，《国际公关》2024年第14期。

［5］尹梓菡：《乡村振兴战略下县域人才振兴研究》，硕士学位论文，兰州理工大学，2024。

［6］《为实现全面振兴新突破蓄势赋能——2024年全省人才工作综述》，辽宁省人民政府网，https：//www.ln.gov.cn/web/qmzx/lnsqmzxxtpsnxd/lnzxd/bm/2025020809080561708/index.shtml。

［7］《2024年吉林省高素质农民培育项目启动》，吉林省人民政府网，http：//www.jl.gov.cn/szfzt/jlssxsxnyxdh/gzjz/202408/t20240819_3283629.html。

［8］祝大伟:《黑龙江实施"助力乡村振兴万人计划"》,中国共产党新闻网,
　　　http://cpc.people.com.cn/n1/2024/1130/c64387-40372298.html。
［9］廖文根、吴储岐、沈童睿:《吸引各类人才在乡村振兴一线建功立业——"组
　　　织振兴引领保障乡村振兴"调研报道之二》,内蒙古自治区人民政府网,
　　　https://www.nmg.gov.cn/zwgk/zcjd/plwz/202307/t20230714_2346967.html。

B.19
东北三省新型农业经营主体培育研究

程遥　张肃*

摘　要：　新型农业经营主体是指在农村家庭联产承包经营制度下，伴随着农业农村经济改革出现并不断发展的农业生产经营组织。它的创立和发展对我国农业现代化的推进及农业农村经济高质量发展起到了巨大的不可或缺的作用。本文对新形势下东北三省新型农业经营主体的发展现状进行分析总结，其特点是东北三省新型农业经营主体数量不断增加、规模逐渐扩大，整体发展势头良好。但仍存在一些问题，主要是东北三省人才流向农村障碍较多、生产模式单一、利益联结不稳固，协调带动能力不强、规模有待扩张，限制了东北新型农业经营主体的发展。为充分发挥新型农业经营主体的功能和作用，加快东北农业农村新质生产力发展，应完善东北农村的人才引进和技术支持政策、丰富生产模式、强化利益联结、提升示范带动能力、适度扩大其规模，加强东北三省新型农业经营主体的培育。

关键词：　新型农业经营主体　新质生产力　东北三省

党的十九大以来，东北三省各级政府按照中央统一部署，实施乡村振兴战略，优先发展农业农村，不断提高农民的收入水平。实施乡村振兴战略是一项浩大的系统工程，东北三省的乡村振兴离不开新型农业经营主体的支

---

* 程遥，黑龙江省社会科学院研究员，硕士生导师，主要研究方向为农业农村经济；张肃，黑龙江省社会科学院研究生学院产业经济学硕士研究生，主要研究方向产业经济学。

持。① 培育新型农业经营主体能提高就业率，增加农民收入，鼓励农民从事农业生产的积极性，有效提高农民农村的生产力。2025 年中央一号文件提出，完善新型农业经营主体联农带农能力。东北三省是中国粮食稳产保供的重要"压舱石"，多年来，东北地区（尤其是黑龙江省）蝉联中国粮食产量和输出量的首位，发展东北三省的新型农业经营主体是持续推进东北三省农业农村高质量现代化发展的基础保障。

一 东北三省新型农业经营主体的发展现状

习近平总书记在党的二十大报告中指出，"发展新型农业经营主体和社会化服务，发展农业适度规模经营"②。为了促进东北三省新型农业经营主体全面、高质量发展，从而提升东北三省农业现代化发展水平，保障国家粮食安全，东北三省政府相继出台了一系列有关的政策文件，为新型农业经营主体的培育工作提供了明确的政策导向与指引，鼓励各市各县积极发展新型农业经营主体。在国家及东北三省政府帮扶政策的大力支持下，东北三省新型农业经营主体近年来得到了长足高质量发展。由于东北三省新型农业经营主体以家庭农场为主，农民专业合作社和农业企业次之，本文主要分析东北三省家庭农场、农民专业合作社和农业企业的发展。

（一）东北三省家庭农场发展特色及数量

东北三省响应党的号召，壮大集体经济实力。随着集体经济实力和经营规模的扩大，吸引了更多的人加入家庭农场。近三年，辽宁省家庭农场的数量变化不一，但也稳定在 9 万家以上。辽宁省 2022 年家庭农场同比增长

---

① 丁璇：《夏邑县新型农业经营主体培育的影响因素及对策研究》，硕士学位论文，河南工业大学，2023。
② 习近平：《高举中国特色社会主义伟大旗帜 为全面建设社会主义现代化国家而团结奋斗——在中国共产党第二十次全国代表大会上的报告》，中国政府网，https://www.gov.cn/xinwen/2022-10/25/content_5721685.htm。

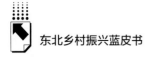

-16.5%，2023 年同比增长 3.3%。2021 年，辽宁省县级及以上农业农村部门评定的示范家庭农场有 3583 家。① 辽宁省在清原满族自治县等 3 个县（市）开展家庭农场示范创建工作，旨在通过服务辐射带动其他农户。

近三年，吉林省的家庭农场数量呈下降趋势，2022 年同比增长率为-27.4%，2023 年同比增长率为-8.5%。2021 年吉林省县级及以上农业农村部门评定的示范家庭农场为 3964 家。②

黑龙江省着力提升家庭农场的专业化水平，增强其发展实力和经营活力，近三年，黑龙江省家庭农场数量稳定在 6 万家以上。黑龙江省持续开展家庭农场示范创建活动，促进家庭农场高质量发展培育，并积极开展示范家庭农场和家庭农场示范县创建活动，2021 年黑龙江省县级及以上农业农村部门评定的示范家庭农场为 5716 家，预计到 2025 年发展示范家庭农场 2 万家。③

近三年，全国各省份家庭农场的平均数量维持在 11 万家以上，且呈逐步增长的趋势，辽宁省家庭农场的数量维持在 9 万家以上，与全国平均水平相比仍有不小的差距，说明辽宁省家庭农场的发展还有较大空间。2021 年，吉林省家庭农场的数量高于全国平均水平，但是近两年数量下降明显，低于全国平均水平。近三年，黑龙江省家庭农场的数量在全国平均水平的 55% 左右，说明黑龙江省在家庭农场发展方面还存在较大的空间，需要学习各省份家庭农场发展的经验。整体来看，东北三省家庭农场发展明显滞后于全国，尤其是吉林的快速下滑需重点关注。黑龙江虽稳定但规模不足，辽宁的回升迹象或成为突破口。

总体来看，辽宁省的家庭农场数量变化较为波动，但总体稳定在 9 万家以上，注重区域示范和辐射带动，具有较强的区域特色；吉林省家庭农场数量最多，但近年来呈现明显的下降趋势，需要在保持数量的同时，进一步提升家庭农场的经营效益和示范效应，以应对数量下降的挑战；黑龙

① 《2021 年中国农村合作经济统计年报》，中华人民共和国农业农村部，第 5 页。
② 《2021 年中国农村合作经济统计年报》，中华人民共和国农业农村部，第 5 页。
③ 《2021 年中国农村合作经济统计年报》，中华人民共和国农业农村部，第 5 页。

江省家庭农场的数量保持稳定，专业化水平和示范创建方面表现突出，注重"质"的提升，而非单纯追求"量"的增长。东北三省在未来的家庭农场发展中，可以相互借鉴经验，进一步提升家庭农场的整体水平和竞争力（见表1）。

表1　2021~2023 年全国家庭农场平均数量以及东北三省数量

单位：万家

	2021 年	2022 年	2023 年
辽宁省	10.9	9.1	9.4
吉林省	14.6	10.6	9.7
黑龙江省	6.2	6.17	6.2
全国平均	11.18	11.57	11.63

资料来源：辽吉黑 2022 年、2023 年、2024 年《政府工作报告》，《中国农村合作经济统计年报》。

（二）东北三省农民专业合作社发展特色及数量

辽宁省先后在北票市等 36 个县（市）开展农民合作社质量提升试点工作，以点带面推动新型农业经营主体整体提升。2021 年，辽宁省示范社为 3061 家，其中县级示范社为 1345 家、市级示范社为 755 家、省级示范社为 857 家、国家级示范社为 104 家。[①] 截至 2023 年底，辽宁省在市场监管部门登记的农民合作社存量为 6.6 万个，同比增长 17.9%，在农业耕、种、防、收等环节提供了有力支撑。

近三年，吉林省的农民专业合作社数量稳定在 8.1 万家，且其示范社的数量在东北三省中最多，说明其合作社的发展较好。2021 年，吉林省示范社数量为 4903 家，其中县级示范社为 1895 家、市级示范社为 1487 家、省级示范社为 1339 家、国家级示范社为 182 家。[②]

---

① 《2021 年中国农村合作经济统计年报》，中华人民共和国农业农村部，第 34 页。
② 《2021 年中国农村合作经济统计年报》，中华人民共和国农业农村部，第 34 页。

黑龙江省着力促进合作社多样化联合扩容提质，激发其经营活力，增强其带动能力。2021年，黑龙江省示范社数量为3127家，其中县级示范社为1481家、市级示范社为899家、省级示范社为647家、国家级示范社为100家。[①] 近三年，黑龙江省农民专业合作社呈下降趋势，但也稳定在9万家以上。2022年，黑龙江省农民专业合作社为9.5万家，同比增长-1.0%。截至2023年，黑龙江省农民专业合作社为9.1万家，同比增长-5.2%。

近三年，全国各省份农民专业合作社的平均数量稳定在6万家。2021年、2022年，辽宁省农民专业合作社低于全国平均水平，2023年，数量增加，超过了全国平均水平。近三年，吉林省和黑龙江省农民专业合作社数量均超过了全国平均水平。

总体来看，辽宁省2023年合作社数量显著增长（同比增长17.9%），表现出较强的发展势头，在农业耕、种、防、收等环节提供了有力支撑，表现出较高的服务能力，同时需注重质量的提升；吉林省合作社数量稳定在8.1万家，无显著变化，表现出较高的示范带动能力，需保持稳定并提升质量；黑龙江省合作社数量虽有所下降，但稳定在9万家以上，表现出较强的韧性（见表2）。

表2 2021~2023年全国农民专业合作社平均数量以及东北三省数量

单位：万家

	2021年	2022年	2023年
辽宁省	5.6	5.6	6.6
吉林省	8.1	8.1	8.1
黑龙江省	9.6	9.5	9.1
全国平均	5.97	6.60	6.16

资料来源：辽吉黑2022年、2023年、2024年《政府工作报告》，《中国农村合作经济统计年报》。

---

① 《2021年中国农村合作经济统计年报》，中华人民共和国农业农村部，第34页。

（三）东北三省农业企业发展特色及数量

近三年，东北三省农业企业数量均呈现出增长趋势，表现出东北三省农业经济在持续发展。2022年，辽宁省农业企业的数量达到了1.3万家，较2021年增长了0.1万家，增长8.3%，其中大连市农业企业数量增加了780家，同比增长30.4%。2023年，辽宁省农业企业数量达到了1.5万家，较2022年增长了0.2万家，增长15%，其中大连市增加了506家，同比增长50.1%，表明辽宁省虽然农业企业的数量相对最低，但其地理位置优越，靠近渤海和黄海，便于农产品出口，具有较大潜力。

2022年，吉林省农业企业的数量达到了2.1万家，较2021年增长了0.5万家，增长31.3%；2023年，吉林省农业企业的数量达到了2.5万家，较2022年增长了0.4万家，增长19.0%，吉林省农业企业数量始终位居三省之首，且增长迅速，表明其农业经济活力较强。

2022年，黑龙江省农业企业数量达到了1.7万家，较2021年增长了0.4万家，增长30.8%；2023年，黑龙江省农业企业数量达到了2.0万家，较2022年增长了0.3万家，增长17.6%，其农业企业数量紧随吉林，且增速较快，表明了较强的农业基础和发展潜力，且与俄罗斯接壤，具有对外贸易的地理优势，农产品出口潜力大。

近三年，辽宁省农业企业数量始终低于全国平均水平。例如，2021年辽宁农业企业数量仅为全国平均水平的56.9%，至2023年仅为47.2%。2021年，吉林省农业企业数量为全国平均水平的75.8%，2023年提升至78.6%。黑龙江省农业企业数量从2021年全国平均水平的61.6%提升至2023年的62.9%，但总量仍低于全国平均水平。吉林省和黑龙江省增速领先全国，两省三年复合增长率分别为16.0%和15.4%，高于全国平均水平的14.6%（见表3）。主要驱动力包括两个方面，一是吉林省通过"十大产业集群"建设（如粮食、肉牛），2023年规模以上农产品加工业产值达2170亿元。[①] 二是黑龙江

[①] 韩俊：《政府工作报告——2023年1月15日在吉林省第十四届人民代表大会第一次会议上》，吉林省人民政府网，http：//www.jl.gov.cn/zcxx/gzbg/202301/t20230120_2978022.html。

省实施《黑龙江省加快推进农产品加工业高质量发展三年行动计划（2023～2025 年）》，2023 年规上加工企业营业收入目标为 4500 亿元，加工转化率提升至 73%。[①] 辽宁省增速滞后，复合增长率仅为 7.7%，主要受限于企业规模小、品牌影响力弱。2022 年辽宁省规上农产品加工企业仅为 1647 家[②]，远低于安徽、河南等省份。

表 3　2021～2023 年全国农业企业平均数量及东北三省数量

单位：万家

	2021 年	2022 年	2023 年
辽宁省	1.2	1.3	1.5
吉林省	1.6	2.1	2.5
黑龙江省	1.3	1.7	2.0
全国平均	2.11	2.59	3.18

资料来源：根据国家企业信用信息公示系统数据整理所得。

二　东北三省新型农业经营主体发展存在的问题

近年来，东北三省新型农业经营主体虽然在数量上、规模上、组织质量上都得到了长足的发展，在农业农村现代化进程中特别是在实现乡村振兴的伟大战略实践中作出了巨大贡献，但还存在以下妨碍其高质量发展的主要问题。

（一）技术、人才流向农村仍有诸多障碍

家庭农场、农民专业合作社和农业企业都在乡下，目前在农村存在一个

[①] 《黑龙江：目光聚焦转型升级 积极打造农业强省》，国际在线黑龙江频道，https：//hlj. cri. cn/n/20230925/d5632d84-e0cf-f817-6139-469d528c350a. html。

[②] 《辽宁省食品工业大省发展规划（2023～2027 年）》，辽宁省农业农村厅网站，https：//nync. ln. gov. cn/nync/zfxxgk/fdzdgknr/ghxx/xggh/20231213094259389736/。

显著的问题就是年轻人流失，老龄化严重。农村的青壮年、高素质的劳动力大多外出务工，留守乡村的大多是老人、妇女和儿童，形成了弱者抱团的现象。因此，发展新型农业经营主体需要更有能力和更强的带头人去引领。东北三省本就存在农村人才匮乏的现象，且在农村走出去的高学历和有才能的人不愿返乡，城市里有技术的人也不愿下乡。东北三省的经济发展相对落后，农业产业的吸引力不足，许多优秀的农业人才选择离开东北，前往南方发展。同时，东北三省的农业基础设施相对薄弱，农业生产条件较为艰苦，在一定程度上影响了人才的流入。

（二）农业种植生产模式单一

黑龙江省新型农业经营主体的生产模式占比中，有 64.85% 的主体采取第一产业模式；有 32.88% 的农业经营主体采取第一产业和第二产业相结合的模式；只有 2.27% 的农业经营主体采取一二三产业均涉及的模式，也就是实现了农产品的全产业链运营。辽宁省和吉林省新型农业经营主体存在同样的问题，生产活动高度集中于传统种植领域，产业链延伸不足，加工业与第三产业融合滞后。辽宁省计划到 2025 年实现农产品加工集聚区营收 1400 亿元，[①] 但 2023 年仍以种植环节为主。2023 年辽宁省乡村振兴政策明确，对家庭农场的支持集中在"仓储、烘干、农机棚库"等生产设施方面，而加工、销售等环节的补贴仅占次要地位。如辽宁省合作社的"稳粮扩油"模式仍以扩大种植规模为核心。吉林省新型农业经营主体也以种植业为主导，承担了全省粮油作物单产提升的核心任务，社会化服务面积达 19.7 亿亩次，但主要聚焦玉米、水稻等传统粮食作物。且东北三省的部分新型农业经营主体主要依赖传统的农业技术，缺乏对技术的开发和探索，对自然条件依赖过大，造成了生产模式单一的局面。部分新型农业经营主体选择保守的种植结构和生产规模，在现代化的今天，其局限性逐渐暴露，难以满足市场需求。

---

① 于险峰、张仁军：《辽宁全力推进农业强省建设》，《农民日报》2023 年 3 月 31 日。

（三）利益联结不稳固，带动能力不强

东北三省新型农业经营主体在与农户协调生产经营方面存在以下矛盾。

一是由于机制建设不完善，利益联结机制较为松散，产业链条存在断裂和脱节现象，新型农业经营主体之间以及新型农业经营主体与农户之间的利益联结不够稳固。大部分合作社内部尚未建立起有效的利益联结机制，未能实现入股分红和利益分配，社员仍处于自负盈亏的状态，未能真正实现利益共享和风险共担的目标。吉林省 52% 的合作社由农村能人主导，但普遍存在决策权集中、监督失效的现象。例如，吉林省多数合作社虽设立了理事会和监事会，但日常决策由理事长"一言堂"，且监事会形同虚设。这种治理结构导致社员难以参与利益分配决策，社员与合作社之间仍以"订单收购"等松散联结为主，仅有少数合作社试点"保底收益+按股分红"模式。相比之下，浙江省通过股份合作模式将农户资源转化为资本，使农户成为产业链的资产所有者，而东北地区此类实践仍局限于零星试点。

二是农业产业化龙头企业的总体发展比较缓慢。2023 年东北三省农业企业为 6 万家，龙头企业比重较低，其中农业产业化国家重点龙头企业仅为243 家，占比仅为 0.4%，成长慢，创新能力较差，对产业融合的整体带动力不强。2023 年东北三省农业企业总数达 6 万家，远低于全国平均水平。东北龙头企业普遍规模较小，如黑龙江省 2000 家龙头企业中仅青冈大董公司等少数企业年销售额超亿元。此外，东北龙头企业集中于初加工领域，农副食品初加工占比超 60%①，而深加工和高附加值环节薄弱，难以形成全产业链增值效应。根据国家级龙头企业认定标准，企业需带动农户 4000 户以上，而东北多数企业带动农户并没有达标。例如，辽宁省 6.6 万家合作社中，仅有昌浩朗德鹅合作社等少数实现了"养殖—加工—销售"一体化，大部分企业未达到"订单收购量占原料 50% 以上"的门槛。对比福建省福

---

① 吕杰：《当前东北地区农业发展亟待解决的问题》，光明网，https://m.gmw.cn/baijia/2022-04/12/35653946.html。

鼎市"公司+合作社+农户"的股份合作模式，东北企业未能有效整合上下游资源，导致带动能力受限。

（四）部分新型农业经营主体规模较小，抗风险能力较弱

2023 年，东北三省家庭农场总量超 25 万家，合作社总量超 23 万家，农业企业总量超 6 万家，但示范主体占比低，多数为小规模经营，管理粗放、市场敏锐度不足，易受自然灾害和价格波动冲击。同时，东北三省新型农业经营主体对品牌建设和质量认证的重视程度不够。

东北三省部分新型农业经营主体规模较小，抗风险能力较差，这可能与资金投入不足、农业技术落后等因素有关。例如，吉林省蛟河市的家庭农场和农民专业合作社在土地流转、扩大生产规模时因资金不足而受限，春播时需购买种子、化肥等生产资料，但资金周转压力大，难以进一步发展。此外，吉林省的调研显示，农业信贷担保体系授信额度较低，难以满足新型农业经营主体的较高信贷需求。东北地区农业机械化发展不平衡，许多地方仍以小规模分散经营为主，机械化水平较低，这限制了农业生产的规模化和现代化发展。例如，吉林省和黑龙江省的灌区设备老化严重，抗旱设施不足，影响了农业生产效率的提升。

东北三省拥有食品质量认证的新型农业经营主体数量少，其平均通过绿色食品认证的单位为 290 家，而全国平均通过绿色食品认证的单位为 373 家。东北三省拥有绿色食品质量认证的新型农业经营主体数量较少，缺乏农产品质量认证可能导致这些主体在市场竞争中缺乏信任和认可度，进而影响农产品的销售和市场份额。质量认证成本高且补贴不足，导致农民参与认证的积极性不高。例如，辽宁省农产品出口因缺乏国际通用认证标准和认证成本高而受到限制。网络市场上存在大量套用"绿色有机黑龙江省农副产品"包装的非黑龙江省产品，以假乱真，损害了黑龙江省农副产品的品牌形象。这种现象不仅影响了正规农产品的销售，也削弱了消费者对东北三省农产品的信任度。

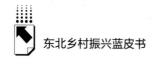

三 东北三省新型农业经营主体发展趋势预测

习近平总书记在十四届全国人大一次会议上强调，要强化科技和改革双轮驱动，深化农村土地制度改革，巩固和完善农村基本经营制度，发展新型农村集体经济，发展新型农业经营主体和社会化服务，发展农村适度规模经营，为农业农村发展增动力、添活力。[①]

（一）新型农业经营主体将进一步细分化、专业化发展

新型农业经营主体在现代农业的发展中，于种植、养殖等多个领域逐渐形成了精细化、专业化的分工格局，这不仅提升了农业生产效率，还促进了农业产业结构的优化升级。具体而言，在种植业方面，一些新型农业经营主体凭借丰富的经验和先进的技术，专注于种植大豆、玉米等传统粮食作物，通过规模化种植和科学化管理，有效保障了国家粮食安全，同时也为市场提供了稳定的基础农产品供应。与此同时，另一部分主体则紧跟市场需求，专注于种植蔬菜、水果等经济作物，这些作物往往具有较高的经济价值，能够满足消费者对健康、绿色、多样化食品的需求。其利用现代设施农业技术，如温室栽培、滴灌等，实现了作物的反季节生产和精品化种植，极大地提高了农产品的附加值和市场竞争力。除此之外，还有一些新型农业经营主体另辟蹊径，专门从事农业社会化服务，为农业生产提供全方位的支持。其涵盖了从农机作业服务，如耕地、播种、收割等机械化操作，到病虫害防治、测土配方施肥等专业技术服务，再到农产品加工、储存、销售等产后环节，形成了一条完整的服务链条。这些服务不仅减轻了农民的生产负担，提高了农业生产的专业化水平，还促进了农业资源的合理配置和高效利用。

---

① 《不断增强人民群众的获得感、幸福感、安全感》，《人民日报》（海外版）2023年3月13日。

（二）新型农业经营主体将进一步学习、掌握、使用先进科学经营管理方法和先进的科学技术

新时代农业农村经济高质量发展的基本目标就是发展新质生产力，这就要求新型农业经营主体不断学习使用新的科学经营管理方法及高产、高效的新的科学技术产品。他们在推动农业现代化的进程中，积极发挥科技的力量，将先进的农业科技广泛应用于农业生产实践中，显著提升了农业生产的精准度和效率。比如，充分利用卫星遥感技术，对农田进行高精度监测，实时掌握土壤湿度、作物长势、病虫害发生情况等关键信息，为精准农业管理提供了科学依据。通过无人机技术，实现了对农田的空中巡察和精准施肥、施药，不仅大幅提高了作业效率，还减少了农药和化肥的使用量，降低了环境污染，保护了生态环境。智能农机的引入，更是将农业机械化提升到了智能化的新高度。这些农机装备集成了先进的导航、传感、控制等技术，能够实现自动驾驶、精准播种、智能收割等功能，大大减轻了农民的劳动强度，提高了农业生产的自动化水平和作业精度。在品种和技术创新方面，新型农业经营主体同样不遗余力。其积极引进和推广高产、优质、抗病虫害的新品种，以及节水灌溉、测土配方施肥、生物防治等现代农业技术，有效提高了农产品的产量和品质，满足了市场对高品质农产品的需求。通过科技赋能，新型农业经营主体不仅实现了农业生产的提质增效，还促进了农业产业的转型升级，为农业可持续发展奠定了坚实的基础。

（三）生产经营绿色有机农业的主体量将大幅增加

政府对新型农业经营主体的支持力度在近年来持续加大，旨在通过一系列精心设计的扶持政策，为其发展注入强劲动力，推动新型农业经营主体组织向科学化高质量发展，从而促进新质农业生产力发展，为建设农业强国而充分发挥其功能作用。这些政策不仅涵盖了财政补贴、税收优惠、金融信贷等多个方面，还注重构建全方位、多层次的支持体系，确保新型农业经营主体能够在良好的政策环境中苗壮成长。在财政补贴方面，政府针对新型农业

经营主体在基础设施建设、技术推广、品牌建设等方面的投入，提供了丰厚的资金补助。这些补贴不仅减轻了主体的经济负担，还激励了其加大投入、提升生产能力的积极性。同时，对于采用先进农业科技、实施绿色生态农业模式的主体，政府还给予了额外的奖励，以鼓励农业可持续发展。在税收优惠方面，政府为新型农业经营主体提供了包括减免增值税、所得税在内的多项税收优惠政策，有效降低了其运营成本，增强了其市场竞争力。这些政策不仅适用于直接从事农业生产的主体，还惠及了为农业生产提供社会化服务的组织，如农机合作社、农业技术服务中心等，进一步拓宽了税收优惠的覆盖面。在金融信贷领域，政府通过设立专项贷款、提供担保服务、降低贷款利率等措施，为新型农业经营主体提供了充足的资金支持。特别是针对农业项目周期长、回报慢的特点，政府还推出了长期低息贷款，保障了主体在扩大生产规模、引进先进技术、开展农产品深加工等方面的资金需求。此外，政府还鼓励金融机构创新金融产品和服务，如农业保险、供应链金融等，为新型农业经营主体提供更加全面、灵活的金融服务。2024年中央一号文件指出，坚持产业兴农、质量兴农、绿色兴农，把农业建成现代化大产业。政府鼓励支持新型农业经营主体带动普通农户发展绿色种养，提供专业化全程化绿色技术服务。我国还推出了农业减药政策，过"替代—调储—增效"技术路径，构建了全球最大的化肥农药减量政策网络，对于用有机肥替代化肥的经营主体进行补贴，还将精准施肥系统纳入农机购置补贴目录。这些政策支持无不鼓励着新型农业经营主体向着生产经营绿色有机高端农业发展。

四 东北三省新型农业经营主体培育对策建议

为了更好地促进东北三省新型农业经营主体发展，不断完善其组织功能，应采取以下对策措施。

（一）完善人才引进和技术支持政策

实现乡村振兴需要人才，发展新型农业经营主体更需要专业的技术和人才。农村工资水平低，生活不便利，难以吸引高才生和高技术人员返乡下乡。一是要出台人才引进政策，鼓励东北三省高等院校毕业生和相关技术人员返乡就业。对返乡下乡的高才生和高技术人员实行人才补贴，免费提供人才公寓等优厚条件。二是对东北三省乡村考取高等学院的青年人才进行理想信念教育，培养他们强烈的使命感和责任感，鼓励他们积极投身家乡的乡村振兴事业，回报家乡。政府还要对新型农业经营主体引进的新设备和新技术，制定财政补贴政策。三是政府要强化高素质农民培育。大多数农民受教育程度不高，对新事物的认知及接受程度有限，因此提高农民的素质是重要的一步。组织农村实用人才带头人培训，通过理论学习、政策解答、实用技术讲解、互动交流等方式，提高东北三省农村实用人才带头人的科学素养，提高农业农村人才队伍的整体技能水平，促进新型农业经营主体的培育。可充分利用"互联网+"的作用，组织线上学习、线上专家教授指导，每年培育一批高素质农民、返乡创业创新人员，全面支持农民素质素养的提升。四是拓宽人才引进渠道。政府应搭建提供新型农业经营主体与高校、科研院所的交流平台，通过校企合作、产学研结合等方式，吸引优秀毕业生和科研人员投身农业事业。定期举办农业领域人才招聘会、人才交流活动等，搭建人才供需对接平台，促进人才流动和合理配置。

（二）大力发展新产业、新业态，促进生产模式多元化

通过技术开发对新型农业经营主体的生产模式进行创新，不仅可以提高农业产品的质量和产量，还可以提高生产效率。一是完善农业生产模式创新的法律法规。更新土地管理法规，促使农民探索采用新的种植技术，保证土地可持续利用。同时，大力发展农业保险，降低农户在对生产模式进行创新的过程中面临的风险。二是促进技术创新与推广。政府应积极搭建高校与农业企业间交流合作的平台，促进新技术和新模式的应用。目前，应用在农业上的新技术和新模式众多，如智能化农机、物联网技术、智慧农业模式、垂直农业模式等。智能化农机利用人工智能、机器视觉、无人机等技术实现农机自主导航、精准施肥、精准播种、智能灌溉等功能；在农业中应用物联网

农机，监测土壤、气象、水文等环境因素，提供精准的农业生产数据。智慧农业模式将物联网技术运用到传统农业中，借助传感器和软件，通过移动平台或电脑平台对农业生产进行精准控制。垂直农业模式是指在有限的空间内，利用多层架构和先进的种植技术，实现高效、高产、高质量的农业生产。三是提升新型农业经营主体掌握应用新技术、新模式的水平。应组织一个新技术新模式推广的专业技术团队组织，定期对生产模式传统的新型农业经营主体开展培训以及现场演示，帮助新型农业经营主体掌握新技术、应用新模式，提高收益，实现乡村振兴。

（三）强化利益联结功能，提升示范带动能力

2025 年中央一号文件进一步提出完善联农带农机制。健全新型农业经营主体扶持政策同带动农户增收挂钩机制，将联农带农作为政策倾斜的重要依据。引导企业、农民合作社、家庭农场与农户等紧密联合与合作，通过保底分红、入股参股、服务带动等方式，让农民更多分享产业增值收益。① 一是构建新型农业经营主体与农户之间紧密的利益联结机制。支持龙头企业与家庭农场共建标准化示范基地，通过"保底收益+阶梯分红"的分配制度实现风险共担，如在玉米深加工领域试点"企业供种+合作社托管+农户分成"的增值收益分配模式。二是加强新型农业经营主体与村集体的协同合作。依托经济合作社的统筹功能，建立"企业+村集体+农户"三方联营机制。通过盘活闲置宅基地、集体建设用地等存量资产，吸引外出务工人员返乡参与冷链物流、电商服务站等配套项目建设。探索"链主企业带村"发展路径，由龙头企业主导构建涵盖育种研发、生产管理、品牌营销的垂直化产业网络，使农户通过劳务承包、设备租赁等方式嵌入产业链增值环节。三是深入开展示范社创建活动，通过择优扶持、示范引领，培育一批管理规范、运行高效的示范合作社，树立行业标杆，让群众"学有亮点、看有榜样、做有

---

① 《中共中央 国务院关于进一步深化农村改革 扎实推进乡村全面振兴的意见》，中国政府网，https://www.gov.cn/gongbao/2025/issue_11906/202503/content_7011166.html。

标准"。同时，用好农业生产发展（家庭农场）补助资金，提升家庭农场发展水平，打造一批先进典型，充分发挥示范带动作用，推动农业经营主体高质量发展。

（四）扩大新型农业经营主体规模，增强单体实力

在东北三省发展农业新质生产力，实现乡村振兴，必须扩大东北三省新型农业经营主体规模，推进适度规模经营，这就需要资金投入、土地流转、品牌建设和质量认证、销售渠道等多方面的综合支持。一是加强政策扶持与资金投入。政府应进一步加大对新型农业经营主体的政策扶持力度，实行财政补贴、税收减免等优惠政策，鼓励其扩大经营规模。同时，设立专项基金，为新型农业经营主体提供贷款担保、贴息贷款等金融支持，解决其资金短缺问题。二是提高土地流转率。鼓励农民通过土地流转实现土地适度规模经营，提高土地利用效率。① 政府还可引导新型农业经营主体通过合作、联合等方式，整合土地资源，形成规模效应。三是加强品牌建设与质量认证。政府应鼓励新型农业经营主体注册自己的商标，加强品牌宣传和推广，提升品牌知名度和美誉度。积极引导新型农业经营主体申请农产品质量认证，提高农产品的质量和安全性，增强市场竞争力。四是拓宽市场渠道与营销网络。政府应鼓励和支持新型农业经营主体主动拓宽市场渠道，利用电商平台、直播带货等现代的销售模式，拓宽农产品线上销售渠道。加强与大型超市、餐饮企业等采购商的合作，建立稳定的线下销售网络。

参考文献

［1］丁璇：《夏邑县新型农业经营主体培育的影响因素及对策研究》，硕士学位论文，河南工业大学，2023。

---

① 李乙赜：《乡村振兴视野下乡村产业高质量发展策略研究》，《农村经济与科技》2023 年第 20 期。

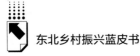

[2] 张社梅、邓杰豪、莫经梅：《2020~2021年四川省农民合作社固定观察点调查统计数据集》，《农业大数据学报》2023年第3期。

[3] 王丰：《黑龙江省新型农业经济主体培育研究》，《农场经济管理》2024年第7期。

[4] 岳芳：《乡村振兴背景下修文县新型农业经营主体发展现状及对策》，《现代农业科技》2025年第5期。

[5] 杜洪燕、陈俊红、李芸：《推动小农户与现代农业有机衔接的农业生产托管组织方式和利益联结机制》，《农村经济》2021年第1期。

[6] 张南：《黑龙江省农副产品电商模式研究》，《海峡科技与产业》2016年第12期。

[7] 《不断增强人民群众的获得感、幸福感、安全感》，《人民日报》（海外版）2023年3月13日。

[8] 王磊：《土右旗农业绿色发展对策研究》，硕士学位论文，内蒙古农业大学，2024。

[9] 《中共中央 国务院关于进一步深化农村改革 扎实推进乡村全面振兴的意见》，中国政府网，https://www.gov.cn/gongbao/2025/issue_11906/202503/content_7011166.html。

[10] 李乙赜：《乡村振兴视野下乡村产业高质量发展策略研究》，《农村经济与科技》2023年第20期。

B.20
东北三省农业服务业发展路径研究*

李志国**

摘　要：　农业服务业是生产性服务业与农业的结合，发展农业服务业是实现农业现代化的必然要求。东北三省农业服务业已在各方面取得显著成效，同时，在一定程度上三省农业质量和效益的进一步提升受限于农业服务业发育不足，尤其是在品牌营销、绿色环保、信息物流等方面亟须破题。面向未来，东北三省应以现代化大农业为引领，以做优农业品质、做强农产品品牌为核心，推动农业服务业整体、协同、创新发展，力争将东北打造成为全国绿色农业发展高地，全面实现农业高质量发展。

关键词：　农业服务业　现代化大农业　农业高质量发展

农业服务业是服务业与农业融合产生的产业形态，其中的服务业主要是指生产性服务业。党的二十大报告要求："构建优质高效的服务业新体系，推动现代服务业同先进制造业、现代农业深度融合。"① 从定义上略展开而言，农业服务业是指为农业生产各个环节提供服务的行业，包括良种、农资、农技、信息、流通、金融、保险等多方面服务，是现代农业的重要组成

---

*　本文为2023年度辽宁省社会科学规划基金一般项目"辽宁预制菜产业发展现状及对策研究"（项目编号：L23BJY011）的阶段性成果。

**　李志国，辽宁社会科学院农村发展研究所研究员，主要研究方向为乡村振兴、县域经济。

①　习近平：《高举中国特色社会主义伟大旗帜　为全面建设社会主义现代化国家而团结奋斗——在中国共产党第二十次全国代表大会上的报告》，中国政府网，https://www.gov.cn/xinwen/2022-10/25/content_5721685.htm。

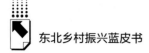

部分。① 整体而言，农业服务业未能全面协调发展，是制约东北农业质量效益进一步提升的重要原因。东北三省应深刻理解现代化大农业发展的要义，充分发挥农业服务业牵动作用，明确其发展路径，借以助力农业及相关产业高质量发展。

一　东北三省农业服务业发展现状

农业服务业范围广、内容杂，本部分择其重点，主要从农业科技、农业托管、信息物流、品牌营销、金融保险、绿色环保等方面，根据相关指标或进展考察东北三省农业服务业的发展态势与水平。

（一）农业科技服务指标较高

农业科技涵盖与农业有关的生物、育种、信息、装备、生态、新材料等技术的研发与应用，这里仅探讨若干服务于农业生产者的环节。据东北三省公开发表的数据，黑龙江省农业科技进步贡献率为 70.8%②，吉林省农业科技进步贡献率突破 60%③，辽宁省农业科技进步贡献率"十四五"将达到67%④。对比全国农业科技进步贡献率 63.2%⑤而言，三省农业科技进步贡献率处于较高水平。虽然种子具有较强的地域属性，但是从东北三省主要农产品总产、单产和品质来看，种业振兴也取得了较大进展。从机械化水平比

---

① 李瑾、郭美荣、冯献：《互联网环境下现代农业服务业创新与发展：国内外研究综述》，《上海农业学报》2019 年第 1 期。

② 周静、梁金池：《黑豫鲁吉皖五省联动 产粮大省的增粮密码》，《大众日报》2025 年 3 月 7 日。

③ 《牢记总书记嘱托，吉林争当现代农业建设排头兵》，吉林省人民政府网，https://www.jl.gov.cn/szfzt/jlssxsxnyxdh/gzjz/202207/t20220719_2006630.html。

④ 《对省十四届人大一次会议关于加快辽宁省农业现代化发展步伐的建议（第 1411293 号）的答复》，辽宁省农业农村厅网站，https://nync.ln.gov.cn/nync/zfxxgk/fdzdgknr/jyta/srddbjy/sssjrdychy2023n/20231031116164745880/。

⑤ 《农业农村部：2023 年我国农业科技进步贡献率达 63.2%》，央广网，https://news.cnr.cn/native/gd/kx/20240724/t20240724_526811934.shtml。

较，黑龙江省农业耕种收综合机械化率达到 99.07%，稳居全国首位①，吉林省农作物耕种收综合机械化率达到 94.7%②，辽宁省农作物耕种收综合机械化率达到 85%以上③，全国农作物耕种收综合机械化率为 74%④，三省均超出全国平均水平。当然，科技与产业间的相互关系，低水平科技服务于产业，高水平科技引领产业，更应关注农业科技服务在拉动农业相关产业提质升级中的表现，故对东北农业科技服务也不宜简单乐观。

（二）农业托管服务方兴未艾

在现行农村基本经营制度下，农户家庭承包经营仍是农业生产基础和主力，但这种生产方式越来越不适应现实条件和发展需要，以农业生产托管为主的农业社会化服务正在迅速发展。黑龙江省耕地面积为 25752 万亩（2023年数据），2024 年农业生产全程托管面积达到 5365 万亩，加上农垦和流转等，全省土地适度规模经营面积达 1.55 亿亩。⑤ 2023 年，吉林省耕地面积为 11179 万亩，全省农业生产托管服务面积已超过 2300 万亩。⑥ 2024 年，辽宁省粮食播种面积为 5366.25 万亩，全省粮食生产托管服务达到 3751 万亩次。⑦ 由于统计口径不一致，这里不对三省农业托管服务水平进行排序。对比农业大省强省山东的情况，2022 年，山东省耕地面积为 9685 万亩，全

---

① 周静、梁金池：《黑豫鲁吉皖五省联动 产粮大省的增粮密码》，《大众日报》2025 年 3 月 7 日。

② 《吉林农作物耕种收综合机械化率达到 94.7%》，吉林省人民政府网，https：//www. jl. gov. cn/szfzt/jlssxsxnyxdh/gzjz/202503/t20250311_3401464. html。

③ 胡海林：《护良田 精耕作 粮满仓》，《辽宁日报》2025 年 1 月 5 日。

④ 邱海峰：《农机成主力，种田更省心》，《人民日报》（海外版）2024 年 7 月 17 日。

⑤ 《农业概况》，黑龙江省农业农村厅网站，https：//nynct. hlj. gov. cn/nynct/c115443/public_tt_time. shtml。

⑥ 杨燕平、闫虹瑾：《培育新型农业经营主体 推动农业高质量发展》，《吉林日报》2024 年 5 月 4 日。

⑦ 胡海林：《去年辽宁粮食总产量达 500.06 亿斤，成为史上第三高产年》，《辽宁日报》2025 年 1 月 5 日。

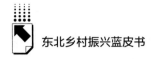

省承包地流转面积超过 4400 万亩, 生产托管服务面积超过 2 亿亩次。① 山东省数据高于东北三省的原因, 有气候条件、种植作物、产出价值的不同, 也有农业社会化服务自身拉动能力的差距。

(三) 农业信息和物流服务稳步推进

信息和物流服务是农业服务业的重要构成, 可以将农业信息分为农业资源信息、农业技术信息、农产品市场信息、农业政策法规信息。东北三省农业信息服务已呈普遍开展态势, 且各有亮点。吉林省在"吉农云"平台架构支撑下, 推广"吉农码"手机小程序, 为农民提供专家咨询、价格行情、金融保险、产销对接、教育培训等全方位社会化服务, 用户已发展到 227 万。黑龙江省级农机智慧调度系统覆盖智能监测终端 10. 82 万台, 智慧植保系统覆盖全省, "掌上植保" App 注册用户超过 30 万, 农产品质量安全追溯平台入网企业达到 3560 家, 全省 923 款农产品被纳入"黑土优品"数字化管理系统。② 辽宁省 12316 "三农"综合信息服务平台面向全省小农户, 提供政策、市场、技术等公益信息服务, 2023 年服务总量 168. 82 万例。③ 农业物流可以分为农业生产资料物流和农产品流通物流, 辽宁省已基本实现村级寄递物流综合服务站行政建制村全覆盖④, 吉林省覆盖率达到 85%⑤, 黑龙江省力争到 2027 年, 全省具备条件的县级行政区实现农村客货邮融合发展全覆盖⑥。

---

① 毛鑫鑫:《打造乡村振兴齐鲁样板取得重要阶段性成效 山东总结发布十种乡村振兴经验做法》,《大众日报》2022 年 7 月 12 日。

② 《省农业农村厅坚持"点线面"结合 有序推进智慧农业发展》, 黑龙江省农业农村厅网站, https://nynct.hlj.gov.cn/nynct/c115379/202407/c00_31750817.shtml。

③ 《关于对省十四届人大二次会议关于以农业数字化促进农业现代化建设农业强省的建议 (第 1421562 号) 的答复》, 辽宁省农业农村厅网站, https://nync.ln.gov.cn/nync/zfxxgk/fdzdgknr/jyta/srddbjy/sssjrdechydjy2024n/20241209144951175 69/index.shtml。

④ 《辽宁局印发全省农村寄递物流综合服务站建设工作实施方案》, 国家邮政局网站, https://www.spb.gov.cn/gjyzj/c100194/202404/ad2270f7874a4e5295da9550f78c1b28.shtml。

⑤ 《吉林局联合 7 部门印发全省农村寄递物流体系建设实施方案》, 国家邮政局网站, https://www.spb.gov.cn/gjyzj/c100194/202404/6674024335c24a418f1dba6ce783e0db.shtml。

⑥ 《黑龙江加快推进农村客货邮融合发展实施方案印发》, 国家邮政局网站, https://www.spb.gov.cn/gjyzj/c100194/202406/1de06a49915645228bdd56a9486aef33.shtml。

（四）农业品牌与营销服务取得实效

农业品牌建设和产品营销是农业服务业的核心，是农业提升附加值的关键。东北三省在农业品牌建设方面都付出了努力，并取得了各自成效。黑龙江省尤为突出，提出打造农业品牌"1141"格局，即1个省级农业区域公用品牌（黑土优品）、10个核心品类品牌、40个区域公用品牌、100个领军企业品牌。在"2024中国品牌价值评价信息"中，五常大米、东宁黑木耳等11个地标品牌入榜，品牌总价值超1800亿元。① 辽宁省以特色产业为抓手，打造系列农业品牌，做大做强优质大米、小粒花生、樱桃、草莓、海参、蛤仔6个全产业链产值超百亿元特色产业，积极培育中药材、绒山羊、扇贝、河蟹等百亿级潜力特色产业，2025年初提出打造涵盖农业品牌的"辽宁优品"品牌体系。吉林省打造吉林大米、吉林鲜食玉米、吉林杂粮杂豆、长白山人参、长白山食用菌以及吉林优质畜产品、吉林梅花鹿七大"吉字号"区域公用品牌，全省累计培育区域公用品牌90个、企业品牌268个、产品品牌384个。② 在农产品营销方面，三省均积极通过各类展会、推介会、直播带货，推动优质农产品走向全国，黑龙江省还推出"龙江农定制"小程序，打造自己的农业平台。

（五）农业金融与保险服务逐步完善

金融扶持、保险兜底是农业服务业不可或缺的内容。东北三省金融扶持农业力度不断加大。至2023年末，辽宁省农业担保公司累计担保金额366.8亿元，同比增长41.6%；在保余额148.3亿元，同比增长30%，2.1万名农户首次获得农业贷款支持，帮助相关农户等节约融资成本18.3亿元。③ 2024年上半年，吉林省在粮食、种业、乡村特色产业、省

---

① 周静：《总价值超1800亿元！龙江这些"金字招牌"进榜"前三甲"》，《黑龙江日报》2024年5月17日。

② 阎红玉：《吉林省大力推进农产品品牌塑造》，《农民日报》2025年1月6日。

③ 唐佳丽：《去年我省农业政策性担保贷款首次突破百亿元》，《辽宁日报》2024年1月26日。

级乡村振兴重点帮扶县等领域贷款余额同比分别增长11.1%、11.9%、10.7%和8.5%。① 黑龙江省通过实施金融保障粮食安全、巩固拓展金融帮扶成效、金融服务乡村产业发展、金融支持乡村建设、金融赋能乡村治理、金融支持"四个农业"加快发展六大专项行动,截至2024年9月末,全省涉农贷款余额10249.64亿元,其中,农户贷款余额2385.33亿元,同比增长20.09%。② 东北三省农业保险不断扩面、增品、提标。辽宁省不断丰富农业保险产品体系,省级财政给予补贴的政策性险种已达25个,其中中央险种17个、地方特色险种8个。③ 黑龙江省、吉林省三大粮食作物完全成本保险和种植收入保险实施范围从产粮大县扩大至全省。

(六)农业环保与绿色服务有序开展

农业环保和绿色服务是农业提升效益的必然要求,也是农业高质量发展的重要支撑。东北三省均以黑土地保护为核心,通过技术推广(如保护性耕作)和政策支持(如化肥农药减量)推动农业绿色转型。吉林省出台全国首部黑土地保护地方性法规,实施"黑土粮仓"科技会战,在全国首创测土配方施肥手机信息服务系统,实施保护性耕作面积达到3800万亩,稳居全国首位。④ 黑龙江省建设绿色大粮仓、绿色大厨房,已有绿色有机食品企业1091家、产品3403个,绿色有机食品认证面积9458.8万亩,居全国首位。⑤ 辽

---

① 《人民银行吉林省分行:多措并举推动金融支持乡村全面振兴专项行动加快落地》,吉林省乡村振兴微信公众号,https://mp.weixin.qq.com/s?__biz=MzU5NjY4Nzg0Mg==&mid=2247741702&idx=1&sn=b80a3345ac8fd0eece3bd83ad73bec19&chksm=ff341b86e8497bdbbbda45b580114b4e0df63af5d15f08a6baa06fd06a40b061927dd01fabed&scene=27。

② 安丰雪、王腊梅、程瑶:《黑龙江省开展学习运用"千万工程"经验 加强金融支持乡村全面振兴专项行动》,《黑龙江日报》2024年11月5日。

③ 《对省十四届人大二次会议关于强化农业保险助力乡村振兴的建议(第1157号)的答复》,辽宁省财政厅网站,https://czt.ln.gov.cn/czt/zfxxgk/fdzdgknr/jyta/srddbjy/2024n/2024071915055937809/index.shtml。

④ 闫虹瑾:《吉林:护好黑土地 端稳"金饭碗"》,《吉林日报》2025年3月4日。

⑤ 高娇娣:《以"四个农业"为引领,黑龙江端牢"中国饭碗"》,《中国食品报》2024年12月30日。

宁省 2025 年计划新建 200 个"土特产"标准化生产基地，基地中绿色、有机农产品覆盖率力争达到 80% 以上。①

二 东北三省农业服务业发展面临的机遇与挑战

东北三省农业服务业的实践在推进，那么，东北三省发展农业服务业面临的机遇和挑战有哪些呢？从大的方面看，产业基础和正确方向是底气，而产业规模与市场空间则是需要突破的困境。

（一）机遇源于产业基础和发展方向

1. 雄厚的农业基础，为农业服务业发展提供了广阔空间

可以通过以下几组数据说明东北三省雄厚的农业基础。2023 年，东北三省农作物总播种面积 25958 千公顷，占全国的 15.1%；粮食产量 14538 万吨，占全国的 20.9%；农林牧渔业总产值 14887 亿元，占全国的 9.4%。② 东北三省是国家粮食安全"压舱石"，应该深刻认识到，粮食既要数量安全，也要质量安全，东北农业既要在数量上和质量上为国家粮食安全作出贡献，也要从大食物观角度，通过多元化食物供给体系，为全国人民提供更多更好的产品。东北农业的地位和作用应该得到加强，而这离不开农业服务业的做大做强。

2. 现代化大农业发展方向，为农业服务业提供了用武之地

自习近平总书记 2023 年 9 月 7 日在新时代推动东北全面振兴座谈会上指出东北"要以发展现代化大农业为主攻方向，加快推进农业农村现代化"以来，东北三省均将现代化大农业作为引领农业发展的方向。吉林省提出培育万亿级大农业集群，黑龙江省提出加快建设现代农业大基地、大企业、大产业，辽宁省提出打造现代化大农业发展先行地。2025 年 2 月 8 日习近平总书记在听取吉林省委和省政府工作汇报时强调"吉林要以发展现代化大

---

① 胡海林：《今年全省将新建 200 个"土特产"标准化生产基地》，《辽宁日报》2025 年 3 月 13 日。
② 本组数据根据国家统计局网站数据计算得出。

农业为主攻方向，完善强农惠农富农支持制度，统筹发展科技农业、绿色农业、质量农业、品牌农业"①。东北三省发展现代化大农业，需要农业服务业的助力，农业服务业现代化也是现代化大农业题中之义。

（二）挑战来自产业规模与市场空间

1. 农产品加工业规模较小，农业服务业牵动力不足

没有工业的加持，农产品的销路会非常受限，市场难免陷入"内卷"，而农产品加工业不大不强一直是制约东北农业腾飞的主要原因。以工业大类中的农副食品加工业为例，2022 年辽宁省规模以上农副食品加工业企业营业收入为 2547.5 亿元，吉林省为 998.6 亿元，黑龙江省为 1945.2 亿元，三省规模以上农副食品加工业营业收入占全国规模以上农副食品加工业营业收入 53628.3 亿元的 10.2%②，与三省农业地位和产出相比，农副食品加工业规模偏小。东北三省大量农产品以初级产品形态外运，附加值流失，这种状态的根本性改变，也需要农业服务业的介入。

2. 本地消费和市场空间有限，需以农业服务业拓展外部市场

据统计，2023 年东北三省粮食自给率为 395.4%，其中，黑龙江省为 617.6%，吉林省为 419.5%，辽宁省为 149.0%，东北三省包括粮食在内的各类农产品大量外销，这些外销的农产品以怎样的价格出售，是非常重要的事情。农业服务业需要在东北农业提升品质、树立口碑、打造品牌等方面全面发力，在提升农产品精深加工水平方面有所作为，以更好品质、更高价格占领目标市场。

三 东北三省农业服务业发展路径思考

东北三省加快发展农业服务业势在必行，有必要对农业服务业发展的主线、逻辑或路径予以思考，初步认为应围绕如下几个方面展开。

---

① 舒坤良：《深耕"四个农业"更好赋能现代化大农业》，《吉林日报》2025 年 2 月 14 日。
② 本组数据根据《中国统计年鉴 2023》和 2023 年辽宁、吉林、黑龙江三省统计年鉴相关数据计算得出。

（一）以现代化大农业为引领

现代化大农业是东北农业未来的理想形态，发展现代化大农业需要农业服务业的全方位支撑，当然，农业服务业也应按照现代化大农业的要求予以布局和运行。实践中，东北三省均已对本省发展现代化大农业做出了政策性、框架性安排，并且在发展过程中，实干者、研究者、管理者对现代化大农业的理解和认识将会不断深化，也将会不断探索更适合自身主体、行业、地区的发展道路，在这一过程中，大家会积极借助或发展相关农业服务业，来促进现代化大农业发展目标的达成。换位而言，农业服务业的从事者，也要深刻理解现代化大农业的相关要求和方向，与之相向而行。本质而言，农业服务业是现代化大农业的一部分，二者为共进关系。

（二）以优品质、强品牌为核心

做优农业品质、做强农产品品牌，是东北三省现代化大农业发展的核心任务之一，而辅助实现此任务，也是农业服务业的核心业务。在优化品质和强化品牌的过程中，至少会面临两对矛盾。一是长期效益与短期效益的矛盾，即便内外功夫都做到位，品质和品牌也很难很快提升和树立，但是大量人力物力财力的投入和较长时间的严格约束，各类主体是否能坚持下来，是非常大的考验。二是整体利益和个体利益的矛盾，在地标产品和区域品牌成长过程中，一定会面临内外部以次充好、假冒伪劣的冲击，能否有效管理好生产、净化好市场，将决定品质与品牌的成败。做好品质、做成品牌，需要非常专业的农业服务。

（三）围绕农产品加工业寻求突破

现代化大农业少不了强大的农产品加工业，农产品加工业虽属于工业范畴，但其产业链条前端的原材料和后端的营销，需要专业化的农业服务业，甚至在生产过程中，也需要某些农业服务的介入。东北三省农产品加工业的突破点，要打在本土品牌商标的培育上，更多本土品牌的崛起，能更有力地

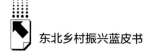

带动产业链参与者增收，避免东北农产品加工业过度成为初级原料提供者和代工厂；还要打在精深加工比例的提升上，以延长产业链，提升产业附加值。

（四）围绕区域内外市场做文章

把好产品卖上好价格，是农业服务业的另一项核心任务，这一步做不好也会前功尽弃。一要遵循市场规律，匹配产品特质与客户需求。详细掌握市场特点、结构，以及潜在消费者特征、心理，为后续营销提供依据。二要创新营销方式，打开目标市场。营销方式层出不穷，选择何种或哪些方式能够以较小成本取得预期效果，需要精准策划、卓越实施。三要提升产品价值和服务水平，在消费群体那里树立口碑。产品和服务的提升没有止境，以追求极致的态度去改进，消费者口碑一定会越来越好，而口碑一旦确立，将会与产品销售形成良性循环。

四　东北三省农业服务业发展建议

在提出东北三省农业服务业发展路径后，对实现路径的方式方法，主要从宏观角度，简要提出如下建议。

（一）明晰现代化大农业发展方向，以农业服务业助力现代化大农业发展

现代化大农业应有一定的规定性，但不应有统一不变的模式，东北三省乃至各市县乡村发展现代化大农业，也要不断探索最适合自身的道路。总体来看，黑龙江省应以生态农业为主导，推广"北大荒模式"；吉林省应以健康农业为主导，推广"梨树模式"；辽宁省应以多元农业为主导，探索并推广能代表辽宁农业的模式。一个地方农业的符号很重要，树立起有代表性且有普适性的标签，通过多种渠道加以宣传，最终形成好的一贯印象，将会对农业发展乃至经济全局产生重要推力，这一点在全国多个省份都得以验证，

如"清新福建,山海农香""七彩云品,高原味道""鱼米之乡,锦绣潇湘"等,黑龙江省已推出"北国粮仓,生态龙江",吉林省推出"黑土粮仓,丰饶吉林"口号,走在了辽宁省前面。确立现代化大农业发展方向以后,农业服务业的服务方向也就更加清楚,再去制定发展规划,明确相关政策导向,加强有关项目扶持,会更有的放矢。

(二)强调农业服务业整体性,制定指导性意见推动通盘发展

当前,在市场需求、政府组织和社会力量推动下,东北三省各类农业服务已经取得了长足进步,但是,农业服务业更多的是以农业社会化服务为统领,笔者认为,这一概念从广度和深度上都难以替代农业服务业本身,因此,应该把农业服务业作为学术和官方标称。当前,农业服务业整体性发展面临的最大问题是,服务的内容极其庞杂,提供服务的主体非常多元,各类服务和主体间的协同性较低,服务的标准和水平参差不齐。针对这一系列问题,笔者建议,东北三省可以在全国率先尝试农业服务业的整体性、协同性发展,组织各方力量,制定指导性意见,用以促进现代化大农业下的农业服务业高质量发展,力求使各类服务相互配合,各类主体形成合力,提升服务的可得性、选择性和标准化,如能在实践中发挥显著效用,形成一定经验成果,将会为全国农业服务业发展贡献出东北智慧。

(三)东北三省协力,打造绿色农业发展高地

东北三省上下应该形成共识,社会化大农业是东北农业的发展方向,而绿色健康要成为东北农业的文化内核,为形成这一文化内核,需要调整提升包括农业服务在内的农业发展手段。在农业服务业领域,要对农业科技进行全面合规性评价,对那些"狠活"黑科技,要坚决予以清理;要加强冷链物流设施建设,提升鲜活农产品流通能力;要利用信息或数字技术,逐步普及农业生产在线监测和农产品溯源管理;要像爱护眼睛一样呵护自己的品牌,要像谈恋爱一样获取消费者青睐;要把产业链条绿色环保工作做实做透,不要表面工程或浅尝辄止。东北三省应建立协同机制,倾力在全国打造

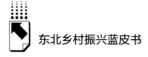

绿色健康农业形象，共同营造健康农业内核，建成绿色农业高地。当然，绿色农业是分层次的，东北农业要在提升整体绿色健康基础上，为全国提供品类齐全的绿色健康产品。

（四）倾力打造农业品牌，切实维护好品牌形象

打造品牌早已是各地方发展农业的"重头戏"，东北三省也不断制定并调整自身农业品牌体系建设的方案和举措。农业品牌建设的关键在各方协同、责任落实和持续维护。从产业链角度，种养、采购、加工、仓储、包装、物流、营销、售后等环节，都应制定并严格执行标准，任何环节出问题都可能导致满盘皆输。从责任主体角度，所有与品牌和产品有关的种养加、产供销、农文旅、政商学主体，都有责任把产品和品牌建设好、维护好。如果有关方面只顾享受品牌红利，不从各个环节把控产品质量、维护品牌声誉，则品牌的滑落和倾覆也就不远了。2024 年下半年，辽宁省丹东草莓遭遇农药残留信任危机，政企商协学界未能及时以可信证据有效发声，导致产业损失惨重，有必要进行深刻反思。2025 年全国两会上，吉林省松原市党政负责人针对查干湖产出"洗澡鱼"的说法，以数据进行辟谣，则展示了另一种姿态。

（五）立足质量、效益、智慧、融合，探索农业服务业新业态

伴随人工智能、信息技术的加速应用，以及农业与其他产业的全面融合，加之消费新场景、新方式的不断涌现，农业服务业也必然不断产生新内容、新业态。在信息技术应用方面，如发展智慧农田，其依托物联网、5G等技术建立田间智能监测系统，实时采集土壤、气象、病虫害等数据，通过算法生成精准施肥、灌溉、防灾减灾方案。在农业与其他产业融合方面，如出现"农业+康养""农业+研学"等模式，前者在乡村民宿、健康膳食定制等形态基础上拓展，后者融合农耕体验、亲子研学等沉浸式活动开发教育农园。在消费新场景方面，短视频、直播带货等方式已经走进千村万户，未来一定会不断出现新的农产品销售方式。那些取得突出成效并具备较强生命

力的农业服务业新方式、新业态，大多符合立足智慧与融合，能够提升质量和效益等要求。在东北沃野千里的黑土地上，通过三省亿万人的共同努力，农业服务业发展有无限空间与可能。

参考文献

［1］万莹莹、姜长云：《发达国家推进农业与服务业融合发展的主要形式、新趋势与启示》，《世界农业》2024 年第 1 期。

［2］张清津：《农业服务业发展：路径与趋势》，《中国农村经济》2024 年第 5 期。

［3］郭晓鸣、温国强：《农业社会化服务的发展逻辑、现实阻滞与优化路径》，《中国农村经济》2023 年第 7 期。

［4］芦千文：《中国农业生产性服务业：70 年发展回顾、演变逻辑与未来展望》，《经济学家》2019 年第 11 期。

［5］李瑾、郭美荣、冯献：《互联网环境下现代农业服务业创新与发展：国内外研究综述》，《上海农业学报》2019 年第 1 期。

［6］关今：《农业服务业对东北农业发展至关重要》，《群言》2017 年第 3 期。

［7］赵英霞、陈佳馨：《现代服务业与现代农业耦合发展路径研究》，《经济问题》2018 年第 5 期。

B.21
东北地区红色资源
与乡村振兴融合发展研究

兰元成*

摘　要：　东北地区拥有丰富的红色资源，这些资源不仅见证了中国共产党在东北的早期革命活动，还承载了东北抗日联军、解放战争、抗美援朝等重要历史事件的深刻记忆。东北地区红色资源丰富，在乡村振兴中发挥着重要作用。当前，在红色资源文化与乡村教育和乡村人才培养方面取得了一些成果，然而，因为东北地区红色资源分布零散、部分偏远遗址鲜为人知且资金不足导致基础设施滞后、红色文化与乡村教育产业融合不够深入、红色旅游业模式单一等。对此，应深化红色文化与乡村教育产业融合，加强红色资源文化与乡村教育融合，改进乡村红色资源文化教育，培养乡村人才强化红色教育，同时拓宽红色科研视野，推动东北地区红色资源与乡村振兴深度融合。

关键词：　红色资源　乡村振兴　融合发展　东北地区

一　东北地区红色资源与乡村振兴助推发展现状

（一）东北地区红色资源整合迎来发展新阶段

东北地区，中国革命的重要基地，拥有丰富的红色资源，包括革命遗

＊　兰元成，长春光华学院助教，主要研究方向为戏剧影视表演。

址、烈士陵园等物质文化遗产，以及感人的革命故事和英雄事迹等非物质文化遗产。涵盖辽宁、吉林、黑龙江和内蒙古东部五盟市，2023年9月，东北四省区文旅部门整合资源，推出5条主题线路和2条融合线路，推动红色资源与乡村旅游融合，为乡村振兴注入新活力。

（二）红色资源文化积极融入乡村教育

红色资源文化在乡村教育中的融入，对于培养青少年爱国情怀、传承革命精神具有不可替代的作用。许多学校和教育机构通过组织学生参观红色教育基地、开展主题班会等形式，让孩子们从小接受爱国主义教育，增强社会责任感。

辽宁省抚顺市雷锋小学持续推动"学雷锋"活动，将雷锋故事精心编纂入教材，并在校园内建起雷锋纪念馆，定期组织学生参观学习，深刻体会雷锋精神的光芒。望花区雷锋小学是雷锋生前担任辅导员的第一校。学校持续开展"五四三二一"学雷锋文明创建活动，不断探索创新学雷锋活动的新形式新方法，为其增添新的生机与活力。所谓"五四三二一"，即"五个日子忆雷锋""四个第一知雷锋""三件宝贝学雷锋""两项活动爱雷锋""一个主题做雷锋"[1]。雷锋小学成功将红色资源文化融入乡村教育，为学生提供了多样的学习资源和实践平台，有力促进了雷锋精神的传承与弘扬。

吉林省汪清县红日村建设了党性教育馆、抗联女战士金伯文故居等，成为全国文化和旅游公共服务功能融合试点单位、全国乡村旅游重点村，成为远近闻名的研学游热门目的地之一。2024年，随着游客的逐渐增多，红日村里已经着手开发建设更多休闲旅游新项目。这些年，旅游业成功打破了村里"靠山吃山"的传统单一收入模式，显著推动了农村经济的蓬勃发展。汪清县红日村依托深厚的红色文化底蕴和红色旅游资源，充分发挥红色旅游的教育功能，实行"旅游+教育"模式，广泛开展了革命传统教育和爱国主

---

① 王金海、胡婧怡：《抚顺望花区雷锋小学：与英雄相伴和雷锋同行》，复兴网，https：//www.mzfxw.com/e/action/ShowInfo.php？classid=25&id=100505。

义教育。红日村将红色基因与党性教育深度融合，在新建的村级活动场所内设立了党课讲堂，通过理论讲解、互动交流、现场参观、情景模拟、体验教学和拓展训练等多种形式，极大地增强了红色教育的吸引力和感染力。

黑龙江红色文化旅游形成了"红色文化+革命老区""红色文化+特色景区""红色文化+乡村旅游""红色文化+研学旅行"等多种融合模式，黑龙江省的红色资源众多，研学旅行市场具有丰富的发展前景和丰厚的学习基础。例如，黑河市的瑷珲历史陈列馆、马占山历史陈列馆等校外实践教育基地，足以构成黑河瑷珲经典研学路线，成为引导人民思想道德建设的关键素材，形成"红色文化+研学旅行（黑河线路）"的融合模式。

内蒙古自治区兴安盟还采取"地图+党史"形式，制作发布"兴安盟红色打卡地图"，在域内 10 个点位、13 处红色遗存嵌入红色资源图片、内容等信息，通过不同类型的图标标识，便于广大群众"打卡"，瞻仰革命故地，传承红色基因。同时，形成"红色故事进学校"和"红色文化进教材"的红色教育创新模式，掀起大中小学学习红色文化的热潮。

东北地区通过红色资源文化与乡村教育融合，强化青少年爱国主义教育。辽宁雷锋小学和吉林红日村等地区，通过建设教育基地和开展主题活动，促进红色精神传承。黑龙江和内蒙古兴安盟利用红色资源，推动研学旅行和红色教育创新，有效推动了经济发展和社会进步。这些举措为青少年提供了丰富的学习资源，促进了红色基因的传承。

（三）红色资源教育促进乡村人才培养

红色资源教育的利用，不仅提升了乡村居民的思想道德水平，还促进了乡村人才的培育和发展。帮助农民提升技能与素质，为乡村振兴蓄力。吉林省红日村充分利用红色资源，为新型职业农民的培养搭建起坚实的培育平台，通过强化思想政治教育，成功培育出一批既爱党爱国，又深知农业、热爱农村的高素质农民队伍。此外，红日村更凭借红色教育的力量，引领乡风文明新风尚，促进乡村文化蓬勃发展，为乡村人才振兴注入了不竭的精神源泉。

辽宁省服务县域重点产业人才需求，依托县级职教中心，组织高职院校与县域重点企业共建 15 个乡村振兴学院，开展五年一贯制学历教育和高素质农民培训。通过市域定向招生、订单培养等方式，为乡村振兴提供人才支持。沈阳"九·一八"历史博物馆是全国重要的抗战主题博物馆，通过整合辽沈地区的抗战文化资源，打造了沈阳抗战联线品牌。沈阳抗战联线首批 12 家成员单位由沈阳"九·一八"历史博物馆、沈阳中共满洲省委旧址纪念馆、沈阳审判日本战犯特别军事法庭旧址陈列馆、沈阳二战盟军战俘营旧址陈列馆、张氏帅府博物馆、东北陆军讲武堂旧址陈列馆、皇姑屯事件博物馆、抚顺平顶山惨案纪念馆、抚顺战犯管理所旧址陈列馆、本溪东北抗联史实陈列馆、阜新万人坑死难矿工纪念馆、辽阳李兆麟纪念馆共同组成。

哈尔滨市党员教育中心与哈尔滨技师学院合作，开展"党建+技能人才培育"项目，通过"一月一主题、一月一培训、一月一实践"模式，培养了一批懂技术、会管理、善经营的农村实用人才。黑龙江省深入挖掘"四大精神"红色文化内涵，实施"红色旅游+"战略，注重深度融合生态游、民俗游、研学游、乡村游等，形成"红色旅游+冰雪""红色旅游+生态""红色旅游+科技"等产品发展格局。例如，通过打造"重走抗联路"等红色旅游线路，结合冰雪旅游项目，吸引了大量游客，推动了乡村经济发展。

此外，东北各个高校团队积极参与乡村振兴主题竞赛，促进产学研的紧密合作，为乡村振兴注入了新鲜活力与智慧力量。通过这些活动，红色资源教育与乡村人才培养得到了有效结合，为乡村振兴提供了人才支持和智力支撑。

二　东北地区红色资源与乡村振兴融合发展存在的问题

（一）红色资源文化创新与资源开发利用不足

红色资源文化创新不仅是传承红色基因、弘扬革命精神的关键之举，更是新时代背景下宝贵的文化遗产。东北地区的红色资源展示形式较为单一，

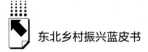

多局限于纪念馆、展厅等传统方式，缺乏多样性和互动性。大部分红色旅游地在经营上还停留在遗址参观、简单的图片和物品展示阶段，展示的内容雷同，形式单调，缺乏导游讲解，游客体会不到参与感，无法更深层次地了解当时这里发生的故事。

旅行产品缺乏吸引。我国东北地区有的红色旅游景点目前所提供的旅游拓展产品基本上只是用简单物品展现和橱窗式的文物陈设，其中静态观光内容居多，景点内容较为陈旧，吸引力较小，讲解缺乏与时俱进的手段，让游客觉得较为枯燥乏味。旅游产品同质化严重不适于现代审美观念的不断发展及旅行者不断向深向广追求高质量的消费取向，东北红色旅游资源与市场需求相对冲，因而也就缺乏对游客的吸引力。

跨区域整合不足。东北地区红色资源分布广泛，但跨区域整合不足，缺乏整体规划和协同开发。例如，辽宁、吉林、黑龙江三省的红色资源开发相对独立，未能形成联动效应。

（二）红色文化与乡村教育产业之间的融合度不足

东北地区乡村教育资源普遍不足，缺乏足够的师资、教材、教学设备等，限制了红色文化在乡村教育中的应用和推广。红色文化在乡村教育中的应用多停留在表面，缺乏深度挖掘和创新形式。例如，红色文化教育多以参观纪念馆、遗址为主，缺乏互动性和沉浸感。

东北财经大学公共管理学院红韵边疆实践团于 2024 年 7 月 15 日至 8 月 10 日赴鸡东县进行调研。成员们通过多种方式对当地红色文化进行了深入研究，参观了包括红灯记小镇在内的多个红色教育基地，体验并学习了鸡东县的红色历史和精神。调研发现，鸡东县红色旅游与乡村经济有所发展，然而红色文化与乡村教育产业的深度融合尚需进一步推进。具体而言，红色文化资源的开发缺乏系统性规划，传播方式也缺乏整体设计，这直接影响了其与乡村教育产业的有效融合。这种状况限制了红色文化在教育领域的潜力发挥，阻碍了其在乡村教育中的普及与传承。

（三）东北地区缺乏乡村发展教育平台

当前，在东北地区乡村中人力资本不足，人才综合素质不高，农村在家劳动力不足，劳动力平均年龄偏大，人才引入机制不健全，优秀产业技术人才紧缺，激励政策吸引力不够，后备干部和技术性人才储备不足等，使东北地区乡村发展人力资源难以保障。

从东北地区的城乡状况对比来看，东北地区的教育资源在城乡之间分配不均①，城市学校拥有更优质的师资力量和教学设施，而乡村学校则相对匮乏。例如，乡村教师规模虽有扩大趋势，但占比却在下降，且乡村学校基础设施建设投入虽在增加，但整体水平仍较低。

三　东北地区红色资源与乡村振兴融合发展对策与建议

（一）加强红色资源文化与乡村教育的融合

红色文化资源是乡村振兴的重要文化驱动力，通过创造性转化与多元化融合，并借助现代科技与传播手段，可有效保护和传承这份宝贵遗产。同时，这也将为乡村注入新的活力，推动乡村的全面发展。建议依托特色红色文化课程，讲述动人心弦的红色故事，并促进红色资源的联动，以此将红色文化资源与乡村教育产业深度融合。这样不仅能够提升教育的质量和效果，还能够进一步弘扬和传承红色文化，让更多的人了解和铭记这段历史。通过这种方式，红色文化资源将成为乡村振兴的重要推动力，为乡村注入新的生机与活力。

将红色资源融入乡村学校的日常教学中，可以为学生们提供丰富而生动的教学素材。乡村学校应深入挖掘本地红色资源，精心打造特色课程，同时

---

① 许佰雁、樊圆圆：《东北三省乡村教育振兴发展问题研究》，载张磊、王昆主编《东北地区乡村振兴发展报告（2023）》，社会科学文献出版社，2023。

积极探索符合学生兴趣的教学方式。例如，可以通过讲述当地革命历史故事、展示革命文物等方式，让学生们在学习中感受到红色精神的力量。

此外，红色资源还能为乡村学校公共文化服务体系的完善贡献力量。可以打造一系列红色文化阵地，如党史图书馆、革命纪念馆等，为乡村居民提供丰富的文化生活。这些红色文化阵地不仅能够增强乡村文化的红色底蕴，还能够成为传承红色基因的重要场所。通过参观学习，学生们可以更深入地了解革命历史，从而培养他们的爱国情怀和历史责任感。

（二）进一步强化乡村红色文化的普查

为了深入探索和高效利用丰富的红色文化资源，需开展一项全面且细致的普查工作。例如，嘉兴市在文化和旅游部的委托下，经过一年的深入调查和研究，编制了《红色旅游资源分类、调查与评价》方案，并确定了214个红色旅游资源单体，普查不仅厘清了市域红色旅游资源的分布、分类和性质，还挖掘出了如"重走一大路"、淞沪会战嘉兴防线、新四军澉浦突围等红色旅游资源集聚区，为全国红色旅游资源普查提供了可复制可推广的经验。普查工作不仅包括广泛搜集和整理各类红色文化资源的信息，还涉及资源点的保存状况、红色资源等级、红色旅游价值等基本情况的整理，并引入数字科技手段建立普查数据库。通过这样的普查，可以实现红色文化资源信息的数字化和系统化管理，使其更加便捷地为公众所获取和利用，有助于我们更全面地认识红色文化的深层含义，从而更好地传承和弘扬红色精神。

（三）以红色资源培育乡村人才

将红色资源融入新型职业农民培育体系，通过强化思想政治教育，打造一支爱党爱国、心系"三农"的高素质农民队伍。通过深入挖掘红色资源的历史背景和精神内涵，我们可以更好地传承和弘扬红色精神，使其成为新时代农民教育的重要内容。此举既能提升农民的政治意识与思想境界，又能树立他们对农业、农村的深厚情感。

同时，深挖红色资源内涵，弘扬红色精神，以此激励优秀人才铭记红色基因，勇担建设美丽乡村的历史使命。红色精神是一种宝贵的精神财富，它代表着坚定的理想信念、无私的奉献精神和艰苦奋斗的优良传统。将红色精神融入新型职业农民培育，能够激发外地优秀人才对乡村发展的责任感与使命感，激励他们踊跃投身美丽乡村建设。2024年东北财经大学公共管理学院红韵边疆实践团深入鸡东县，在宣传鸡东县和当地红色文化的同时，团队利用微信公众号等社交媒体平台发布相关信息，包括历史文化介绍、非遗技艺、革命烈士事迹、活动信息等，以吸引更多游客的关注和参与。目前，团队公众号"红韵边疆"已发布14篇相关文章，总字数达14000余字。通过"当地红色文化+互联网"的方式，强化助力鸡东县红色旅游产业的发展，进而为乡村振兴贡献力量。这不仅有助于保护和传承鸡东县的红色文化，还能促进当地经济的繁荣和可持续发展。

此外，激活本土人才返乡创业、回馈桑梓的责任感也是至关重要的。许多农村青年在外求学或工作后，往往会选择留在城市，而忽视了家乡的发展。红色资源的教育引导，能够激发他们对家乡的深厚情感与责任感，驱使他们回乡创业，将先进的知识与技能播撒至农村，为家乡的发展贡献力量。这样不仅可以促进农村经济的发展，还能改善农村的人才结构，为乡村振兴注入新的活力。例如，鸡东县就业和服务中心的"直播带岗"活动自2022年10月启动以来，已成为创新招聘模式的典范。红色文旅产业的发展为乡村人才提供了广阔的就业和发展空间。例如，新华村通过红色旅游带动村民增收，吸引了更多年轻人回乡创业。不仅销售"红灯记饰品、李玉和雕像、东北抗联故事册"等红色村庄特有纪念品，还带动30余户村民销售新华有机大米，人均年增收1500元。① 如今，新华村正谋划串联锅盔山遗址，打造鸡东红色旅游金名片，让烽火岁月淬炼的"红"，持续照亮乡村振兴之路。通过红色文化与乡村旅游的结合，推动了乡村经济的多元化发展，为乡村人才提供了更多的就业机会。

---

① 《鸡东县新华村："红色动能"激活乡村振兴新引擎》，中国日报网，https：//hlj. chinadaily. com. cn/a/202503/04/WS67c6c2e7a310510f19ee9b46. html。

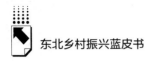

（四）全面整合挖掘东北地区红色资源

东北地区应全面整合红色资源，形成系统性的旅游线路和产品，提升联动效应。将红色文化资源与生态农业、非遗美食、乡村手工艺品、文化教育等产业相结合，拓展延伸红色产业链条，催生新的经济增长点。将红色文化进行艺术性的表达，通过戏剧、雕塑、绘画、歌曲等多种艺术表达形式，让红色故事灵动起来，做到既有简单朴素的宣传教育作用，又有知识传递的作用，从而让党史学习教育以最直观的方式直抵人心。改善红色旅游景点的交通条件，增加公共交通线路，设置明显的路标指示，特别是与红色文化旅游相关的交通设施，确保游客能够方便地到达红色旅游景点。

东北地区，这片广袤的土地，不仅拥有着丰富的自然资源，还蕴藏着深厚的革命历史和独特的红色文化。红色资源在东北全面振兴的伟大征程中，扮演着铸魂育人、政治引领、文化导向和经济助推的重要角色。因此，东北地区的红色科研工作应当拓宽研究视野，建立起一个广义的红色资源研究框架，全方位地研究红色资源的物态留存、行为过程、精神传承和符号文化等多个方面。唯有如此，方能确保红色资源在新时代背景下发挥更大效用，推动融合发展迈向新台阶。

红色资源的开发利用，不仅可以促进红色旅游、红色文创等产业的发展，还可以通过红色教育、红色文化传播等方式，提升人民群众的思想道德素质和文化认同感。这样，红色资源就能为东北地区的全面振兴提供坚实的文化支撑和经济动力，为实现中华民族伟大复兴的中国梦贡献东北力量。

在当前的乡村振兴战略中，红色文化资源的开发与利用显得尤为重要。乡村红色文化可以分为物质文化和精神文化两个方面。发掘红色文化资源，一方面，可组织学生重走红色路线，实地探访革命纪念馆、烈士陵园及革命遗址，以此直观感知红色文化的物质形态；另一方面，则需引导学生深入体悟红色文化的精神实质，通过红色歌曲、戏剧、影视及故事，感受其中蕴含的深厚爱国主义精神，诸如红船精神、井冈山精神、长征精神、抗战精神及西柏坡精神等革命精神。

参考文献

[1] 王佳欣：《红韵边疆实践团——农文旅深度融合发展，红色文化赋能乡村振兴》，中国大学生在线网，https：//dxs. moe. gov. cn/zx/a/hd _ dxszxhdbm _ 2024dwqc_cgzs_whrxxsjw/240926/1969663. shtml。

[2] 许佰雁、樊圆圆：《东北三省乡村教育振兴发展问题研究》，载张磊、王昆主编《东北地区乡村振兴发展报告（2023）》，社会科学文献出版社，2023。

[3]《吉林省乡村振兴战略规划（2018～2022年）》，《吉林日报》2019年3月1日。

[4] 崔银河：《辽宁省红色历史文化资源SWOT分析》，《科学社会前沿》2023年第11期。

[5]《黑龙江省红色旅游发展规划（2022～2030）》，黑龙江省文化和旅游厅网站，https：//wlt. hlj. gov. cn/wlt/c114200/202212/c00_31464154. shtml。

B.22
美国、日本、韩国农业
现代化的经验、借鉴与启示

邵　丹*

摘　要:　本文探讨了美国、日本、韩国农业现代化对东北农村的借鉴作用。美国以规模化、产业化、高度机械化与科技化为特点，有完善的政策支持。日本在小规模农业基础上，通过兼业经营、育种创新、机械化提升和合作组织发展实现现代化。韩国注重高附加值农业、智能养殖场建设和政府支持。针对东北农村，建议借鉴美国提升规模与机械化，加强科技研发；借鉴日本完善政策体系，发展特色农业与加工业；借鉴韩国加强基础设施建设，推广先进技术模式，培养新型农业经营主体。这些经验对推动东北农业现代化，提高效率和品质，增加农民收入具有重要意义。

关键词:　东北农业现代化　美国　日本　韩国

一　美国、日本、韩国农业现代化的发展现状

（一）美国农业农村现代化的发展现状

美国地域辽阔，自然资源丰富，气候条件适宜，这为农业发展提供了得天独厚的自然条件。美国农业实行规模化、产业化和区域化的经营模式，现代化、机械化程度高，农业生产率在世界居于前列。早在20世纪40年代，

---

* 邵丹，长春光华学院国际交流学院副教授，主要研究方向为英美文学。

美国就已基本实现农业机械化。

1. 规模化经营驱动农业生产效率革命

美国农业生产主要依靠家庭农场，这些农场经营规模大，农业现代化、机械化程度高，全部实行机械标准化作业，生产效率极高。根据美国农业部（USDA）及下属国家农业统计局（NASS）发布的统计数据，截至2022年，美国拥有220万个农场，平均每个农场面积约为1.69平方公里（约2535亩），而截至2023年底发布的数据，美国人口总数约为3.35亿人，其中从事农业的人口数量相对较少，不到全国总人口的1%。这一数据反映了美国农业的高度机械化和规模化生产特点，也为其在全球农业市场上的竞争力提供了有力支撑。经营规模扩张大大提升了农业劳动生产效率，并使农业从业者收入大幅提高。[①]

2. 全链条整合重塑现代农业产业生态

美国现代农业不仅涉及传统的农业生产，还涵盖了生物学、地理学、气象学、生态学等多个学科门类。通过将这些学科与农业生产相结合，美国形成了一套产前、产中、产后紧密结合的产业化体系。这一体系将农业生产、工业制造、商品流通、信息服务、金融支持等产业融为一体，实现了农业生产的全程产业化。美国现代农业不仅融合了传统农业生产与多学科知识，还通过产前、产中、产后的紧密衔接，构建了一个高度集成的产业化体系。这一体系不仅涵盖了农业生产本身，更将工业制造、商品流通、信息服务、金融支持等关键环节融为一体，实现了从田间到餐桌的全链条、高效能管理，进一步提升了农业的整体竞争力和可持续发展能力。

3. 区域专业化释放农业资源禀赋红利

美国农业在区域化布局上形成了鲜明的特色。根据不同地区的自然条件、资源禀赋和市场需求，美国农业实行了比较严格的分工。例如，在特定的地区形成了"牧草和乳牛带""小麦带""玉米带""棉花带"等专业化产业带。这种专业化布局使得农业生产更加高效、有序，并有

---

① 张红宇：《农业强国的全球特征与中国要求》，《农业经济问题》2023年第3期。

助于形成具有市场竞争力的农产品品牌。美国农业在区域化布局上的鲜明特色，不仅提高了农业生产的专业化程度和效率，还有效促进了农业资源的合理配置和集约利用。同时，这种布局还有助于减少生产过程中的浪费，提高农产品的质量和市场竞争力，为美国农业的可持续发展奠定了坚实基础。

4.政策护航构建农业风险抵御体系

美国政府对农业的保护和支持力度大，形成了完善的法律体系和政策体系。价格支持政策包括农产品支持价格和目标价格政策，保障农民收入。财政补贴政策涵盖直接补贴、休耕补贴和灾害补贴，降低生产经营成本。信贷税收政策提供政府直接贷款、担保贷款和税收减免，支持农民购买生产资料和减轻税收负担。对外贸易政策通过出口补贴和市场准入谈判，促进农产品出口。此外，还实施气候智能型农业政策、农业保险政策和教育培训政策，推行环境保护措施，提供全面保险服务，帮助农民掌握先进技术和市场信息。这些政策全方位支持农业发展，保障农民利益，促进农业稳定发展和国际竞争力提升。总之，美国农业政策体系完备，涵盖多个方面，为农业发展提供了有力保障。

5.科技赋能开启农业生产力跃升通道

美国农业倚重科技，大幅增加对农业科技与教育的投资。通过引入基因编辑、智能灌溉、无人机监测等尖端技术，农产品科技含量大幅提升，农业现代化水平跃进。农科教、产学研一体化战略的实施，构建了高效的技术创新体系，使美国在农业科技创新和成果转化上成效显著。

（二）日本农业农村现代化的发展现状

日本土地资源稀缺，劳动力资源丰富，自然资源条件差。根据这些特点，日本通过大力引进国外先进技术，特别是生物技术，并不断进行技术创新，因地制宜发展有利于地区优势的农作物品种，进行农业精细生产，以此不断提高农业土地生产率，增加农产品供给。因此，日本主要依靠技术和资本的密集投入来加快实现农业现代化，走资源节约和技术密集的农业现代化道路。①

1. 兼业化、老龄化的农业生产者

2020 年，兼业经营体占比达 64.0%，反映出大部分农业生产者通过非农职业补充收入，同时 65 岁及以上骨干农户占比攀升至 69.6%（较 2015 年增长 4.7 个百分点），劳动力高龄化趋势显著。年轻人口流失与老龄群体占比扩大，导致农业生产持续性与效率承压。为此，政府实施青年返乡务农激励政策，强化农业技能培训以吸引新劳动力。在未完全脱离农业的背景下，农户通过省力化小型农机普及、社会化服务体系支撑，结合周边劳动力市场扩张与交通网络完善，大幅提升兼业化程度。这种"农业+多元就业"模式既维系了土地耕作基础，又借助非农收入提升了农民生活水平，成为平衡农业传承与农民生存需求的重要路径。

2. "双轨并行"的育种体系

在粮食作物领域，地方政府主导构建了覆盖全国的研发网络，各都道府县设立农业试验场，通过长达 5~10 年的系统化育种流程，结合分子标记辅助选择等生物技术，开发抗倒伏、耐寒旱的优质水稻与小麦品种。推广机构通过示范基地和农协网络，将新品种与配套栽培技术同步输送给农户。经济作物则依托市场化机制，形成"大型种企专注基因库建设与专利品种研发、中小企业主攻区域适应性改良"的产业分工。例如，番茄育种企业通过产学研合作，开发出高糖度、耐储运的设施栽培专用品种，其商品化率超80%。这种政府保障基础粮种安全、企业驱动高附加值品种创新的协同体系，使日本水稻品种更新周期缩短至 6~8 年，草莓等经济作物更保持全球品质标杆地位。

3. 因地制宜的农机改造

日本针对山地丘陵占比超 70%的国土条件，构建了独特的农机研发体系。在农田宜机化改造中，通过标准化田块整理（最小作业单元 0.1 公顷）

---

① 曹大宇、周志宽：《国内外农业农村现代化发展模式及其启示》，《现代化农业》2022 年第 11 期。

和农道网络优化，为小型农机创造作业基础。开发出重量低于 200 公斤的微型收割机、履带式旋耕机等装备，其铰接转向系统可实现 30 度坡地稳定作业，作业效率较传统人力提升 5 ~ 8 倍。同时，三久、井关等企业融合物联网技术，推出带北斗定位的无人驾驶插秧机、AI 病虫害识别喷雾机等高端产品，使水稻种植综合机械化率达 98%。政府通过农业机械银行制度推动共享农机普及，农户可租赁单价超 300 万日元的高端设备。这种"小型化筑基+智能化升级"的双轨策略，不仅使丘陵茶园、梯田的机械化覆盖率突破 85%，更催生出全球首个草莓自动化采收系统，在 2.3 人/平方公里的极低农业人口密度下，仍维持着水稻单位面积产量世界前列的水平。

4. 贯穿一体的农业合作组织

日本农业协同组合（农协）建立于 1947 年《农业协同组合法》框架下，形成覆盖全国的三级体系（基层—县联—全国联）。政府通过立法赋予其垄断性经营地位，实施法人税减免 30%、所得税特别扣除等优惠政策，并通过农林中央金库提供低息融资（2023 年存款规模达 89 万亿日元）。农协构建全产业链服务体系：在生产端，统购化肥农药使成本降低 15%，组建无人机植保团队实现精准作业；在流通端依托"JA 全农"品牌统一分级包装，通过冷链物流直达全国 2000 个直营超市，年农产品销售额达 7.8 万亿日元。其信用事业覆盖 98% 的农户，灾害保险参保率超 95%，2021 年支付理赔金达 2140 亿日元。营农指导员队伍（全国 4.6 万人）提供从土壤诊断到电商运营的 138 项指导，配合政府推动 6 次农业结构改革。这种"毛细血管式"服务网络，使日本小农户在耕地面积不足 2 公顷的条件下，仍能维持水稻亩产超 500 公斤的高效生产模式，农业自给率稳定在 38% 的发达国家高位。

（三）韩国农业现代化的发展现状

韩国农业现代化正通过系统性创新实现深度转型，构建出"科技驱动+组织革新+金融赋能+品牌增值"的四维发展框架。政府以数字化基建重塑生产力，合作社网络重构生产关系，金融工程破解资源约束，地理标志战略激活价值链溢价，形成全球独特的精细化农业模式。这套组合拳使韩国在耕地有限的条件下，实现技术转化率、农业自动化率、品牌溢价率等关键指标跃居世界前列，2023 年设施农业出口与乡村旅游产值同比增幅均超 30%，为资源约束型经济体提供了现代农业升级的东亚范本。

1. 打造智慧农业技术生态圈

韩国斥资 1.2 万亿韩元启动"数字农业创新 2030"计划，建成全球首个 5G 全覆盖农业示范区。国立农业科学院研发的作物生长 AI 模型（如番茄产量预测准确率达 92%）、全天候作业农业机器人（草莓采摘效率达 300 颗/小时）已投入商用。政府搭建"农业技术云平台"，向 42 万农户提供实时病虫害诊断、精准施肥算法等数字服务。2023 年农业科技转化率达 68%，设施农业自动化率突破 85%，推动彩椒、蘑菇等设施农产品出口额同比增长 31%。

2. 创新合作社网络化服务模式

全国 1470 个农业合作社构建"生产—加工—流通"垂直整合体系，提供六维赋能服务：集中采购农资（化肥采购成本降低 18%）、共享智能农机（500 马力级拖拉机共享率达 75%）、标准化品控管理（建立 HACCP 认证中心 23 个）、冷链物流整合（建成农产品集散中心 48 处）、电商渠道开拓（2023 年合作社线上销售额占比达 34%）、跨境贸易代理（年出口农产品 43 亿美元）。这种集约化模式使合作社成员生产效率较个体农户提升 2.3 倍，生鲜农产品损耗率从 25% 降至 12%。

3. 创新金融支持体系

韩国以金融创新加速农业现代化，形成三大支撑机制。一是政银协同的"双轨融资"体系，政策性银行（如农协银行）与政府专项基金联动，为智慧农业设施、绿色农机推广提供 3% 以下的低息贷款，2023 年涉农贷款余额突破 150 万亿韩元。二是风险分散机制，开发产量指数保险、价格波动保险等 12 类农业保险产品，政府补贴保费 60% 以上，覆盖全国 78% 的农户。三是数字金融赋能，依托区块链技术实现惠农补贴"一键申领—智能审核—精准拨付"，资金到账周期缩短 70%。该体系通过缓解融资约束、分散经营

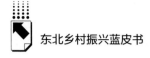

风险、提升政策效能三维发力，成为韩国农业现代化率达 92% 的关键制度支撑。

4. 提升地理标志品牌价值

韩国实施"一村一品 2.0"战略，建立覆盖 287 个地区的农产品地理标志（GI）认证体系。忠清南道洪城郡的"黄金梨"通过区块链溯源系统实现生产履历透明化，溢价率达 200%；全罗南道潭阳郡的"LED 光照竹笋"获欧盟有机认证，出口单价达普通产品 8 倍。政府设立 K-Food 全球体验馆（已进驻 28 国），运用 K-pop 明星代言、VR 烹饪体验等创新营销，推动泡菜、韩牛等标志性产品出口额突破 90 亿美元。品牌战略使农业综合收益提高 40%，乡村旅游关联产业年产值达 67 亿美元。

二 美国、日本、韩国农业现代化的发展经验借鉴

（一）美国经验的适用性分析

1. 规模化经营的梯度推进路径

美国大农场模式对东北及内蒙古的规模化农业具有差异化借鉴价值。在松嫩平原，黑龙江农垦系统已试点万公顷连片经营，引入约翰迪尔 8R-4100 型拖拉机实现玉米播种效率提升 40%；而内蒙古呼伦贝尔草原牧区则需创新"草畜平衡规模化"路径，推广家庭牧场联合体模式，将分散的草场整合为智能化牧场集群，应用美国林赛公司的枢轴灌溉系统，使牧草产量提高 1~2 倍。科尔沁草原通过中美合作建立的"沙地苜蓿规模化种植基地"，采用 GPS 定位播种技术，实现每亩节水 30%，带动周边农牧民增收。

2. 产业链垂直整合的突破方向

东北与内蒙古可协同构建跨省区产业链：在黑龙江玉米加工走廊基础上，内蒙古通辽市引入美国 ADM 公司的生物质精炼技术，建设大型纤维素乙醇项目，显著提高了玉米秸秆的综合利用率。赤峰市借鉴泰森食品模式，打造"草原肉牛全产业链"，整合锡林郭勒盟牧场、通辽育肥基地和赤峰屠

宰加工中心，有效提升了京津冀高端市场的供应能力。蒙东地区与美国嘉吉公司合作建立的"跨境粮食物流通道"，通过中俄铁路联运有效降低了大豆进口成本。

3. 农业科技转化的制度创新

内蒙古河套灌区引入美国 Climate FieldView 数字农业平台，结合黄河水情监测系统，实现大面积小麦精准灌溉，显著提高了节水效率。针对大兴安岭林区，东北林业大学与美国农业部联合研发的"寒带林木种质资源快速繁育技术"，有效缩短了落叶松育苗周期。在制度层面，建议在哈尔滨设立中美农业技术转移中心，重点推进三个项目：呼伦贝尔草原退化预警系统（基于美国 NRCS 模型）、松辽平原玉米螟生物防治技术（引入孟山都 RNA 干扰技术）、辽宁设施农业光能利用率提升方案（嫁接美国普瑞瓦温室补光算法）。

（二）日本经验的适用性分析

1. 小规模农业的现代化突围

内蒙古阴山山脉南麓的旱作农业区复制日本"微型机械化"经验，在乌兰察布马铃薯种植带推广久保田 MR6000 型微型收获机（适应 15°坡地作业），显著降低了收获损耗率。呼伦贝尔林缘地带试点"菌林复合系统"，借鉴日本椎茸栽培技术，在林下空间发展滑子菇立体种植，显著提高了亩产值。针对大兴安岭鄂伦春族聚居区，建立"狩猎采集+精致农业"混合模式，引入日本熊本县"山村振兴计划"，开发蓝莓、榛子等特色山货的冻干加工链。

2. 农业协同组织的转型升级

内蒙古锡林郭勒盟牧区创新"牧户协作联社"模式，将多个嘎查的散养牧户整合为联合社，参照日本和牛分级体系建立"草原羊品质标准"，通过统一品牌显著提高了羊肉溢价率。在河套灌区，巴彦淖尔市借鉴日本 JA 全农模式，组建"葵花籽产业联盟"，整合种植、加工、外贸环节，大幅提升了葵花籽仁的出口量。针对蒙东地区合作社空壳化问题，试点"双层托

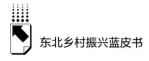

管"机制,由日本农协专家指导赤峰市建立"生产托管服务中心",为小农户提供从播种到销售的全程代管服务,有效降低了每亩综合成本。

3. 特色农产品的价值提升路径

内蒙古阿拉善盟的锁阳、苁蓉等沙生药材可借鉴日本"地域品牌+药食同源"策略:与北海道大学合作开发锁阳多糖提取技术,生产抗疲劳功能食品;在大阪设立"沙漠珍品体验店",运用 AR 技术展示乌兰布和沙漠生态种植场景。呼伦贝尔市引入日本"故乡税"理念,设计"草原生态支持者计划",消费者认购牧草种植份额可获定制牛肉礼盒,2023 年该项目吸引长三角地区 3.2 万人参与,募集生态保护资金 4800 万元。

(三)韩国经验的适用性分析

1. 智慧农业的差异化实施策略

内蒙古通辽市科尔沁区与韩国 SK 电讯合作建设"5G+智慧玉米示范区",部署多个土壤多参数传感器,显著提高了变量施肥精度并有效减少每亩化肥用量。呼伦贝尔牧区引入韩国 NHN 公司的"智能耳标管理系统",对大量肉牛进行实时监测并结合 AI 疫病预警模型,显著降低了犊牛死亡率。在赤峰设施农业园区,应用韩国 Nongshable 公司的植物工厂技术,建成大型 LED 光源番茄生产基地,年产量远超传统温室。

2. 城乡融合发展的创新实践

内蒙古兴安盟阿尔山市借鉴韩国安东河回村模式,打造"林海雪原度假综合体",将废弃林场改造为生态民宿,开发森林疗愈、冰雪运动等业态,接待了大量韩国游客。鄂尔多斯市结合韩国"新乡村运动2.0",在库布齐沙漠边缘建设"光伏牧业社区",棚顶发电、棚内养羊、牧光互补的模式显著提高了农牧民的年收入。针对蒙汉混居地区,呼和浩特市郊试点"市民共享牧场",城市家庭可在线认养蒙古马、察哈尔羊,通过 VR 实时查看放牧场景。

3. 农业支持政策的精准化设计

内蒙古率先试点中韩合作的政策工具创新,在锡林郭勒盟草原生态奖补中引入韩国"碳汇银行"机制，牧民每保护1亩草场可积累碳积分，用于兑换农机补贴或低息贷款。呼伦贝尔农垦集团与韩国农协银行合作发行"跨境绿色债券"，成功募集资金用于黑土地保护性耕作技术推广。针对边境牧区，满洲里市建立"中俄蒙韩农业政策协同试验区"，四国共同制定跨境农机作业标准、互认有机产品认证，显著增长了试验区农产品的过货量。

（四）内蒙古的特殊性及其协同策略

1. 草原生态与现代农业的平衡路径

在呼伦贝尔草原推广"韩国智慧牧场+美国草畜平衡"复合模式，应用韩国ETRI研究所的牧草生长预测算法，结合美国Savory研究所的holistic放牧管理，显著提高了草场载畜量并减少了退化面积。赤峰市敖汉旗引入日本"里山倡议"，在燕山北麓发展"旱作农业文化遗产+生态旅游"，复刻日本岐阜县白川乡的可持续发展模式。

2. 跨境农业合作的枢纽作用

满洲里口岸建设中俄蒙韩"农业自贸港"，实现四国农产品检验互认、关税共享，俄罗斯大豆经内蒙古加工成植物蛋白后出口韩国，蒙古国羊肉通过内蒙古精分割进入日本市场。二连浩特市借鉴韩国釜山港经验，打造"亚欧冷链物流枢纽"，运用区块链技术实现中欧班列生鲜货物全程溯源，显著提升了经该枢纽的农产品贸易额。

3. 民族地区特色产业振兴方案

在兴安盟科尔沁右翼前旗，朝鲜族聚居区借鉴韩国"归农归村"政策，建设"辣白菜产业共同体"，整合多户农户建立标准化生产车间，通过韩国HACCP认证后，产品进入首尔乐天超市体系。阿拉善盟额济纳旗的蒙古族牧户引入日本"六次产业化"理念，将传统驼奶加工升级为骆驼文化体验园，开发驼绒手工制品、沙漠疗养等衍生业态，显著提高了年产值。

三 东北农村现代化：美日韩农业农村现代化启示

（一）规模经营与生态保护的平衡之道

1. 美国经验启示与警示

美国大农场模式虽提升了效率，但单一作物连作导致黑土退化。吉林中部玉米连作区出现土壤板结现象，警示东北需优化规模路径。建议在松嫩平原试点"三区轮作制"：玉米—大豆—牧草三年循环种植，结合美国精准施肥技术，有效减少氮肥用量。同时引入约翰迪尔智能农机寒地改造方案，显著降低寒地环境下的故障率。

2. 日韩经验补充

日本山地微型农机（如久保田CX100）可适配长白山区坡地，显著降低人工成本；韩国"风光储一体化"智慧温室则破解内蒙古能源瓶颈，结合当地光伏资源有效降低能耗成本。二者为东北多样化地形提供互补方案，规避单一规模模式生态风险。

（二）产业链控制权与市场突围

1. 技术依赖困境

美国种业巨头在我国大豆品种市场中占据显著份额，东北若在生物育种领域重蹈覆辙将丧失产业主权。建议在哈尔滨寒地生物种质库实施"三代脱钩"策略，引进品种需在第三代完成本土化改良，确保较高的核心种源自主率。同时，借鉴日本JA农协标准化体系，在辽宁设立多个智能分级中心，有效提升特色农产品溢价率。

2. 文化适配破局

韩国泡菜标准国际化导致辽宁辣白菜退货率激增，警示东北需建立自主标准体系。可在延边建设中韩发酵食品互认实验室，推动长白山乳酸菌菌株纳入国际标准目录。同步复制日本"道之驿"文旅模式，在镜泊湖开发渔猎文化体验项目，实现传统技艺与现代消费的有机融合。

（三）技术移植的本土化创新

1. 适应性改造实践

美国智能农机在黑龙江暴露出低温环境下油路冻结问题，可通过佳木斯寒地改造基地研发复合型底盘，融合鄂伦春族雪橇设计智慧，显著提升湿地通过效率。日本微型农机则需在沈阳建立东北亚 4S 中心，储备全系零部件并有效缩短维修等待时间，解决农户配件滞留问题。

2. 数字技术融合

韩国 5G 智慧大棚在通辽面临高能耗问题（电费占比较高），可优化为"模块化物联网系统"，基础版满足墒情监测功能（显著降低成本），进阶版开放定制接口供合作社按需升级。同步引入美国农业区块链技术，在吉林建立黑土数据链，实现耕地质量动态监管全覆盖。

（四）政策协同与风险防控

1. 国际规则应对

针对 WTO 裁定中国玉米临储政策违规带来的损失，可转型"市场缓冲基金"，将部分直接补贴转化为价格保险保费，既符合国际贸易规则，又能保障农户收益相对稳定。将与生产挂钩的补贴转化为政策性信贷和保险支持的可选方案。[①] 借鉴日本"环保直补"机制，对呼伦贝尔划区轮牧实施生态补偿，有效减缓草场退化速度。

2. 文化保护机制

韩国"新乡村运动"过度商业化导致沈阳朝鲜族民宿火炕使用率较低，需建立"活态文化认证标准"，改造项目需保留大部分传统元素，并与非遗传承人收益挂钩。同步引入美国社区支持农业（CSA）模式，在大连试点市民农园，显著提高土地复合利用率。

---

① 魏后凯、郜亮亮、崔凯等：《"十四五"时期促进乡村振兴的思路与政策》，《农村经济》2020 年第 8 期。

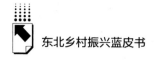

（五）城乡融合与价值延伸

1. 产业链延伸策略

借鉴美国"玉米精深加工走廊"经验，在哈尔滨—大庆布局氨基酸生产基地，开发玉米黄素等高附加值产品，显著提升加工产值。日本"六次产业化"模式则可赋能长白山林区，通过林下参生态种植与研学体验结合，显著提高单位林地收益。

2. 数字城乡协同

韩国"农业技术云平台"在通辽的实践显示，数字化监管显著提高了黑土保护补贴到位率。可扩展至城乡融合场景，在沈阳周边建设多个智慧田园综合体，通过 VR 技术实现"云端认养+实地体验"双通道运营，吸引大量都市消费者参与乡村振兴。

综上所述，东北农村在实现农业现代化的过程中，可以积极借鉴美国、日本和韩国的农业现代化经验，并结合东北地区自身实际情况，因地制宜地推进农业农村现代化进程，为实现乡村振兴和全面建设社会主义现代化国家贡献力量。通过加强农业基础设施建设、推广先进的农业技术和模式、加大财政支农投入、推进农业产业转型升级、培育与引进农业人才、培养新型农业经营主体等综合措施，推动农业现代化的发展。

参考文献

［1］张红宇：《农业强国的全球特征与中国要求》，《农业经济问题》2023 年第 3 期。

［2］曹大宇、周志宽：《国内外农业农村现代化发展模式及其启示》，《现代化农业》2022 年第 11 期。

［3］魏后凯、郜亮亮、崔凯等：《"十四五"时期促进乡村振兴的思路与政策》，《农村经济》2020 年第 8 期。

［4］李蓓、张成、张兴华：《国外农业现代化模式综述及对我国农业现代化发展的

启示》,《科技经济市场》2021 年第 8 期。

［5］ 周安琪:《发达国家农业现代化经验借鉴及启示——我国农业现代化的发展建议》,《现代化农业》2019 年第 2 期。

［6］ 朱江梅:《发达国家现代农业的发展模式及对我国农业的启示》,《对外经贸》2018 年第 2 期。

案 例 篇

B.23
黑龙江依安县农业社会化服务调查研究

宋静波　赵铎*

摘　要： 　农业社会化服务在实现中国式农业现代化进程中扮演着至关重要的角色，是推动农业强国建设的重要动力。近年来，黑龙江省依安县针对农业生产组织化程度不高、科技赋能不充分、农民增收乏力、村集体增收渠道单一等问题，积极探索农业社会化服务新路径，服务成效显著，然而在发展过程中仍面临全产业链专业性服务有待加强、服务组织体系有待健全、服务平台无序发展端倪显露、人才短缺限制农业社会化服务高质量发展等诸多挑战。最后提出促进各类服务组织有序多元发展、提升服务平台运营水平、完善相关支持政策体系、推动形成规范有序的市场环境等对策建议，以期保障依安县农业社会化服务行稳致远。

关键词： 　粮食安全　农业社会化服务　新型农业经营体系　依安县

---

* 宋静波，博士，黑龙江省社会科学院农业和农村发展研究所副研究员，主要研究方向为区域经济、农业经济；赵铎，黑龙江省社会科学院研究生院区域经济学专业硕士研究生，主要研究方向为区域经济学。

农业社会化服务是加速中国农业现代化进程、确保粮食及重要农产品稳定供给的关键途径，对建设农业强国具有重要意义。党的二十届三中全会进一步强调"健全便捷高效的农业社会化服务体系"。聚焦解决"谁来种地、如何种好地、怎么把土地的增值效益留给农民"等问题，黑龙江省齐齐哈尔市依安县积极探索农业社会化服务并取得了良好成效。

一 依安县农业社会化服务的主要做法

黑龙江省依安县地处世界三大黑土带之一的松嫩平原核心区，农业基础得天独厚，是世界公认的黄金种植带，主要种植大豆、玉米、甜菜、马铃薯等作物。作为国家重要商品粮基地，依安县耕地面积达 426.7 万亩，连续 14 年跻身全国产粮大县，被评为全国玉米、大豆单产提升整建制推进县。近年来，依安县针对农业生产组织化程度不高、科技赋能不充分、农民增收乏力、村集体增收渠道单一等问题，积极探索农业社会化服务新路径。

（一）构建"党建+新型农业经营主体+五统一"的发展模式

自 2023 年以来，依安县紧密结合本地农业实际情况，勇于探索，不断创新农业生产经营模式，成功打造了一套以"党建+新型农业经营主体+五统一"为核心的新型农业经营体系。这一体系通过多元化的策略，包括强化政策引导、精准入户动员、优选代耕主体、充分利用政策支持以及强化兜底保障，有效推动了农业现代化进程。在这一体系的指引下，农户和村集体纷纷以土地入股的方式参与到农民合作社的建设中，共同采用"五统一"运营模式，即"统一平台赋能，统一农业生产，统一资金监管，统一产品销售，统一收益分配"，确保了利益的共享与风险的共担。

在具体实践中，依安县从农资采购到产品销售的各个环节都进行了深度优化。在农资采购环节，依安县采用农资统购，厂家直供，质优价廉，品种统一；在整地环节，通过深翻整地，秋起大垄，打破犁底层，增加土壤通透性，实现了秋雨春用，蓄水保墒；在播种环节，从过去的小垄播种到现在的

110厘米大垄密植，实现了精准施肥与精量播种，大幅提升了肥料利用率和播种效果，在田间管理方面，一松、两趟、多促，统防统治，天空地一体化，连片种植和统防统治的策略，有效解决了过去小机械作业带来的问题，提升了病虫草害的防治效率；在收获环节，过去是整棒收获，二次脱粒，作业分散，时间滞后，现在采用联合收割机收获，集中作业，节省工时；在销售环节，过去是分散销售，农户没有定价权，现在采用的点价销售的方式则让合作社能够结合市场行情，自主选择最佳销售时机，实现了收益的最大化。

（二）搭建"线上+线下"相结合的农业社会化服务综合平台

依安县搭建了县乡村三级综合为农服务架构，建设为农服务中心（站）和现代农业社会化服务综合平台，为农户和合作社提供全流程服务，强化为农服务功能，深化与农民的联结，并提升市场化运作效率。线上平台作为服务体系的智慧大脑，整合了依安县丰富的农业数据资源，包括种植、养殖、农业金融及涉农主体等多方面信息。其涵盖的社务管理、金融服务、农资供应、农事安排、供需对接、监管监控等功能，形成了一个闭环的服务生态。特别是其创新的社会化服务板块，通过实时上传农机作业轨迹，实现了作业的信息化、数据化监管，极大地提升了服务效率和质量。此外，该平台还打通了线上选购、数字金融、遥感巡田、环境监测等通道，为合作社和农户提供了从产前规划、产中管理到产后销售的全方位服务。在线下，依安县精心组建了县乡村三级为农服务中心（站），形成了一个紧密相连、覆盖广泛的服务网络。这些中心与站点不仅地理位置上接近农民，更在功能上紧密贴合农民的实际需求，成为"三农"服务的重要枢纽。这些服务中心不仅充分发挥了服务"三农"的优势，还统筹协调了农资、农机、农技、金融、保险、收储及加工等多元主体，设置了农业订单、农资订购、农机调配、农技指导、金融服务、商贸流通、监管结算等服务窗口。这一系列举措，确保了合作社和农户能够享受到全流程、标准化的社会化服务，形成了一个综合性、规模化、全链条、可持续的为农服务体系。总之，依安县的这一创新服务，不仅提升了农业生产的效率与质量，更为粮食的丰产与农民的增收注入了强劲动力。

（三）培育壮大以农民合作社为核心的新型农业经营主体

依安县聚焦解决农业生产的关键问题，走出了一条党建引领下的农业发展新路径。该县鼓励农户以自有承包地入股，村集体则利用集体耕地参与，共同组建农民合作社，使之成为新型农业经营体系的中坚力量。在合作社的运营中，依安县注重土地资源的集约化和规模化运作，有效凝聚土地资源，确保农民和村集体能够享受到"多元增收、按股分红"的实惠。2023 年，全县 54 个村新成立了 56 个由村党支部引领的农民合作社，这些合作社在作物长势、粮食产量、亩均收益上均显著优于传统小垄种植，受到了农民的广泛认可。得益于这一模式的成功，依安县的农民合作社数量在 2024 年迅速扩展到 193 个，整合土地面积接近 100 万亩。展望未来，到 2025 年，该县计划进一步整合土地 170 万亩，持续推动农业增效、农民增收，为实现共同富裕目标奠定坚实基础。这一系列举措不仅彰显了依安县在农业发展上的创新思维与务实态度，更为乡村振兴注入了强劲动力。

（四）统筹提升社会化服务能力

针对农业服务产业面向小农户时存在的规模偏小、服务能力弱、质量不高，以及产前产后服务和经济作物、养殖业服务滞后等问题，依安县积极推动农业社会化服务的创新，强化信息化、智能化融合，引导资源共享，以优化服务内容、方式和手段，促进服务产业的全面发展。依安县始终坚持科技兴农的战略导向，致力于提升农业生产的现代化水平。当前，该县已建设 25 万亩良种繁育基地，全面普及农民合作社的大机械作业与大垄密植技术，为农业生产注入了强劲动力。2024 年，依安县投入乡村振兴的专项资金高达 4700 万元，10 个农机合作社如雨后春笋般应运而生。当前，200 马力以上的机械共计 270 台，其中，高端智能农机装备数量达到 148 台，代耕能力突破了 150 万亩的大关。为确保服务质量，该县还对农机手、农技专家和网

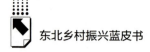

格员进行了赋码星级管理，通过扫描专属二维码，便可查看其工作经历、平均产量及质量信誉等信息。为进一步扩大服务范围与强化服务力量，依安县积极整合多元服务主体，加强联合合作，并吸纳了 72 个符合条件的农机服务组织成为合作会员。根据各服务组织的代耕能力，依安县统筹分配任务，实现了就近作业，降低了机械非作业成本，全流程代耕服务费用每亩节省约 20 元，100 万亩即可节省 2000 万元。同时，依安县还注重全链条节粮减损，将粮食机收损失率控制在 4% 左右。

二　依安县农业社会化服务取得的成效

（一）粮食产量显著提高

强化农业科技支撑，加快落实种业振兴行动、农机装备补短板行动、基层农技推广体系条件建设等要求，通过良种、良田、良法、良机、良制"五良"深度融合，推广大垄密植、大机械作业、科学轮作、测土配方施肥、航化作业等先进技术，既提高了土地产出效益，又增加了土地有机质含量，巩固了黑土地保护成效，推动了绿色生态可持续发展。2023 年体系内合作社采用 110 厘米大垄种植的玉米亩均播种 4900~5500 株，亩产 1670 斤，与传统 65 厘米小垄种植相比，每亩多播种 700~1000 株，增产 281 斤；大垄种植的大豆亩均播种 22000~26000 株，亩产 412 斤，与传统 65 厘米小垄种植相比，每亩多播种 2000~4000 株，增产 70.4 斤。2024 年体系内种植的玉米、大豆，与传统种植相比，亩均分别增产 290 斤、75 斤左右，可增产粮食 1.3 亿斤左右，为扎实推进新一轮千亿斤粮食产能提升行动、实施粮食单产提升工程，为龙江当好国家粮食安全的"压舱石"贡献更多的依安力量。

（二）农业生产成本有效降低

依安县积极引导农户带地入社，把为农服务中心、村集体、合作社

（家庭农场）、农户等主体组织起来，形成利益共同体，享受优惠农资、代耕、金融等服务。与中农、中化等优质大型农资企业对接，在保证农资质量的同时，进一步降低生产资料成本。统购农资后，种植玉米和大豆，比农户自种每亩可节省 20 元左右（种子 5 元、化肥 11 元、农药 4 元）。以化肥为例，以吨包形式购进的化肥，在包装上一吨可节约 50 元，按照 100 万亩土地计算，订购 1 万吨化肥，年可节省成本 2050 万元左右，间接带动增收。依安县根据农机合作社代耕能力统筹分配任务，实现就地就近作业，降低机械非作业产生的成本，集中连片耕作提高了工作效率。

（三）农民与村集体实现增收

因为种植成本降低、粮食产量增加，农民的土地产出值明显提高。此外，依安县鼓励合作社与县内大型粮食收购企业签订"二次"点价协议，降低市场波动风险，保障农户利益，实现了节本增效、提产增效、提价增效。同时，种植户享受深松、轮作、高产高效、减肥增效等非普惠性政策。2023 年整体亩均增收 417 元，人均增收 2919 元，2024 年亩均增收 430 元，人均增收 3000 元以上。同时，2024 年通过发展订单农业，合作社订单种植的甜菜亩均纯收益 2000 元左右，与小农户种植相比增收 700 元以上，与土地流转相比增收 1000~1200 元。新型农业经营体系释放的劳动力还可以通过到企业务工、畜牧养殖、庭院种植等方式，持续拓宽农民收入渠道。村集体以集体耕地为资本入股合作社，享受按股分红的果实。与土地流转相比，每亩耕地可增收 550 元以上。若以全县 40 万亩集体耕地全部入股农民合作社来测算，村集体一年的增收额便可轻松突破 2.2 亿元大关。此外，依安县还支持农村集体经济组织提供生产、劳务等居间服务，并鼓励有条件的村组建农机合作社，开展代耕服务以增加收益，从而进一步壮大村集体经济。

（四）县域经济实力明显增强

聚焦"粮头食尾""农头工尾"，以及全省农产品加工业高质量发展三年行动计划，依安县不断优化县域产业结构和空间布局，将农产品加工业作

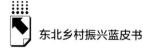

为县域发展主导产业。随着农业社会化服务组织化、合作化、标准化程度的不断提升，依安县通过科学轮作种植玉米、大豆、甜菜、马铃薯等作物，打造优质原料供应基地，推进农产品生产和初加工、精深加工协同发展，县域产业结构得到进一步优化，县域空间布局得到合理调整。在这一背景下，东方瑞雪糖业、汇利薯业等老企业焕发出新的发展活力，同时满足新兴企业如北纬47°、国牛牧业等新企业的原料需求，为全县农产品加工业优化升级奠定了坚实基础。同时，进一步增强了全县招商引资的吸引力、承载力和竞争力，2024年相继落地了国牛、嘉必优、植脂末等一批大项目，马铃薯深加工等项目也在积极推进中，县域经济高质量发展的后劲更足。与此同时，良好的发展前景吸引了工商银行黑龙江省分行、建设银行黑龙江省分行、中国农业银行黑龙江省分行等金融机构主动到依安县进行调研洽谈，为乡村振兴产业和县域经济发展提供金融支持。

三　依安县农业社会化服务存在的问题

（一）全产业链专业性服务有待加强

依安县的农业社会化服务领域，正逐步展现出一个多元化发展格局，涵盖集体经济组织、农民合作社及企业等多种形态。然而，尽管这一领域的发展势头良好，其服务力量在全产业链的专业化层面仍存在明显短板。专业化的农业社会化服务离不开高素质的人才队伍。但在依安县，这样的专业人才却相对匮乏。现有的农业社会化服务企业和基层组织普遍缺乏懂政策、有技术、善管理的人才，多数管理人员年龄偏大、文化层次不高，难以跟上智慧农业、平台经济和信息化装备等新兴领域的发展步伐。同时，与高校、农科院所的合作也存在滞后，导致生产服务缺乏有效指导，系统经营服务的潜力未能充分发掘。此外，依安县的农业社会化服务主要集中于作业环节，服务供给结构相对简单。在科技创新、品牌塑造、产品营销等全产业链层面的服务供给上，还存在明显的短板，亟须进一步完善和优化。

（二）服务组织体系有待健全

在探讨农业现代化进程中的诸多挑战时，我们不得不正视小农户与现代农业发展有机衔接这一核心难题，其症结深刻地体现在现代农业生产要素难以顺畅融入小农户的生产流程之中。破解这一难题的钥匙，正藏匿于面向小农户的专业化服务这一策略之中，然而，其推进之路却绝非坦途。专业化服务在面向小农户时，需承担高昂的服务供给与组织成本，原因在于小农户经营规模偏小，土地细碎化现象严重，难以形成规模化、集中化的服务需求，如果没有有效的组织方式，形成集中、连续的服务需求将变得异常困难，这也直接导致了专业化服务的成本降低和质量提升效果难以体现。在市场机制的驱动下，许多专业化服务主体更愿意为新型农业经营主体提供服务，而对于小农户则兴趣缺乏。为了化解这一难题，提高农民的组织化程度，实现小农户服务需求的规模化、集中化显得尤为重要。但遗憾的是，当前的村集体经济组织、农民合作社以及中介机构等，其发展程度并不足以有效地将小农户组织起来，对接专业化服务。这种服务组织体系的缺失，使得专业化服务在促进小农户与现代农业发展的有机结合上，难以发挥其应有的作用。因此，如何进一步发展和完善这一服务组织体系，成为当前亟待解决的重要问题。

（三）服务平台无序发展端倪显露

在农业现代化进程中，构建服务于特定区域或产业的服务平台，已成为联结公益性服务与经营性服务、满足小农户与新型农业经营主体多样化需求的创新路径。此模式通过整合并优化服务资源，旨在快速渗透并稳固农业服务市场，促进现代农业服务体系的高效构建。众多领先的农业服务企业正积极搭建此类服务平台，致力于编织一张覆盖广泛、组织严密的现代农业服务网络。这些平台作为服务中枢，需要各类服务主体的紧密协作与策略性配合，以形成协同效应。然而，现实层面却面临着一大挑战：各大农业服务巨头及供销、邮政、中化、国有粮食企业等涉农集团，在推进服务平台及组织

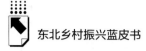

体系建设时，缺乏足够的沟通与战略规划，导致空间布局重叠、业务范围交叉、功能设定趋同。这一现象已引发了一系列问题，如服务平台间的低水平重复建设与无序竞争，甚至在部分县域、乡镇出现了恶性竞争的局面。众多服务中心、服务站点的涌现，非但没有实现预期的资源整合与网络搭建目标，反而造成了服务资源的分散，进一步激化了竞争态势，严重削弱了农业生产性服务业作为专业支撑的力量。因此，探索建立服务平台间的协调机制，避免资源浪费与恶性竞争，已成为当前农业服务领域亟待解决的关键议题。

（四）人才短缺限制农业社会化服务高质量发展

现代农业社会化服务需要大量既懂农业技术又熟悉市场经营和管理的复合型人才。然而，依安县现实情况则是，农业相关专业人才大多流向城市或其他非农业领域。在农业社会化服务领域，缺乏专业的农业技术推广人员、农产品质量检测人员、农业信息分析师等。以农业技术推广为例，由于缺乏专业人才，一些先进的农业种植技术和养殖技术无法及时有效地传递给农业生产经营者。且人才培养与引进机制不完善，高等教育体系中，农业相关专业的课程设置与现代农业社会化服务的实际需求脱节，导致培养出的学生难以满足市场需求。同时，在人才引进方面，缺乏有吸引力的薪酬待遇和发展空间，使得外部人才不愿进入，内部人才流失严重。此外，针对农业社会化服务人员的培训体系也不健全，无法为现有人员提供持续提升能力的机会。

四 进一步完善依安县农业社会化服务的对策建议

（一）促进各类服务组织有序多元发展

依安县在推动农业现代化进程中，应充分认识和利用各类农业服务组织的独特优势，以适应不同地区、产业及农户规模的多样化需求。关键在于构建一个多元共存、互补共进的服务生态。农村集体经济组织作为传统力量，应强化其统一经营功能，为农户提供关键的生产性支持。农民合作社凭借其紧密联系农户、深耕产业的特性，可成为产中作业与产销对接的重要桥梁，进一步巩固其纽带角色。同时，龙头企业通过基地布局与订单农业，引领产业链上下游整合，为农户提供全面服务，彰显其在产业链中的引领作用。此外，专业服务公司凭借雄厚的资金、先进的技术及灵活的机制，应成为提供精准技术服务的核心力量。供销社则需利用长期积累的农村市场资源，不断拓展服务边界，成为社会化服务的又一支柱。面对这一多元化格局，依安县需持开放态度，以市场竞争机制促进各服务主体间的良性互动，逐步形成一个层次清晰、功能全面、互补性强的社会化服务体系，为农业现代化注入持久活力。

（二）提升服务平台运营水平

依安县在农业社会化服务体系的构建中，应着重发挥服务平台的支撑作用。为更有效地满足广大农民的需求，应当增加对政府主导型服务平台的资源投入，并强化农村基层服务站点的建设，以确保服务能够触达更广泛的受众群体。此外，推动这些平台与科研机构及高校的深度合作至关重要，可以借此引入前沿的农业技术和管理模式，从而大幅提升服务质量和运营效率。同时，对于企业主导型服务平台，应当激励其在农业技术创新上不断突破，提供更为优质和高效的服务。政府也应在政策层面给予扶持，帮助企业拓宽服务领域，实现更加全面的发展。服务联盟平台则需在内部加强服务主体间的协调与沟通，形成优势互补的良好局面，共同提升整体服务质量。同时，通过联合营销和品牌推广活动，进一步扩大平台的影响力和市场认可度。特色型服务平台则应更加紧密地与农户相连，确保服务供给能够精准对接农户需求。政府应对此类平台给予政策倾斜，增强其特色化和专业化的市场竞争力。综合型服务平台则需整合各方资源，为农户提供一站式的全方位服务，并探索多元化的经营模式，以更好地满足多样化服务需求。

（三）完善相关支持政策体系

在推动农业社会化服务发展方面，国家财政的支持起到了关键的推动作用，但现有的资金总量与政策精准性仍有待提升。针对依安县的具体情况，要在进一步加大资金扶持力度的基础上，有针对性地优化政策，以确保服务的高效与质量。在资金分配上，应聚焦本地农户的迫切需求和服务组织薄弱的环节，明确扶持的重点和方向。例如，在生产环节，根据作业量与价格提供适度的补助；而在市场营销、品牌建设、金融保险等关键环节，则通过政府购买服务、搭建公共服务平台等策略，引入专业组织提供顾问式、定制化的服务，以提高政策的针对性和实效性，最大化利用财政资金。此外，人才培养也是推动农业社会化服务的关键。需制定优惠政策，提升服务领域的人才待遇，提供发展前景，吸引并培育一批懂技术、善经营的复合型人才。同时，建立健全的人才培训体系，定期组织服务人员参加技术交流与业务培训，不断提升服务水平。还应鼓励各级服务主体在实践中探索创新，形成符合本地特色的服务标准与流程，以更好地满足农户与市场的多样化需求，推动农业社会化服务高质量发展。

（四）推动形成规范有序的市场环境

一个公平公正的市场环境，对推动各类服务主体的良性发展至关重要。在农业生产领域，这种环境的营造尤为复杂。因为农业生产既是自然再生产的过程，又与服务主体的服务行为紧密相关。自然因素的不可控性和多样性，为服务质量和效果的评价带来了巨大挑战。这不仅影响了农户对农业服务的接受度，还导致服务主体间的质量参差不齐，难以形成健康有序的竞争态势。要推动依安县农业社会化服务良性发展，首要任务是建立健全服务标准体系，这需要政府部门、服务组织行业协会、标准协会等机构共同努力，根据当地农业产业的实际情况和社会化服务的迫切需求，精心制定各类作业服务的标准和规范。这些标准和规范应明确实施区域、涉及品种以及支持环节等关键要素，为服务质量和效果提供一个公正、统一的评价尺度。在此基础上，加强服务合同的指导与监管同样不可或缺。在尊重市场机制的前提下，引导服务组织合理定价，指导服务主体与农户规范签订合同，明确双方权责，有效减少争议和纠纷。此外，完善服务主体的信用评价机制也是关键一环。地方政府可尝试建立社会化服务组织名录库，实施动态监测、信用打分和分级管理，以此作为行业管理和政策扶持的依据，促进服务主体的优胜劣汰，推动农业服务业步入良性发展的快车道。

参考文献

[1] 龚燕玲、张应良、杨飞韵：《"一致性"效应还是"跷跷板"效应——农业社会化服务对粮食产量和粮食种植收益的影响》，《西北农林科技大学学报》（社会科学版）2025 年第 2 期。

[2] 田云、夏锐：《农业社会化服务高质量发展的现实基础与政策路径》，《农业经济与管理》2024 年第 6 期。

[3] 张照新：《加快构建多元发展的农业社会化服务体系》，《农村经营管理》2020 年第 4 期。

[4] 张照新：《以多元主体发展和服务方式创新为重点推进社会化服务高质量发展》，《中国合作经济》2020 年第 4 期。

[5] 芦千文、崔红志：《农业专业化社会化服务体系建设的历程、问题和对策》，《山西农业大学学报》（社会科学版）2021 年第 4 期。

[6] 《构建农业农村发展新动能 助力乡村全面振兴》，《农民日报》2020 年 4 月 2 日。

[7] 《有了"田保姆" 种地更合算》，《人民日报》2021 年 2 月 8 日。

[8] 《农业现代化让种地成为好职业》，《中国经济导报》2014 年 1 月 18 日。

[9] 宫萍、单玉芬等：《大力推进农业社会化服务 助推农业农村现代化高质量发展》，《农场经济管理》2023 年第 8 期。

[10] 杨全：《为新型农业经营主体注入金融动能》，《中国农村金融》2023 年第 9 期。

B.24
乡村振兴战略背景下吉林省
特色小镇培育对策研究

于秋时*

摘　要： 乡村振兴背景下，推进特色小镇的建设是经济新常态下加快区域
创新发展的战略选择，也是加快供给侧结构性改革和建设新型城镇化的有效
路径。本文客观评价了吉林省特色小镇的发展现状及目前尚存在的问题，对
吉林省推进特色小镇建设的路径进行分析研究，并提出切实可行的特色小镇
培育对策建议：以优化结构为核心，打造特色产业链条；加强基础设施建
设，提升特色小镇承载能力；加快创新创业引领，完善科技特色新动能，旨
在有针对性地指导未来吉林省特色小镇建设工作，促进吉林省特色小镇的可
持续发展，进而推进吉林省新型城镇化的进程。

关键词： 乡村振兴　特色小镇　特色产业

一　特色小镇建设对实施乡村振兴战略意义重大

（一）特色小镇建设是乡村振兴战略的重要组成部分

特色小镇无论是培育目标、实现标准还是规划战略等，在一定程度
上都与乡村振兴战略的发展理念高度融合，都是要在村镇这一级别的土
地上实现资本要素、人员要素和产业要素的高度聚集；都是要以产业的

---

* 于秋时，吉林省社会科学院副研究员，主要研究方向为信息管理、产业经济。

发展为支撑，着力打造良好的人居环境；都是要做到全方位的融合发展，既要实现特色产业的集聚与升级，又要实现生态环境的保护与开发，同时还要提高居民生活水平和享有的公共服务水平，更要实现历史文化的保护与传承，提高居民的文化素质与道德修养，全面提高乡村的综合实力与发展水平。从这些角度可以认为，特色小镇可以很好地融入乡村振兴战略，而且可以作为其重要组成部分，为乡村振兴战略的实施提供创新思路和实践平台。

（二）特色小镇建设是实施乡村振兴战略的重要载体

特色小镇建设是乡村振兴的有益尝试之一，通过特色小镇的培育，可以更快更好地完成战略部署。乡村振兴主要针对的是农村的整体发展水平的提升，不单单是人口的流动，也包括土地的开发利用、资本的集聚，通过城乡融合发展来带动乡村振兴，缩小城乡差距。而近年来应运而生的特色小镇建设，正是乡村与城市的有机结合，可以通过特色小镇的培育壮大，把乡村和城镇衔接在一起，实现发展的有效过渡，实现生产要素的城乡融合。一方面，通过特色小镇建设，集聚乡村的资源优势，打造可以和城镇形成产业链的特色产业，集聚人口，实现农民的就地就近迁移。另一方面，通过特色小镇建设，可以把城市的资金技术引入乡村，改善乡村人居环境，实现乡村的跨越式发展，提升乡村的建设与服务水平，激发乡村发展新动能。

（三）特色小镇建设是实施乡村振兴战略的重要途径

从历年的"三农"政策中可以发现，小城镇建设一直是作为乡村振兴的主导战略之一。新时代的乡村发展有着新的要求，因此乡村振兴战略也要与时俱进，有新的发展方向与目标，以往的小城镇建设形式成效趋缓，发展动力不足，发展模式落后，人口外流现象日益严峻，人民居住环境与经济发展瓶颈加深。因此，以浙江为代表的地区率先开始了新一轮的特色小镇建设，区别于以往的小城镇建设，以此来重新带动乡村振兴。由

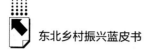

此可见，要想实现真正的乡村振兴，小城镇发展、特色小镇发展是不可或缺的重要途径，是实施乡村振兴战略的重要抓手，特色小镇培育与开发为乡村振兴战略的顺利实施提供了平台，特别是浙江等地，可谓起到了模范带头作用。

二 乡村振兴战略背景下吉林省特色小镇培育概况

（一）数量稳中有升，持续培育进程

吉林省积极响应住建部的特色小镇培育工作的要求，自 2017 年发布培育通知以来，持续围绕着特色小镇的建设，陆续进行谋划，目前已经进入加快发展期。自 2013 年以来，省委省政府对吉林省示范特色城镇建设作出许多重大部署，多年来培育发展了一批传统文化、绿色生态、休闲旅游、商贸物流等各具特色的小城镇。吉林省先后有四批特色小镇入围国家级特色小镇，分别是 2016 年度的延边州龙井市东盛涌镇、辽源市东辽县辽河源镇和通化市辉南县金川镇，2017 年度的二道白河镇等 6 个特色小镇；2018 年入选国家林业和草原局森林小镇的露水河森林特色小镇、红旗林场森林矿泉文旅特色小镇，入选国家体育总局运动休闲特色小镇的延边州安图县明月镇九龙社区运动休闲特色小镇、梅河口市进化镇中医药健康旅游特色小镇。根据国家部委要求精神，吉林省于 2017 年公布了省级首批 40 个特色小镇名单。吉林省特色小镇的建设与发展全面紧扣省十大新兴产业和三大支柱产业，力求"一镇一业"，特色小镇的发展全面拉开帷幕。2019 年，吉林省发展改革委继续围绕特色小镇进行细化建设方案的指导，此次主要针对特色产业小镇进行规划，出台了一系列扶持引导方案，同时区分建制和非建制，划分出培育类、规划类与成长类三类特色产业小镇，第一批共计 55 个，涵盖了全省9 市州和长白山保护开发区及梅河口市和公主岭市。2020 年，吉林省发展改革委公布第二批特色产业小镇 29 个（其中，特色产业小镇 22 个、特色产业小城镇 7 个）。2021 年，吉林省发展改革委公布第三批特色产业小镇 20 个。

2022 年，吉林省发展改革委公布第四批特色产业小镇 6 个（见表 1）。吉林省在精准资源定位、发挥产业特色、加速转型升级的县域经济发展道路上勠力前行。

表 1　吉林省各级各类特色城镇情况

等级	批次	城镇
国家级	住房和城乡建设部国家级特色小镇（2016 年第一批 3 个）	辽河源镇、金川镇、东盛涌镇
	住房和城乡建设部国家级特色小镇（2017 年第二批 6 个）	二道白河镇、合心镇、松江河镇、叶赫满族镇、乌拉街满族镇、清河镇
	国家林业和草原局森林小镇（2018 年第一批 2 个）	露水河森林特色小镇、红旗林场森林矿泉文旅特色小镇
	国家体育总局运动休闲特色小镇（2018 年第一批 2 个）	延边州安图县明月镇九龙社区运动休闲特色小镇、梅河口市进化镇中医药健康旅游特色小镇
省级	吉林省住房和城乡建设厅特色小镇（2017 年第一批 40 个）	长春市 8 个：鹿乡镇、奢岭镇、波泥河镇、合心镇、玉潭镇、泉眼镇、伏龙泉镇、朱城子镇
		吉林市 13 个：岔路河镇、乌拉街镇、小白山乡、旺起镇、前二道乡、孤店子镇、桦皮厂镇、万昌镇、北大壶镇、庆岭镇、红石砬子镇、平安镇、烟筒山镇
		四平市 4 个：叶赫满族镇、石岭镇、蔡家镇、大孤山镇
		通化市 4 个：金厂镇、西江镇、三源浦朝鲜族镇、清河镇
		白山市 1 个：松江河镇
		白城市 2 个：青山镇、莫莫格乡
		延边州 5 个：月晴镇、雁鸣湖镇、西城镇、百草沟镇、松江镇
		长白山管委会 1 个：漫江镇
		梅河口市 1 个：进化镇
		公主岭市 1 个：范家屯镇
	吉林省发展改革委特色产业小镇（2019 年第一批 55 个）	长春市 12 个：红旗绿色智能小镇（培育类、非建制镇）、关东文化小镇（成长类、非建制镇）、健康山谷小镇（规划类、非建制镇）、皓月国际农业小镇（培育类、非建制镇）、吉商小镇（规划类、非建制镇）、人工智能小镇（规划类、非建制镇）、鹿乡梅花鹿小镇（培育类、建制镇）、波泥河苗木花卉小镇（规划类、建制镇）、五棵树玉米深加工小镇（成长类、建制镇）、朱城子小食品生产小镇（成长类、建制镇）、烧锅酒工坊小镇（培育类、非建制镇）、北斗科技小镇（规划类、非建制镇）

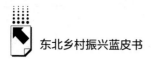
续表

等级	批次	城镇
	吉林省发展改革委特色产业小镇(2019年第一批55个)	吉林市13个:大荒地稻香小镇(成长类,非建制镇)、搜登站温泉小镇(培育类,非建制镇)、左家北药小镇(培育类,建制镇)、小白山医养小镇(培育类,非建制镇)、棋盘智慧农业小镇(培育类,非建制镇)、乌拉街雾凇满族小镇(规划类,建制镇)、瑞士小镇(规划类,非建制镇)、中新食品区奶酪小镇(规划类,非建制镇)、上营冰雪小镇(培育类,非建制镇)、磐石市经济开发区中医药小镇(成长类,非建制镇)、明城新型金属材料小镇(成长类,建制镇)、庆岭冰酒小镇(培育类,非建制镇)、红石影视小镇(培育类,建制镇)
		四平市2个:十家堡物流小镇(规划类,非建制镇)、伊通县皇家鹿苑小镇(规划类,非建制镇)
		辽源市6个:林业小镇(成长类,非建制镇)、汽车商贸物流小镇(规划类,非建制镇)、安恕蛋品加工小镇(培育类,建制镇)、辽河源生态农业小镇(规划类,非建制镇)、沙河影视旅游小镇(成长类,非建制镇)、那丹伯畜牧小镇(培育类,建制镇)
		通化市4个:清河野山参小镇(培育类,建制镇)、西江稻米小镇(培育类,建制镇)、龙湾康养小镇(培育类,建制镇)、安口榛榛小镇(培育类,建制镇)
		白山市3个:六道沟硅藻土小镇(成长类,建制镇)、万良人参小镇(成长类,建制镇)、长白县边贸小镇(培育类,非建制镇)
		松原市1个:太平川农贸小镇(培育类,建制镇)
		白城市3个:青山牧业小镇(培育类,建制镇)、安广新能源小镇(培育类,建制镇)、福顺辣椒小镇(培育类,建制镇)
		延边州7个:延龙图新区海兰湖文旅小镇(培育类,非建制镇)、吉澳中医药健康小镇(规划类,建制镇)、雁鸣湖旅游小镇(培育类,建制镇)、东盛涌足球小镇(培育类,非建制镇)、敬信望三国旅游小镇(培育类,非建制镇)、红丰矿泉水小镇(成长类,非建制镇)、天桥岭木耳小镇(培育类,建制镇)
		长白山保护开发区2个:二道白河休闲运动小镇(成长类,建制镇)、长白山冰雪运动小镇(规划类,非建制镇)
		梅河口市1个:进化中药材小镇(规划类,非建制镇)
		公主岭市1个:大岭汽车物流小镇(成长类,建制镇)

续表

等级	批次	城镇
	吉林省发展改革委特色产业小镇(2020年第二批29个,其中,特色产业小镇22个、特色产业小城镇7个)	长春市特色小镇2个:华家马术小镇(培育类)、合隆玉米工坊小镇(培育类) 特色小城镇1个:秀水田园小城镇(规划类)
		吉林市特色小镇3个:大口钦陶瓷小镇(培育类)、天岗花岗岩小镇(培育类)、北大湖林果小镇(培育类) 特色小城镇2个:平安稻米小城镇(培育类)、取柴河食用菌小城镇(培育类)
		四平市特色小镇3个:专用车小镇(培育类)、郭家店生态化工小镇(培育类)、樱桃小镇(培育类)
		辽源市特色小镇2个:白泉汽车模具小镇(规划类)、梅花鹿小镇(培育类) 特色小城镇1个:东辽县金州鸳鹭湖生态小城镇(培育类)
		通化市特色小镇2个:金厂冰雪运动小镇(培育类)、参业小镇(培育类) 特色小城镇1个:样子哨生态农业小城镇(培育类)
		白山市特色小镇3个:道地药材小镇(培育类)、泉阳森林食品小镇(规划类)、江源区松花石小镇(培育类) 特色小城镇1个:靖宇县三道湖蓝莓小城镇(培育类)
		松原市特色小镇2个:赞字绿色果蔬小镇(培育类)、查干湖生态小镇(培育类) 特色小城镇1个:三井子花生小城镇(培育类)
		延边州特色小镇3个:石砚木质素小镇(规划类)、东盛涌休闲小镇(培育类)、八家子桑黄小镇(培育类)
		梅河口市特色小镇1个:梅河口市教育小镇(培育类)
		公主岭市特色小镇1个:迎新鲜食玉米小镇(培育类)
	吉林省发展改革委特色产业小镇(2021年第三批20个)	长春市8个:轨道交通小镇(成长类)、天定山旅游度假小镇(成长类)、中法智能制造小镇(培育类)、光电小镇(培育类)、新湖慢山里营地教育小镇(培育类)、乐山农旅小镇(规划类)、巴吉垒牛肉小镇(规划类)、范家屯生态农业小镇(培育类)
		吉林市2个:红旗岭冶金新材料小镇(培育类)、万昌生态农业小镇(培育类)
		四平市1个:大孤山温泉小镇(培育类)
		辽源市1个:职教小镇(培育类)

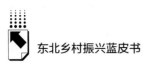

等级	批次	城镇
	吉林省发展改革委特色产业小镇（2021年第三批20个）	通化市3个：国际陆港小镇（培育类）、光华蓝莓小镇（培育类）、庆阳兵工小镇（规划类）
		白山市1个：漫江四季运动小镇（成长类）
		白城市1个：林海弱碱稻米小镇（培育类）
		松原市1个：三青山马铃薯小镇（培育类）
		延边州1个：汪清延边黄牛小镇（培育类）
		梅河口市1个：山城香菇小镇（培育类）
	吉林省发展改革委特色产业小镇（2022年第四批6个）	长春市1个：公主岭市范家屯汽配智造小镇（培育类）
		吉林市2个：吉林市松花湖冰雪山地度假小镇（成长类）、吉林市北大湖粉雪度假小镇（成长类）
		通化市1个：通化县英额布吉浙育牛小镇（培育类）
		白城市1个：镇赉县黑鱼泡犇牛小镇（培育类）
		长白山保护开发区1个：长白山池西冰雪运动小镇（培育类）

资料来源：作者根据文件自行整理。

（二）突出地区特色，培育优势产业

重点培育特色产业，支持产业园区发展。产业园区总数有所增加，各级各类农业园区总数呈上升趋势。无论是产业园区入驻企业总数、规模以上工业企业数量、园区从业人员数均持续增长，极大地支撑了特色小镇的发展。同时，特色小镇的产业特色更加鲜明。以生态和旅游为主的特色小镇，形成了生态文化旅游、冰雪体育旅游、医疗养生旅游、历史文化旅游、工业文化旅游等多种形式；以工业为主的特色小镇，形成了石油化工、轨道交通、卫星通信技术、汽车装备制造、医药健康、安全健康食品等产业特色；以农业为主的特色小镇，形成了可追溯有机农业+温泉度假、有机农产品+生态旅游等产业特色；以商贸为主的特色小镇，形成了商贸物流、汽车贸易等产业特色。大部分特色小镇特色鲜明、优势突出、错位发展的良好格局基本形成。吉林省特色产业小镇涉及先进制造、农业田园、文化旅游、商贸物流等多种类型，其中农业、加工业相关的特色产业小镇占比最高，新能源、新材料、人工智能相关的特色产业小镇占比靠后，长春市红旗绿色智能小镇、安图县红丰矿泉水小镇发展较快，特别是在传统产业转型升级和城镇化建设方面全国领先，其建设经验还被收录进"第一轮全国特色小镇典型经验"当中，向全国同类型特色小镇进行了推广。近年来，各地的特色小镇建设日益向文化领域寻求助力，小镇的文化品位和形象魅力越来越成为吸引创新要素和人才汇聚的重要因素，吉林省的一些特色产业小镇也期望借助这种融合方式提升综合竞争力。比如，长春市红旗绿色智能小镇在建设中叠加发展汽车文化旅游，不仅规划建设了红旗博物馆、汽车展览馆、穿梭体验中心等主题馆，还积极打造了小镇客厅，便于来访者和观光客了解高端车型生产的全过程及体验厂区的特色工业文化。这类特色产业小镇通过彰显其文化旅游特色，使自身拥有了"高颜值"，非常有助于提升社会各界对小镇的认知度和向往感，因而能够吸引更多要素资源投向小镇建设。

（三）陆续出台方案，积极完善政策

吉林省针对特色小镇培育先后出台了诸多政策与方案，2019年率先出台了《支持特色小镇和特色小城镇建设的若干政策》（以下简称《若干政策》）、《吉林省加快特色产业小镇创建实施方案》（以下简称《实施方案》）。《若干政策》从行政区划、赋税、创新、土地、产业等7个方面提出40条政策举措，布置了特色小镇的建设工作。"实施方案"从全局战略高度，统领性地提出了特色小镇的引导策略与规划方案，从创建方式与推进分类等方面，对全省特色小镇进行细化，提出"三生融合"与运营方式创新等多项重点任务。各地陆续运用政策着手进行特色小镇规划建设。特色小镇在开发建设过程中，重要的一点就是要求合理合规地完成迁村腾地工作。以土地政策为例，用土地增减挂钩、创新土地政策，占补平衡，加大土地开发力度，同时拓展特色小镇建设用地空间。比如，合隆镇陈家店村顺利完成拆迁任务，土地面积达到147公顷，利用增减挂钩，得到村民一致认可，提高拆迁效率，其整理土地最终受益超过 4 亿元，完成了居民社区安置工作及拆迁复垦工作的资金投入，缓解了政府的财政压力，也确保了农民的权益最大化。在资金政策方面，政府不断加大特色小镇资金投入力度，省级专项资金对口支援特色小镇项目建设工作，同时由政府牵头，与银行等金融机构对接，引导各级政策性资金投入到特色小镇建设中，并鼓励民间资本、各种融资渠道的资金参与进来支撑特色小镇建设，金融机构共投放信贷资金近百亿元。

（四）严格规范管理，重视考核评估

从 2017 年吉林省住房和城乡建设厅公布第一批省级特色小镇至今，特色小镇建设指导与管理部门虽然从住建厅转接到发改委，但培育建设工作持续推进。根据 2021 年国家发展改革委、自然资源部、生态环境部等多部门联合出台的《全国特色小镇规范健康发展导则》，针对特色小镇的数量与质量做出了导向要求，从重数量过渡到重质量，要求在效益质量与规划设计空间协同方面进行有效引导，同时要求加强特色小镇的评估与考核工作。吉林省贯彻落实导则意见，在 2022 年公布第四批特色产业小镇名单的同时，梳理了前几批省级特色产业小镇的发展情况，根据指标进行综合评比，对成长类和培育类小镇突出产业与规划、主体建设与投资和管理几个方面，强化产业与投资情况所占比重；对规划类小镇突出投资与主体落实方面，强调招商引资重大项目建设所占比重。以长春市红旗绿色智能小镇、敦化市吉澳中医药健康小镇等为代表的 14 个特色小镇获评优秀级别，以汪清县天桥岭木耳小镇、抚松县万良人参小镇为代表的 39 个特色小镇获评合格级别，以靖宇县三道湖蓝莓小镇、和龙市八家子桑黄小镇为代表的 32 个特色小镇获评基本合格级别，以洮南市福顺辣椒小镇、桦甸市红石影视小镇为代表的 14 个特色小镇被评为不合格。另有 3 个培育类小镇，因考评数据优秀，晋级为成长类小镇，有 1 个规划类小镇晋级为培育类小镇。对 4 个连续两年无重大项目建设的小镇予以淘汰，降级小镇 1 个，警告小镇 9 个。

三 乡村振兴战略背景下吉林省特色小镇培育瓶颈分析

（一）特色产业支撑能力有待提高

通过分析吉林省近年来特色小镇产业比例可见，第一产业所属的生态农业与农产品畜牧业产品加工类，是所占比例最大的产业，高达45%，接近全部特色产业小镇的一半。由此可见，二三产业发展相对薄弱仍是困扰吉林省特色产业小镇发展的重要因素。在已经入选的特色产业小镇中，特别是二三产业的特色产业小镇，主导产业发育不足，产业链不完善，小镇的产业链延伸与技术研发都处于弱势，产城融合度有限，特色产业增长动力不足，核心企业的市场主体地位不明显，招商引资与重大项目的引领带动力仍待提升。传统产业的升级与转型问题在特色产业小镇培育建设中仍是主要问题，吉林省具有一定优势的绿色可持续发展等生态特色资源利用率相对较低，文化旅游产业、新能源产业、互联网大数据产业、高端制造业与生物制药产业等可以引发消费热点的产业亟待挖掘，传统农产品加工产业等线上线下的融合发展力度不足，大数据网络、供应链、生态康养、冰雪旅游等新业态模式的开发与特色小镇建设需要进一步培育融合，激发新动能活力，谋求新经济增长点。

（二）城镇环境基础设施建设薄弱

特色小镇建设过程中，公共设施与基建工程是特色小镇建设的基础保障。吉林省由于经济基础较为薄弱，财政经费扶持力量相对薄弱，绝大多数小城镇都存在不同程度的基础设施建设落后，公共设施不完善的情况，城乡差距较大。一方面，过度依赖政府资金的专项拨款。以政府出资为主导，受困于政府财政状况，特别是目前整体经济下行压力大，造成特色小镇基础设施建设滞后，重大项目财政经费支持力度弱，影响开工建设。另一方面，特

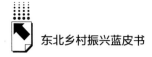
色小镇的综合服务功能建设方面也存在较大的提升空间。特色小镇的宜居宜商程度普遍较低，受制于产业要素集聚度低，商贸物流规模较小，特色小镇的城镇规模较小，建设规划不够专业，社区生活圈中的餐饮娱乐、休闲商贸、文化体育、生态康养等公共服务设施建设与数智建设、环保治污、水电气、网络移动等基础设施建设均存在建设规模与质量的缺失。宜居宜商硬环境的搭建不足，直接影响小城镇的吸引力和招商引资与人才招揽能力，亟须加大投入，加强规划设计与管理，全面提升承载能力。

（三）缺乏创新要素集聚能力

受近期国内外经济环境因素的影响，吉林省特色小镇建设面临着对外招商难度加大，外来企业难觅、热情度不高的困境，入驻企业不多，很多特色小镇至今还没有真正起主导作用的企业主体。此外，创新创业服务不完善、文化氛围不足，也是制约特色小镇发展的因素之一。无论是成长类、培育类还是规划类特色产业小镇，都需要有创新的产业技术作为支撑。对于省内一些建设较快的特色产业小镇而言，技术创新主要依靠大企业，相对缺少支持中小企业创新的技术研发平台和相关服务机构。而一些基于工业园区创建的特色产业小镇则主要受到企业小、低、散等问题影响，在自主创新方面突破有限，加之吉林省特色小镇特别是在县区乡镇的特色小镇，区位优势不明显、配套设施不完善、创新平台欠缺等，人文环境及人才集聚的弱势在一定程度上制约了招商引资进程，对行业领军人才、技术创新团队的吸引力明显不足。

四　乡村振兴战略背景下吉林省特色小镇培育对策建议

（一）以优化结构为核心，打造特色产业链条

近年来，吉林省特色小镇的培育重点聚焦特色产业小镇，既包括传统的建制镇，也包括一些非区非镇的特色产业开发区等，这表明吉林省在未来一

段时间，特色小镇的培育重点仍旧是围绕着产业进行，唯有特色产业才是特色小镇的立镇之本。一是立足资源禀赋，突出产业优势。立足吉林省传统特色产业及各特色小镇自身的禀赋条件、地理区位、历史人文等特色，以市场为导向，以产业为依托，重点扶持已入围特色产业小镇的优势产业，加快主导企业品牌打造，提升企业与产业核心竞争力，构建细分领域产业格局，加快产业园区建设，实现资源要素集聚，选准主导产业和具有比较优势的产业，推动产城融合发展，彰显小镇特色做大做强潜力竞争力。二是以项目资金为核心，主抓招商引资。通过不同形式宣传招商政策及优势，主动承接核心城市产业转移，注重发展配套产业。三是寻找经济发展新动能，创新产业发展思维。立足吉林省传统特色产业与主导优势产业，升级现有产业，与新技术加速融合，挖掘特色产业的地域文化属性，开阔思路嫁接新产品，形成集成上下游产业链条，进而形成镇区优势、县市优势、省级优势甚至全国优势的产业体系。

（二）加强基础设施建设，提升特色小镇承载能力

吉林省特色产业小镇的诸多发展类型，包括宜居生态类型、宜商经贸类型、宜产特色产业类型、宜游文化旅游类型、宜智数字创新类型等，都需要有相应的配套设施与基础设施建设，这就要求在建设中要重视基础设施的搭建。一是要注重智能化建设。打造数智技术与大数据移动网络普及的智慧小镇，从网络硬件设施上为特色产业与营销渠道的铺设打好基础，充分利用互联网新技术，加强智能服务 App 的开发与覆盖，实现镇区范围的广泛覆盖，完善网络硬件建设，提升信号质量，把数字技术和"互联网+"理念融入特色小镇运营与管理的整体设计思路之中，优化智慧小镇建设。二是提升生产生活便利性。推进"三生融合"理念在各类特色产业小镇中的应用，规划好生产区的生态环保设施和生活区的公共服务与休闲娱乐设施，提升宜居宜商幸福感，加强商贸流通功能，完善交通网络建设，为招商引资与要素集聚打通路网设施，加快公路铁路衔接，增设城镇公交站点，强化共享专车与单车的网点铺设，打造畅通便捷小镇。三是加快对接城镇体系。针对落户小镇

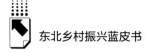

的人口，提供高质量的公共服务，包括但不限于教育文化服务、医疗救助服务、就业与创业的资金技术法律与政策服务、社会保障与弱势群体救助、文化与体育休闲健身服务等，提升落户人口的居住体验，提高居民的满足感和幸福感，增强吸引力和归属感。四是全力打造生态环保屏障。加强城镇污染防治工作。从人文环境生态宜居出发，协调特色小镇规划设计，让生产生活生态"三生融合"理念贯穿始终，以环境与资源可持续利用发展为主导理念进行空间布局设计，增强对企业和人才的吸引力。五是利用特色小镇的培育彻底改变村镇的治理模式。加快法律法规出台，完善行政执法权限，加大执法力度，建立健全法规与地方制度和村镇民俗相结合的特色小镇法律体系。在制度上保障特色小镇承载能力全面提升，构建高效与良好的社会秩序，提升治理能力。

（三）加快创新创业引领，提升科技特色新动能

相较经济发达地区而言，吉林省特色小镇的区位优势不够明显，单纯依靠市场汇聚创新要素的难度较大，因而非常需要借助政策扶持。一是各级政府可列支资金，专项支持小镇推进科技创新，还可联合金融机构和创业基金，为小镇企业优先提供小额担保贷款及相关融资服务。二是支持小镇与省内重点实验室、科研部门建立合作，共同破解小镇主导产业的技术难题，或将相关技术成果引入特色产业小镇转化。三是支持特色产业小镇引进科技服务机构或自主建立公共服务平台，为小镇创新主体提供金融信贷、法律咨询等相关服务。四是支持小镇围绕主导产业成立众创空间，面向各类"双创"主体提供支持和服务，还可考虑在长春市、吉林市或省外对口合作城市成立异地孵化中心，承接孵化与小镇主导产业相关的优质项目，对接高端人才和团队。

参考文献

［1］邓燕萍：《乡村振兴战略视域下江西特色小镇建设研究》，《中国商论》2018 年

第 25 期。

［2］张娜、冯志佰：《新时代背景下吉林省特色小镇发展现状及创新路径探析》，《长春师范大学学报》2018 年第 12 期。

［3］董兴林、牛春云：《青岛西海岸新区特色小镇可持续发展评价研究》，《青岛农业大学学报》（社会科学版）2017 年第 1 期。

［4］温燕：《特色小镇核心竞争力及其评估模型构建》，《生态经济》2017 年第 6 期。

［5］《红旗小镇正式启动　中国一汽打造未来智慧城市生态综合体》，人民网，http：//auto. people. com. cn/n1/2018/0802/c1005－30204219. html。

［6］屈大磊：《国内外特色小镇建设经验与启示探讨》，《现代商贸工业》2019 年第 14 期。

［7］宋程：《国内典型特色小镇的案例分析与启示》，《工程建设与设计》2019 年第 6 期。

［8］《四川省特色小镇培育建设经验》，搜狐网，http：//www. sohu. com/a/166835999_772581。

B.25
吉林省科技小院赋能乡村振兴研究

孟宝芬*

摘　要:　吉林省科技小院的发展已走过 15 个春秋,不仅建设数量全国第一,产业类别多范围广,而且创新了农业科技推广模式、农业生产方式和人才培养模式,成为加快农业现代化进程、赋能乡村振兴的重要引擎。然而,随着吉林省科技小院在赋能乡村振兴中的作用不断加深,需要破解以下现实困境:经费来源稀缺、科技成果转化率低、体制机制不够健全的问题。为此,需要从加大科技小院支持保障力度,增强科技赋能;总结科技小院经验模式,优化产业赋能;加强科技小院宣传推广,激活宣传引擎;完善体制机制建设,强化人才赋能四个方面深化吉林省科技小院赋能乡村振兴。

关键词:　乡村振兴　科技小院　吉林省

科技小院是将农业专业研究生长期派驻到农业生产一线,集科技创新、社会服务、人才培养功能于一体的驻村创新平台。科技小院既能够推动科技成果在生产实践中生根、开花、结果,也有助于检验、丰富、推动农业科技创新,提高农业综合效益和竞争力。2024 年,中央一号文件明确指出,"推广科技小院模式,鼓励科研院所、高校专家服务农业农村"。在农业与科技之间科技小院架起了"高速路",推动二者相得益彰、相互促进,在乡村振兴中发挥重要的作用。

---

　*　孟宝芬,长春光华学院马克思主义学院讲师,主要研究方向为马克思主义与当代价值。

一 吉林省科技小院发展现状

当前，吉林省科技小院建设正走在全国前列，科技小院在数量分布、产业覆盖、人才与成果、模式与成效上取得了显著成效，为推进农业强省建设提供了教育、科技、人才的有力支撑。吉林省科技小院在推进农业现代化和乡村振兴的同时，贯彻了党的教育方针，使农业人才以实际行动把论文写在黑土地上，把科技成果应用到服务吉林农业高质量发展的实践中，将接受教育与生产劳动和社会实践相结合，创新产学研高度融合的农业人才培养模式，有力推进了乡村人才队伍建设。

（一）吉林省科技小院建设发展情况

1. 小院建设起步早发展迅速

吉林省科技小院自 2009 年中国工程院院士、中国农业大学张福锁教授与吉林农业大学高强教授在梨树县共建"玉米科技小院"以来，发展十分迅速。2024 年，经中国农技协批复的吉林省科技小院已有 156 家，数量位居全国第 1，占全国总数的 10%。[①] 吉林是科教大省，有着雄厚的科研基础和人才优势，吉林省科技小院的建设发展借助于吉林省教育科技的优势，其共建高校、科研院所包括吉林农业大学、延边大学、北华大学、吉林大学、吉林省农业科学院、中国农业科学院特产研究所等 17 家教育科研单位。2023 年，吉林省靖宇蓝莓科技小院、龙山蛋鸡科技小院、延吉黄牛科技小院获中国农技协"最美科技小院"荣誉称号。在 2023 年全国科普日北京主会场领导专场上，吉林公主岭稻渔科技小院首席专家王秋举作为全国唯一一位科技小院的青年教师代表作了科技小院工作汇报。

2. 省市州边境地区均覆盖

目前，吉林省科技小院实现了市州覆盖率 100%，边境地区也已实现覆

---

① 《吉林省再添 22 家国家级科技小院》，吉林省人民政府网，https://www.jl.gov.cn/szfzt/jlssxsxnyxdh/gzjz/202410/t20241012_3307580.html。

盖。吉林省科技小院形成了具有吉林特色的"小院矩阵"，有力推动了地方农业产业的发展，位于边境地区的科技小院有 28 家①，辐射通化、白山、延边等地区，为边境地区的经济发展和农民增收致富作出了积极贡献。例如，延边州凭借其丰富的特色产业资源，在科技小院的建设上有着得天独厚的优势，通过围绕延边大米、黄牛、人参、黑木耳、桑黄、苹果梨等特色产业，充分整合科研力量与产业实践。在延边大米产业中，依托科技小院深入发展聚焦优良品种选育、绿色种植技术、精准农业管理等方面，提高大米的产量与品质，提升了市场竞争力；在黄牛产业中，依托科技小院聚焦品种改良、科学养殖模式、疫病防控技术研发等，推动黄牛养殖向规模化、现代化、高效益方向发展；在人参产业方面，依托科技小院聚焦人参种植的生态环境优化、药用成分提升、深加工技术创新等领域，挖掘人参更大的药用与商业价值；在黑木耳与桑黄产业中探索新型栽培技术、产品质量标准化、功能性产品开发等内容，拓展产业增值空间；在苹果梨产业中则着力于果园管理技术升级、果实保鲜与加工技术研究等，保障苹果梨产业的可持续发展。科技小院的不断发展为边境地区农业现代化进程注入了强大动力，为实现农业现代化和实施兴边富民战略提供了技术和人才支撑。

3. 产业类别多，涉及范围广

吉林省科技小院产业类别丰富，涵盖了众多领域，涉及 67 个产业类别。在种植领域，包括玉米、水稻、杂粮等粮食作物，如梨树玉米科技小院、和龙稻米科技小院、长岭谷子科技小院等。在中草药等经济作物领域，包括人参、鹿茸、灵芝、木耳、大果榛子，如敦化人参科技小院、吉林抚松人参科技小院、吉林桦甸人参科技小院、双阳鹿茸科技小院、吉林农业大学净月灵芝科技小院等。经济作物涵盖花生、桑黄、甜百合、食用菌等，像吉林龙潭吉桃科技小院、集安山葡萄科技小院、双辽花生科技小院、临江榛子科技小院、宁江果菜科技小院等。在养殖领域，包括肉牛、肉羊、黑猪、蛋鸡等畜

① 《全国第一！吉林省科技小院建设取得新突破》，吉林省人民政府网，http：//www.jl.gov.cn/szfzt/jlssxsxnyxdh/gzjz/202405/t20240514_3160768.html。

禽养殖，如吉林龙山蛋鸡科技小院通过研发提升鸡蛋品质，带动蛋鸡养殖产业发展，在水产养殖上，如小龙虾养殖等，公主岭稻渔科技小院创新稻田养殖虾蟹模式，推动稻渔综合种养产业。此外，还涉及农业经营管理类，聚焦农产品加工、品牌打造、市场营销等方面，如和龙果蔬科技小院进行落地果深加工研究，前郭水稻科技小院打造"前郭稻米"金字招牌。

（二）吉林省科技小院赋能乡村振兴成效

1. 赋能农业科技推广模式，助力农民增产增收

吉林省科技小院联合多元主体力量打造农业技术服务平台，创新农业科技推广模式，助力农民增产增收。吉林省通榆谷物科技小院是由吉林农业大学、中国农业大学和通榆县委县政府共建的产学研基地，在通榆县的 16 个乡镇建立了 68 个科技小院工作站，经过几年的探索实践，走出了一条通过农业技术帮扶开展脱贫攻坚+农技推广之路，建立了一套"大学+政府+帮扶单位+涉农企业+种植大户+贫困户"六位一体的多方联动模式，建立科技小院示范田 68 处，专家教授和研究生们从抓好示范田入手，为农户"打样"，直接帮扶贫困人口 1700 余人，实现全部脱贫，增加农业产值 2000 余万元；宁江蔬菜科技小院在当地创立蔬菜专业合作社，实行"合作社+专家+农户"三位一体的组织模式。宁江蔬菜科技小院已研发、引进、推广先进适用技术、研究水肥一体化、秸秆翻压还田、测土配方施肥等离子种子处理、化控、农田灭鼠、病虫害防治等技术，还有蔬菜无土立体栽培、绿色有机无公害栽培、生物农药病虫害综合防治、蔬菜标准化生产栽培、蔬菜间套、复种栽培等精品蔬菜生产技术等，育有蔬菜优良品种 300 余项，现有日光温室 47 栋，塑料大棚 300 栋，年产各种优质蔬菜 500 多万公斤，农民纯收入近 1000 万元，人均年收入达 2 万元。[①]

---

① 赵明家：《沉浸式培养 精准式创新 参与式推广——科技小院在实施科教兴国战略中发挥的积极作用》，中国社会科学网，https://www.cssn.cn/skgz/bwyc/202411/t20241114_5802405.shtml。

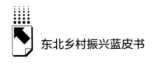

2.赋能农业科技生产方式，助力产业兴旺发达

科技小院的驻村专家和研究生，在贴近农户生产、生活实际中解决生产难题，创新了农业科技生产方式，助力产业兴旺发达。吉林省科技小院打破了传统"自上而下"式农技推广模式，转为由问题导向开展"自下而上"式服务，以农民实际需求为导向，以"四零"即零距离、零时差、零费用、零门槛模式服务农民，有效推进农业科技成果转化。吉林省各个科技小院成立之初，就由问题导向根据当地产业发展现状和需求，建立主推的品种、技术或产品示范区与现场观摩培训区，来反馈重要的前沿农业技术信息。如吉桃科技小院为解决东北棚室果树产量低、品质差、效益低等问题，小院成功研制出一整套棚室主干型栽培模式，该模式针对东北独特的气候和土壤等环境条件，对果树的树形进行科学塑造与管理，优化了果树的通风透光性，使得光合作用效率大幅提升，从而为果实的生长和发育提供了更充足的养分积累条件，高品质且高产的水果能够在市场上获得更好的价格与销量，带动了整个东北棚室果树产业的升级与发展，提高了土地产出效率。如在吉林省公主岭，建有全国第一家稻渔科技小院，吉林农业大学的科研团队创新研究出具有吉林省特色的"双边沟+分箱式插秧"稻田养殖虾蟹模式，将水稻种植与水产养殖有机结合，水稻为水产动物提供栖息和食物场所，水产动物的排泄物则为水稻提供肥料，形成了互利共生的生态系统，提高了农业生产的生态效益和经济效益。

3.赋能农业人才培养模式，助力乡村人才振兴

科技小院创新了农业人才培养模式，助力乡村人才振兴。一方面，科技小院为农民创造了零成本的学习课堂，帮助农民掌握农业技能、提升文化素养，促进了乡村本土人才的培育。另一方面，科技小院打通了"学校—小院—乡村"的人才培养新路径，培养了应用型人才。吉林省科技小院依托丰富的智力资源，广泛开展农业技术科普活动，有效推动农民科学素质、文化素养、职业技能"三提升"。小院的师生们先后通过开展田间课堂、现场观摩、专题讲座等形式开展技术培训与科普教育，与新型农业经营主体紧密合作，传播先进的农业技术与生产理念。如吉林农业大学净月灵芝科技小院，师生长期驻守这个科技小院，周边百姓随时能来"取经"，以帮助农民种植灵芝的方式助力农民增产增收。截至2024年4月，吉林省科技小院在一线开展线上线下农技培训累计760余场次，发布科普文章（短视频）485余篇（个），技术辐射带动3万余农户，有效提升了农民的科学素养和农业生产能力，接待外来参观学习1000多场次，创建了集乡村人才培养和社会服务于一体的高效推进乡村振兴新模式。[①]

科技小院引导青年学生在乡村振兴实践中发现真问题、研究真问题、解决真问题，淬炼学生强农兴农本领，探索出一条人才培养新模式。第一，校地合作协同育人。高校、科研机构与地方政府、企业紧密合作，联合打造实践教学基地。如吉林农业大学与多个地方政府共建科技小院，将学校的教学科研资源与地方农业产业需求相结合，让学生深入农业生产一线，在实践中学习。第二，"学研用"深度融合。学生在科技小院不仅学习理论知识，还参与科研项目和实际应用推广。如在梨树玉米科技小院，学生全程参与玉米种植技术的研究改进，并将成果直接应用于田间，提升解决实际问题的能力，实现从理论到实践的转化。如吉林九台肉牛科技小院着重使学生在实践操作、创新能力培育、团队协作和跨学科知识融合等方面下功夫，有望为肉牛产业培育出一批具备全产业链技术的专业人才，推动肉牛产业持续健康发展。第三，导师全程指导，学生综合素质提高。高校导师和小院的技术专家共同为学生提供指导，从学术研究到技术操作全方位覆盖。如在和龙桑黄科技小院，延边大学的老师指导学生进行桑黄培育技术研究，同时帮助学生了解市场需求和产业发展方向。通过组织学生参与农业生产、技术培训、农户帮扶等活动，提升学生的沟通协调、团队合作等综合能力。更为重要的是，在与农民的朝夕相处中，学生能够深切感受农民对科技的渴望以及农业发展面临的诸多挑战，有效激发学生推动农业现代化和实现乡村振兴的责任感和使命感。

---

① 《全国第一！吉林省科技小院建设取得新突破》，吉林省人民政府网，http://www.jl.gov.cn/szfzt/jlssxsxnyxdh/gzjz/202405/t20240514_3160768.html。

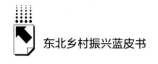

二 吉林省科技小院赋能乡村振兴中存在的问题

（一）在赋能乡村振兴中经费稀缺，阻碍了科学技术发展

经费不足是阻碍吉林省科技小院赋能乡村振兴的重要问题。目前，吉林省科技小院的经费来源主要是依靠研究生导师的项目经费、研究生的学业补助、院校与政府农业推广机构的合作经费，其他资金来源非常狭窄。资金也往往集中于少数重点项目或知名度较高的科技小院，而大部分小院资金匮乏，难以开展大规模、持续性的乡村振兴项目。科技小院在基础设施建设、设备购置更新、科研活动开展等方面的资金时常捉襟见肘，如一些偏远地区的科技小院缺乏足够资金购买先进的农业检测设备。如公主岭稻渔科技小院旧址，曾以集装箱为宿舍，仅有旱厕和简易洗澡间，这在一定程度上影响了科研人员的生活质量和长期驻扎的积极性，一些科技小院的实验室科研设备陈旧、缺乏相应的实验器材限制了科研平台的发展，在发现问题后，不能第一时间对试验样本进行测定以及试验数据采集，进而延误了相关研究的进展，束缚了农业科学技术创新发展。

（二）在赋能乡村振兴中转化率低，阻碍了创新成果推广

科技成果转化率低体现在科技小院成果与当地产业融合方面和技术转化方面。第一，产业融合方面，科技小院与当地乡村产业的融合有时浮于表面，没有真正深入到产业链的各个环节。例如，在农产品加工、销售等环节，科技小院的参与度和贡献度较低，没有形成完整的产业协同发展模式。吉林省各地有丰富的特色农业资源，但科技小院在挖掘和培育特色产业方面还存在不足，对特色产业挖掘力度还欠缺，部分特色农产品的品牌建设和市场推广工作没有跟上，导致产业优势难以充分发挥。第二，技术转化方面，虽然吉林省科技小院的发展取得了很大的成绩，但农户对科技成果的接受率比较低，阻碍了创新成果推广。部分农民对新技术抵触，习惯传统种植养殖

方式，对科技小院的科研成果持怀疑态度，不愿花成本投入。尤其是在老龄化比较严重的村落，留在村落的老年人文化水平相对较低，对新技术、新理念的接受能力较弱，难以快速掌握科技小院所推广的先进农业技术和管理模式。因为缺乏足够的青壮年劳动力来协助进行田间试验、数据采集、农事操作等工作，导致工作效率低下，一些需要大量人力的项目难以顺利开展，限制了科技小院技术推广的效果和效率。

（三）在赋能乡村振兴中机制不健全，限制了科技小院发展进步

目前，吉林省科技小院的内部和外部的机制体制尚未健全，限制了科技小院的高质量发展。第一，小院师生研究领域较为单一。科技小院人员研究方向主要取决于带队导师的研究方向，这也决定了研究方向单一的问题。如果科技小院团队主修种植物的养分管理，那么遇到病虫害防治等其他问题就难以解决，这些现实情况限制了科技小院的高质量发展。此外，在农业科技推广过程中科技小院要处理和农户、企业、高校、地方等多方面关系，涉及主体较多，事务性工作也比较多，需要消耗大量的精力和时间，不利于集中精力对农业技术进行攻关。第二，科学管理体制还没有建立健全，目前各系统科技小院间的联合关系尚未捋顺。地方部门、涉农院校、依托单位间的协同管理机制没有形成，部分地区科技小院工作制度不完善、运行不规范，动态管理机制、绩效考核机制与奖励机制尚不健全。虽然根据中国农技协对科技小院发展的要求，结合吉林省实际，已制定了《吉林省科技小院联盟管理办法》《吉林省科技小院评价考核管理办法》《科技小院学生日志考评办法》《小院之星称号评选办法》等，形成了《吉林省科技小院建设标准手册》，但是因出台时间尚短，需要在实践中不断调整完善。

三 提升吉林省科技小院赋能乡村振兴发展的对策

（一）加大科技小院支持保障力度，增强科技赋能

加大科技小院支持保障力度，增强科技赋能，需从以下几个方面来着

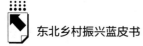

手。第一，加大对科技小院发展的扶持力度，应因地制宜出台相应的扶持政策。如设立专项基金，并规范资金的使用，为科技小院运行提供保障，加大对科技小院的投入，用于基础设施建设，为科研人员提供良好的住宿、饮食、卫生等生活条件，如配备齐全的生活电器、改善住宿环境等，进而提升生活质量，增强扎根小院的意愿。在政策引导方面，制定更具针对性的优惠政策，如税收减免、土地使用优惠等，引导科技小院向重点产业和关键领域倾斜，引导金融机构创新金融产品和服务，为科技小院提供信贷支持。第二，加强对科技小院实验器材的供应。科技小院作为科研工作的重要组成部分，应平衡教育资源、保障实验设备的配置，发挥高校在科技小院建设中的引领作用。第三，提高合作企业对科技小院的资助。鼓励科技小院与当地龙头企业建立合作平台，通过技术创新提高企业盈利水平，可根据盈利情况为科技小院提供一定的经济资助，构建可持续的良性合作关系。同时，鼓励高校、企业等社会力量投入，拓宽资金来源渠道，通过政策引导，吸引企业、金融机构等社会资本投入，如设立产业投资基金，支持小院技术成果转化和产业化发展。

（二）总结科技小院经验模式，深化产业赋能

需要深入总结吉林省科技小院的发展经验和模式，深化产业赋能。吉林省各地科技小院在加强沟通合作中，需要不断提升科技小院联盟的组织化程度，持续优化科技小院健康发展的良好环境。应以培育科技小院地方主导产业或特色产业为目标，以构建农业科技完整链条为抓手，结合打造"一村一业""一村一品"，深化产业赋能。鼓励高校、科研机构与农业企业建立更加紧密的合作关系，从以下三个方面来深化产学研共同体。第一，强化高校与科研机构合作，高校和科研机构应充分发挥科研优势，强强联合，共同开展农业科技创新研究，加速科技成果转化，建立联合研发中心、实验室等创新平台，加强科技资源开放共享。第二，加强与企业协同创新，科技小院要与农业企业建立紧密的合作关系，了解企业需求，共同开展技术研发、产品创新和市场推广，实现互利共赢。例如，高校可根据企业实际生产难题明确科研课题，企业为科研提供试验基地与资金支持，加速科技成果从实验室

走向田间地头的进程，提高农业产业的科技含量与创新能力。针对吉林省情实际，因地制宜为特色产业提供高质量发展的科技方案，促进农业产业结构优化升级。结合吉林省农业产业结构调整和转型升级，进一步拓展科技小院在特色农产品加工、农业废弃物资源化利用、农村新能源开发等领域的覆盖面，推动农业产业多元化发展。第三，延伸服务链条，除了农业生产技术指导，科技小院还应向农产品质量检测、品牌建设、市场营销、农业信息化等服务领域延伸，为农业农村发展提供全方位、一站式服务。不仅关注农产品的生产环节，还延伸至加工、销售、品牌打造等全产业链条。如在农产品加工方面，研发新型加工工艺与保鲜技术；在销售环节，探索电商平台、直播带货等新型营销模式，促进产业的整体升级。

（三）加强科技小院宣传推广，激活宣传赋能

要加强打造科技小院的品牌形象，激活吉林省科技小院在乡村振兴中的宣传赋能。首先，注重科技小院的品牌建设和文化内涵提升，树立良好的品牌形象，提高科技小院的知名度和美誉度。通过展示科技小院在推动农业现代化和乡村振兴中的重要作用，依托试验田、试验地让农户看到科技带来的实际效果，从农民的实际需求出发解决存在的问题，增强农民走现代化农业道路的信心，让农户树立起主动参与科技成果转化与应用的观念。其次，广泛借鉴其他地区的科技小院发展的成功经验。通过多种渠道和方式，广泛宣传科技小院的成功经验和典型案例，通过经验分享会、媒体传播、实地观摩与培训积极分享科技小院建设和管理的成功经验，营造全社会关心支持科技小院发展的良好氛围，共同营造良好的组织条件，在科技小院建设进程中探索农业科技共创、共享发展路径。

（四）完善体制机制建设，强化人才赋能

要逐步完善对吉林省科技小院的运行、监督与激励等体制机制建设，完善小院发展制度机制，激发积极主动性，强化人才赋能。第一，建立健全人才培养机制。要把吉林省科技小院建设和大学生留吉就业创业结合起来，强

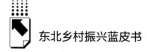

化人才建设与激励机制，吸引人才扎根吉林、服务"三农"。首先，建立科学合理的人才评价体系，注重实践成果和对农业的贡献，为人才提供广阔的发展空间。完善激励机制，对表现优秀的人才给予表彰和奖励，在职称评定、职务晋升等方面给予政策倾斜，激发其工作积极性和创造性。加强人才培养，为人才提供专业培训和学习交流机会，邀请专家讲学，组织参加学术会议，更新知识结构，提升专业素养。其次，优化培养模式，加强师资队伍建设。要选派具有丰富实践经验和较高学术水平的教师到科技小院担任指导教师，同时邀请农业企业专家、技术能手等担任兼职教师，共同参与人才培养工作，完善科技小院人才培养方案，注重实践能力和创新精神的培养，培养学生厚植爱农情怀，练就兴农本领，破解生产难题，为乡村振兴强化人才赋能。第二，建立健全监督与评价机制。要深化完善吉林省科技小院建设与运行的标准和规范，从产业带动、人才培养、技术推广等维度进行年度评估，不合格小院限期整改或淘汰，成立专门监督小组，对小院的工作进展、资金使用、技术服务效果等进行定期检查和监督。此外，要建立全省科技小院联盟，促进经验交流与资源共享，避免"同质化"发展。此外，实施绩效评估，建立科学的绩效评估指标体系，定期对科技小院的绩效进行评估，将评估结果作为资金支持、政策调整以及相关人员考核的重要依据。

参考文献

［1］郭修平、吴金桐：《创新科技小院发展为农业强省提供有力支撑》，《农村工作通讯》2023年第14期。

［2］王玉斌、朱洪启：《科技小院建设现状与发展趋向》，《国家治理》2023年第15期。

［3］闫飞宇、赵宏亮、黄志炜等：《科技小院育人模式在农学研究生培养中的创新应用》，《黑龙江农业科学》2024年第11期。

［4］杨钰军：《科技小院模式为农业科技推广提供支撑》，《农村经济与科技》2024年第1期。

B.26
黑龙江省克东县龙头企业
带动县域经济发展模式研究[*]

陈秀萍　高为　臧妙涵[**]

摘　要： 东北地区多数县（市）属于农业县，要实现乡村振兴面临较大的困难。黑龙江省克东县是一个典型的农业县，在资源、区位、人口、工业基础等方面都不具有特殊优势。但是克东县多年以来积极帮扶和培育飞鹤乳业有限公司发展壮大。飞鹤乳业发展成为龙头企业后，通过延链补链引进18家企业，既丰富了克东县的产业体系，又反哺了地方经济。在当前我国乳业发展大环境不利的情况下，2023年飞鹤乳业为克东县纳税16.9亿元。这种龙头企业带动县域经济发展的模式带来以下启示：纵向产业集群更适合农业大县产业链建设，产业链建设要升级到现代产业体系建设，政府在县域经济发展中起到至关重要的作用，推动"三链"建设与县域经济协同发展等。

关键词： 县域经济　龙头企业带动发展模式　产业链　产业体系　克东县

根据第七次全国人口普查数据，全国1874个县（市）常住人口7.48亿人，占全国人口的51.82%。按照《中国城乡建设统计年鉴2022》的数据，

---

* 项目来源：黑龙江省哲学社会科学研究规划项目"我省县域经济高质量发展研究"（项目编号：25ZKH003）。

** 陈秀萍，农业经济管理专业博士，黑龙江省社会科学院生态文明研究所研究员，主要研究方向为农业农村经济、区域经济；高为、臧妙涵，黑龙江省社会科学院研究实习员，主要研究方向为生态文明建设、区域经济。

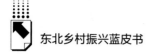

2022年东北三省县域人口总量为2999万人，占三省人口总量的31.1%。可以说县域经济的发展直接影响乡村振兴的实现和大量居民经济收入的提升。赛迪发布的《中国县域经济高质量发展研究》"百强县榜单"中，东北三省2023年只进入1个县，2024年进入3个县。东北地区多数县（市）属于农业县，经济发展滞后，要实现乡村振兴面临较大的困难。然而，一个传统农业县——黑龙江省克东县却通过龙头企业带动经济发展成为黑龙江省经济高质量发展十强县之一。这一发展模式值得深入分析研究，以助力东北乡村振兴。

一　克东县经济发展现状

克东县位于黑龙江省中北部，齐齐哈尔市东北部，辖区面积2083平方公里，总人口27.4万人，其中农业人口21.6万人，拥有耕地188.5万亩。克东县是一个传统农业县，人口数量较少，缺少特殊资源，工业基础薄弱，区位优势不明显，曾是省级贫困县，贫困发生率达8.5%。但是，通过龙头企业的带动，克东县已进入黑龙江省经济高质量发展十强县。

（一）突破资源限制发展成为经济强县

克东县是全国重要的商品粮和绿色生产原料基地县，素有"中国婴幼儿奶粉之乡""中国非转基因大豆之乡""中国腐乳之乡""中国天然苏打水之乡"的美誉。近些年，县域经济发展趋势较好，地区生产总值逐年递增。2020~2023年地区生产总值分别为59亿元、67.46亿元、73.21亿元和76.4亿元，年均增长9.8%，远高于全省县域经济增长速度（见图1）。2023年全县规上工业增加值达到30.16亿元，同比增长6.2%；一般公共预算收入8.14亿元，同比增长11.5%；城乡居民人均可支配收入分别达到 22503 元和 17877 元，同比增长 5.5% 和 7.2%。[①]
2023 年克东县地区生产总值在全省排名第 3，在全省县域经济高质量发展考评中综合排名第 2。

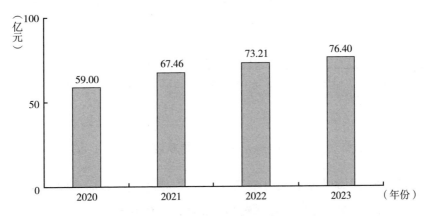

图 1　2020~2023 年克东县地区生产总值

资料来源：2020~2023 年《克东县国民经济和社会发展统计公报》。

（二）产业结构不断优化

克东县扬长避短，立足"寒地黑土、绿色有机"优势，大力发展"乳豆水肉菜"五大主导产业，夯实县域经济发展基础。在飞鹤乳业、禹王大豆等龙头企业的带动下，克东县的产业结构正逐步优化，第一产业占比从 2020 年的 30.7% 下降到 2023 年的 25.11%，第二产业占比由 35.53% 上升到 41.08%（见表 1）。克东县通过"链式+集群"发展模式，培育壮大优质企业，形成以农牧业为基础，以农产品加工业为主力支撑，以物流、包装、印务等服务业为助力的独具特色的现代立体产业体系。

---

① 《克东县经济发展总体概况》，克东县人民政府网，https://www.kedong.gov.cn/kedong/c100874/202504/c02_547871.shtml。

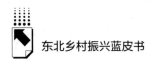

表1　2020~2023年克东县三次产业结构

单位：%

年份	第一产业占比	第二产业占比	第三产业占比
2020	30.70	35.53	33.78
2021	25.68	41.31	33.02
2022	27.47	39.57	32.96
2023	25.11	41.08	33.81

资料来源：2020~2023年《克东县国民经济和社会发展统计公报》。

（三）龙头企业与县域经济实现协同发展

克东县一方面发展种植养殖基地，另一方面引进了牧原、禹王大豆、舒达饮品、北纬47°等龙头企业，深耕农业产业链集群发展。特别是依托北纬47°奶牛黄金养殖带地理优势，提出建设"乳业强县"发展目标，2001年引进飞鹤乳业。在推进乳业发展方面，克东县一方面不断推行标准化规模养殖，拓展规模化牧场建设，优质奶源基地实现了壮大。目前，克东县建成万头原生态国际示范牧场3处、千头标准化牧场2个，奶牛存栏5.9万头，平均年单产达到10吨/头。[①] 2023年克东县年生产鲜奶35.27万吨，实现了集规模化与标准化于一体的产业格局。另一方面坚持"项目为王"理念，倾心打造"绿色通道"，以园区建设、资金配套、政策扶持等方式支持企业做大、做强、做优。飞鹤乳业早期从事乳品加工业，后将产业链上下游不断延伸，通过延链、补链在乳业产业链上建立了更多产业。经过20余年的发展，飞鹤乳业实现了从乳粉加工到规模化饲养、牧草种植、饲料加工、产品开发、物流仓储、终端销售、售后服务、粪污处理、能源转化、工业旅游的全产业链发展模式。飞鹤乳业在克东县累计投资超过60亿元，先后建立了1个配方奶粉核心加工厂、3个万头奶牛标准化牧场，配套建设了5万吨产品

---

① 陈丽萍：《黑龙江省齐齐哈尔市克东县乳业全产业链发展现状分析及对策》，《中国乳业》2015年第4期。

包装、4 万吨乳粉智能化生产、万吨婴幼儿液态奶等加工项目。飞鹤乳业围绕乳品加工业先后引进上下游配套产业 18 家，包括顶鹤农业、牧丰饲料、福瑞达印务、瑞信达物流、瑞源生物质、奥瑞金包装等企业。2019 年飞鹤乳业成为黑龙江省百亿级企业，入选"2024 中国民营企业制造业 500 强"，2023 年营业总收入达到 195 亿元。在我国乳业行业经济效益不景气的大环境下，飞鹤乳业 2022 年、2023 年分别向克东县纳税 16.8 亿元和 16.9 亿元，累计纳税超过百亿元，成为克东县域经济的主要支撑。克东县 90% 以上的税收来源于飞鹤乳业。飞鹤乳业逐步发展壮大为克东县的龙头企业和黑龙江省的龙头企业，为县域经济发展注入了强劲动力，带动克东县发展成为黑龙江省现代农业的高地，成为黑龙江省经济高质量发展十强县之一。

（四）绿色循环经济发展成效显著

克东县认真落实"绿色龙江"发展战略，基于地区产业特色打造绿色产业，发展绿色循环经济。2024 年克东县提出加快推进畜禽粪污治理整县推进项目，探索绿色有机循环农业新模式，全县培育绿色有机基地 2800 亩，绿色食品原料基地稳定在 235 万亩。① 绿色产业有以下类型。

一是飞鹤乳业实现了乳业绿色循环闭环升级：牧草种植业、玉米种植业—饲料加工—奶牛养殖—粪污处理—生物能源—乳品加工—产品包装—仓储物流—终端销售，各个环节全程可控，打造了一体闭合的乳业全产业链条。在这一循环体系中，资源没有浪费，全部回到产业链，实现了绿色循环发展。

二是建成绿色大豆生产基地。克东县是全国绿色食品原料（大豆）标准化生产基地之一。全县耕地面积 188 万亩，大豆种植面积达到 120 万亩。2022 年克东县荣获"全国大豆绿色高质高效示范县"殊荣。

三是绿色有机玉米产业蓄势聚能。克东县依托北纬 47° 玉米黄金种植带的地理优势和有机黑土地种植核心区的区位优势发展玉米产业，鲜食玉米产

---

① 黑龙江省克东县 2024 年《政府工作报告》。

业入选 2023 年全国鲜食玉米优势特色产业建设集群。2023 年在克东县投产的鲜食玉米企业有 8 家，在建的鲜食玉米项目 15 个，鲜食玉米产业突破传统玉米种植业，实现了产业链和价值链协同发展。例如，北纬 47°食品有限公司玉米种植辐射全县 7 个乡镇，实现了当年开工建设、当年进入规上企业的目标。因玉米绿色有机、保鲜保质效果好，2023 年北纬 47°食品有限公司加工鲜食玉米 1.7 亿穗，实现产值 8 亿元。

四是水产业形成集群优势。克东县的天然苏打水资源历史悠久。近年来，克东县为把苏打水资源优势转化为产业优势，坚持"全面勘测、科学规划、择商选资、有序开发、品牌经营"的原则，锚定"金韵乳城水乡·产城融合高地"城市定位，力推净水产业，先后引进舒达饮品、海昌等知名水企业。[①] 截至 2023 年，全县苏打水企业数量达 17 家，涵盖多个商品领域，已形成产业集群优势，并且不断引进科技促进企业升级，投入智能加工设备推动水产业数字化转型。

（五）现代化大农业发展迈出坚实步伐

克东县把有限的资源做成了产业，并且持续做大做强，为现代化大农业发展打下了坚实的基础。以大基地和大企业为基础，将资源做成了大产业。

一是以飞鹤乳业为依托建立了现代化乳业大基地、大企业、大产业。2023 年飞鹤收入达到 195 亿元，占据市场 20.2% 的份额；净利润 32.9 亿元，成为乳品加工业中的"大企业"。据华信咨询统计，2021~2024 年，飞鹤奶粉在细分市场连续 6 年保持国内市场销量第一，连续 4 年蝉联全球市场销量第一。在"大基地"建设方面，飞鹤乳业依托自身的产业集群，已在东北地区累计创造 17 万个就业岗位，带动超 16 万名农民增收致富，拉动黑龙江省 100 余万亩耕地增值。在产业链建设方面，飞鹤打造了第一条中国婴幼儿奶粉行业完整的全产业链，覆盖牧草种植、饲料加工、奶牛养殖、包装

---

① 《克东县经济发展总体概况》，克东县人民政府网，https：//www.kedong.gov.cn/kedong/c100874/202504/c02_547871.shtml。

配套、物流运输等产业链上下游的相关产业，把克东县的乳业做成了"大产业"。

二是把大豆做成了大产业。围绕"大食品、大营养、大健康"的发展理念，强化大豆基地建设，2022 年、2023 年全县大豆种植面积连续两年保持在 195 万亩左右。同时，加大大豆加工业的培育力度，延伸大豆供应链与产业链；推进豆制品加工产业园建设，开展针对性招商；鼓励大豆企业推动产品升级，打造特色"拳头产品"，带动上下游产业融合发展。一方面，鼓励"中华老字号"企业克东腐乳根据消费趋势挖掘新产品，让创新意识为老工艺增添新引擎。克东腐乳经过百年的发展，已成为拥有 2 个子公司、7 大系列产品 50 个品种的企业集团，年制作加工腐乳消耗大豆 7000 多吨。另一方面，引进国内大豆蛋白领军企业——禹王大豆公司，建立了 2 条大豆蛋白加工生产线，年大豆蛋白产能 2.8 万吨，是全省最大的非转基因大豆蛋白生产基地，2023 年企业实现产值 5 亿元，税收 1429 万元。2024 年 5 月禹王大豆公司被评为国家级龙头企业。

三是把特色产业做成了大产业。克东县以马铃薯种植业为依托，吸引集聚云一农业、北大荒全粉、薯丰公司等大企业落户，推动了马铃薯产业由初加工向精深加工转化，年加工马铃薯 14.9 万吨，实现产值 2.1 亿元；依托 8 家鲜食玉米企业，将鲜食玉米做成了大产业。2024 年全县"种植黏甜玉米 14.6 万亩，鲜食玉米产能达 4.35 多亿穗，产值 12.5 亿元"①。

二 克东县经济发展面临的问题与挑战

为推动乡村全面振兴，克东县根据资源禀赋，打造了乳业、大豆、鲜食玉米、水加工等产业链，形成了特色产业集群，推动了县域经济高质量发展，但克东县经济发展仍存在如下问题和挑战。

---

① 吕银昌、王壹：《黑龙江克东县：以三产融合壮大鲜食玉米产业》，《农民日报》2025 年 1 月 4 日。

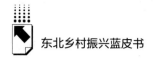

（一）产业一枝独大，县域经济面临较大风险

近年来，克东县大力实施"工业大县，乳业强县"的发展战略，全力支持龙头企业飞鹤乳业发展。由飞鹤乳业衍生出来的上游畜牧种植业、下游生产销售业等配套产业与乳业形成紧密的产业链，形成产业、利益一体化的命运共同体。2023 年飞鹤乳业销售收入达到 179 亿元，克东县依托飞鹤乳业跃升为全省县域经济第 2 位。从克东县的经济收入来源来看，90% 以上的税收来源于飞鹤乳业。克东县的税收来源较为单一，过度依赖飞鹤乳业，经济发展也伴随着更大的风险。一旦主导产业衰败，必将给县域经济发展带来致命打击。

（二）缺少现代新兴产业，县域经济难以实现大幅度跃升

克东县的产业围绕着农业发展，以种植业和畜牧业为主，延伸到农产品加工业。种植业作物结构数量少、规模小、效益低，品种结构表现为优质品种少、良种引进更新慢等。畜牧养殖业存在经济效益总体下滑、专业技术人才短缺、牲畜交易市场建设薄弱等问题。虽然克东县配套 3 个万头奶牛标准化牧场以及青贮种植场，但同时也存在着一部分小规模奶牛养殖场和饲草种植户，这一部分种植养殖户的经济效益不高，拉低了全产业的效益。近些年，虽然克东县围绕本地资源延伸发展出来了乳制品、大豆、鲜食、苏打水等加工业，但都属于食品加工业，也仍然属于传统产业，存在科技含量不高、利润率低、同质性严重、行业竞争力大等问题。因为缺少现代新兴产业的拉动，县域经济增长速度难以实现大幅度跃升。

（三）乳业竞争愈加激烈，县域主导产业面临挑战

目前来看，乳业是克东县的主导产业，但我国乳制品产业竞争激烈，发展环境不容乐观。

首先是我国新出生人口数量下降的影响。近年来，受不婚、晚婚、丁克家庭等家庭婚姻观的影响，我国生育率不断下降。乳业消费的主要群体——

婴幼儿数量大幅减少，2023 年全国出生人口数仅为 902 万人，比 2016 年减少 52%（见图 2）。消费群体数量的大幅度降低影响了乳业的发展。同时，受一些不良乳企的行为以及网络上一些没有科学依据言论观点的影响，居民对牛乳的信赖度降低。为确保新生儿的健康，一些家长会拒绝购买国产奶粉，直接影响了牛乳销量和乳业的发展。

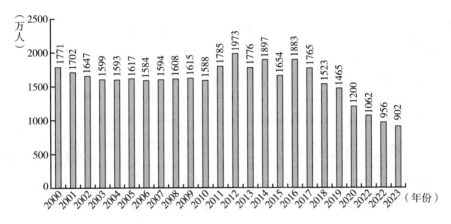

图 2　2000～2023 年我国出生人口数量

资料来源：《中国统计年鉴 2024》。

其次是产品替代品的负面影响。随着市场良性竞争，饮品企业创新能力增强，饮品品种愈加丰富，牛奶相对单一的口味口感并不能激发成人消费者的购买欲望。此外，产品研发时针对部分乳糖不耐受体质人群研发的乳产品品类较少，致使其在购买乳制品时选择空间较小，同样也会降低消费者的购买欲望。替代品的冲击使得乳业产品的市场占比下降。

再次是居民饮食习惯的影响。我国居民人均牛奶的消费量不高，与居民的饮食习惯高度相关。以黑龙江省为例，因地处寒冷地区，居民的消费习惯更多集中于肉类和酒精类饮品，一些家庭对牛乳以及乳制品的营养价值认识不足，缺少消费动力。

最后是国内乳业竞争力不足的影响。由于粮食、饲料、人工、土地等成本较高，奶牛育种技术不成熟、奶牛繁育及养殖不科学，致使奶牛的养殖成

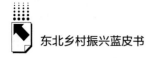
本普遍偏高，乳业的价格竞争力相较于澳大利亚、新西兰等乳业大国还存在较大的差距。当前，我国乳品业发展面临着巨大挑战，也给克东县县域经济带来了更大的风险。克东县亟须重视预警和防范未来的经济风险。

三　克东县龙头企业带动型发展模式带来的启示

东北三省多数县（市）属于农业县，与工业县相比，农业县要实现乡村振兴面临更大的困难。克东县通过支持龙头企业发展，龙头企业又反馈地方经济、带动县域经济发展的模式为乡村振兴提供以下启示。

（一）纵向产业集群更适合农业大县产业链建设

克东县围绕飞鹤乳业上下建立了 18 家企业，形成了产业集群。这一集群属于典型的纵向产业集群。纵向与横向产业集群不同，横向产业集群对外是一个团体，但在集群内部企业间会存在同业竞争现象。在纵向产业集群中，龙头企业是产业链的链主，其他中小企业是配套。产业链上聚集的多类型企业，形成纵向产业集群，它们之间通过专业化分工避免同质竞争；集群内企业目标一致、方向一致，即共同做大做强整条产业链，因此能够紧密合作、协调发展。"农产品加工业横向可延伸的环节较少，产业'繁衍分支'能力较弱，在横向上能够衍生出来的配套产业非常少"[1]，因此，纵向产业集群更适合东北地区的农业大县农产品加工业的发展。

（二）产业链建设要升级到现代产业体系建设

"现代化产业体系包括现代化工业、现代化农业、现代化服务业和现代化基础设施等。"[2] 东北地区的县域经济普遍以农业为主，由于农业县的产品类型、产业结构相似度较高，内部竞争激烈，产品价格在同业竞争中难以

---

① 陈秀萍：《黑龙江省农产品加工产业发展研究》，载史丹主编《重塑黑龙江产业发展新优势——黑龙江省区域协调发展调研报告（2022）》，经济管理出版社，2023。

② 刘文强：《以先进制造业为支撑 加快构建现代化产业体系》，《学习时报》2024 年 8 月 9 日。

提升，产业的价值链也难升级。县域经济要做大做强，不仅要根据自身资源建立特色化、差异化的产业链，还要从产业链建设升级到现代化产业体系的建设。[1] 要突破单一的产业体系，加快构建以农业为基础，以农产品加工业为支撑，以生产性服务业和生活性服务业为两翼的现代化立体产业体系，并积极培育新兴产业，引导产业链加快数字化建设，提高产业链效率，降低成本。

（三）政府在县域经济发展中起到至关重要的作用

市场竞争已经从产品的竞争、企业的竞争转化为产业链、产业体系的竞争。某个企业在发展过程中因为资本规模、经营能力等原因受限，未必需要延链补链强链。但是，县域经济在发展过程中需要不断延链补链强链，产业韧性才能强。产业体系愈加丰富，地方经济才能更稳。因此，集聚企业、建设产业链产业体系不仅要依靠市场和企业，政府也要发挥重要的作用。政府应从产业配套、产业体系建设角度进行招商引资，企业应从降低成本、减少风险、合伙竞争角度进行延链、补链、强链，"政府+企业"的合力才能将县域经济做大。

（四）推动"三链"建设与县域经济协同发展

我国乳产品市场产品的供给已从国内供给转变为全球供给，市场产品供应出现一定程度的过剩，产业竞争愈加激烈。在我国乳品加工业不景气的大环境下，飞鹤乳业经济效益之所以能够逆势增长，主要有三个原因。一是通过产业链建设，稳定了产品的数量，保证了产品的质量。二是通过纵向产业集群建设，降低了企业的交易成本。纵向产业集群的建立需要企业间相互信任度更高、合作更加稳定。这一协同发展模式建立的供应链更加稳定，能够降低企业之间达成交易、履约的交易成本和市场交易的不确定性带来的风险成本。交易成本的降低将为产业链上各企业利润的提升带来更大空间。三是

---

[1] 刘文强：《以先进制造业为支撑 加快构建现代化产业体系》，《学习时报》2024年8月9日。

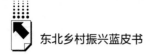

通过品牌建设拉动产业价值链的提升。品牌的作用不仅是带动产品销售，还要带动产业链建设和价值链提升。产业价值链的提升直接带动县域经济的发展。通过产业链、供应链、价值链的建设，将产业链中更多环节的利润收回到县域，实现企业集群效益与县域经济协同发展。

（五）要抓住我国绿色转型的机遇

飞鹤乳业通过发展绿色循环经济实现了良性循环。第一，通过产业链建设实现资源利用闭合，不仅为社会节约了资源，企业也降低了生产经营成本，增加了利润。第二，飞鹤乳业入选国家级"绿色工厂"名单，获得了国家和地方绿色发展资金的支持。我国经济正在从传统经济发展模式向绿色低碳发展模式转型。这是一条新赛道，对于县域经济来说既是压力，也是机遇。绿色化发展主要有两项任务。一是实现产品的绿色化供应，特别是农业要供应更多绿色有机农产品。二是生产过程的绿色化，即降低化学投入品的数量，努力减碳降碳，最大限度减少对生态环境的负面影响。因此，县域经济发展要抓住我国绿色转型的机遇，按照绿色发展理念选择新产业，按照减碳降碳的要求引导已有的产业链实现绿色转型，不仅能够提升产品的竞争力，也能够获得更多政策资金支持。

（六）关注我国乳业产业安全

目前，乳业在我国农牧业、食品工业等方面的经济发展中具有极高的经济地位，尤其是党的十九大报告中提出"高质量发展"以来，我国持续关注乳业的高质量发展，我国奶牛养殖和乳制品加工水平取得显著进步。但是自 2023 年以来，受乳制品消费不振、养殖成本高等因素影响，我国原奶阶段性过剩，牧场大面积亏损，中小牧场业绩承压。当前，我国乳业的根本任务是通过提质、降本、增效稳定乳业产业，保障乳业安全。一是整合产业链。龙头企业可以学习飞鹤乳业的做法，整合上下游产业，包括上游畜牧养殖业、中游乳品加工业以及下游服务业，保证上游原料奶的高标准和中游加工环节的高品质，努力打造绿色乳业产业。必须保证乳制品的质量，产业实现高质量发展，才能让我国乳业避免雪上加霜。二是通过数字化、智能化等现代科技手段，合理确定奶牛养殖业的规模，对各环节生产成本进行精准核算，降低饲料、人工、经营等各项成本，实现降本增效。三是努力开拓市场。加大研发力度，对乳业产品的品质和类型进行升级，以满足市场的多样化需求。四是以宏观政策扶持乳业发展。我国乳制品市场并未饱和，尚有一部分居民没有能力消费乳制品。建议我国给低收入家庭免费发放牛奶，一方面属于以消费促发展，另一方面也是一种对低收入者的帮扶方式。通过消费市场的扩大，实现供给与需求的平衡，帮扶乳业发展度过低谷阶段。

参考文献

［1］黑龙江省克东县 2024 年《政府工作报告》。

［2］《飞鹤：创新为翼，打造全产业链模式 品质为基，建强民族乳业品牌》，《人民日报》2025 年 3 月 11 日。

［3］陈秀萍：《黑龙江省农产品加工产业发展研究》，载史丹主编《重塑黑龙江产业发展新优势——黑龙江省区域协调发展调研报告（2022）》，经济管理出版社，2023。

［4］刘文强：《以先进制造业为支撑 加快构建现代化产业体系》，《学习时报》2024 年 8 月 9 日。

Abstract

Report on Rural Revitalization in Northeast China (2025), as the third comprehensive report focused on rural revitalization in Northeast China, is compiled under the leadership of Changchun Guanghua University. This report systematically reviews the practical achievements made in the implementation of the rural revitalization strategy in Northeast China. It thoroughly analyzes the numerous challenges currently faced and looks forward to future development directions. This report serves as an important document with high theoretical value and practical significance in the field of rural revitalization in Northeast China, aiming to provide a comprehensive and systematic understanding of the progress and outcomes of rural revitalization efforts in the region.

The book is divided into seven sections: the general report, individual reports, industrial development chapter, agricultural upgrading chapter, improvement of people's livelihoods chapter, thematic chapter, and case study chapter. Each section closely aligns with the practical realities of Northeast China and, through authoritative data and typical case studies, illustrates the continuous development of agricultural production, the comprehensive prosperity of the rural economy, and the significant improvement in the living standards of farmers. The general report summarizes the achievements of Northeast China in promoting comprehensive rural revitalization from 2023 to 2024. It analyzes existing issues in areas such as rural industrial development, agricultural population and talent, rural public services and village construction, poverty alleviation and consolidation of results, and grassroots organization building. The report also examines the development trends in Northeast China's rural revitalization, focusing on agricultural modernization, rural industrial integration, digital rural construction, and rural green development. In response to the identified shortcomings, the report proposes strategies such as adhering to urban-rural integrated development and further deepening rural reform; strictly adhering to the "red line" of arable land to ensure stable production and supply of grain and key agricultural products; actively developing rural industries that enrich the people and expanding channels for increasing farmers' income. These measures provide scientific guidance for the development of modern large-scale agriculture in Northeast China.

The individual reports offer a detailed analysis of rural revitalization in Jilin, Liaoning, Heilongjiang, and Eastern Inner Mongolia for 2023 − 2024. They summarize local practical experiences and achievements in policy implementation, industrial development, ecological construction, and increasing farmers' income, providing an important reference for mutual learning and experience sharing between regions. The Industrial Development chapter focuses on the transformation, upgrading, and innovative development of rural industries in Northeast China. Through in-depth analysis of characteristic industries such as the ice and snow industry, cultural and tourism industry, and rural cross-border e-commerce, it reveals the current status and issues of these industries. The chapter also proposes strategies and recommendations for promoting high-quality development of rural industries. The Agricultural Upgrading chapter emphasizes the development pathways of modern agriculture in Northeast China. It analyzes the promotion and application of modern agricultural technologies in the region and proposes specific measures for optimizing agricultural structure and enhancing the comprehensive benefits of agriculture. The Improvement of People's Livelihoods chapter focuses on issues related to the improvement of the quality of life for rural populations, farmers' income growth, and rural education development in the three northeastern provinces. Through field research and data analysis, it reveals the shortcomings and bottlenecks in the current social welfare sector. The chapter suggests strategies to improve people's livelihoods and promote social equity, including policy support, industrial stimulation, and educational reforms, thus providing strong support for achieving the social welfare goals of rural revitalization. The Thematic chapter examines key factors such as talent strategy, cultivation of new agricultural business entities, agricultural services, and the

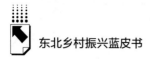
integration of red resources with rural revitalization. It emphasizes the importance of talent, entity cultivation, and industrial integration in the process of rural revitalization. The Case Study chapter selects typical cases such as the agricultural socialized services in Yian County, Heilongjiang Province; cultivating characteristic towns in Jilin Province; the empowerment of rural revitalization through technology-based small farms in Jilin Province; and the leading enterprise-driven development model in Kedong County, Heilongjiang Province. These cases are analyzed in-depth to uncover the successful experiences of these models, offering practical examples for other regions to follow. Additionally, the chapter summarizes and draws lessons from both domestic and international experiences in agricultural and rural modernization, providing an international perspective and advanced concepts for rural revitalization in Northeast China.

Keywords: Rural Revitalization; Modern Large-scale Agriculture; Socialized Services; Northeast China

Contents

I　General Report

Abstract: In 2024, remarkable achievements have been made in rural revitalization inNortheast China. In accordance with the unified arrangements of the central government, all provinces and regions in Northeast China have firmly implemented General Secretary Xi Jinping's thoughts on building modern large-scale agriculture and various instructions on the economic and social development of Northeast China. The grain production has reached a new historical high, phased achievements have been made in the construction of harmonious and

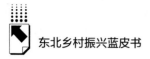

beautiful villages, the quality of life of farmers has been comprehensively improved, the achievements of poverty alleviation have been further consolidated, and the construction of rural grassroots organizations has been further improved. Based on the analysis of the remarkable achievements in rural revitalization in Northeast China, this report analyzes the problems that still exist in the process of promoting the comprehensive rural revitalization in Northeast China, such as industrial development, population loss, talent shortage, low level of public services and rural construction, the need to further consolidate the achievements of poverty alleviation, and the need to strengthen the construction of grassroots organizations. This report forecasts the development trend of promoting the comprehensive rural revitalization in Northeast China from the aspects of the acceleration of the development of modern large-scale agriculture, the prominent trend of the integrated development of rural industries, the rapid development of the construction of digital villages, and the acceleration of the demand for the green development of villages. It also puts forward countermeasures and measures for promoting the comprehensive rural revitalization in Northeast China from six aspects: adhering to the integrated development of urban and rural areas to further deepen rural reform, strictly observing the red line of cultivated land to ensure the stable production and supply of grain and important agricultural products, actively developing rural industries that enrich the people to broaden the channels for farmers to increase their income, continuously consolidating and expanding the achievements of poverty alleviation to firmly hold the bottom line of preventing large-scale poverty return and poverty-causing, deeply learning and applying the experience of the "Ten-Million-Project" to build livable, work-friendly and harmonious villages, strengthening the construction of rural grassroots Party organizations, and giving full play to the leading role of collective economic organizations in promoting the development of rural economy.

Keywords: Rural Revitalization; Food Security; Harmonious and Beautiful Rural Areas; Achievements in Poverty Alleviation; Organizational Construction

II   Sub-reports

B.2   Report on the Development of Comprehensive Rural
Revitalization in Jilin Province from 2023 to 2024

Li Dongyan, Liu Heng / 041

Abstract: The comprehensive revitalization of the countryside is the
development and improvement of multiple dimensions and aspects such as the rural
economy, culture, ecology, and governance. It is a profound manifestation of the
overall plan of the "Five-sphere Integrated Plan" and thestrategic layout of the
"Four Comprehensives" in the fields related to agriculture, rural areas, and rural
people. It aims to paint a new picture of rural revitalization by reshaping the urban-
rural relationship, enhancing cultural value, and innovating the development
model. From 2023 to 2024, Jilin Province has continuously enhanced its capacity
to ensure the supply of important agricultural products such as grains, and the
supporting power of rural industries that enrich the people for the comprehensive
revitalization of the countryside has been continuously improved. The effects of
integrated urban-rural development have become evident. While achieving
achievements, it also faces new challenges and problems. In 2025, efforts should
be focused on unleashing the effect of rural characteristic industries in driving the
increase of farmers' incomes, stimulating the development vitality of the new rural
collective economy to achieve agricultural efficiency improvement, focusing on the
characteristics of the countryside to explore diversified paths for the revitalization of
rural culture, promoting deep integration between urban and rural areas, and
creating a new pattern of common prosperity and development between urban and
rural areas, and continuously making efforts in these aspects.

Keywords: Comprehensive Rural Revitalization; Rural Wealth-enriching
Industries; Jilin Province

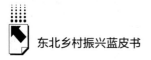

B . 3 Report on the Development of Comprehensive Rural

Revitalization in Liaoning Province from 2023 to 2024

Research Team of Rural Development Institute,

Liaoning Academy of Social Sciences / 054

Abstract: In 2023, Liaoning vigorously promoted the three-year action for new breakthroughs in comprehensive revitalization. In the fields of agriculture and rural areas, it focused on the goals and tasks of achieving new breakthroughs in rural revitalization and building a strong agricultural province, and achieved remarkable results in comprehensively promoting rural revitalization: the capacity to ensure food security has been continuously enhanced, the comprehensive agricultural production capacity has been continuously improved, the integrated development of rural industries has been continuously strengthened, and farmers' incomes have achieved rapid growth, etc. However, in the process of development, it also faces practical development problems such as the still-existing shortcomings in agricultural and rural infrastructure, the low level of the agricultural product processing industry, the weak driving force of agricultural business entities, the obvious insufficiency in the integrated development of industries, and the obvious lag in the development of the county economy. In the new development stage, it is necessary to take strong measures to comprehensively promote rural revitalization from aspects such as strengthening the construction of agricultural and rural infrastructure, promoting the improvement of quality and efficiency of the agricultural product processing industry, vigorously cultivating new agricultural business entities, accelerating the construction of a modern agricultural industrial system, and promoting the high-quality development of the county economy, so as to ensure the stable development of Liaoning's agricultural and rural economic society.

Keywords: Rural Revitalization; Food Security; Rural Industry; Farmer Income; Rural Reform

B.4   Report on the Promotion of Comprehensive Rural Revitalization

   in Heilongjiang Province from 2023 to 2024   *Zhao Qin* / 071

Abstract: From 2023 to 2024, Heilongjiang Province deeply studied and applied the experience of the "Ten Million Project", took the development of modern large-scale agriculture as the main direction of attack, and coordinated the promotion of the "Five Revitalizations". The development level of rural industries, the level of rural construction, and the level of rural governance have been continuously improved, and the development of agriculture and rural areas has continued to improve. However, there are prominent problems in aspects such as industrial development, farmers' incomes, infrastructure, public services, population structure, and the county economy. To promote the comprehensive revitalization of the countryside in Heilongjiang Province, it is necessary to be driven by science and technology and reform, cultivate and develop new productive forces in agriculture, consolidate and improve the effective supply of agricultural products such as grains, encourage and support the development and growth of industries that enrich the people in counties, accelerate the filling of the shortcomings in rural infrastructure construction, optimize and improve the level of basic public services in rural areas, organize and carry out the action for the revitalization of rural talents, lead the modernization of rural governance with Party building, and further deepen the reform of agriculture and rural areas.

Keywords: Comprehensive Rural Revitalization; Agricultural and Rural Modernization; Agricultural Power Province

B.5   Report on the Development of Comprehensive

   Rural Revitalization in Eastern Inner Mongolia from

   2023 to 2024   *Yu Guangjun, Xin Zhuoyu* / 087

Abstract: From 2023 to 2024, the implementation of the strategy for the

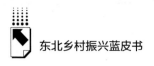
comprehensive revitalization of the countryside in the eastern Inner Mongolia region was integrated with all the work of promoting the development of agriculture, animal husbandry, and rural and pastoral areas in the eastern Inner Mongolia region. Remarkable achievements have been made in the development of agriculture and animal husbandry, the construction of rural and pastoral areas, and the comprehensive deepening of reforms in the eastern Inner Mongolia region. The implementation of the strategy for the comprehensive revitalization of the countryside in the eastern Inner Mongolia region has entered a new stage of development, laying a solid foundation for comprehensively promoting the modernization of agriculture, animal husbandry, and rural and pastoral areas. The transformation of the implementation mode of the strategy for the comprehensive revitalization of the countryside in the eastern Inner Mongolia region has given rise to problems such as the reform of the strategy implementation strategy dominated by project construction, the misplacement of the main responsibilities of the strategy implementers, and the unsatisfactory effect of capital investment. It is necessary to improve the structure of the main bodies of strategy implementation, deepen the reform of the system for the main bodies of implementation to perform their rights and responsibilities, and innovatively promote the dynamic mechanism for the comprehensive revitalization of the countryside.

Keywords: Implementation Entity; Dynamic Mechanism; Eastern Inner Mongolia

Ⅲ Industry Development Reports

B.6 Research on Digitalizationof Ice and Snow Industry Boosting Rural Revitalization in the Three Northeastern Provinces

Research Team of Changchun Financial College / 098

Abstract: In the post-Beijing 2022 Winter Olympics period, the ice and snow industry has rapidly risen in China and has become a new engine for promoting high-quality economic development. Relying on their unique ice and snow resources, the three northeastern provinces are actively exploring the development path of digitalizing the ice and snow industry to boost rural revitalization. By analyzing the current development situation, existing problems, and challenges faced by the digitalization of the ice and snow industry in the three northeastern provinces, and aiming at using the ice and snow industry to support rural revitalization, effective paths for the ice and snow industry to promote rural economic development are explored. The digitalization of the ice and snow industry drives the multi-dimensional development of the rural economy, turning the "cold resources" into a "hot industry". Development suggestions are put forward for the digital upgrading of the ice and snow industry to further boost rural economic development, providing references for the rural revitalization of the three northeastern provinces and even the whole country. The ice and snow industry drives the steady progress of the regional economy, ultimately achieving further development of rural revitalization.

Keywords: Ice and Snow Industry; Rural Revitalization; Digitalization; Ice-Snow Economy

B.7 Present Situation, Issues and Countermeasures for the Development of Coarse Cereals and Legumes Industry in Jilin Province *Li Jingjing, Zhai Wenchang* / 111

Abstract: Jilin Province is a major production base of miscellaneous grains and beans in China. Relying on its unique characteristics and excellent quality, the industry of miscellaneous grains and beans has gradually become a pillar industry for local farmers to increase their incomes and get rich. This article makes an in-depth analysis and summary of the current development situation of the industry of miscellaneous grains and beans in Jilin Province. Generally speaking, the industry of miscellaneous grains and beans in Jilin Province maintains a certain scale in terms

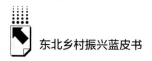
of the planting area and output, and the yield per unit area has increased. The processing of agricultural products shows a trend of clustered development, remarkable achievements have been made in brand building, and a large number of government support policies have been introduced. However, the industry still faces problems such as the scattered and small-scale planting areas, shortcomings in the processing chain, insufficient brand development, an unsound quality standard system, and insufficient driving force of scientific and technological innovation. In order to promote the sustainable development of the industry, it is recommended to reasonably position the industry and promote in-depth integrated development; strengthen deep processing to increase the added value of products; tell the story of Jilin's miscellaneous grains well and shape the image of characteristic brands; improve the quality assurance system to ensure the high quality and safety of products; increase investment in scientific research and stimulate the vitality of technological innovation.

Keywords: Coarse Cereals and Legumes; Characteristic Industry; Jilin Brand; Jilin Province

B.8　Research on the Development Path of Cultural Tourism
Industry in the Three Northeast Provinces　　*Gao Tingting* / 125

Abstract: The report to the 20th National Congress of the Communist Party of China proposed adhering to shaping tourism with culture and highlighting culture through tourism, and promoting the in-depth integrated development of culture and tourism. In recent years, driven by the culture and tourism industry, the three northeastern provinces have shown unprecedented vitality and potential. The scale of the culture and tourism industry in the three northeastern provinces is on the rise, the number of characteristic products is gradually increasing, and they are endowed with rich natural and cultural resources. However, culture and tourism enterprises face great survival pressure, the perspective of integrated development is narrow, the exploration of cultural resources is not deep enough, there is a lack of characteristics and concepts, and the insufficient reserve and introduction of talents also restrict the development of the culture and tourism industry in the three northeastern provinces to a certain extent. In order to promote the development of the culture and tourism industry, it is recommended to create a new survival environment for enterprises, create a new situation for regional development, strengthen the concentration and intensive use of elements in the culture and tourism industry, enhance the design of tourism and cultural products, and strengthen scientific and technological innovation and talent cultivation.

Keywords: Cultural Tourism Industry; Regional Development; Industrial Integration

B.9　Countermeasures for the Development of Ice and Snow Tourism in Jilin Province　　　　　*Luo Qiuhan* / 137

Abstract: Jilin Province is richly endowed with ice and snow resources. Guided by the concept that "ice and snow are also lucratively valuable assets", in recent years, Jilin Province has continuously supported with policies to help unleash the potential of the ice and snow economy and promote the development of the ice and snow tourism industry. This article makes an in-depth analysis of the current development situation and existing problems of ice and snow tourism in Jilin Province, and puts forward new development opportunities and challenges it faces. Jilin Province proposes countermeasures and suggestions such as coordinating resources, establishing a regional coordinated development mechanism, exploring cultural connotations to solve the problem of homogenization, improving the construction of basic supporting facilities, building an "ice and snow tourism +" industrial chain, and strengthening the digital construction of ice and snow tourism.

Keywords: Ice-Snow Tourism; Industrial Synergy; Brand Building; Ice-Snow Economy

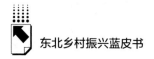

B . 10   Research on the Present Situation, Issues and Countermeasures
of Cross-border E-commerce of Agricultural Products in
Jilin Province   *Liu Yu'nan* / 151

Abstract: With the rapid development of global economic integration and digital technology, cross-border e-commerce has become an important emerging mode in international trade. As a major agricultural province, Jilin Province is rich in agricultural product resources, actively responds to national policies, and vigorously promotes the development of cross-border e-commerce. This article studies the current development situation of the external publicity of cross-border e-commerce of agricultural products in Jilin Province, and makes a detailed analysis of the existing problems in the process of external publicity, such as the quality of external publicity content, the selection of external publicity channels, the shortage of professional external publicity talents, and the poor synergy between brand building and external publicity. In response to these problems, this article puts forward corresponding countermeasures, including formulating local standards for the translation of agricultural products in Jilin Province, forming a professional external publicity team for agricultural product e-commerce, optimizing the external publicity content, and diversifying the layout of external publicity channels, etc. The aim is to provide theoretical support and practical guidance for the external publicity work of cross-border e-commerce of agricultural products in Jilin Province, so as to enhance the competitiveness of agricultural products in Jilin Province in the international market.

Keywords: Cross-border E-commerce; International Communication; Agricultural Products; Jilin Province

IV Agricultural Upgrading Reports

B.11 Report on the Development of Smart Agriculture in the

Three Northeast Provinces *Xiao Guodong*, *Sun Xihan* / 165

Abstract: The new productive forces led by innovation have broken through the traditional economic growth model and the development trajectory of productive forces, showing the characteristics of high technology, high efficiency, and high quality. Smart agriculture demonstrates the key characteristics of the new productive forces in agriculture and has become a crucial part and a powerful driving force for the development of new productive forces. By applying modern information technology and intelligent devices, smart agriculture has achieved a comprehensive innovation and improvement of agriculture, significantly enhancing labor productivity, the efficiency of resource utilization, and the output capacity of land. In recent years, the development of smart agriculture in the three northeastern provinces has been relatively rapid, the level of intelligence has been continuously improved, policy support has been continuously strengthened, the application of technology has reached a certain scale, and synergistic effects have been emerging continuously. However, factors restricting the development of smart agriculture in the three northeastern provinces still exist. The construction of infrastructure for smart agriculture faces relatively large cost pressure. The field of smart agriculture is faced with the dilemma of a structural shortage of composite talents, and there are deficiencies in data transmission and standardization. In order to accelerate the development of smart agriculture in the three northeastern provinces, it is necessary to consolidate the infrastructure and optimize the digital environment, build a base for high-end intelligent agricultural machinery and equipment, cultivate and develop a high-quality talent team of composite, innovative, and applied types that are urgently needed for the development of smart agriculture, improve the talent cultivation system, take multiple measures simultaneously and work together to reduce the cost threshold, and improve the

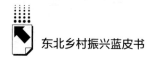

construction of the overall basic database, so as to provide a demonstration model for the development of smart agriculture across the country.

Keywords: Smart Agriculture; Innovative Development; Agricultural Technology

B.12　Research on the Current Status and Issues of Black Soil

　　Protection in Jilin Province　　　　　　　　　*Sun Xiyue* / 176

Abstract: Globally, black soil accounts for only 7% of the cultivated land area and is a scarce strategic agricultural resource. The black soil region in Northeast China undertakes the task of producing more than 25% of the country's grain. This article aims to study the current situation and existing problems of the protection of black soil in Jilin Province to promote its sustainable utilization. Through methods such as literature research, field investigations, and case analysis, it systematically combs the general situation of black soil resources in Jilin Province, the current situation of the implementation of protection policies and technologies, analyzes problems such as fragmented policy implementation, insufficient technical adaptability, low-efficiency of financial support, and low participation of farmers, and puts forward countermeasures and suggestions for improving policies and regulations, strengthening technological innovation, enhancing financial support, and increasing the enthusiasm of farmers' participation. The research results are of great significance for implementing the strategy of "storing grain in land and storing grain in technology" and building a solid barrier for national food security, and also provide a reference for the protection of black soil in other regions.

Keywords: Black Soil Conservation; Food Security; Jilin Province

B . 13   Research on the Integrated Development of Leisure Agriculture
and Tourism in Border Areas of Jilin Province

Zhang Jiani / 191

Abstract: This study focuses on the current situation, models, and development paths of the integration of the leisure agriculture and tourism industry in the border areas of Jilin Province, and puts forward relevant countermeasures and suggestions. The study finds that the leisure agriculture in the border areas has developed rapidly and diversified models have been formed, but there are problems such as weak infrastructure, insufficient brand building, lack of innovation, and shortage of talents. The tourism industry has been gradually improved relying on rich natural and cultural resources, but it faces challenges such as product homogenization, insufficient cross-border cooperation, and the contradiction between ecological protection and development. In order to further promote the integration, this study puts forward countermeasures and suggestions from three aspects: the government, enterprises, and society. From the government's perspective, it includes strengthening policy support and improving laws and regulations, and upgrading infrastructure and public services. From the enterprises' perspective, it emphasizes product innovation and brand building, and strengthening market promotion. From the social perspective, it attaches importance to the introduction and cultivation of talents, gives play to the role of industry associations, and promotes the inheritance and development of local culture. Through the joint efforts of multiple parties, it helps the sustainable economic development and rural revitalization in the border areas of Jilin Province.

Keywords: Border Areas of Jilin Province; Leisure Agriculture; Integrated Development of Tourism Industry; Rural Revitalization

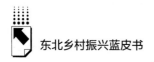
东北乡村振兴蓝皮书

B.14 Research on the Empowerment of Rural Tourism in Jilin
Province by Red Culture *Li Jiayin* / 203

Abstract: This study focuses on the integrated development of red culture
and rural tourism in Jilin Province. The rural areas within the entire territory of
Jilin Province are the main research scope. These rural areas are rich in red cultural
resources, have made outstanding contributions to the process of China's
revolution, and possess unique historical and cultural values. The study
systematically analyzes the current situation of rural tourism in Jilin Province by
using the main means and methods such as policy combing, current situation
analysis, and problem diagnosis. Research has found that although red culture has
great potential in promoting the development of rural tourism and driving local
economic growth, its application in rural tourism is still in its infancy. There are
problems such as insufficient utilization of resources, serious homogenization of
products, and superficial cultural experiences. Based on the above research, this
study proposes specific paths and models for empowering rural tourism through red
cultural and creative products, providing theoretical support and practical guidance
for Jilin Province and other regions rich in red cultural resources. It is expected to
promote the in-depth integration of red culture and rural tourism, boost local
economic development, and enhance the regional cultural identity.

Keywords: Red Culture; Rural Tourism; Jilin Province

V Livelihood Improvement Reports

B.15 Research on the Quality of Life of Rural Residents in the Three
Northeast Provinces *Wang Lei, Song Jingxiang* / 214

Abstract: This article analyzes the quality of rural life in the three
northeastern provinces starting from the basic situation of the quality of life of rural
residents from the perspective of the rural revitalization strategy. Generally

speaking, the income and consumption expenditure of rural residents in the three northeastern provinces have steadily increased, the living environment has been improved in all aspects, the economic burden of seeking medical treatment has been reduced, the high-quality and balanced development of rural compulsory education has been promoted, and the rural old-age security has been gradually improved. However, it is worth noting that the improvement of the quality of life of rural residents in the three northeastern provinces still faces problems such as the pressure of increasing income, insufficient consumption demand, great pressure of social security expenditure, and relatively weak rural education. In response to this, the study puts forward countermeasures and suggestions such as promoting the integrated development of the primary, secondary, and tertiary industries in rural areas, promoting the high-quality employment of agricultural labor force, giving play to the multiplier effect of public consumption, improving the medical and old-age security system, and continuously upgrading rural infrastructure, so as to help narrow the urban-rural income gap and improve the quality of life of rural residents.

Keywords: Rural Residents; Quality of Life; Three Northeast Provinces

B. 16　Research on the Issues of Farmers' Income Increase in the Three Northeast Provinces　*Yin Jiacheng* / 230

Abstract: The issue of farmers' income has always been a major problem in social development and also the top priority of the work of our Party. Since the 18th National Congress of the Communist Party of China, a series of policies benefiting farmers have achieved historic and tremendous success. A moderately prosperous society in all respects has been fully established, and the problem of absolute poverty has been solved, thus improving the lives of farmers. However, farmers still remain the most vulnerable group with the highest proportion, facing a relatively high risk of returning to poverty and having weak capabilities to cope with shocks. The three northeastern provinces are the main grain production areas in China and undertake the important task of ensuring China's food security. There

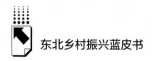
are a large number of people engaged in agricultural production activities. How to promote the sustainable increase of farmers' income is still the core content of solving the issues related to agriculture, rural areas, and rural people at present. Therefore, this article sorts out the current income situation and its composition of the farmer groups in the three northeastern provinces, looks for the existing problems in the process of increasing farmers' income, and puts forward countermeasures and suggestions.

Keywords: Farmers Income Increase; Common Prosperity; Three Northeast Provinces

B.17   Research on the Development Issues of Rural Basic Education
　　　　　in the Three Northeast Provinces　　　*Wang Xiangtao* / 243

Abstract: Rural basic education plays a crucial role in the entire education system of our country. Since the 20th National Congress of the Communist Party of China, the development of rural education in the three northeastern provinces has made remarkable progress, and there has been comprehensive development in aspects such as funding investment, school-running conditions, and the teaching staff. However, the overall situation of rural basic education is still relatively weak, especially in aspects such as parental management, student enrollment sources, and the outflow of teachers. It is necessary to further strengthen the top-level design and integrate educational resources, consolidate the construction of the rural basic education system, continuously promote the group-based and integrated development of urban and rural schools, improve the modernization, intelligence, and informatization levels of rural education, increase investment, improve the teaching quality and management level, and continuously make efforts from multiple aspects and in all directions, so as to make up for the shortcomings in the development of rural basic education in the three northeastern provinces.

Keywords: Rural Basic Education; Integration of Educational Resources; Modernization of Rural Education; Grouping of Urban and Rural Schools

VI Special Reports

Abstract: On the new journey of comprehensively building a socialist modern country, against the backdrop of the "double strategies" of the rural revitalization strategy and the revitalization of Northeast China, the revitalization of rural talents in Northeast China shoulders the dual missions of safeguarding national food security and promoting the transformation and development of the old industrial bases. This article finds that there are structural contradictions in rural talents in Northeast China. Serious problems such as brain drain and hollowing out of talents, prominent issues of unbalanced talent structure and skill shortages, insufficient support from the education and training system, absence of policy coordination and incentive mechanisms, and the exacerbation of the imbalance between urban and rural resources leading to increased brain drain, etc., all hinder the revitalization of rural talents. It analyzes typical cases such as the cultivation system of "local experts" for the symbiotic system of crabs and rice in Panjin, Liaoning, the "Science and Technology Mission Team" of the Shenyang branch of the Chinese Academy of Sciences, the inheritors of intangible cultural heritage of the Yanbian Korean ethnic group, and the "Migratory Bird Talent Workstation" in Heilongjiang. And it puts forward the path design for the revitalization of rural talents with the strategic framework of "integration of three chains" and the implementation system of "four-dimensional empowerment", aiming to provide theoretical support and practical guidance for the revitalization of rural talents in Northeast China.

Keywords: Rural Revitalization; Human Resources; Talent Revitalization

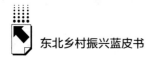
东北乡村振兴蓝皮书

B.19 Research on the Cultivation of New Agricultural Business
Entities in the Three Northeastern Provinces

Cheng Yao, *Zhang Su* / 268

Abstract: New types of agricultural business entities refer to agricultural production and operation organizations that have emerged and continuously developed along with the reform of the agricultural and rural economy under the household contract responsibility system with remuneration linked to output in rural areas. Their establishment and development have played a huge and indispensable role in promoting China's agricultural modernization and the high-quality development of the agricultural and rural economy. This article analyzes and summarizes the current development situation of new types of agricultural business entities in the three northeastern provinces under the new situation. It is characterized by the continuous increase in the number and the gradual expansion of the scale of new types of agricultural business entities in the three northeastern provinces, with an overall good development momentum. However, there are still some problems hindering their development. Mainly: there are many obstacles to the flow of talents to rural areas in the three northeastern provinces, the production mode is single, the interest connection is not stable, the coordination and driving ability is not strong, and the scale needs to be expanded, which restricts the development of new types of agricultural business entities in Northeast China. Therefore, in order to give full play to the functions and roles of new types of agricultural business entities and accelerate the development of new productive forces in agriculture and rural areas in Northeast China, it is necessary to improve the policies for talent introduction and technical support in rural areas of Northeast China, enrich the production mode, strengthen the interest connection, enhance the demonstration and driving ability, moderately expand their scale, and strengthen the cultivation of new types of agricultural business entities in the three northeastern provinces.

Keywords: New Agricultural Business Entities; New-quality Productive Forces; Three Northeastern Provinces

Abstract: The agricultural service industry is the combination of the producer services industry and agriculture. Developing the agricultural service industry is an inevitable requirement for achieving agricultural modernization. The agricultural service industry in the three northeastern provinces has achieved remarkable results in various aspects. At the same time, to a certain extent, the further improvement of the quality and efficiency of agriculture in the three provinces is restricted by the insufficient development of the agricultural service industry, especially in aspects such as brand marketing, environmental protection, and information logistics, where urgent solutions are needed. Looking ahead, the three northeastern provinces should be guided by modern large-scale agriculture, take optimizing agricultural quality and strengthening agricultural product brands as the core, promote the overall, coordinated, and innovative development of the agricultural service industry, strive to build Northeast China into a national highland for the development of green agriculture, and comprehensively achieve the high-quality development of agriculture.

Keywords: Agricultural Services; Modern Large-Scale Agriculture; High-quality Agricultural Development

Abstract: Northeast China is rich in red resources. These resources not only bear witness to the early revolutionary activities of the Communist Party of China in Northeast China but also carry the profound memories of important historical events such as the Northeast Anti-Japanese United Army, the Liberation War, and the War to Resist U. S. Aggression and Aid Korea. The abundant red resources in

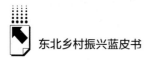
Northeast China play an important role in rural revitalization. At present, there have been some achievements in integrating red resource culture with rural education and rural talent cultivation. However, due to the scattered distribution of red resources in Northeast China, some remote sites being little known, and insufficient funds, problems such as lagging infrastructure, insufficient in-depth integration of red culture and the rural education industry, and a single mode of red tourism have emerged. In response to this, it is necessary to deepen the integration of red culture and the rural education industry, strengthen the integration of red resource culture and rural education, improve rural red resource cultural education, cultivate rural talents and strengthen red education. At the same time, it is necessary to broaden the vision of red research and promote the in-depth integration of red resources in Northeast China and rural revitalization.

Keywords: Red Resources; Rural Revitalization; Integrated Development; Northeast China

B.22 Experiences, References and Insights from the Agricultural Modernization of the United States, Japan and South Korea

Shao Dan / 308

Abstract: This article explores the reference of the agricultural modernization of the United States, Japan, and South Korea for rural areas in Northeast China. The United States is characterized by large scale, industrialization, high mechanization, and high technological content, and it has a sound policy support system. Based on small-scale agriculture, Japan has achieved modernization through part-time farming operations, breeding innovation, mechanization improvement, and the development of cooperative organizations. South Korea focuses on high-value-added agriculture, the construction of intelligent farms, and government support. For rural areas in Northeast China, it is recommended to learn from the United States to increase the scale and mechanization level and strengthen scientific and technological research and development; learn from Japan to improve the policy system and develop characteristic agriculture and the processing industry; learn from South Korea to strengthen infrastructure construction, promote advanced technological models, and cultivate new types of agricultural business entities. These experiences are of great significance for promoting the agricultural modernization in Northeast China, improving efficiency and quality, and increasing farmers' incomes.

Keywords: Agricultural Modernization in Northeast China; United States; Japan; South Korea

Ⅶ Case Reports

B . 23   Investigation on Agricultural Socialized Services in Yi'an County, Heilongjiang Province   *Song Jingbo*, *Zhao Duo* / 322

Abstract: Agricultural socialized services play a vital role in the process of realizing Chinese-style agricultural modernization and are an important driving force for promoting the construction of a strong agricultural country. In recent years, Yi'an County, Heilongjiang Province, in response to problems such as the low degree of organization in agricultural production, insufficient scientific and technological empowerment, weak efforts in increasing farmers' incomes, and a single channel for increasing the income of village collectives, has actively explored new paths for agricultural socialized services and achieved remarkable service results. However, it still faces many challenges in the development process. This article puts forward countermeasures and suggestions from aspects such as the diversified and orderly development of service providers, the improvement of relevant policy systems, and the continuous optimization of the market environment, so as to ensure the steady and long-term development of agricultural socialized services in Yi'an County.

Keywords: Food Security; Agricultural Socialized Services; New Agricultural Management System; Yi'an County

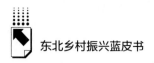东北乡村振兴蓝皮书

B . 24　Research on Countermeasures for Cultivating Characteristic

Towns in Jilin Province under the Background of

Rural Revitalization Strategy　　　　　　　　*Yu Qiushi* / 334

Abstract：Under the background of rural revitalization strategy, the promotion of the construction of characteristic towns is a strategic choice to accelerate regional innovative development under the new normal of the economy, and it is also an effective path to accelerate supply-side structural reform and build a new type of urbanization. This article objectively evaluates the current development status and existing problems of characteristic towns in Jilin Province, analyzes and studies the paths for promoting the construction of characteristic towns in Jilin Province, and puts forward the following practical countermeasures and suggestions for the cultivation of characteristic towns：with optimizing the structure as the core, build characteristic industrial chains；strengthen infrastructure development to enhance town capacity；accelerate innovation and entrepreneurship to cultivate new drivers of technology-enabled growth, so that aims to provide targeted guidance for the future construction of characteristic towns in Jilin Province, and promote the sustainable development of characteristic towns in Jilin Province, and thereby advance the process of new urbanization in Jilin Province.

Keywords：Rural Revitalization；Characteristic Towns；Characteristic Industries

B . 25　Research on the Empowerment of Science and Technology

Courts for Rural Revitalization in Jilin Province

Meng Baofen / 348

Abstract：The development of the Science and Technology Courtyards in Jilin Province has gone through 15 years. Not only does the number of its Science and Technology Courtyards rank first in the country, covering a wide range of industrial categories, but it has also innovated the models of agricultural science and technology promotion, agricultural production methods, and talent cultivation models. It has become an important engine for accelerating the process of agricultural modernization and empowering rural revitalization. However, with the deepening of the role of the Science and Technology Courtyards in Jilin Province in empowering rural revitalization, the following practical dilemmas need to be solved: scarce sources of funds, low conversion rate of scientific and technological achievements, and an imperfect mechanism and system. Therefore, it is necessary to deepen the empowerment of rural revitalization by the Science and Technology Courtyards in Jilin Province from four aspects: increasing the support and guarantee for the Science and Technology Courtyards to enhance scientific and technological empowerment; summarizing the experience and models of the Science and Technology Courtyards to optimize industrial empowerment; strengthening the publicity and promotion of the Science and Technology Courtyards to activate the publicity engine; and improving the construction of the mechanism and system to strengthen talent empowerment.

Keywords: Rural Revitalization; Science and Technology Backyard; Jilin Province

B . 26　Research on the Model of Leading Enterprises Driving

County Economic Development in Kedong County,

Heilongjiang Province

Abstract: Most counties (cities) in Northeast China are agricultural counties, and there are relatively great difficulties in achieving rural revitalization. Kedong County, Heilongjiang Province, is a typical agricultural county and does not have special advantages in terms of resources, geographical location, population, industrial foundation, etc. However, over the years, Kedong County has actively supported and cultivated the development and growth of Feihe Dairy Co. , Ltd. After Feihe Dairy developed into a leading enterprise, it introduced 18 enterprises through extending and supplementing the industrial chain. This not only enriched the industrial system of Kedong County but also gave back to the local economy. In the current unfavorable environment for the development of China's dairy industry, Feihe Dairy paid 1. 69 billion yuan in taxes to Kedong County in 2023. The model of leading enterprises driving the development of the county economy provides the following inspirations, including: vertical industrial clusters are more suitable for the construction of the industrial chain in major agricultural counties; the construction of the industrial chain should be upgraded to the construction of a modern industrial system; the government plays a crucial role in the development of the county economy; promoting the coordinated development of the construction of the "three chains" and the county economy, etc.

Keywords: County-level Economy; Leading-Enterprise-Driven Development Model; Industrial Chain; Industrial System; Kedong County

社会科学文献出版社

皮 书

智库成果出版与传播平台

❖ 皮书定义 ❖

皮书是对中国与世界发展状况和热点问题进行年度监测，以专业的角度、专家的视野和实证研究方法，针对某一领域或区域现状与发展态势展开分析和预测，具备前沿性、原创性、实证性、连续性、时效性等特点的公开出版物，由一系列权威研究报告组成。

❖ 皮书作者 ❖

皮书系列报告作者以国内外一流研究机构、知名高校等重点智库的研究人员为主，多为相关领域一流专家学者，他们的观点代表了当下学界对中国与世界的现实和未来最高水平的解读与分析。

❖ 皮书荣誉 ❖

皮书作为中国社会科学院基础理论研究与应用对策研究融合发展的代表性成果，不仅是哲学社会科学工作者服务中国特色社会主义现代化建设的重要成果，更是助力中国特色新型智库建设、构建中国特色哲学社会科学"三大体系"的重要平台。皮书系列先后被列入"十二五""十三五""十四五"时期国家重点出版物出版专项规划项目；自2013年起，重点皮书被列入中国社会科学院国家哲学社会科学创新工程项目。

权威报告·连续出版·独家资源

皮书数据库
ANNUAL REPORT(YEARBOOK)
DATABASE

分析解读当下中国发展变迁的高端智库平台

所获荣誉

- 2022年，入选技术赋能"新闻+"推荐案例
- 2020年，入选全国新闻出版深度融合发展创新案例
- 2019年，入选国家新闻出版署数字出版精品遴选推荐计划
- 2016年，入选"十三五"国家重点电子出版物出版规划骨干工程
- 2013年，荣获"中国出版政府奖·网络出版物奖"提名奖

皮书数据库

"社科数托邦"
微信公众号

成为用户

　　登录网址www.pishu.com.cn访问皮书数据库网站或下载皮书数据库APP，通过手机号码验证或邮箱验证即可成为皮书数据库用户。

用户福利

- 已注册用户购书后可免费获赠100元皮书数据库充值卡。刮开充值卡涂层获取充值密码，登录并进入"会员中心"—"在线充值"—"充值卡充值"，充值成功即可购买和查看数据库内容。
- 用户福利最终解释权归社会科学文献出版社所有。

卡号：329296117768
密码：

数据库服务热线：010-59367265
数据库服务QQ：2475522410
数据库服务邮箱：database@ssap.cn
图书销售热线：010-59367070/7028
图书服务QQ：1265056568
图书服务邮箱：duzhe@ssap.cn

法律声明